시 내 에 듀

독학사 3단계

— 심리학과 —

산업 및 조직심리학

SD에듀
(주)시대고시기획

KB084964

머리말

심리학은 결코 멀리에 있는 학문이 아닙니다. 심리학은 굳이 전문용어로 다루지 않더라도 이미 우리가 일상 속에서 늘 접하고 있고 행하고 있는 모든 행동, 태도, 현상 등의 연장선상에 있습니다.

심리학 공부란 다른 공부도 그렇겠지만, 우리가 이미 알고 있는 것을 좀 더 체계화하고 세분화하며, 나에게 입력된 지식을 말로 풀어 설명할 수 있게 하고, 더 나아가 이를 실생활에서 응용하기 위하여 필요한 것입니다.

본서는 독학사 시험에서 심리학 학위를 목표로 하는 여러분들을 위하여 집필된 도서로 3단계 전공심화 과목을 다루고 있으며, 시험에 응시하는 수험생들이 효과적인 학습을 할 수 있도록 다음과 같이 구성하였습니다.

01 본서의 구성 및 특징
본서는 독학사 3단계 심리학과를 공부하시는 독자분들을 위하여 **시행처의 평가영역 관련 Big data**를 분석하여 집필된 도서입니다. 내용이 방대하면서 생소한 심리학의 이론을 최대한 압축하여 가급적이면 핵심만 전달하고자 노력한 것을 특징으로 합니다.

02 빨리보는 간단한 키워드
핵심적인 이론만을 꼼꼼하게 정리하여 수록한 **빨리보는 간단한 키워드**로 전반적인 내용을 한 눈에 파악할 수 있습니다. 빨리보는 간단한 키워드는 시험장에서 마지막까지 개별이론의 내용을 정리하고 더 쉽게 기억하게 하는 용도로도 사용이 가능합니다.

03 핵심이론 및 실제예상문제
독학학위제 평가영역과 관련 내용을 면밀히 분석한 **핵심이론**을 제시하였고, **실제예상문제**를 풀면서 앞서 공부한 이론이 머릿속에 잘 정리되었는지 확인해 볼 수 있도록 하였습니다. '실제예상문제'를 통해 핵심이론의 내용을 문제로 풀어보면서 3단계 객관식 문제와 주관식 문제를 충분히 연습할 수 있게 구성하였습니다.

04 최종모의고사
최신출제유형을 반영한 **최종모의고사 2회분**으로 자신의 실력을 점검해 볼 수 있습니다. 실제시험에 임하듯이 시간을 재고 풀어보면 시험장에서 실수를 줄일 수 있습니다.

심리학은 독자의 학습자세에 따라 흥미롭고 매력적인 학문일 수도 아닐 수도 있습니다. 사실, 어떻게 보면 심리학은 지나칠 정도로 방대하고 또한 어렵습니다. 왜 자신이 심리학이라는 분야에서 학위를 받기로 결심하였는지를 우선 명확히 하시고, 그 결심이 흔들릴 것 같으면 그 결심을 바로 세운 뒤에 계속 도전하십시오. 본서를 선택하여 주신 분들께 감사드립니다.

편저자 드림

BDES
독학학위제 소개

독학학위제란?

「독학에 의한 학위취득에 관한 법률」에 의거하여 국가에서 시행하는 시험에 합격한 사람에게 학사학위를 수여하는 제도

- ⊘ 고등학교 졸업 이상의 학력을 가진 사람이면 누구나 응시 가능
- ⊘ 대학교를 다니지 않아도 스스로 공부해서 학위취득 가능
- ⊘ 일과 학습의 병행이 가능하여 시간과 비용 최소화
- ⊘ 언제, 어디서나 학습이 가능한 평생학습시대의 자아실현을 위한 제도
- ⊘ 학위취득시험은 4개의 과정(교양, 전공기초, 전공심화, 학위취득 종합시험)으로 이루어져 있으며 각 과정별 시험을 모두 거쳐 학위취득 종합시험에 합격하면 학사학위취득

독학학위제 전공 분야 (11개 전공)

| 국어국문학 | 영어영문학 | 심리학 | 경영학 | 법학 | 행정학 |
| 컴퓨터공학 | 가정학 | 유아교육학 | 정보통신학 | 간호학 |

※ 유아교육학 및 정보통신학 전공 : 3, 4과정만 개설
※ 간호학 전공 : 4과정만 개설
※ 중어중문학, 수학, 농학 전공 : 폐지 전공으로 기존에 해당 전공 학적 보유자에 한하여 응시 가능

※ 시대에듀는 현재 4개 학과(심리학과, 경영학과, 컴퓨터공학과, 간호학과) 개설 중

독학학위제 시험안내

과정별 응시자격

단계	과정	응시자격	과정(과목) 시험 면제 요건
1	교양	고등학교 졸업 이상 학력 소지자	• 대학(교)에서 각 학년 수료 및 일정 학점 취득 • 학점은행제 일정 학점 인정 • 국가기술자격법에 따른 자격 취득 • 교육부령에 따른 각종 시험 합격 • 면제지정기관 이수 등
2	전공기초		
3	전공심화		
4	학위취득	• 1~3과정 합격 및 면제 • 대학에서 동일 전공으로 3년 이상 수료 (3년제의 경우 졸업) 또는 105학점 이상 취득 • 학점은행제 동일 전공 105학점 이상 인정 (전공 28학점 포함) → 22.1.1. 시행 • 외국에서 15년 이상의 학교교육과정 수료	없음(반드시 응시)

응시 방법 및 응시료

- 접수 방법 : 온라인으로만 가능
- 제출 서류 : 응시자격 증빙 서류 등 자세한 내용은 홈페이지 참조
- 응시료 : 20,400원

독학학위제 시험 범위

- 시험과목별 평가 영역 범위에서 대학 전공자에게 요구되는 수준으로 출제
- 시험 범위 및 예시문항은 독학학위제 홈페이지(bdes.nile.or.kr) – 학습정보–과목별 평가영역에서 확인

문항 수 및 배점

과정	일반 과목			예외 과목		
	객관식	주관식	합계	객관식	주관식	합계
교양, 전공기초 (1~2과정)	40문항×2.5점 =100점	–	40문항 100점	25문항×4점 =100점	–	25문항 100점
전공심화, 학위취득 (3~4과정)	24문항×2.5점 =60점	4문항×10점 =40점	28문항 100점	15문항×4점 =60점	5문항×8점 =40점	20문항 100점

※ 2017년도부터 교양과정 인정시험 및 전공기초과정 인정시험은 객관식 문항으로만 출제

▌합격 기준

• 1~3과정(교양, 전공기초, 전공심화) 시험

단계	과정	합격 기준	유의 사항
1	교양	매 과목 60점 이상 득점을 합격으로 하고, 과목 합격 인정(합격 여부만 결정)	5과목 합격
2	전공기초		6과목 이상 합격
3	전공심화		

• 4과정(학위취득) 시험 : 총점 합격제 또는 과목별 합격제 선택

구분	합격 기준	유의 사항
총점 합격제	• 총점(600점)의 60% 이상 득점(360점) • 과목 낙제 없음	• 6과목 모두 신규 응시 • 기존 합격 과목 불인정
과목별 합격제	• 매 과목 100점 만점으로 하여 전 과목(교양 2, 전공 4) 60점 이상 득점	• 기존 합격 과목 재응시 불가 • 1과목이라도 60점 미만 득점하면 불합격

▌시험 일정

| 1단계
2~3월 중 | → | 2단계
5월 중 | → | 3단계
8월 중 | → | 4단계
10월 중 |

• 심리학과 3단계 시험 과목 및 시험 시간표 (2022년 기준)

구분(교시별)	시간	시험 과목명
1교시	09:00~10:40 (100분)	• 상담심리학 • 심리검사
2교시	11:10~12:50 (100분)	• 산업 및 조직심리학 • 학습심리학
중식	12:50~13:40 (50분)	
3교시	14:00~15:40 (100분)	• 인지심리학 • 중독심리학
4교시	16:10~17:50 (100분)	• 건강심리학 • 학교심리학

※ 시험 일정 및 시험 시간표는 반드시 독학학위제 홈페이지(bdes.nile.or.kr)를 통해 확인하시기 바랍니다.

※ 시대에듀에서 개설되었거나 개설예정인 과목은 빨간색으로 표시했습니다.

독학학위제 과정

대학의 교양과정을 이수한
사람이 일반적으로 갖추어야 할
학력 수준 평가

1단계
교양과정 01

2단계
전공기초 02

각 전공영역의 학문을 연구하기
위하여 각 학문 계열에서 공통적
으로 필요한 지식과 기술 평가

3단계
전공심화 03

각 전공영역에서의 보다
심화된 전문 지식과 기술 평가

4단계
학위취득 04

학위를 취득한 사람이 일반적으로
갖추어야 할 소양 및 전문 지식과
기술을 종합적으로 평가

GUIDE
독학학위제 출제방향

국가평생교육진흥원에서 고시한 과목별 평가영역에 준거하여 출제하되, 특정한 영역이나 분야가 지나치게 중시되거나 경시되지 않도록 한다.

교양과정 인정시험 및 전공기초과정 인정시험의 시험방법은 객관식(4지택1형)으로 한다.

단편적 지식의 암기로 풀 수 있는 문항의 출제는 지양하고, 이해력·적용력·분석력 등 폭넓고 고차원적인 능력을 측정하는 문항을 위주로 한다.

독학자들의 취업 비율이 높은 점을 감안하여, 과목의 특성상 가능한 경우에는 학문적이고 이론적인 문항뿐만 아니라 실무적인 문항도 출제한다.

교양과정 인정시험(1과정)은 대학 교양교재에서 공통적으로 다루고 있는 기본적이고 핵심적인 내용을 출제하되, 교양과정 범위를 넘는 전문적이거나 지엽적인 내용의 출제는 지양한다.

이설(異說)이 많은 내용의 출제는 지양하고 보편적이고 정설화된 내용에 근거하여 출제하며, 그럴 수 없는 경우에는 해당 학자의 성명이나 학파를 명시한다.

전공기초과정 인정시험(2과정)은 각 전공영역의 학문을 연구하기 위하여 각 학문 계열에서 공통적으로 필요한 지식과 기술을 평가한다.

전공심화과정 인정시험(3과정)은 각 전공영역에 관하여 보다 심화된 전문적인 지식과 기술을 평가한다.

학위취득 종합시험(4과정)은 시험의 최종 과정으로서 학위를 취득한 자가 일반적으로 갖추어야 할 소양 및 전문지식과 기술을 종합적으로 평가한다.

전공심화과정 인정시험 및 학위취득 종합시험의 시험방법은 객관식(4지택1형)과 주관식(80자 내외의 서술형)으로 하되, 과목의 특성에 따라 다소 융통성 있게 출제한다.

독학학위제 단계별 학습법

1단계 | 평가영역에 기반을 둔 이론 공부!

독학학위제에서 발표한 평가영역에 기반을 두어 효율적으로 이론 공부를 해야 합니다. 각 장별로 정리된 '핵심이론'을 통해 핵심적인 개념을 파악합니다. 모든 내용을 다 암기하는 것이 아니라, 포괄적으로 이해한 후 핵심내용을 파악하여 이 부분을 확실히 알고 넘어가야 합니다.

2단계 | 시험 경향 및 문제 유형 파악!

독학사 시험 문제는 지금까지 출제된 유형에서 크게 벗어나지 않는 범위에서 비슷한 유형으로 줄곧 출제되고 있습니다. 본서에 수록된 이론을 충실히 학습한 후 '기출복원문제'와 '실제예상문제'를 풀어 보면서 문제의 유형과 출제의도를 파악하는 데 집중하도록 합니다. 교재에 수록된 문제는 시험 유형의 가장 핵심적인 부분이 반영된 문항들이므로 실제 시험에서 어떠한 유형이 출제되는지에 대한 감을 잡을 수 있을 것입니다.

3단계 | '실제예상문제'를 통한 효과적인 대비!

독학사 시험 문제는 비슷한 유형들이 반복되어 출제되므로 다양한 문제를 풀어 보는 것이 필수적입니다. 각 단원의 끝에 수록된 '실제예상문제'를 통해 단원별 내용을 제대로 학습했는지 꼼꼼하게 확인하고, 실력점검을 합니다. 이때 부족한 부분은 따로 체크해 두고 복습할 때 중점적으로 공부하는 것도 좋은 학습 전략입니다.

4단계 | 복습을 통한 학습 마무리!

이론 공부를 하면서, 혹은 문제를 풀어 보면서 헷갈리고 이해하기 어려운 부분은 따로 체크해 두는 것이 좋습니다. 중요 개념은 반복학습을 통해 놓치지 않고 확실하게 익히고 넘어가야 합니다. 마무리 단계에서는 '빨리보는 간단한 키워드'를 통해 핵심개념을 다시 한 번 더 정리하고 마무리할 수 있도록 합니다.

COMMENT

합격수기

저는 학사편입 제도를 이용하기 위해 2~4단계를 순차로 응시했고 한 번에 합격했습니다.
아슬아슬한 점수라서 부끄럽지만 독학사는 자료가 부족해서 부족하나마 후기를 쓰는 것이 도움이 될까 하여
제 합격전략을 정리하여 알려 드립니다.

#1. 교재와 전공서적을 가까이에!

학사학위취득은 본래 4년을 기본으로 합니다. 독학사는 이를 1년으로 단축하는 것을 목표로 하는 시험이라 실제
시험도 변별력을 높이는 몇 문제를 제외한다면 기본이 되는 중요한 이론 위주로 출제됩니다. 시대에듀의 독학사
시리즈 역시 이에 맞추어 중요한 내용이 일목요연하게 압축·정리되어 있습니다. 빠르게 훑어보기 좋지만 내가 목표
로 한 전공에 대해 자세히 알고 싶다면 전공서적과 함께 공부하는 것이 좋습니다. 교재와 전공서적을 함께 보면서
교재에 전공서적 내용을 정리하여 단권화하면 시험이 임박했을 때 교재 한 권으로도 자신 있게 시험을 치를 수 있
습니다.

#2. 아리송한 용어들에 주의!

강화계획은 강화스케줄이라고도 합니다. 강화계획은 가변비율계획(또는 변동비율계획), 고정비율계획, 가변간격계
획(또는 변동간격계획), 고정간격계획으로 나눌 수 있습니다. 또 다른 예를 들어볼까요? 도식은 스키마, 쉐마라고
부르기도 합니다. 공부를 하다보면 이렇게 같은 의미를 가진 여러 용어들을 볼 수 있습니다. 내용을 알더라도 용어
때문에 정답을 찾지 못할 수 있으니 주의하면서 공부하시기 바랍니다.

#3. 시간확인은 필수!

쉬운 문제는 금방 넘어가지만 지문이 길거나 어렵고 헷갈리는 문제도 있고, OMR 카드에 마킹까지 해야 하니 실제로
주어진 시간은 더 짧습니다. 1번에 어려운 문제가 있다고 해서 시간을 많이 허비하면 쉽게 풀 수 있는 마지막 문제들
을 놓칠 수 있습니다. 문제 푸는 속도도 느려지니 집중력도 떨어집니다. 그래서 어차피 배점은 같으니 아는 문제를
최대한 많이 맞히는 것을 목표로 했습니다.
① 어려운 문제는 빠르게 넘기면서 문제를 끝까지 다 풀고 ② 확실한 답부터 우선 마킹한 후 ③ 다시 시험지로 돌아
가 건너뛴 문제들을 다시 풀었습니다. 확실히 시간을 재고 문제를 많이 풀어봐야 실전에 도움이 되는 것 같습니다.

#4. 문제풀이의 반복!

여느 시험과 마찬가지로 문제는 많이 풀어볼수록 좋습니다. 이론을 공부한 후 실제예상문제를 풀다보니 부족한 부분
이 어딘지 확인할 수 있었고, 공부한 이론이 시험에 어떤 식으로 출제될 지 예상할 수 있었습니다. 그렇게 부족한 부
분을 보충해가며 문제유형을 파악하면 이론을 복습할 때도 어떤 부분을 중점적으로 암기해야 할 지 알 수 있습니다.
이론 공부가 어느 정도 마무리되었을 때 시계를 준비하고 최종모의고사를 풀었습니다. 실제 시험시간을 생각하면서
예행연습을 하니 시험 당일에는 덜 긴장할 수 있었습니다.

학위취득을 위해 오늘도 열심히 학습하시는 동지 여러분에게도 합격의 영광이 있으시길 기원하면서 이만 줄입니다.

이 책의 구성과 특징

01

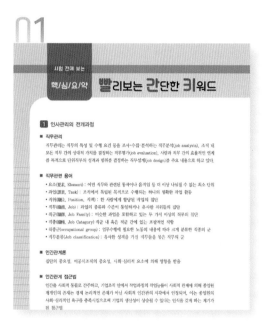

빨리보는 간단한 키워드

'빨리보는 간단한 키워드(빨간키)'는
핵심요약집으로 시험 직전까지 해당 과목의
중요 핵심내용을 체크할 수 있습니다.

핵심이론

독학사 시험의 출제 경향에 맞춰 시행처의
평가영역을 바탕으로 과년도 출제문제와
이론을 빅데이터 방식에 맞게 선별하여
가장 최신의 이론과 문제를 시험에
출제되는 영역 위주로 정리하였습니다.

02

제 1 장 인사선발과 인사결정

제 1 절 직무관리 및 직무평가

1 직무관리

(1) 직무관리의 정의

① 직무관리(functional management)는 직무의 특성 및 수행 요건 등을 조사·수집·분석하는 직무분석(job analysis), 조직 내 모든 직무 간의 상대적 가치를 결정하는 직무평가(job evaluation), 사람과 직무 간의 효율적인 연계를 목적으로 단위직무의 성과와 범위를 결정하는 직무설계(job design)를 주요 내용으로 하고 있다.

② 직무관리는 인적자원관리의 기초이자 일과 사람의 합리적 결합이라는 인적자원관리의 이상을 실현하기 위한 첫걸음이다.

(2) 직무 관련 용어

① 회사에서 행해지는 일들은 수십 가지 일이 모여서 하나의 일을 완성하는 경우가 많기 때문에 한 사람이 여러 가지 일을 맡아서 하기도 하고 여러 사람이 서로 다른 일을 한 가지씩 나누어 수행한 다음 취합하여 완성하기도 한다. 따라서 한 기업의 직무는 개인·부서·조직단위로 구분할 수 있다.

② 용어의 정의

㉠ 요소(별표, Element) : 어떤 직무와 관련된 동작이나 움직임, 정신적 과정 등 더 이상 나눌 수 없는 최소 단위의 작업을 위한 세부 행위를 의미한다.

　　예 전화받기, 복사하기 등

03

제 1 장 **실제예상문제**

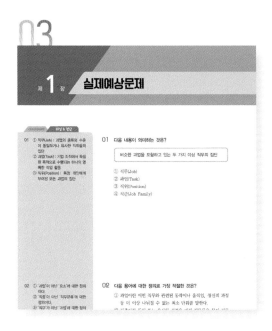

실제예상문제

독학사 시험의 경향에 맞춰 전 영역의 문제를
새롭게 구성하고 지극히 지엽적인 문제나
쉬운 문제를 배제하여 학습자가 해당 교과정에서
필수로 알아야 할 내용을 문제로 정리하였습니다.
'실제예상문제'를 통해 핵심이론의 내용을 문제로
풀어보면서 3단계 객관식 문제와 주관식 문제를
충분히 연습할 수 있게 구성하였습니다.

최종모의고사

'핵심이론'을 공부하고, '실제예상문제'를
풀어보았다면 이제 남은 것은 실전 감각
기르기와 최종 점검입니다. '최종모의고사
(총 2회분)'를 실제 시험처럼 시간을 두고
풀어보고, 정답과 해설을 통해 복습한다면
좋은 결과가 있을 것입니다.

04

독학사 심리학과 3단계

제 1 회 **최종모의고사** 산업 및 조직심리학

제한시간: 50분 | 시작 ___시 ___분 ~ 종료 ___시 ___분

정답 및 해설 260p

01 다음 중 직무 관련 용어에 대한 설명으로 옳지
않은 것을 고르시오.
① 요소: 어떤 직무와 관련된 동작이나 움직임, 정신적 과정 등 과업을 위한 더 이상 나뉠 수 없는 최소 단위의 행위
② 직위: 특정 시점에서 특정 조직의 한 개인이 수행하는 하나 또는 그 이상의 의무
③ 과업: 기업 조직에서 독립된 목적으로 수행되는 하나의 명확한 작업 활동
④ 직무: 과업의 종류와 수준이 동일하거나 유사한 직군들의 집단

03 평정상의 오류 중 후광효과에 관한 설명으로
옳지 않은 것은?
① 피고과자의 긍정적 인상에 기초하여 평가 시 어느 특정요소의 평정 결과가 다른 평가요소에도 영향을 미치는 것을 의미한다.
② 용모가 단정하면 책임감이 있고 유능할 것이라는 판단은 후광효과로 인한 판단이다.
③ 후광효과를 방지하기 위해 강제배분법, 체크리스트법을 활용한다.
④ 피평정의 어느 특정 요소가 부족하다는 인상을 가지게 되면 다른 요소도 막연히 부족하다고 평가하게 된다.

04 다음에서 설명하는 직무수행평가의 방법은 무엇
인가?

피평정자의 자질과 직무수행의 달성 가능
정도에 따라 미리 마련된 척도를 도식하여
평정자(고과자)가 해당되는 곳에 표시를
하는 방법으로 가장 많이 사용되는 평정법

CONTENTS
목차

빨리보는 간단한 키워드

산업 및 조직심리학

1 인사관리의 전개과정

■ 직무관리

직무관리는 직무의 특성 및 수행 요건 등을 조사·수집·분석하는 직무분석(job analysis), 조직 내 모든 직무 간의 상대적 가치를 결정하는 직무평가(job evaluation), 사람과 직무 간의 효율적인 연계를 목적으로 단위직무의 성격과 범위를 결정하는 직무설계(job design)를 주요 내용으로 하고 있다.

■ 직무관련 용어

- 요소(要素, Element) : 어떤 직무와 관련된 동작이나 움직임 등 더 이상 나눠질 수 없는 최소 단위
- 과업(課業, Task) : 조직에서 독립된 목적으로 수행되는 하나의 명확한 작업 활동
- 직위(職位, Position, 직책) : 한 사람에게 할당된 작업의 집단
- 직무(職務, Job) : 과업의 종류와 수준이 동일하거나 유사한 직위들의 집단
- 직군(職群, Job Family) : 비슷한 과업을 포함하고 있는 두 가지 이상의 직무의 집단
- 직종(職種, Job Category) 직군 내 혹은 직군 간에 있는 포괄적인 직함
- 직종군(occupational group) : 업무수행에 필요한 노동의 내용에 따라 크게 분류한 직종의 군
- 직무분류(Job classification) : 유사한 성격을 가진 직무들을 묶은 직무의 군

■ 인간관계론

집단의 중요성, 비공식조직의 중요성, 사회·심리적 요소에 의해 영향을 받음

■ 인간관계 접근법

인간을 사회적 동물로 간주하고, 기업조직 안에서 작업과정의 작업능률이 사회적 관계에 의해 종업원 개개인의 존재는 경제 논리적인 존재가 아닌 사회적 인간관의 시각에서 인정되며, 이는 종업원의 사회·심리적인 욕구를 충족시킴으로써 기업의 생산성이 상승될 수 있다는 인식을 갖게 하는 계기가 된 접근법

■ 직무분석의 정의

직무의 성격·내용에 연관되는 각종 정보를 수집, 분석, 종합하는 활동

■ 직무기술서와 직무명세서

구분	직무기술서 (job description)	직무명세서 (specification)
개념	• 직무기술서는 수행되어야 할 과업에 초점을 두며, 이는 직무분석의 결과를 토대로 직무수행과 관련된 과업 그리고 직무행동을 일정한 양식에 기술한 문서를 의미한다. • 직무기술서의 내용은 특정 직무의 내용을 조직 전체와 연계하여 기술한다.	• 직무명세서는 인적 요건에 초점을 두며, 이는 직무분석의 결과를 토대로 직무수행에 필요로 하는 작업자들의 적성이나 기능 또는 지식·능력 등을 일정한 양식에 기록한 문서를 의미한다. • 지식, 스킬, 능력, 기타 특성들(Knowledge, Skill, Ability & Other characteristics : KSAOs)을 중심으로 작성된다.
포함 내용	• 직무 명칭(Job Title) • 직무 코드 • 직무의 소속 직군, 직렬, 직종 • 직급(직무등급) • 직무 개요, Mission • 직무를 이루고 이는 구체적 과업의 종류 및 내용 • 직무의 책임과 권한 • 직무수행 방법 및 절차	• 요구되는 교육수준 • 요구되는 지식 • 요구되는 기능, 기술 • 요구되는 정신적, 육체적 능력 • 요구되는 경험, 경력 • 인성 및 적성 • 가치 및 태도
활용 분야	구성원의 입사교육과 기타 교육훈련, 업적평가 등의 기본 자료로 사용되며, 조직구조분석과 설계 그리고 경영관리자의 승계 및 대체에도 활용된다.	대체적으로 직무기술서와 활용분야는 같지만, 주로 모집과 선발에 사용된다. 또한 직무기술서와 함께 직무개선 및 직무재설계 그리고 경력계획 및 상담에도 사용된다.

■ 역량

각 기업조직의 구성원이 지식, 기술, 행동양식, 가치관, 성격 등 다양한 요소들을 종합적으로 활용하여 높은 성과를 낼 때 나타나는 측정 가능한 행동특성

■ 역량의 특성

• 조직의 변화를 지원
• 직무수행의 구체적 행동을 의미
• 상황 대응적 정의
• 개발 및 학습 가능
• 관찰 및 측정 가능

■ 핵심역량

역량 중에서도 조직 내부의 개인적인 기술이나 단순한 기능을 뛰어넘는 노하우를 포함한 종합적이고 핵심적인 강점과 기술력

■ 역량평가센터

- 모의직무상황을 가정한 다양한 기법을 사용하여 피평가자의 특성을 중복 관찰하는 평가시스템
- 평가자는 피평가자가 과제 해결 과정에서 나타낸 다양한 수행 모습을 세밀하게 관찰, 기록하여 평가 매뉴얼에 따라 평정
- 평정을 위한 대표적 과제로는 서류함기법(in-basket), 집단토론, 역할연기(role-play), 발표 등이 주어지며, 필요에 따라서는 상황판단검사 또는 역량면접 등도 포함될 수 있음

■ 역량평가센터의 특징

- 다양한 평가기법을 동시에 적용할 수 있다.
- 복수의 평가자에 의해 평정이 이루어지기 때문에 공정성과 객관성을 높일 수 있다.
- 실제 모의직무상황을 가정함으로써 직무관련성이 매우 높다.
- 보통 과거행동은 구조화된 면접방식을 사용하며, 미래의 행동은 모의직무상황하에서의 서류함기법 이나 역할연기기법 등을 사용하여 평정한다.

■ 역량모델링

조직구성원이 원하는 결과를 만들고 성과를 극대화하기 위해 필요한 역량을 쓰임에 따라 체계적으로 추출하여 정의하고 개발하는 활동으로, 특정한 과업을 성공적으로 수행하는 데 중요한 역량을 도출하는 과정

■ 직무분석과 역량모델링의 비교

구분	직무분석의 접근	역량모델링의 접근
목적	일의 단계, 절차 분석을 통하여 필요한 지식을 파악	조직이나 개인의 우수한 비즈니스 능력을 발굴, 접근
접근	• 기술(skill)의 개발 • 과업(task)이 중심 • 최소 요건으로서 지식(Knowledge), 스킬(Skill), 능력(Ability) 도출	• 성과(Performance)의 창출이 목적 • 지식, 스킬, 능력, 그리고 개인의 특성 동기 등 보다 심층적인 요소까지 추출 • 우수 성과자의 직무수행 역량에 초점
문제해결	OJT, 교육 훈련	사람 중심

적용평가	• 안정적이며, 최소한의 수행능력 여부 평가 • 직능 등급의 세분화(보통 9단계)	• 교육은 다양한 해결방안 중의 하나로 인식 • 개인의 자율적인 경력 구축을 지원하는 시스템으로 운영
이점 & 활용	• 업무의 규모 파악, 구성요소, 기술적 지식의 규명 • 능력 그 자체에 등급을 매겨 임금 및 승진과 같은 보상에 활용	• 성과지향적 목적을 위해 활용하며, 채용, 평가, 보상, 교육, 후계자 양성 등에 활용 • 개인의 역량 향상을 통하여 자신의 피고용 가능성과 조직의 성과향상이 주된 목적
결과물	• 직무기술서 • 직무명세서	• 역량군(Clusters) • 역량 리스트(competency list)
비고	• 환경과 분리 • 개인과 성과 요인 간의 인과관계에 대한 설명 부족	조직의 Vision, Mission, 경영 전략과 연계되어 있음

■ 직무평가

기업 조직에서 각 직무의 숙련·노력·책임·작업조건 등을 분석 및 평가하여 다른 직무와 비교한 직무의 상대적 가치를 정하는 체계적인 방법

■ 직무평가의 목적

• 공정한 임금체계(임금격차)의 확립
• 종업원들의 적재적소 배치를 실현
• 핵심역량 강화지표 설계
• 노사 간의 임금협상의 기초
• 인력개발에 대한 합리성 제고

■ 직무평가의 방법

• 서열법(Ranking Method)
• 분류법(Job Classification Method)
• 점수법(Point Ration Method)
• 요소비교법(Factor Comparison Method)

구분	서열법	(직무)분류법	점수법	요소비교법
활용정도	가장 적음	중간	가장 많음	중간
비교방법	직무-직무 (상대평가)	직무-기준표 (절대평가)	직무-기준표 (절대평가)	직무-직무 (상대평가)
평가대상	직무 전체	직무 전체	직무의 평가요소	직무의 평가요소

평가방법	비계량적	비계량적	계량적	계량적
평가척도	서열	등급	점수, 요소	점수, 대표직위
요소의 수	없음	없음	평균 11개	평균 5개
발전수준	가장 오래된 방법	• 서열법의 발전된 형태 • 점수법의 조잡한 형태	분류법의 발전된 형태	• 서열법의 발전된 형태 • 점수법의 개선된 형태

■ 직무분류

기업조직에서 업무내용이 비슷하거나 또는 조직에서 요구하는 자격요건이 비슷한 직무를 묶어서 체계적인 직무의 군으로 분류해 나가는 과정

■ 모집

각 기업조직에서 필요로 하는 인원을 신규채용 희망자들에게 채용에 관한 정보를 제공함으로써 유능한 인력을 조직으로 유도하는 일련의 과정

■ 모집의 원천 : 크게 내부모집(내부시장채용)과 외부모집(외부시장채용)으로 나눌 수 있다.

• 내부모집 : 기업이 필요로 하는 인력을 내부 노동시장을 통해서 회사와 직·간접적으로 관계를 맺고 있는 인력으로 충원하는 방법
• 외부모집 : 기업의 필요인력을 외부 노동시장에서 충원하는 방법

■ 모집의 원천별 비교

구분	내부모집	외부모집
장점	• 승진자의 사기앙양 및 직원의 동기유발 • 개인의 능력개발 • 모집비용의 절감 • 능력에 대한 정확한 평가 가능	• 사내 새로운 분위기 유발 • 모집범위가 넓어 유능한 인재 확보가 용이 • 특수한 인재채용 가능 • 교육 및 훈련비용(인력개발비용) 절감 • 조직의 홍보효과 증대
단점	• 모집범위의 제한 • 탈락자 불만 • 개인의 과다한 경쟁 • 이동시 교육비용	• 적응기간 소요 • 기존 사원과의 갈등 • 내부인 사기저하 • 평가의 부정확

■ **선발**

모집활동을 통해 획득한 지원자들을 대상으로 미래에 수행할 직무에 대해 가장 적합한 사람을 선별하는 과정

■ **선발 시의 오류**

- 제1종 오류 : 좋은 성과를 낼 수 있는 지원자를 선발하지 못할 위험
- 제2종 오류 : 좋은 성과를 낼 수 없는 지원자를 선발할 위험

■ **배치**

여러 직무와 여러 개인들의 관계를 합리적으로 연결하여 이를 기업조직의 성과 내지 각 개인의 만족도를 높일 수 있도록 해당 직무에 종업원을 배속시키는 것

■ **배치의 원칙**

- 실력(능력)주의
- 적재적소주의
- 균형주의
- 인재육성주의

■ **조직사회화**

신입사원이 조직에 들어와 조직의 가치, 규범, 행동양식 그리고 업무수행 방식 등을 습득하여 조직의 기대에 맞도록 융화되는 과정을 말한다.

2 교육과 개발

■ **학습**

개인의 반복적인 연습이나 직·간접적 경험의 결과로서 유발되는 비교적 항구적인 행동의 변화과정

■ **학습의 속성**

- 행동의 변화
- 영구적 변화
- 직·간접적 경험·연습·훈련을 통한 습득

■ 학습의 전이

한 번 학습된 것이 그대로 끝나지 않고 추가적인 학습의 밑거름이 되어 새로운 학습을 유도하는 것
- 긍정적 전이
- 부정적 전이
- 중립적(영) 전이

■ 훈련·교육의 의미 비교
- 훈련 : 조직구성원의 직무수행에 즉각 적용할 수 있는 업무기술(skill)을 현 직무에 비교적 단기적이면서도 실무중심의 효과향상에 초점
- 교육 : 구성원에 대한 일반적 지식이나 소양, 태도 등을 배양하는 것으로서 비교적 장기적이면서도 포괄적인 기업조직의 목표에 초점

■ 동기부여의 구성요소
- 유발성(arousal)
- 지향성(direction)
- 지속성(persistence)

■ 동기의 분류
- 일차적 동기와 이차적 동기
- 일반동기와 특수동기
- 내재적 동기와 외재적 동기

■ 동기의 기능(Keller, 2009)
- 활성적 기능(activation function)
- 지향적 기능(directive function)
- 조절적 기능(adjustion function)
- 강화적 기능(reinforcing funtion)

■ **켈러의 동기설계(ARCS)모형의 구성요소**
- 주의(Attention)
- 관련성(Relevance)
- 자신감(Confidence)
- 만족감(Satisfaction)

■ **성인교육(학습)의 목적**
- 개인의 능력개발
- 개인적 경험지식의 강화
- 새로운 환경에 적응을 위한 필요 지식 및 기술의 습득
- 양태적 측면에서의 변화
- 자아실현감 촉진
- 사회·경제·문화적 발전 단계로의 참여유도

■ **성인교육의 기본 원리**
- 자발적 학습의 원리
- 자기주도적 학습의 원리
- 상호학습의 원리
- 현실성의 원리
- 기타 : 참여교육의 원리, 경험중심의 원리, 과정중심의 원리, 다양성과 이질성의 원리, 탈정형성의 원리, 능률성의 원리, 유희·오락성의 원리

■ **교육훈련의 유형**
- 직장 내 교육훈련(On the Job Training : OJT) : 훈련방법 가운데 가장 보편적으로 사용되는 방법으로 실제업무를 수행하는 과정에서 직속상관이 부하직원에게 직무에 관한 구체적 필요 지식과 기술을 개별지도를 통해 습득하게 하는 방법
- 직장 외 교육훈련(Off the Job Training : Off-JT) : 회사를 떠나서 교육훈련을 담당하는 전문 스태프의 책임 하에 집단적으로 교육을 실시하는 방법

■ 교육훈련 방법

- 강의식 교육방법 : 강의·강연
- 참여식·토론식 교육방법 : 토론(포럼, 패널토의, 심포지엄), 사례연구, 신디케이트, 역할연기, 역할 모델법
- 체험식 교육방법 : 감수성훈련, 시찰·견학, 비즈니스 게임법, 인-바스켓 기법, 인턴십, 멘토링

■ 교육훈련 프로그램 평가(준거)

반응평가(=반응준거), 학습평가(=학습준거, 내용평가), 직무행위평가(=행동준거), 결과평가(=결과준거)

■ 교육평가의 타당도(Goldstein, 1993)

훈련타당도, 전이타당도, 조직 내 타당도, 조직 간 타당도

3 인사평가와 성과관리

■ 직무수행평가

일정기간에 직원들이 그들의 업무를 얼마나 잘 수행했는지에 대한 정기적이고 공식적인 평가

■ 전통·현대적 평가방법의 비교

구분	특징	종류
전통	• 업적중심의 고과 • 임금·승진관리를 위한 고과 • 포괄적·획일적 고과 • 평가자 중심의 고과 • 추상적 기준에 의한 고과	관찰법, 서열법, 평정척도법, 체크리스트법 등
현대	• 능력·적성·의욕(태도)의 고과 • 능력개발·육성을 위한 고과 • 승급·상여 등 목적별 고과 • 피고과자의 참여에 의한 고과 • 구체적 기준에 의한 고과	중요사건기록법, 목표관리법(MBO), 행태중심 평정척도법, 다면평가법, 평가센터법, 집단평가법 등

■ 직무수행평가의 구성요소

능력고과(능력의 발휘도), 태도평가(일에 대한 자세, 근무태도, 노력도), 업적평가(일의 달성도)

■ **직무수행평가의 방법**

도표식 평정척도법, 일화기록법, 서열법, 체크리스트 평정법, 강제배분법, 중요사건기록법, 목표관리법, 행태중심 평정척도법 등

■ **다면평가**

단일 대상자를 두고 상사가 일방적으로 평가하는 기존의 방식에서 벗어나 다양한 원천(직장 내 상사·동료·부하·고객·자신 등)으로부터 피평정자에 대한 정보를 수집하고 결과를 결합하여 피드백 해주는 일련의 과정

■ **참조틀 교육**

• 평정자가 평가제도에서 구축한 평가체계를 참조할 수 있는 틀, 즉 참조틀을 형성하도록 하여 평가 시에 참조틀을 활용하여 평가할 수 있도록 만드는 교육
• 평가 차원에 관한 정확성을 증가시키기 위해서 직무수행을 평가할 때 평가자에게 공통적으로 적용할 수 있는 동일한 기준을 제공하고 숙지시키는 것

■ **피드백**

직무가 요구하고 있는 활동의 실제 수행결과를 평가·분석하고 이를 통해 얻어진 정보를 직무담당자에게 제공하는 일련의 과정

4 팀워크

■ **집단과 팀의 구별**

비교점	전통적 기능 조직(집단)	팀 조직
조직구조	계층적, 개인단위	수평적, 팀 단위
직무범위	단순하고 일상적인 직무	범위가 넓은 한두 가지의 직무(전체+다수업무)
목표	상부에서 주어진 구성원 공동목표	팀원 스스로 설정한 공동목표 + 몰입
성과	각 개인이 기여한 결과로 얻어짐	개인의 기여 + 공동의 노력의 결과로 얻어짐
보상	개인주의, 연공주의	팀·능력주의
평가	상부조직에 대한 기여도로 평가	팀이 의도한 목표달성도로 평가

책임	개인의 책임	팀원 공동의 책임
과업수행	관리적 요구에 부응	팀원 스스로 설정한 과업수행
지시·전달	상명하복·지시·품의	상호충고·전달·회의·토론
정보의 흐름	폐쇄적·독점적	개방적
리더의 역할	관리·감독·통제권을 단독으로 행사(강한 리더)	관리·감독·통제는 팀원 상호간에 이뤄지게 되며, 리더는 지원자, 촉진자에 머묾

■ Tuckman & Jensen의 집단발달 5단계 모형

형성기 → 격동기 → 정착기 → 수행기 → 해체기

■ 집단규모의 증가에 따른 결과

- 만족도 : 조직구성원들의 만족도가 감소한다.
- 결근율 : 조직구성원들의 결근율이 증가한다.
- 이직률 : 조직구성원들의 이직률이 증가한다.
- 구성원의 참여도 : 참여기회가 감소하고, 의사소통·정보교환에 문제가 발생한다.
- 리더십 : 리더의 역할이 증대되며, 개인적 배려에 한계가 나타난다.
- 여론 : 조직 내 여론수렴이 어려워진다.
- 집단성과 : 성과에 관하여서는 다음 두 가지 연구결과가 존재한다.
  - 다양한 인적자원 확보로 인하여 성과가 높아진다는 입장
  - 구성원간의 견제나 집단과정의 손실로 인하여 성과가 낮아진다는 입장

■ Robbins의 4가지 팀의 유형

- 문제해결팀(Problem-solving Team)
- 자가경영직무팀(Self-managed Work Team)
- 기능융합팀(Cross-functional Team)
- 가상팀(Virtual Team)

■ 집단 응집력 제고 요인

개인 간 매력도, 구성원 간 근접성, 집단 간 경쟁, 관리 가능한 정도의 규모, 과거 높은 성과를 낸 경험, 목표나 관심의 동질성 및 공유 정도, 집단구성원 가입 자격요건의 엄격성

■ **팀 구축법의 실행단계**

팀 기술연수 → 자료수집 → 자료처리 → 행동계획 → 팀 구축 → 집단 간 팀 구축

■ **팀 과정**

팀 과정은 팀이 원활하고 효율적으로 기능하기 위한 운영절차로 각기는 사회화 과정, 대인과정, 공유된 정신모델 의사결정 과정으로 이루어진다.

■ **개인적 의사결정과 집단적 의사결정**

요인	개인적 의사결정	집단적 의사결정
가용시간	비교적 시간적 여유가 없을 때	비교적 시간적 여유가 있을 때
의사결정 분위기	분위기가 경쟁적일 때	분위기가 문제해결에 지원적일 때
개인의 특성	개인들이 협력할 수 없을 때	집단구성원이 함께 일한 경험을 갖고 있을 때
의사결정의 수용도	수용도가 중요하지 않을 때	집단구성원의 수용이 소중할 때
문제(과업)의 유형	창의성 또는 능률이 요구될 때	다양한 지식과 기술이 요구될 때

■ **집단의사결정**

집단의사결정(group decision making)이란 조직이 목표를 완수하는 과정상에서 직면하게 되는 여러 가지 문제들에 대한 해결방안을 개인이 아닌 집단의 차원에서 토론 및 지식의 교환 등과 같은 집단적 상호작용을 거쳐 선택하는 의사결정 과정을 의미한다.

■ **집단사고**

집단사고(group think)란 토의·협의를 통해 집단적으로 문제해결의 방안을 찾는 과정 또는 그 과정에서 집단구성원들이 갖는 일치된 생각을 의미한다.

■ **집단사고의 오류**

• 과도한 모험선택
• 집단 양극화 현상
• 정당화 욕구
• 도덕적 환상
• 만장일치의 환상
• 기타 : 무오류의 환상, 합리화의 환상, 동조압력, 적에 대한 상동적인 태도, 동조압력, 자기검열, 심리적 감시 등

■ **효율적 집단의사결정기법**

- 브레인스토밍
- 명목집단기법
- 델파이기법
- 변증법적 토의법
- 상호작용 집단기법(=토론집단법)

5 직무태도 및 조직행동

■ **직무만족**

- 직무에 대한 정서적 반응
- 직무에서 개인이 원하는 것과 실제 얻는 것과의 비교로 표현
- 담당자의 주관적인 판단에서 비롯된 주관적 개념

■ **직무충실화**

직무성과가 직무수행에 대한 경제적인 보상보다 개인의 심리적 만족에 의해 좌우된다는 가정 하에 직무자체에서 구성원 개인의 동기를 유발시키고 자아실현의 기회를 부여할 수 있도록 직무내용 및 환경 등을 재설계

■ **직무만족의 영향요인**

성격, 가치관, 근무환경, 사회적 영향요인

■ **직무만족의 결정 요인**

보상체계(급여), 직무자체, 승진 가능성, 동료 작업자와의 관계, 리더십 스타일(감독), 조직구조

■ **학자별 직무만족 영향 요인**

구분	직무만족 영향 요인
허츠버그(F. Herzberg)	발전을 통한 인정, 사회·기술적 환경, 본질적 작업 측면
브룸(V.H. Vroom)	감독, 승진, 임금, 작업집단, 작업시간, 직무내용
로크(E.A. Locke)	감독, 승진, 임금, 작업조건 인정, 부가급부, 동료, 회사의 관리, 직무

스미스(P. C. Smith)	승진, 임금, 직무, 동료
푸르네(G. P. Fournet)	개인특성(연령, 교육, 지능, 성별, 작업수준), 직무특성(조직관리, 직속상관의 감독, 커뮤니케이션, 안정성, 단조로움, 임금)
길머(B. H. Gilmer)	감독, 승진, 임금, 복리후생, 작업환경, 직무의 본질적 측면, 직무의 사회적 측면, 의사소통, 안전

■ **아담스의 공정성이론**

구성원들이 준거인이나 준거집단과 비교시 불공정성을 느낄 때 여러 방법으로 불공정상태를 해소하고자 하며, 반대로 공정성을 느낄 때 동기가 부여된다고 주장. 분배적·절차적·상호관계적 공정성 측면으로 구분

■ **조직몰입**

한 개인이 자기가 속한 조직에 대해 어느 정도의 일체감을 가지고 조직활동과 직무에 몰두하는 정도

■ **직무몰입**

조직구성원들이 직장에서 맡은 일이 자기 인생에서 차지하고 있는 중요도

■ **직무열의**

업무에 대하여 긍정적이고 정력적이며 헌신하고 몰두하는 자세, 즉 직무에 대한 담당자의 긍정적 마음의 상태

■ **직무탈진**

직무수행 상황에서 담당자가 스트레스에 지속적으로 노출됨으로써 겪게 되는 부정적인 심리상태

■ **스트레스의 기능**

• 순기능 : 최상의 기쁨이나 자극 또는 흥분을 유발
• 역기능 : 많은 사람들에게 불안, 긴장 및 걱정 등을 유발

■ **스트레스 유발 요인**

힘든 선택, 고도의 능력과 책임을 요하는 힘든 업무와 과도한 근무시간, 복잡한 인간관계, 냉혹감, 압박감, 좌절감, 갈등 등

■ **젤리에의 스트레스 반응단계**

경고단계 → 탈진단계 → 저항단계

6 직무설계와 조직개발

■ 직무설계

기업조직의 목표달성 및 종업원 개개인의 욕구충족의 극대화를 위해서 구조적 또는 인간관계 측면을
고려한 조직구성원들의 직무에 관련되는 활동을 설계하는 과정

■ 직무순환

조직구성원을 한 직무에서 다른 직무로 체계적으로 순환시킴으로써 한 사람이 다양한 과업을 수행할
수 있도록 하는 방법

■ 직무확대

여러 가지의 과업을 묶어서 하나의 새롭고 넓은 직무로 결합하는 것

■ 조직개발

조직구성원의 가치관, 태도, 신념 등을 변화시켜 조직의 환경변화에 대한 대응 능력을 증진시키려는
조직혁신의 기법

■ 조직개발의 과정

해빙 단계 → 변화(주입) 단계 → 재동결 단계

■ 조직개발 기법

감수성훈련, 팀 구축, 과정상담, 태도조사 환류기법, 관리망 훈련

■ 조직변화에 대한 저항요인

불확실성, 혼란, 당혹감, 이질감, 체면 상실, 자신감 결여, 개인정서의 차이, 업무 과부하, 권력게임

■ 조직변화관리에서 직무분석의 절차

부정 → 방어 → 무시 → 적응 → 내재화

7 직무동기와 리더십

■ 직무동기이론

내용이론	• 매슬로우(Maslow)의 욕구단계이론 • 앨더퍼(C. R. Alderfer)의 ERG이론 • 맥클리랜드(D. C. McGlelland)의 성취동기이론 • 허츠버그(Herzberg)의 2요인이론 • 맥그리거(McGreger)의 X·Y이론 • 아지리스의 성숙·미성숙이론
과정이론	• 브룸(Vroom)의 기대이론 • 아담스(Adams)의 공정성이론 • 로크의 목표설정이론(Goal setting theory) • 포터와 롤러(Porter & Lawler)의 모델 • 스키너의 강화이론

■ 매슬로우의 욕구단계이론

	욕구	내용	관리전략
1단계	생리적 욕구	음식, 휴식, 성적 요구	보수체계의 적정화, 휴양·휴가제도, flex-time제
2단계	안전·안정의 욕구	경제, 질서, 신체적 안전	고용·신분의 안정성, 인플레이션에 따른 임금인상, 연금제도, 작업환경의 안정성(직무안정) 등
3단계	애정 및 사회적 욕구	인간관계, 타인과의 상호관계, 소속감, 우정, 애정, 집단의식 등	의사소통의 활성화, 갈등 제거, 비공식 조직의 안정, 인간화 등
4단계	존경 욕구	자아존중, 성취의욕, 명예, 지위, 위신 등	제안제도, 참여촉진, 교육훈련과 평가, 전직, 전보, 승진(또는 승진의 기회) 등
5단계	자아실현 욕구	자기발전, 소명의식, 신념	조직에 대한 사회적 평가의 제고, 직무충실, 확대, 사명감 고취 등

■ 개인행동 수준의 리더십 개발 훈련기법

리더십 이론과 기술에 대한 강의, 사례연구, 역할연기, 감수성훈련, 행동 모형

■ 집단행동 수준의 리더십 개발 훈련기법

팀 구축, 집단대면기법, 과정 자문법, 제3자 조정법, 설문조사 피드백

■ 변혁적 리더의 특성

• 카리스마
• 지적 자극
• 영감적 동기유발
• 개별적 관심

여기서 멈출 거예요? 고지가 바로 눈앞에 있어요.
마지막 한 걸음까지 시대에듀가 함께할게요!

제 **1** 장

인사선발과 인사결정

I wish you the best of luck

독학사 심리학과 3단계

인사선발과 인사결정

제 1 절 직무관리 및 직무평가

1 직무관리

(1) 직무관리의 정의

① 직무관리(functional management)는 직무의 특성 및 수행 요건 등을 조사·수집·분석하는 직무분석(job analysis), 조직 내 모든 직무 간의 상대적 가치를 결정하는 직무평가(job evaluation), 사람과 직무 간의 효율적인 연계를 목적으로 단위직무의 성격과 범위를 결정하는 직무설계(job design)를 주요 내용으로 하고 있다.

② 직무관리는 인적자원관리의 기초이자 일과 사람의 합리적 결합이라는 인적자원관리의 이상을 실현하기 위한 첫걸음이다.

(2) 직무 관련 용어

① 회사에서 행해지는 일들은 수십 가지 일이 모여서 하나의 일을 완성하는 경우가 많기 때문에 한 사람이 여러 가지 일을 맡아서 하기도 하고 여러 사람이 서로 다른 일을 한 가지씩 나누어 수행한 다음 취합하여 완성하기도 한다. 따라서 한 기업의 직무는 개인·부서·조직단위로 구분할 수 있다.

② 용어의 정의

㉠ 요소(要素, Element) : 어떤 직무와 관련된 동작이나 움직임, 정신적 과정 등 더 이상 나눠질 수 없는 최소 단위로 과업을 위한 세부 행위를 의미한다.

　예 전화받기, 복사하기 등

㉡ 과업(課業, Task, 과제, 작업) : 과업은 기업 조직에서 독립된 목적으로 수행되는 하나의 명확한 작업 활동을 말한다. 직무분석에 있어서의 가장 최소 단위는 바로 이 과업을 말한다.

　예 버스를 운전하는 것, 비행기를 조종하는 것 등

㉢ 직위(職位, Position, 직책) : 특정 시점에서 특정 조직의 한 개인이 수행하는 하나 또는 그 이상의 의무로 구성된다. 그러므로 직위는 특정 개인에게 부여된 모든 과업의 집단을 의미한다. 다시 말해, 여러 가지 과업들을 모으게 되면 한 사람 이상의 작업자들이 필요로 하게 되는데, 결국 이 한 사람에게 할당된 작업의 집단을 직위라고 한다.

　예 어느 사무실의 총무부에 3명의 경리가 존재한다면, 3명이 '경리'라는 직위를 가지고 있는 것이며, 이에 대한 직무는 '경리' 한 가지라는 것을 의미한다.

ⓔ 직무(職務, Job) : 과업의 종류와 수준이 동일하거나 유사한 직위들의 집단을 의미한다.
ⓜ 직군(職群, Job Family) : 직군은 비슷한 종업원의 특성을 요구하거나 또는 비슷한 과업을 포함하고 있는 두 가지 이상의 직무의 집단을 말한다.
　　예 생산직군, 물류직군, 영업직군, 마케팅직군
ⓗ 직종(職種, Job Category) : 직군 내 혹은 직군 간에 있는 포괄적인 직함 혹은 직종에 따른 직무의 집단을 말한다.
　　예 관리직, 판매직, 사무직, 보수유지직 등
ⓢ 직종군(occupational group) : 업무를 수행하는 데 필요한 노동의 내용에 따라 크게 분류한 직종의 군을 말한다.
ⓞ 직무분류(Job classification) : 동일 또는 유사한 성격을 가진 직무들을 묶어 직무의 군으로 분류하는 것을 말한다.

(3) 직무관리와 인적 자원관리의 관계

① 직무관리는 직무를 체계적으로 정비·연결·설계하고 그에 적합한 인원을 선발하여 충원하는 것으로, 각각의 직무에 대응하는 보상을 받게 하여 만족할만한 직무를 수행할 수 있도록 직무와 관련된 모든 과정을 조정·통제하는 것을 의미한다.
② 인적 자원관리는 종업원의 행동관리를 통해 직무를 효과적으로 완수하게 함으로써 기업성과를 극대화하기 위한 것으로, 직무관리와 인적 자원관리는 불가분의 관계에 있다.

2 직무분석

(1) 직무분석의 정의

직무분석(Job analysis)이란 직무의 성격·내용에 연관되는 각종 정보를 수집, 분석, 종합하는 활동을 말한다. 즉, 기업 조직이 요구하는 일의 내용들을 정확히 분석하는 과정을 의미한다.

(2) 직무분석의 목적

인사관리를 합리적으로 수행하기 위해서는 직무를 중심으로 직무와 인간의 관계를 명확하게 밝혀야 한다. 그러기 위해서는 우선 각 직무의 내용과 특질을 정확하게 파악해야 하는데 이와 같이 직무분석은 직무에 관한 공식적인 개요를 작성하는 데 필요한 모든 정보자료를 수집하고 이를 정리하는 과정으로 사람 중심의 관리가 아닌 일중심의 인사관리를 하기 위해 수행되는 것이다.

① 인사관리·직무관리·조직관리의 합리성 제고
② 직무에 관한 개요를 제공하여 작업자와 관리자에게 직무의 내용 및 요구사항에 관한 이해를 도움
③ 모집·선발 과정에서 자격조건 명시할 수 있고, 취업희망자에게 직무에 관한 정보 제공
④ 상하연결, 보고, 책임, 관리 등 조직관계 명시
⑤ 직장훈련, 지도를 포함한 교육 훈련에 도움

⑥ 조직체 계획과 인사관리계획에 도움이 되는 자료 제공

⑦ 직무설계와 과업관리의 개선에 도움이 되는 지표 제공

⑧ 직무의 가치평가 자료를 제공

⑨ 경력경로와 진로의 선정 등 경력계획의 기본이 되는 자료 제공

⑩ 노사 간의 직무에 대한 상호 이해를 증진시키는 데 도움이 되는 자료가 됨

(3) 직무분석의 절차 및 방법

① 직무분석의 절차(단계)

직무분석에 있어 수집·분석되는 정보자료는 직무분석의 구체적인 목적 및 환경적 변인에 따라 다를 수 있다. 그러나 직무분석의 절차는 대체로 다음의 과정을 거친다.

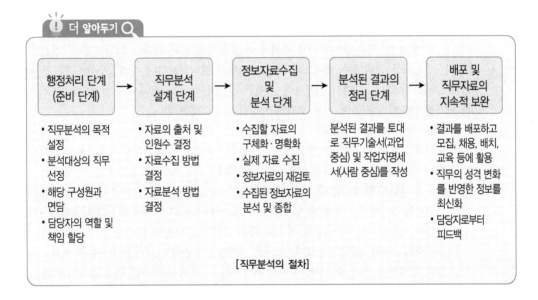

[직무분석의 절차]

② 직무분석의 유형

직무분석은 분석 시 어디에 초점을 두느냐에 따라 크게 두 가지의 유형으로 구분할 수 있다.

　㉠ 과업 중심(task-oriented) 직무분석

　　ⓐ 과업이나 활동을 파악하는 데 초점을 둔 분석 유형이다.

　　ⓑ 일반적으로 과업은 동사의 형태로 표현된다.

　　ⓒ 직무기술서(Job Description)를 작성하는 데 중요한 정보를 제공한다.

　　ⓓ 직무 각각에 대한 표준화된 분석도구를 만들 수 없다.

　　ⓔ 직무별 적정인력이나 필요인력을 알려면 직무별 과업의 종류와 소요시간에 관한 정보를 알아야 하므로 반드시 과업 중심 직무분석을 실시하여야 한다.

　㉡ 작업자 중심(worker-oriented) 직무분석

　　ⓐ 직무수행에 필요한 인간의 재능에 초점을 둔다.

　　ⓑ 작업자의 개인적 요건들에 의해 직무가 표현된다.

　　ⓒ 직무명세서(Job Specification)를 작성하는 데 중요한 정보를 제공한다.

ⓓ 직무에 관계없이 표준화된 분석도구를 만들기가 비교적 용이하고, 인간특성의 유사 정도를 양적으로 비교하는 것이 가능하다.

💡 **더 알아두기** 🔍

기능적 직무분석(functional job)

직무의 내용을 실제 직무담당자인 직원에 대한 관찰과 면접을 통해 기능을 분류하고 정리한다.

• 직무담당자가 과업을 수행하는 절차와 과정에 대한 정보를 파악하는 데 용이하며, 담당자의 대인 관계 및 물리적·정신적 환경에 대한 정보를 얻을 수 있다.

• 기능을 중심으로 분석이 이뤄지기 때문에 직무를 간략하게 분류하는 데 편리하다.

---

③ **직무자료 수집과 직무분석방법**

직무 관련 정보의 수집방법은 경험법, 관찰법, 면접법, 질문지법, 중요사건 서술법, 작업기록법 등을 들 수 있으며, 직무분석은 직무 자체가 어떤 일이며 맡은 사람은 어떤 자격과 기술을 가져야 하는 것인가를 밝혀내는 것이므로 어떤 관점에서 분석하느냐에 따라 조사내용과 결과가 조금씩 달라질 수 있다. 따라서 직무분석 시에는 목적과 특정 조직에서 현실적으로 적용 가능한 방법인가를 반드시 고려하여 가장 효과적인 방법을 선택해야 한다.

㉠ 관찰법(observation-method)

ⓐ 평상시에 직무를 수행하는 것을 관찰, 기록 후 직무기술서 작성하는 방법으로 실제적인 과업이나 임무를 판단하는 가장 보편적인 방법이다.

ⓑ 비교적 간단하게 실시할 수 있고, 직무 담당자(종업원)들의 작업 시에 나타나는 행동이나 작업환경을 생생하게 파악할 수 있다. 그러나 그러한 행동의 이유나 정신적 활동까지는 파악이 어렵기 때문에 정신적 집중을 필요로 하는 업무에는 활용이 어렵다.

ⓒ 연구자의 주관적 해석 가능성이 높으며, 피관찰자의 관찰을 의식한 직무수행 왜곡으로 신뢰성의 문제점이 생길 수 있다. 따라서 관찰자는 그 존재를 가능한 한 노출시키지 않는 것이 좋다.

㉡ 면접법(interview-method)

ⓐ 직무 담당자(종업원)와 면접자가 서로 대면해서 직무에 관한 정보를 취득하는 방법이다.

ⓑ 개인 혹은 소집단으로 나눠 면접이 진행되며, 주로 수행활동, 필요기술, 경험 및 노하우 등을 질문한다. 적용 직무에 대한 제한은 없으나, 직무를 파악하는 면접자들의 기술과 자질이 요구된다.

ⓒ 관찰법과는 달리 직무 담당자(종업원)들의 정신적 활동까지 파악할 수 있어 다양한 직무에 관한 정보의 수집이 가능하다.

ⓓ 피해를 우려한 직무 담당자(종업원)의 의도적인 정보 왜곡 또는 정보제공을 기피할 수 있다는 문제가 존재한다.

ⓒ 설문지법(questionnaire method)

   ⓐ 의도나 과정이 면접법과 같지만 설문지에 답을 쓰거나 과업, 작업조건, 소요재료 등에 관하여 좀 더 상세하게 기술함으로써 정보를 얻는 방법이다.

   ⓑ 표준 설문지를 사용하는 방법과 분석의 대상이 되는 직무에만 사용할 수 있는 설문지를 사용하는 방법이 있다.

   ⓒ 설문지 구성 시 지나치게 정형화된 질문이나 자유기술을 요구하는 질문지 구성은 피해야 하며, 일반적으로는 직무의 내용이나 수행방법, 수행목적, 수행과정, 자격요건 등에 대한 내용을 포함한다.

   ⓓ 짧은 시간 안에 양적 자료를 얻을 수 있다.

ⓔ 중요사건기록법(critical incident method)

   ⓐ 직무수행에 결정적인 역할을 한 사건이나 사례를 중심으로 분석하는 방법이다.

   ⓑ 직무행동 가운데 성과와 관련하여 효과적인 행동과 비효과적인 행동을 구분하여 직무를 분석한다.

   ⓒ 면접과 관찰을 통해 사건이나 사례 등을 수집하며 실제 직무수행 중 발생했던 사건을 토대로 직무수행에 관한 중요한 지식, 기술, 담당자의 능력 등 핵심적 요소들을 발견할 수 있다.

   ⓓ 직무행동과 직무성과 간의 관계를 직접적으로 파악할 수 있는 반면 수집된 직무행동을 분류·평가하는 데 많은 노력과 시간이 소요된다.

   ⓔ 특정 사건이나 사례를 중심으로 분석이 이루어지기 때문에 포괄적인 정보획득이 어렵다는 한계가 있다.

ⓜ 작업기록법(employee recording method)

   ⓐ 직무수행자가 직접 작성하는 작업일지나 메모 등과 같은 사항을 참고하여 정보를 수집하고 분석하는 방법이다.

   ⓑ 장기간에 걸쳐 작성된 작업일지는 내용에 대한 신뢰도를 확보할 수 있어, 엔지니어나 고급관리자가 수행하는 직무 등과 같이 관찰이 어려운 직무인 경우에 많이 활용된다.

   ⓒ 분석 시 필요한 정보를 충분히 취득할 수 없다는 한계가 있다.

ⓗ 경험법(experiential-method)

   ⓐ 직무분석자가 직접 해당 직무를 수행해보는 방법이다.

   ⓑ 다른 분석방법들과 비교해 그 효과는 가장 우수하나 기술발전과 지식의 증가로 실질적인 수행에 의해 연구될 수 있는 직무는 한정적이다.

ⓢ 워크 샘플링법(work sampling method)

   ⓐ 종업원이 수행하는 전체 작업의 과정 동안에 무작위 간격으로 종업원들에 대한 많은 관찰을 해서 그들의 직무행동에 대한 정보를 얻어내는 방법을 말한다. 더불어 이는 종업원의 직무성과가 외형적일 때 잘 적용될 수 있는 방법이다.

   ⓑ 관찰과 기록은 비전문가라도 육안으로 얼마든지 관측 가능하므로 측정을 위한 장치나 장비가 따로 필요 없어 소요되는 비용이 적게 든다.

   ⓒ 현장 작업자를 방해하지 않고 측정이 가능하다.

   ⓓ 비반복적인 작업 또는 긴 작업을 효과적으로 측정할 수 있으나 짧은 단순 반복 작업을 측정하는 데에는 부적합하다.

> **❗ 더 알아두기** 🔍
>
> **직위분석설문지(Position Analysis Questionnaire : PAQ)**
> • 직무수행에 필요한 인간의 속성을 기술하는 약 195개 내외의 진술문으로 구성된다.
> • 직무수행에 관한 6개의 하위 항목을 정보입력, 정신과정, 직업결과, 타인과의 관계, 직무맥락, 기타 직무요건으로 구분하여 직무의 내용을 파악한다.

(4) 직무분석의 결과와 사용

직무 자체의 내용과 그 직무수행에 요구되는 자격요건에 관한 분석을 완료하고 이를 체계적으로 정리해 놓은 것이 직무기술서와 직무명세서이며, 이는 채용, 배치, 교육훈련, 보상, 고과, 승진, 이동 등에 사용된다.

① **직무기술서(Job Description)**
　㉠ 직무를 있는 그대로 기술(記述)해 놓은 문서이다.
　㉡ 직무의 명칭, 위치, 수행임무와 책임을 명확히 하며 직무의 조직 내 위치, 직무환경 등을 기술한다.
　㉢ 구성원의 입사교육(orientation)과 기타 교육훈련(OJT 등), 업적평가 등의 기본자료로 사용되며, 조직구조분석과 설계 그리고 경영관리자의 승계 및 대체에도 활용된다.

> **❗ 더 알아두기** 🔍
>
> **구성요소 – 직무기술서에 포함되는 내용**
> • 직무에 대한 명칭
> • 직무에 따른 활동 절차
> • 실제 수행되는 과업 및 사용에 필요로 하는 각종 원재료 및 기계
> • 타 작업자들과의 공식적인 상호작용
> • 감독의 범위와 성격
> • 종업원들의 작업조건 및 소음도, 조명, 작업 장소, 위험한 조건과 더불어 물리적인 위치 등
> • 종업원들의 고용조건, 작업시간과 임금구조 및 그들의 임금 형태와 부가적인 급부, 공식적인 기업조직에서의 직무 위치, 승진이나 이동의 기회 등

② **작업자명세서(Job Specification, 직무명세서)**
　㉠ 직무분석의 결과를 토대로 특정한 목적의 직무를 성공적으로 수행하는 데 필요한 인적 요건인 자격과 능력 등을 정리해놓은 공식문서이다.
　㉡ 주로 모집과 선발에 사용된다. 또한 직무기술서와 함께 직무개선 및 직무재설계(job redesign) 그리고 경력계획 및 상담에도 사용된다.
　㉢ 지식, 스킬, 능력, 기타 특성들(Knowledge, Skill, Ability & Other characteristics : KSAOs)을 중심으로 작성된다.

> **더 알아두기** 🔍
>
> **직무명세서에 포함되는 내용**
> - **적성(aptitude)** : 타고난 속성, 또는 어떤 일을 하거나 배울 수 있는 잠재력
> - **지식(knowledge)** : 능력과 기술이 발현되는 기초로서 직무수행을 적절히 수행하기 위한 개인이 소유하고 있는 사실적 혹은 절차적 정보
> - **기술(skill)** : 정확하고 용이하게 직무에서 요구되는 동작을 할 수 있는 신체적 혹은 운동능력
> - **능력(ability)** : 직무수행에 요구되는 인지적 능력
> - **성격(personality)** : 다른 사람이나 상황에 독특한 방식으로 반응하는 상대적으로 일관되고 안정적인 개인의 경향성
> - **흥미(interest)** : 특정활동에 대한 선호나 취미
> - **태도(attitude)** : 사회적 대상에 관한 감정이나 신념
> - **가치(value)** : 인생의 목표나 생활방식에 대한 선호
> - **경력(career)** : 현재의 직무수행에 필요한 과거의 직무경험

> **더 알아두기** 🔍
>
> **직무기술서와 직무명세서 비교**
>
> | 구분 | 직무기술서(job description) | 직무명세서(specification) |
> |------|---------------------------|--------------------------|
> | 개념 | • 직무기술서는 수행되어야 할 과업에 초점을 두며, 이는 직무분석의 결과를 토대로 직무수행과 관련된 과업 그리고 직무행동을 일정한 양식에 기술한 문서를 의미한다.
• 직무기술서의 내용은 특정 직무의 내용을 조직 전체와 연계하여 기술한다. | • 직무명세서는 인적 요건에 초점을 두며, 이는 직무분석의 결과를 토대로 직무수행에 필요로 하는 작업자들의 적성이나 기능 또는 지식·능력 등을 일정한 양식에 기록한 문서를 의미한다.
• 지식, 스킬, 능력, 기타 특성들(Knowledge, Skill, Ability & Other characteristics : KSAOs)을 중심으로 작성된다. |
> | 포함내용 | • 직무 명칭(Job Title), 직무 코드
• 직무의 소속 직군, 직렬, 직종
• 직급(직무 등급)
• 직무 개요, Mission
• 직무를 이루고 이는 구체적 과업의 종류 및 내용
• 직무의 책임과 권한
• 직무수행 방법 및 절차 | • 요구되는 교육 수준
• 요구되는 지식
• 요구되는 기능, 기술
• 요구되는 정신적, 육체적 능력
• 요구되는 경험, 경력
• 인성 및 적성
• 가치 및 태도 |
> | 활용분야 | 구성원의 입사교육(orientation)과 기타 교육훈련(OJT 등), 업적평가 등의 기본 자료로 사용되며, 조직구조분석과 설계 그리고 경영관리자의 승계 및 대체에도 활용된다. | 대체적으로 직무기술서와 활용 분야는 같지만, 주로 모집과 선발에 사용된다. 또한 직무기술서와 함께 직무개선 및 직무재설계(job redesign) 그리고 경력계획 및 상담에도 사용된다. |

(5) 직무분석 시 유의사항

직무분석은 단순히 직무 관련 자료를 기계적으로 수집·기재하는 것이 아닌 인적자원관리 전반에 걸쳐 유효한 자료가 제공될 수 있도록 직무에 관한 자료를 분석·정리하는 것이다. 따라서 직무분석 과정에 있어서는 다음과 같은 오류가 발생하지 않도록 유의해야 한다.

① **직무 내용의 모호성** : 직무기술서와 직무명세서의 내용은 너무 애매하게 표현되어서는 아니 된다. 직무에 관한 정보는 가능한 한 구체적인 행동으로 표현하여 직무의 목적과 표준성과를 명백히 하는 것이 바람직하다. 또한 권한 및 감독 책임의 한계가 명확히 표현되고 일의 성격 및 범위가 명시되어야 한다.

② **직무 내용의 실제성** : 직무의 내용은 고정되어 있지 않고 지속적으로 변한다. 그리고 직무를 수행하는 담당자(종업원) 또한 자주 바뀐다. 그러므로 직무분석은 분석 당시의 담당자(종업원)에 너무 의존하여서는 아니 되고 객관적인 입장에서 직무 내용을 분석하여야 하며 주기적으로 직무 내용을 검토하여 직무기술서와 직무명세서가 실제 직무 내용과 일치하도록 수정해 나가야 한다.

③ **실무층의 협조** : 직무 담당자(종업원)는 자기의 직무수행방법이 가상 이상적이라고 생각하는 경향이 강하다. 더불어 직무 관련 연구를 위한 낯선 분석자의 출현은 담당자로 하여금 부정적인 인식을 심어줄 가능성이 크다. 따라서 직무분석자는 실무자들의 이러한 입장을 이해하고 직무분석의 목적을 인식시키며 그들의 협조를 이끌어낼 수 있는 신뢰관계를 조성해야 한다.

> **더 알아두기**
>
> **주요 직무분석에 있어서의 오류**
> - **부적절한 표본추출** : 관련된 과업영역 전체를 조사하지 않거나, 직위분석 질문지와 같은 포괄적인 방법에서 관련 과업영역 모두를 먼저 명확히 하여 두지 않으면 직무의 중요한 면들이 직무분석에서 제외될 수 있다.
> - **직무환경의 변화** : 새로운 공정의 도입과 같은 직무환경의 변화는 직무수행자의 역할을 변화시키기 때문에, 과거의 직무분석에 의하여 개발된 직무기술서와 직무명세서는 현재의 직무에 다시 활용할 수 없게 된다.
> - **종업원의 행동변화** : 보통 기업 조직에서의 종업원 행동에 대한 정보 취득은 어느 한 시점에서 이루어진다.
> - **반응세트** : 사람이 예상하거나 또는 왜곡된 방법으로 질문에 대하여 극히 일률적으로 답할 때 발생한다.
> - **목적의식 결여와 지원 부족** : 뚜렷한 목적의식과 강한 의지가 투영되지 아니한 포괄적이고 추상적인 직무분석은 그 과정에서 목적의식이 희박해짐과 동시에 직무분석에 대한 저항과 불신감을 초래한다.

3 역량모델링

(1) 역량

① 역량의 정의

역량(competency)이란 각 기업 조직의 구성원이 지식, 기술, 행동양식, 가치관, 성격 등 다양한 요소들을 종합적으로 활용하여 높은 성과를 낼 때 나타나는 측정 가능한 행동 특성을 의미한다.

② 역량의 유래

역량의 개념은 1970년대 초, 맥클리랜드(David C. McClelland)에 의해 처음 도입된 개념으로 그는 당시 전통적인 학업적성검사나 성취도검사가 안고 있는 문제점을 지적하면서 실제 직무에 있어서 성과로 나타나는 역량 평가가 더 의미 있다고 하였다. 당시 그가 제안한 역량에 대한 연구는 고성과자나 평균적인 업무 수행 수준을 보이는 사람들을 비교해 성과자나 고성과자에 관한 특성을 규명하는 데 초점을 두고 있었다. 이후에도 여러 학자들의 연구가 꾸준히 지속되어 다양한 역량모델들이 제시되었고 정리하자면 다음과 같다.

[다양한 역량모델의 내용]

모델	주창자	내용
동기이론	McClelland Spencer Boyatzis	• 미래의 수행을 예언하기 위해 종래의 지필 검사보다 나은 측정 도구를 발견하려는 시도에서 비롯 • 준거 표집 : 우수한 직무 수행자 대 평범한 수행자 • 직접 관찰이나 주요사건 면접법을 통해 수행자의 사고와 행동에 관한 데이터 수집 • 우수한 직무 수행자의 특징적 사고와 행동 패턴, 즉 외현적 행동 저변에 존재하는 심리적인 특성을 주로 확인 • 훈련된 전문가가 모델 개발
핵심역량모델	Prahalad Hamel, Ulrich, Quinn	• 독특한 고객 가치를 창출하도록 만드는 시스템, 프로세스, 지식, 기술에 초점 • 진정으로 독특하고, 다른 기업이 흉내내기 어려운 역량 탐색 • 전문가나 연구자가 전략을 분석하여 모델 도출 – 수행자의 내적 역량과의 연계는 미약

③ 역량의 특성

㉠ 조직의 변화를 지원

각 기업 조직을 둘러싼 환경변화에 대응하기 위해 필요한 역량을 규명하고 그 중요성이 차츰 감소되고 있는 요소는 배제시킴으로써 조직변화를 지원한다. 또한 새롭게 규정된 역량은 이러한 변화에 의해 핵심역량이 될 수 있다.

㉡ 구체적인 행동 의미

역량은 목표를 이루기 위한 한 개인의 의욕과 근본적인 사고방식이 녹아져 나타난 구체적인 행동을 의미한다.

㉢ 상황 대응적 정의

개인의 역량은 성과관리시스템이나 핵심성과지표와 같은 조직이 제시하는 업적기준과 직무를 수행하는 환경에 따라 동일한 역량이라도 다르게 정의되고 발휘된다.

ㄹ 개발 및 학습 가능

　자기개발 노력이나 코칭, 유익한 피드백 등에 의해 역량은 개발과 학습이 가능하다.

ㅁ 관찰 및 측정 가능

　역량은 행위 중심으로 기술되기 때문에 관찰이 가능하므로 다른 사람이 쉽게 평가하여 피드백을 제공하며, 수행 목표를 구체화하고 시간에 따른 변화를 객관적으로 측정하는 데 도움을 준다.

(2) 핵심역량

핵심역량(core competency)은 역량 중에서도 조직 내부의 개인적인 기술이나 단순한 기능을 뛰어넘는 노하우를 포함한 종합적이고 핵심적인 강점과 기술력을 의미한다.

(3) 역량평가

역량평가(compentency assessment)란 조직구성원의 역량을 측정하기 위해 평가 대상자의 행동 특성을 중심으로 평가하는 체계를 말한다. 목적과 용도에 따라 그 기법이 다양하며, 중요성과 민감성에 따라 효과적인 평가를 위해서는 다수의 평가자에 의해 여러 기법을 동시에 적용하여 통합적으로 이해하는 것이 바람직하다.

① **역량평가센터(assessment center)**

ㄱ 이는 장소적 개념이 아니며, 모의직무상황을 가정한 다양한 기법을 사용하여 피평가자의 특성을 중복 관찰하는 평가시스템을 의미한다.

ㄴ 평가자는 피평가자가 과제 해결 과정에서 나타낸 다양한 수행 모습을 세밀하게 관찰, 기록하여 평가 매뉴얼에 따라 평정한다.

ㄷ 평정을 위한 대표적 과제로는 서류함기법(in-basket), 집단토론, 역할연기(role-play), 발표 등이 주어지며, 필요에 따라서는 상황판단검사 또는 역량면접 등도 포함될 수 있다.

② **역량평가센터의 특징**

ㄱ 다양한 평가기법을 동시에 적용할 수 있다.

ㄴ 복수의 평가자에 의해 평정이 이루어지기 때문에 공정성과 객관성을 높일 수 있다.

ㄷ 실제 모의직무상황을 가정함으로써 직무관련성이 매우 높다.

ㄹ 보통 과거행동은 구조화된 면접(interview)방식을 사용하며, 미래의 행동은 모의직무상황하에서의 서류함기법이나 역할연기기법 등을 사용하여 평정한다.

③ **역량평가센터의 평가기법**

ㄱ 역량면접

　ⓐ 피평가자의 과거 행동 및 사건을 중심으로 주목할 만한 특성과 반응을 알아보기 위한 평가기법을 말한다.

　ⓑ 질문의 내용과 방법, 답변의 유형에 따른 후속 질문과 평가 점수가 이미 설정되어 있어 어떠한 평가자가 질문을 하더라도 동일한 기준에 따라 평가가 이루어져 객관적이고 체계적인 평가가 가능하다.

ㄴ 역할연기(role-play)

　ⓐ 특정 역할에 적합한 피평가자의 의사결정과 문제해결의 능력 등을 알아보기 위한 평가기법을 말한다.

    ⓑ 피평가자는 일정한 시간 내에 대상자의 정보를 살피고 역할연기를 수행하며 평가자는 사전에 설정된 평가요소를 기준으로 피평가자의 역할연기 수행 동안의 행동을 관찰하고 기록한 후 평정한다.

  ⓒ 집단토론(group-discussion)

    ⓐ 일반적으로 집단토론은 피평가자들의 사회성이나 결단력 등을 알아보기 위한 평가 기법을 말한다.

    ⓑ 집단(group)에 공통된 과제를 제시 한 후 정해진 시간 동안 토론을 진행하도록하며, 토론이 진행 되는 동안 평가자는 피평가자들의 행동을 관찰·기록한 후 평정한다.

  ⓔ 서류함기법(in-basket)

    ⓐ 다양한 직무 영역 중에서 특히 피평가자의 관리적 측면에서의 의사결정능력을 알아보기 위한 평가 기법을 말한다.

    ⓑ 실제 직무에서 다뤄지는 다양한 서류(메일, 메모, 공문, 보도자료 등) 및 상황을 설명한 자료들을 제시하고 직접 처리해보게끔 한 후 이를 토대로 하여 평정한다.

  ⓜ 발표(presentation)

    ⓐ 다양한 주제에 대한 상황별 과제가 주어지고 피평가자들은 이를 분석하여 발표를 한다.

    ⓑ 이후 평가자는 피평가자의 발표 내용에 대한 추가 질문을 하고 평가자의 생각을 물은 후 평정한다.

(4) 역량모델링

역량모델링(competency modeling)이란 조직 구성원이 원하는 결과를 만들고 성과를 극대화하기 위해 필요한 역량을 쓰임에 따라 체계적으로 추출하여 정의하고 개발하는 활동을 의미한다. 따라서 역량모델링은 특정한 과업을 성공적으로 수행하는 데 중요한 역량을 도출하는 과정이라고 할 수 있다.

① 직무분석과 역량모델링의 일반적 차이

일반적으로 직무분석은 업무 또는 과업 중심에 보다 초점을 두고 있고, 역량모델링은 작업자 중심에 초점을 두고 있다는 점에서 차이가 있다. 즉, 직무분석은 일차적으로 어떠한 것이 달성되었는가에 중점을 두는 반면에, 역량모델링은 목표가 어떻게 달성되었고, 업무가 어떻게 수행되었는가에 많은 관심을 가지고 있다.

② 직무분석과 역량모델링의 비교

전통적인 직무분석과 역량모델링을 비교해보면 다음과 같다.

[직무분석과 역량모델링의 비교]

구분	직무분석의 접근	역량모델링의 접근
목적	일의 단계, 절차 분석을 통하여 필요한 지식을 파악	조직이나 개인의 우수한 비즈니스 능력을 발굴, 접근
접근	• 기술(skill)의 개발 • 과업(task)이 중심 • 최소 요건으로서 지식(Knowledge), 스킬(Skill), 능력(Ability) 도출	• 성과(Performance)의 창출이 목적 • 지식, 스킬, 능력, 그리고 개인의 특성 동기 등 보다 심층적인 요소까지 추출 • 우수 성과자의 직무수행 역량에 초점
문제해결	OJT, 교육 훈련	사람 중심
적용평가	• 안정적이며, 최소한의 수행 능력 여부 평가 • 직능 등급의 세분화(보통 9단계)	• 교육은 다양한 해결 방안 중의 하나로 인식 • 개인의 자율적인 경력 구축을 지원하는 시스템으로 운영
이점 & 활용	• 업무의 규모 파악, 구성요소, 기술적 지식의 규명 • 능력 그 자체에 등급을 매겨 임금 및 승진과 같은 보상에 활용	• 성과 지향적 목적을 위해 활용하며, 채용, 평가, 보상, 교육, 후계자 양성 등에 활용 • 개인의 역량 향상을 통하여 자신의 피고용 가능성과 조직의 성과 향상이 주된 목적
결과물	• 직무 기술서 • 직무 명세서	• 역량군(Clusters) • 역량 리스트(competency list)
비고	• 환경과 분리 • 개인과 성과 요인 간의 인과관계에 대한 설명 부족	조직의 Vision, Mission, 경영 전략과 연계되어 있음

※ 직무 수행에 필요한 개인적 특성을 도출한다는 점에서 직무분석과 역량모델링의 접근은 공통점을 갖고 있다.

4 직무평가

직무평가(job evaluation)는 일반적으로 조직 내에서 각 직무들의 상대적인 크기를 정하는 것이라 할 수 있다. 하지만 모든 기업 조직들이 자신들만의 고유한 목적을 이루기 위해서는 그에 따르는 다양한 기능 및 역할 등을 감수해내야 한다. 또한 기업조직은 각각의 직무에 대해서 기대하는 역할이 있으며, 종업원들이 그러한 역할을 성실히 수행하게 되면 이는 조직에 공헌하게 됨을 의미한다. 이러한 기대역할과 공헌도는 각 직무에 따라 다르다. 일반적으로 조직 안에서 기대되는 공헌도의 크기를 직무의 크기라고 말한다. 결국 여기에서 말하는 직무평가는 기업 조직 안에서 종업원들에게 기대하는 공헌도의 크기를 어느 일정한 기준에 의거해서 이를 각각의 직무별로 정하는 것이라고 할 수 있다.

(1) 직무평가의 정의

① 직무평가는 기업 조직에서 각 직무의 숙련·노력·책임·작업조건 등을 분석 및 평가하여 다른 직무와 비교한 직무의 상대적 가치를 정하는 체계적인 방법을 의미한다.

② 이러한 직무평가는 직무분석의 결과로 얻어지는 직무기술서와 직무명세서를 기초하여 이루어진다.

(2) 직무평가의 목적

① 공정한 임금체계(임금격차)의 확립

기업 조직에서의 직무평가는 종업원 직무의 상대적 가치에 따라서 조직의 합리적이면서도 공정한 임금시스템을 마련하는 기반을 제공할 뿐만 아니라, 이는 임금과 연관되는 종업원들 간의 갈등을 최소화할 수 있으며 직무급 실시에 있어서 초석이 된다.

② 종업원들의 적재적소 배치를 실현

조직에서 직무의 중요성, 난이도 및 직무의 가치에 따라 종업원의 능력을 기준으로 효과적인 적재적소 배치 실현이 가능해진다. 다시 말해 직무가치가 높은 직무들에 대해서는 보다 실력 있는 종업원을 배치할 수 있다.

③ 핵심역량 강화지표 설계

조직의 직무평가는 직무 그 자체의 가치를 평가하는 것일 뿐, 종업원을 평가하기 위한 것이 아니다. 즉, 직무에 국한된 핵심역량지표를 추출하는 데 강조를 두어야 할 부분이다.

④ 노사 간의 임금협상의 기초

합리적인 직무평가의 결과는 노사 간의 임금교섭을 할 때 협상의 초석이 될 수 있다.

⑤ 인력개발에 대한 합리성 제고

조직 인력개발의 주요 수단인 경력경로를 설계할 때 기업 안의 각 직무들 간의 중요성 및 난이도 등의 직무가치 정도에 따라 보다 더 효율적인 이동경로를 설계할 수 있다.

(3) 직무평가의 방법

현재 기업 조직들은 각 직무별 가치에 대한 차별성을 인정하고 이에 따른 임금수준을 각기 다르게 구성하는 '직무급'을 도입해서 사용하고 있는데, 이렇게 하기 위해서는 이전에 직무 평가의 단계가 절대적으로 선행되어야 한다. 동시에 이는 기업에서 어떤 가치판단기준으로 직무의 가치를 평가할 것인가를 결정하는 단계로 매우 어려운 작업이기도 하다.

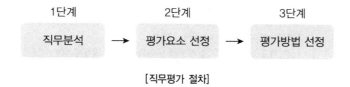

[직무평가 절차]

① 비계량적 평가 방법(서열법, 분류법)

　㉠ 서열법(Ranking Method)

　　가장 오래된 방법이다. 평가자 몇 사람이 각 직무를 여러 번 반복해서 등급으로 분류하는 과정을 거치며, 이때 평가자는 각 직무의 상대적 가치들을 전체적이면서 포괄적으로 파악한 후에 평정 대상자를 서로 비교해 순위를 정하게 된다. 각 평가자가 정한 순위는 평균하여 직무의 서열이 정해진다.

장점	• 직무평가 방법 중에서 가장 쉬우면서도 간편하다. • 비용이 저렴하다.
단점	• 평가대상의 직무수가 많으면 활용하기가 어렵다. • 분류법과 마찬가지로 평가 시 평가자의 주관이 개입될 수 있는 비계량적방법으로 직무들 간 상대적 가치의 수준을 객관적으로 측정할 수 없기 때문에 타당성을 부여하기가 어렵다. • 절대적 성과차이를 구별할 수 없다. 이는 전반적인 평가이기 때문에 종업원들에 대해 피드백을 통한 능력개발에는 한계가 있다.

　㉡ 분류법(Job Classification Method)

　　등급법이라고도 불린다. 이는 서열법을 발전시킨 것으로서 미리 규정된 등급 또는 어떠한 분류에 대해 평가하려는 직무를 배정함으로써 직무를 평가하는 방법을 말한다. 분류법에 의해 직무평가를 하기 위해서는 직무등급의 수와 각각의 등급에 해당되는 직무의 특성을 명확하게 해놓은 직무등급 기술서가 있어야 한다. 그 후에 평가자가 평가하려는 직무가 직무등급 기술서상의 어느 등급의 직무하고 비슷한가를 따져서 평가하게 된다.

장점	• 서열법보다 직무를 훨씬 더 명확하게 분류할 수 있다. • 간편한 방법으로 활용도가 높으며 비용이 저렴하다. • 여러 직무 사이의 공통적 요소 발견이 수월하다. • 임금이나 급료문제에 대해 납득이 쉽다.
단점	• 분류 자체에 객관성이 결여되어 있을 경우 정확성을 보장할 수 없다. • 직무의 수가 점점 많아지고 내용 또한 복잡해지게 되면 정확한 분류가 어려워진다. • 고정화된 등급 설정으로 인해 환경(사회적·경제적·기술적) 변화에 따른 유연성이 부족하다.

② 계량적 평가방법(점수법, 요소비교법)

　㉠ 점수법(Point Ration Method)

　　모든 직무에 공통적으로 적용될 수 있는 평가요소를 미리 선정하고 각 평가요소별로 등급을 매긴 후 그 점수를 모두 종합하는 평가방법이다.

장점	• 임금률을 알고 있는 분석자가 있기 때문에 왜곡될 우려가 적다. • 종업원 및 감독자 모두 쉽게 이해할 수 있다. • 각 평가요소의 중요도가 사전에 마련되어 있어 평가에 대한 객관성 확보가 쉽다.
단점	• 각 평가요소의 종목 선택과 가중치를 선정하는 데 있어 어려움이 있다. • 각 평가요소를 선정하는 데 있어 시간과 노력이 많이 소요된다.

 더 알아두기

직무평가 요소

직무에 가치를 매겨서 서열을 구분하기 위해서는 어떤 요소를 평가하느냐에 따라서 결과가 달라지기 때문에 평가요소의 선정은 매우 중요하다. 그러나 각 직무마다 내용과 성격이 다르기 때문에 공통요소를 찾는 일이 어려울 뿐 아니라 공통요소가 있다 하더라도 그 중요성은 달라질 수 있다. 따라서 다음과 같은 일반적인 4가지 직무요소를 직무평가의 기준으로 사용하거나 10개 이상의 요소가 쓰이기도 한다.
- **숙련 정도** : 경험·지식·기술이 어느 정도 필요한가?
- **노력 정도** : 육체적·정신적 노력이 어느 정도 필요한가?
- **책임 정도** : 잘못될 경우 여파와 책임은 어느 정도인가?
- **직무여건** : 작업장소, 환경여건, 위험도 등은 어떠한가?

ⓛ 요소비교법(Factor Comparison Method)

기업 조직 내에서 가장 기준이 되는 기준(대표) 직무를 선정하고 그 다음으로 평가자가 평가하고자 하는 직무에 대한 평가요소를 기준(대표) 직무의 평가요소와 비교하여 그 직무의 상대적 가치를 결정하는 평가방법을 말한다.

장점	• 직무 가치의 기준을 합리적으로 정하면 다른 여러 직무와 비교평가를 할 수 있다. • 평가결과가 임금액으로 나오기 때문에 임금결정에 있어 공정성의 확보가 가능하다 • 평가방법이 비교적 정교하여 타당성과 신뢰성이 높은 편이다.
단점	• 기준(대표)직무의 가치가 이상하게 측정되면 다른 직무의 평가 자체를 그르치게 된다. • 기준(대표)직무의 가치척도에 편견이 개입될 가능성이 있다. • 기준(대표)직무의 내용이 변경될 시에는 평가척도 전체를 변경시켜야 한다. • 시간과 비용이 과다 소요된다. • 평가방법이 복잡하여 각 종업원들의 이해가 어렵다.

 더 알아두기

직무평가의 방법비교(종합)

구분	서열법	(직무)분류법	점수법	요소비교법
활용정도	가장 적음	중간	가장 많음	중간
비교방법	직무-직무 (상대평가)	직무-기준표 (절대평가)	직무-기준표 (절대평가)	직무-직무 (상대평가)
평가대상	직무 전체	직무 전체	직무의 평가요소	직무의 평가요소
평가방법	비계량적 방법	비계량적 방법	계량적 방법	계량적 방법
평가척도	서열	등급	점수, 요소	점수, 대표직위
요소의 수	없음	없음	평균 11개	평균 5개
발전수준	가장 오래된 방법	• 서열법의 발전된 형태 • 점수법의 조잡한 형태	분류법의 발전된 형태	• 서열법의 발전된 형태 • 점수법의 개선된 형태

(4) 직무평가 시 유의사항

① **인간관계적 측면에서의 유의점** : 직무평가는 유효성에 있어서 기업 조직 종업원의 만족에 대한 영향을 확인함으로써 확정되어야 한다.

② **기술적 측면에서의 유의점** : 직무분석 자료를 토대로 평가요소들을 선정하는 과정에서 판단상의 오류를 범할 수 있다. 또한 점수법은 주어진 가중치와 요소들 간의 비중에 따른 판정상의 오류를 범할 수 있다.

③ **평가계획상 유의점** : 직무평가에 있어서 대상이 많거나 또는 서로 상이할 때 발생할 수 있는 문제이다.

④ **평가위원회의 조직** : 직무평가를 수행함에 있어 평가위원회 조직을 구성하는데 이에 참여하고자 하는 경영자를 선발하는 과정에서 발생할 수 있는 문제이다.

⑤ **직무평가 결과 및 노동시장성 평가의 불일치** : 직무평가에서 가치가 높음에도 불구하고 노동시장의 현 임금이 낮은 경우에는 노동에서 공급이 수요를 초과했을 때이며 이와는 반대급부로 직무평가에서 가치가 낮음에도 불구하고 노동시장에서 직무의 임금이 높은 것은 수요가 공급을 초과하는 경우에 발생함을 말하는데 이와 같이 직무평가의 결과와 직무가 가지는 상대적 가치가 반드시 일치하지 않을 수 있다는 것을 말한다.

⑥ **평가빈도** : 기업 조직에 있어 적당한 직무평가의 빈도 선정이 어렵다는 것을 말하는 것으로 기업이 환경요소들의 변화에 따라 새로운 직무, 직무의 변경, 직무의 소멸 등의 문제들이 발생할 수 있다는 것을 의미한다.

5 직무분류

(1) 직무분류의 정의

직무분류(occupational classification)는 기업 조직에서 업무 내용이 비슷하거나 또는 조직에서 요구하는 자격요건이 비슷한 직무를 묶어서 체계적인 직무의 군으로 분류해 나가는 과정을 의미한다. 이러한 직무의 군은 보통 하나 또는 두 가지 이상의 능력승진의 계열을 따르며, 이는 각각 쉽게 대체될 수 없는 전문적인 지식 및 기능의 체계를 가진 것이라 할 수 있다.

(2) 직무분류의 목적 및 방법

직무분류를 통한 비슷한 능력 및 적성을 필요로 하는 각 직무들을 하나의 집단으로 묶어서 직무의 군으로 형성하며, 직무 내에서 순차적으로 승진·이동을 시킴으로써 새로운 직무에 대한 학습을 가능하게 할 수 있다.

① **직계조직**

기업 조직에서의 직무평가에 따른 직무에 대한 상대적 가치를 결정함으로써 해당 직무의 상대적 서열을 결정하며 해당 직급에 맞는 직무를 담당함으로써 기업 조직에서의 지위나 임금이 결정되는 제도를 말한다.

② **자격제도**

기업 조직의 직무분석을 기반으로 하여 조직 내의 종업원들이 갖추어야 하는 능력에 대한 수준을 각 직급별로 구체화하며 종업원 개개인을 검사함으로써 종업원 개인의 조직에서의 지위 및 보수를 지급하는 제도를 말한다.

제 2 절 ▶ 모집과 선발관리

1 모집관리

(1) 모집활동의 정의

① 모집활동이란 각 기업 조직에서 필요로 하는 인원을 신규채용 희망자들에게 채용에 관한 정보를 제공함으로써 유능한 인력을 조직으로 유도하는 일련의 과정을 의미한다.
② 고용계획 중에서 가장 먼저 전개되어야 하는 활동이며, 선발을 전제로 한다.

(2) 모집활동의 의의

모집은 그 자체가 목적이 아닌 기업 경영에 필요한 적격자를 선발하기 위한 예비활동으로 이러한 활동이 성공적으로 이루어지면 그 만큼 유능한 인력을 선발할 수 있게 된다. 따라서 많은 지원자들이 관심을 가질 수 있도록 하는 환경과 분위기를 조성하는 것이 모집활동에 있어서 무엇보다 중요하다.

(3) 모집대상의 제한

지원자를 모집하기 위해서는 노동시장을 세분화하여 필요한 시장에서만 집중적으로 모집활동을 펴야하기 때문에 자격요건, 지리적 위치, 신분적 제한 등을 줄 수 있으며, 때로는 전통적 모집관행을 이용하기도 한다.

(4) 모집의 원천

모집원천은 크게 내부모집(내부시장채용)과 외부모집(외부시장채용)으로 나눌 수 있는데 내부모집은 회사 내의 타 부서, 타 지점 혹은 동일 부서라 하더라도 계약기간이 만료되어 나가게 될 사람을 대상으로 모집·선발하는 것을 말하며, 외부모집은 회사 밖에서 사원을 모집하는 것을 의미한다. 내부·외부모집 모두 장단점이 있으므로 신중한 채용방침을 정해야 함은 자명한 일이다.

① **내부모집과 외부모집**

㉠ 내부모집

내부 노동시장을 통해서 회사와 직·간접적으로 관계를 맺고 있는 인력을 대상으로 모집하는 것을 말한다. 내부모집을 위해서는 보유인력의 적정성, 능력, 이직률, 경력, 욕구, 직무만족도, 조직몰입도 등의 정보를 통해서 내부 노동시장을 면밀히 분석해야 한다.

ⓛ 외부모집

기업의 필요인력을 외부 노동시장에서 충원하는 방법을 말한다. 외부모집을 하기 위해서는 실업률, 경력자, 노동관계 법률, 기업 이미지 등의 정보를 통해 외부 노동시장을 면밀히 분석해야 한다.

② 모집원천별 장·단점

㉠ 내부모집의 장·단점

ⓐ 장점 : 비용이 저렴하며 조직 구성원들의 정확한 정보를 바탕으로 적임자를 발견할 수 있으며, 기존 종업원들의 사기를 상승시키는 효과를 가져 온다.

ⓑ 단점 : 기존 구성원들에게서 새로운 능력이나 기술 등을 기대하기가 힘들다.

㉡ 외부모집의 장·단점

ⓐ 장점 : 인재 선택의 폭이 넓고, 조직분위기의 쇄신이 가능하며 새로운 지식과 경험을 축적할 수 있다.

ⓑ 단점 : 조직의 적응에 실패할 수 있으며 내부인력의 승진기회가 축소되어 기존 구성원들의 사기저하가 우려된다. 또한 모집비용과 시간도 소요된다.

(5) 모집의 방법

① 전통적 모집방법

㉠ 내부모집

ⓐ 기능목록 : 기능목록은 조직 내 모든 인력에 대한 경력, 학력 및 교육, 능력 등에 관한 자세한 정보를 축적해 둔 것을 말한다. 기능목록을 통해 해당 직위에 가장 적합한 인물을 찾아낼 수 있어야 한다.

ⓑ 부서장 추천 : 부서장 추천은 부서장의 추천에 의해 좋은 사람을 내부에서 추천하는 방법이다. 부서장의 압력으로 특정인물이 선정될 경우 파벌의 가능성에 유의해야 한다.

ⓒ 사내공모제도 : 사내공모제도는 조직 내 공석이 생겼을 때 사내 게시판에 공개적으로 모집공고를 내어 자격이 있고 관심이 있는 종업원으로 하여금 응모하게 하는 방법이다. 종업원에게 자기계발의 기회를 제공할 수 있지만 새로운 인력이 유입되지 않아 조직정체현상이 나타날 수 있다.

㉡ 외부모집

ⓐ 광고매체 : 신문, 상업 잡지 등에 광고를 하는 방법이다. 특정집단에만 집중적으로 보낼 수도 있고 불특정 다수를 대상으로 하여 잠재적 지원자를 확보할 수도 있다.

ⓑ 직업소개소 : 공공소개기관과 영리적인 사설소개소 등을 이용하는 방법이다.

ⓒ 교육기관의 추천 : 기업이 학교 또는 교수진과 협력을 맺어 모집하는 방법이다. 현재 고용계획이 없더라도 장래에 필요하게 될 인력을 미리 확보할 수 있다.

ⓓ 인턴사원제도 : 방학기간이나 혹은 시간제 근무로 학생들을 임시적으로 고용한 뒤 졸업 후에 정식 고용하는 모집방법이다.

ⓔ 그 밖의 기타 외부 모집방법

• 헤드헌터 : 고급인재를 찾아 기업에 알선

• 공공기관 : 직업알선기관, 직업안정소 등

- 리쿠르트 : 모집을 대행해주는 모집전문기관
- 자발적 지원 : 노동시장에서 지원자들 스스로 지원

[내부모집방법과 외부모집방법의 비교]

구분	내부모집	외부모집
장점	• 승진자의 사기양양 및 직원의 동기유발 • 개인의 능력개발 • 모집비용의 절감 • 능력에 대한 정확한 평가 가능	• 사내 새로운 분위기 유발 • 모집범위가 넓어 유능한 인재 확보가 용이 • 특수한 인재채용 가능 • 교육 및 훈련비용(인력개발비용) 절감 • 조직의 홍보효과 증대
단점	• 모집범위의 제한 • 탈락자 불만 • 개인의 과다한 경쟁 • 이동시 교육비용	• 적응기간 소요 • 기존 사원과의 갈등 • 내부인 사기저하 • 평가의 부정확

② **현대적 모집방법**

㉠ 웹기반 모집

웹기반 모집은 온라인을 통해 웹상에서 모집을 하는 방법이다. 웹기반 모집의 도입으로 모집 관련 기회비용이 획기적으로 감소하였고 풍부한 데이터베이스를 활용할 수 있게 되었으며, 모집전문회사의 경험과 노하우를 이용할 수 있게 되었다.

㉡ 사내추천모집제도

직장 내 공석이 생겼을 때 현직 종업원들이 적임자를 추천하도록 하여 신규 직원을 채용하는 제도이다. 이는 직원들의 자질유지에 용이하고 선발에 소요되는 시간도 단축시킬 수 있으며, 기업문화에도 쉽게 적응할 수 있다는 정점 또한 지닌다.

2 선발관리

(1) 선발의 정의

선발이란 모집활동을 통해 획득한 지원자들을 대상으로 미래에 수행할 직무에 대해 가장 적합한 사람을 선별하는 과정을 의미한다.

(2) 선발의 의의

현재 기업에 주어진 환경에 능동적으로 대처하기 위해서는 유능한 인재의 확보가 필수적이라 할 수 있다. 그만큼 기업의 입장에 있어선 양질의 종업원 확보가 곧 기업의 성패를 좌우할 수 있는 만큼의 중요한 사안이 된다. 따라서 기업에서 선발관리는 인적자원관리에서 가장 중요한 기능의 하나라고 할 수 있다.

(3) 선발원칙과 절차

선발은 각 기업 조직에서 바라는 인력을 일정한 기준에 따라 실제로 확보하는 과정으로, 각 조직이 목표를 달성하는 데에 가장 부합하는 적격자를 선발하기 위해서는 우선 지원자에 대한 정확한 평가가 이루어져야 한다. 그러나 그 과정에서 많은 비용이 발생할 수 있다. 따라서 선발을 계획함에 있어 그 과정상에는 일정한 원칙과 절차가 필요하다.

① 모집을 통해 지원자들이 모이면 그 중 회사에 필요한 최적격자를 선발하는데, 대개는 선발 인원 보다 지원자수가 더 많게 마련이다. 이때 인사담당자들이 시행해야 할 행동기준은 효율성과 형 평성의 원칙, 적합성의 원칙이다. 효율성의 원칙은 신규 채용자들에게 제공할 비용(보상)보다 훨씬 큰 수익(공헌)을 가져다줄 사람을 선발해야 한다는 것이며, 형평성의 원칙은 모든 지원자 들에게 동등한 기회를 부여해야 한다는 것이다. 또한 적합성의 원칙은 회사의 목표나 회사의 분 위기에 어울리는 사람을 선발해야 한다는 것이다.

② 일반적으로 선발과정은 다음 5단계의 절차로 구성된다. 지원자가 많은 경우에는 서류전형에 합 격한 지원자에 한하여 채용시험을 추가하고, 시험에 최종합격한 지원자를 대상으로 면접을 실시 함으로써 선발과정에서의 업무를 좀 더 합리적으로 수행하게 할 수도 있다.

[선발과정]

(4) 선발도구

선발도구는 많은 수의 지원자를 기업의 실제업무를 수행시켰을 때 훨씬 나은 결과를 낼 수 있는 사람을 선별하는 데 활용되는 것으로 이는 미래의 결과를 예측하는 데 쓰이는 일종의 측정도구라 고 할 수 있다. 그러므로 기업에서는 선발도구를 만들 때 이에 따른 신뢰성 및 타당성을 기반으로 하는 것이 매우 중요하며 이의 효과적인 활용을 위한 선발비용 및 선발비율도 반드시 고려해야 할 요소이다. 오늘날 지속적으로 새로운 기법이 개발되고 있다. 하지만 선·후진국을 막론하고 아직까 지는 서류전형과 면접이라는 전통적인 선발도구가 가장 널리 이용되고 있다.

① 서류전형

　㉠ 지원서(application blank) 및 바이오데이터(biodata)

　　입사지원서, 이력서, 성적표, 자격증, 추천서, 자기소개서 등과 나이, 경력, 성적, 대학 등의 신분사항 등을 통해 적임자를 찾는 것이다. 바이오데이터(이력)는 지원자의 신상에 관한 자 료로 바이오데이터(이력)와 조직성과는 관계가 깊다는 연구결과가 있다. 결혼, 고향, 가족사 항, 군대, 형제 등의 사항은 바이오데이터(이력)의 중요한 자료가 된다.

　㉡ 선발시험

　　선발시험은 지원자의 전문능력이나 성격, 심리특성을 측정하기 위해 활용되는 것으로, 기업 의 채용과정에 있어 최종 선발결정에 매우 큰 영향을 미친다. 시험은 선발의 목적 및 지원자 에 따라서 다양하게 사용되며, 각 기업 조직에서 사용하는 시험의 종류로는 크게 다음과 같 이 분류될 수 있다.

ⓐ 성격검사 : 지원자가 맡을 직무와 그의 성격이 일치하는지 파악하기 위한 검사로 활동성(extroversion), 탐구성(inquisitiveness), 성실성(conscientiousness), 친화성(agreeableness), 정서적 안정감(emotional stability) 등 개인의 성격 경향을 측정한다.

> ### 더 알아두기
>
> **성격의 5요인(Costa & McCrae, 1980)**
>
> Costa & McCrae(1980)는 성격검사를 개발하기 위해 성격의 주요 요소 혹은 측면들을 설명해주는 다음의 다섯 가지 요인들을 추출하였다. 구체적으로 살펴보면 다음과 같다.
> - 개방성(Openness to experience) : 상상력, 호기심, 모험심, 예술적 감각 등으로 보수주의에 반대하는 성향
> - 성실성(Conscientiousness) : 목표를 성취하기 위해 성실하게 노력하는 성향
> - 외향성(Extraversion) : 다른 사람과의 사교, 자극과 활력을 추구하는 성향
> - 친화성(Agreeableness) : 타인에게 반항적이지 않은 협조적인 태도를 보이는 성향
> - 신경증(Neuroticism) : 분노, 우울함, 불안감과 같은 불쾌한 정서를 쉽게 느끼는 성향

ⓑ 능력검사 : 과업과 관련된 전문적 능력과 일반적인 능력으로 구분하여 측정한다. 주로 언어능력과 수리능력 그리고 논리적 능력 등을 측정한다.

ⓒ 지능·적성검사 : 선발·배치에 개인의 적성을 고려하기 위해 실시되며, 과거에는 지적능력을 의미하는 IQ(Intelligence Quotient)가 중시되는 경향을 보였으나, 오늘날에는 감성능력을 뜻하는 EQ(Emotional Quotient)의 중요성이 더욱 커졌다. 감성지능은 자신의 감정을 미리 인지하고 사용하는 능력, 기분을 관리하고 감정을 조절하는 능력, 낙천적이며 타인에게 호의적으로 협조하는 능력, 타인의 감정을 잘 읽고 비위를 맞추는 능력을 포함한다.

ⓓ 취향검사 : 조직 내 어떤 직무에 적합한지 알아보기 위한 검사로 주로 개인의 취미나 관심사 등의 경향을 측정한다.

ⓔ 성취도검사 : 일반적으로 직무와 직접 관련이 깊은 구체적인 지식이나 기술 등을 측정한다.

ⓕ 심리적 동작검사 : 뇌와 동작기관 사이의 원활한 연계성을 측정하는 검사로 동작의 기민함이나 균형능력 등을 측정한다.

ⓖ 기타 : 그 밖에 정직성검사는 개인의 거짓말을 탐지하고 체력검사는 육체적 힘을, 훈련가능성 검사는 개인의 학습능력 또는 훈련가능성을 측정하며, 필체검사는 개인의 필체를 감정한다.

② **선발면접**

면접은 일반적으로 서류전형 등을 실시한 후 최종적으로 지원자를 직접 만나 인성과 지식수준, 성장가능성 등을 평가하여 그 조직에서 필요로 하는 인물인지를 판단하는 시험이다.

㉠ 면접의 유형 : 질문사항을 미리 준비하는 구조적 면접과 사전에 질문준비 없이 면접관이 중요하다고 여기는 내용을 자율적으로 질문하는 비구조적 면접유형으로 나눌 수 있다. 일반적으로 구조적 면접유형은 비구조적 면접유형에 비해 높은 타당도를 갖는 반면 미리 준비된 질문에 대한 응답 이외의 심층적 정보를 얻기 위한 질의가 불가능하기 때문에 융통성이 낮다.

> **면접의 유형**
> • 구조적 면접 : 질문의 사항을 미리 사전에 작성. 높은 타당성, 낮은 융통성
> • 비구조적 면접 : 질문 사항을 미리 정하지 않고 면접관이 임의로 질문. 낮은 타당성, 높은 융통성

ⓛ 면접의 방법

면접의 방법에는 여러 지원자를 함께 놓고 진행하는 집단면접, 여러 면접관이 한 명의 지원자를 면접하는 위원회 면접, 스트레스를 주고 그 반응형태를 분석하는 스트레스 면접, 문제상황을 제시하고 대응력을 평가하는 상황 면접으로 구분할 수 있다.

ⓐ 패널(위원회) 면접 : 여러 명의 면접자가 한 명의 피면접자를 상대로 하는 방식을 말한다.

ⓑ 집단 면접 : 여러 명의 피면접자를 대상으로 여러 명의 면접자가 시행하는 면접 방식을 말한다.

ⓒ 스트레스 면접 : 피면접자에 대해 면접자가 무시하는 태도로 질문을 하거나 또는 극한 상황을 제시해서 피면접자로 하여금 당황하게 만들도록 하여, 주어진 환경하에서 상황을 극복하고 얼마나 인내심을 발휘하는지를 알아보는 면접 방식을 말한다.

ⓓ 상황 면접 : 특정한 상황이 주어지고 그러한 상황을 대처하는 피면접자의 행동과 자세를 보고 관찰하는 면접 방식을 말한다.

(5) 합리적 선발도구의 조건(선발도구의 유효성 검증)

각 기업 조직에 가장 적합한 지원자를 선발하려면 조직의 성과에 기여할 수 있는 특성이 무엇인지 분석하고 이들 특성을 측정할 수 있는 합리적 선발도구와 방법을 개발하여 이를 선발과정에 적용해야 한다. 선발도구가 잘못된 경우에는 적합한 사람이 채용되지 않고 부적격인 사람이 합격되는 현상이 일어날 수 있다. 따라서 가장 이상적이고 합리적인 선발도구로 평가했다면 실력과 인성이 더 좋은 사람이 선발되어야 하고, 선발된 사람들 중에서도 입사성적이 더 높았던 사람들이 차후의 직무성과도 더 높아야 될 것이다. 이를 위해 선발도구에 대한 다음 몇 가지의 측면에서 검토가 필요하다.

① 신뢰성(=일관성, 항상성)

어떠한 선발도구를 활용해 얻어진 결과치가 언제 또는 누가 측정을 했든지 간에 측정하려는 요소가 변하지 않는 한 동일하게 나타나는 정도를 말한다. 다시 말해, 어떠한 시험을 동일한 환경하에서 동일한 사람이 이를 몇 번이나 보았을 때, 결과가 서로 일치하는 정도를 의미한다. 즉, 신뢰성의 개념은 시험이 얼마나 일관성을 유지하고 있는가에 관한 것이다. 이러한 선발도구의 신뢰성에 대해 검증하는 방법으로는 다음 세 가지 방법이 대표적이다.

㉠ 시험-재시험법 : 같은 상황에서 같은 대상에 대해서 동일한 선발도구를 시기를 달리하여 2회 측정하여서 그 결과치를 서로 비교하는 것을 말한다. 여기서 얻어진 상관계수를 통해 신뢰성을 추측할 수 있다.

㉡ 대체형식방법 : 신뢰의 정도를 알아보기 위해 만들어진 선발도구와 비슷한 또 하나의 선발도구를 만들어놓고 이와 본래의 선발도구를 동일한 대상에게 적용하여 신뢰성을 추측하는 방식이다.

㉢ 양분법 : 선발도구의 항목을 임의로 해서 반을 나누고 각각의 독립된 두 가지의 척도로 활용

함으로써 신뢰성을 측정하는 방법을 말한다. 이 방식은 일반적으로 짝수항목과 홀수항목으로 양분하거나 무작위 상태에서 항목의 반을 추출하고 나머지를 다른 하나의 척도로 만드는 방식을 사용한다.

② **타당성(=정확성)**

어떠한 시험이 목적으로 하는 측정의 내용이나 대상을 정확히 측정하고 있는가에 관한 것이다. 타당성의 개념은 크게 다음 세 가지 측면에서(기준·내용·구성) 구분하여 볼 수 있다.

㉠ 기준타당성 : 실제 직무수행능력에 대한 예측이 얼마나 정확한가에 관한 것으로 시험이 직무수행에 필요한 능력을 얼마나 정확하게 측정하느냐에 관한 기준을 말한다. 기준타당성은 다시 동시타당성과 예측타당성으로 구분된다.

　ⓐ 동시타당성 : 현재 근무 중인 종업원들을 대상으로 시험을 실시해서 그들의 시험점수와 직무성과와의 상관관계를 분석하여 나온 정도에 따라 시험의 타당성 여부를 측정하는 것을 말한다.

　ⓑ 예측타당성 : 종업원들의 선발시험의 결과를 예측치로 하고, 직무수행의 결과를 기준치로 해서 예측치와 기준치를 비교함으로써 선발시험의 타당성 여부를 결정하는 방법이다.

㉡ 내용타당성 : 선발도구의 내용이 측정하고자 하는 취지를 얼마나 반영하고 있는가를 나타내는 것으로 직무수행에 필요한 지식, 기술 등 직위와 직책에 직결되는 요소를 제대로 측정할 수 있는 시험이라면 내용타당성이 높은 것이다.

㉢ 구성타당성 : 선발도구가 측정하고자 하는 대상의 특성을 실제로 잘 측정할 수 있게 구성되어있는가를 나타내는 것을 말한다.

③ **선발비율(Selection Ratio, SR)**

선발비율이란 선발도구의 유효성에 영향을 주는 또 하나의 요소로서 전체 지원자수에 대한 선발예정인원수의 비율을 의미한다. 선발비율이 낮을수록 경쟁률은 높고 선발비율이 높을수록 경쟁률은 낮아진다. 여기에서 선발비율이 1에 가까울수록(지원자 전원고용일 때) 기업의 입장에서는 바람직하지 않고, 반대급부로 보면 선발비율이 0에 가까울수록(지원자 전원이 고용되지 않은 경우) 기업의 입장에서는 바람직하다고 할 수 있다.

$$선발비율(SR) = \frac{선발인원수}{총지원자수}$$

④ **기초비율(Base Ratio, BR)**

지원자들이 무작위로 회사에 입사할 경우 그들 중에서 만족스러운 성과를 거둘 수 있는 사람들의 비율을 의미한다. 기초비율이 낮으면 만족스러운 성과를 낼 지원자들을 선별해 내는 것이 그만큼 중요해지기 때문에 선발도구 자체의 타당도를 높임으로써 그 유효성을 비교적 크게 높일 수 있다. 반면 기초비율이 높으면 선별의 중요성이 낮아지기 때문에 선발도구 자체의 타당도를 높이더라도 전체적인 직무성과 향상에 기여하는 공헌도는 크게 높아지지 않는다.

$$기초비율(BR) = \frac{합격가능자수}{총지원자수}$$

3 선발의사결정 및 배치관리

(1) 선발 시의 오류

선발결정은 선발도구의 사용에 의하여 측정된 결과로, 즉 시험의 경우에는 시험점수에 따라서 지원 자를 선발하게 된다. 그러나 어떠한 선발도구에 의한 평가라 하더라도 실제로 완벽한 예측력을 갖 는다는 건 불가능하다. 따라서 선발도구에 의한 평가는 그 타당도가 1.00이 아닌 이상 다음과 같은 두 가지 유형의 오류가능성을 항시 내포할 수밖에 없다. 그러므로 인사관리자는 선발결정 시 가능 한 다음의 오류를 최소화할 수 있도록 하여야 한다.

① **제1종 오류** : 좋은 성과를 낼 수 있는 지원자를 선발하지 못할 위험
② **제2종 오류** : 좋은 성과를 낼 수 없는 지원자를 선발할 위험

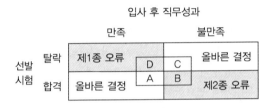

[선발 시 오류]

- A : 선발시험에 합격하여 입사 후 만족스러운 업무성과를 낸 경우에 해당하므로 올바른 결 정을 한 경우이다.
- B : 선발시험에 합격하여 입사하였으나 만족스러운 업무성과를 내지 못한 경우에 해당한다. 제2종 오류가 발생하였다.
- C : 선발시험에서 탈락하였고, 만약 입사를 하였더라도 업무성과를 내지 못했을 경우에 해당 한다.
- D : 선발시험에서 탈락하였으나, 만약 입사를 하였다면 만족스러운 업무성과를 냈을 경우에 해당한다. 제1종 오류가 발생하였다.

(2) 선발결정

선발관리에 있어 최종적인 단계는 선발결정이고, 선발결정은 선발된 지원자들에 대한 직무배치와 오리 엔테이션으로 이어진다. 지원서 접수로 출발한 선발과정은 서류전형, 시험, 면접 등을 거쳐 최종선발결 정에 이르게 된다.

(3) 선발결정 시 고려사항

① **선발자료의 종합적 분석** : 선발과정에서 수집된 자료는 종합적으로 분석·평가되어 선발결정을 뒷받침하여야 한다. 일반적으로 경영수준이 높은 기업 조직일수록 지원자에 대한 정보수집의 범 위가 넓고 정도도 매우 심층적인 수준에까지 진행된다. 특히 구성원들 간의 팀워크와 상호협조 적인 조직문화를 강조하는 조직체일수록 지원자와 조직체와의 적합관계를 확인하기 위하여 선 발자료의 철저한 분석과 평가를 거쳐 나간다.

② **선발전략과 방침의 반영** : 최종선발결정을 내리는 과정에서는 각 기업 조직의 선발 전략과 방침이 반영된다. 선발자료에 포함된 여러 가지 예측기준치(학력, 시험점수, 면접, 여러 평가 결과 등) 중에서 어느 항목에 더 많은 점수를 주어야 하는지에 바로 선발전략과 방침이 반영되는 것이다. 또한 선발전략과 방침은 경영이념과 기본가치 등 각 기업 조직의 문화적 특성과도 매우 밀접한 관계를 맺고 있다. 따라서 각 기업 조직은 조직문화에 적합한 지원자를 선별할 수 있는 전략과 방침을 최종선발결정 시에 반영할 수 있어야 한다.

③ **일선관리자에 권한 부여** : 최종 선발결정은 원칙적으로 피선발자를 실무현장에서 실제로 활용하는 일선관리자의 권한에 달렸다. 따라서 신입사원의 성과에 대한 책임은 일선관리자에게 있는 만큼 선발과정에서 일선관리자가 적극적으로 참여하는 것은 물론 선발결정에 있어서도 일선관리자에게 결정권한이나 동의권한을 부여하는 것이 바람직하다.

> **더 알아두기**
>
> **기존의 선발방식의 문제점과 개선방안**
>
> | 문제점 | 개선방안 |
> | --- | --- |
> | • 학력위주의 선발기준
• 획일적이고 전형적인 선발시험
• 선발도구의 신뢰성 및 타당성의 문제
• 인사부서에 의한 일괄 채용문제 | • 학력이 아닌 능력과 직무중심의 선발기준 확립
• 인력이 필요한 시점에서의 상시·수시모집
• 행동관찰, 면접 등 다양한 시험방법 등 도입
• 현장의 인력필요성에 따른 유연한 인력수급정책 |

(4) 배치관리

① 배치관리의 개념

배치란 여러 직무와 여러 개인들의 관계를 합리적으로 연결하여 이를 기업 조직의 성과 내지 각 개인의 만족도를 높일 수 있도록 해당 직무에 종업원을 배속시키는 것으로, 선발된 인원들에게 그들의 적성이나 능력에 맞추어 그에 걸맞은 직무를 부여하는 것을 말한다.

② 배치의 원칙

㉠ 실력(능력)주의

직무 담당자들에게 그들의 실력을 발휘하도록 하는 직무 영역을 제공하여 실제 업무 수행에 대한 공정하고 정확한 평가가 이루어질 수 있도록 하며 그렇게 평가된 직무 담당자들의 능력 및 성과에 대해 만족할 수 있는 보상이 주어지는 것을 말한다.

㉡ 적재적소주의

기업이 종업원에게 그가 가지고 있는 능력 내지 성격 등에서 그에 맞는 최적의 직위에 배치되어 커다란 능력을 발휘할 것을 기대함을 의미한다.

㉢ 균형주의

직장에서 전체 실력 증진과 더불어 사기를 상승시키는 의미로서 구성원 전체와 각 개인의 조화를 충분히 고려하는 것이라 할 수 있다.

② 인재육성주의

인력을 소모시키면서 사용하지 않고 인력을 성장시키면서 사용한다는 내용으로서 이것은 경력관리에 있어 후에 경력의 자각 및 자기관리와 연관된다.

> **더 알아두기**
>
> **조직사회화**
> 신입사원이 조직에 들어와 조직의 가치, 규범, 행동양식 그리고 업무수행 방식 등을 습득하여 조직의 기대에 맞도록 융회되는 과정을 말한다.

4 고용관련법과 차별

(1) 부당한 차별

① **근로기준법상 규정**

사용자는 근로자에 대하여 남녀의 성(性)을 이유로 차별적 대우를 하지 못하고, 국적·신앙 또는 사회적 신분을 이유로 근로조건에 대한 차별적 처우를 하지 못한다.

② **남녀고용평등과 일·가정 양립 지원에 관한 법률상 규정**

차별이란 사업주가 근로자에게 성별, 혼인, 가족 안에서의 지위, 임신 또는 출산 등의 사유로 합리적인 이유 없이 채용 또는 근로의 조건을 다르게 하거나 그 밖의 불리한 조치를 하는 경우를 말한다.

③ **고용정책기본법상 규정**

사업주는 근로자를 모집·채용할 때에 합리적인 이유 없이 성별, 신앙, 연령, 신체조건, 사회적 신분, 출신지역, 학력, 출신학교, 혼인·임신 또는 병력(病歷) 등(이하 "성별 등"이라 한다)을 이유로 차별을 하여서는 아니 되며, 균등한 취업기회를 보장하여야 한다.

④ **국가인권위원회법상 규정**

"평등권 침해의 차별행위"란 합리적인 이유 없이 성별, 종교, 장애, 나이, 사회적 신분, 출신 지역(출생지, 등록기준지, 성년이 되기 전의 주된 거주지 등을 말한다), 출신 국가, 출신 민족, 용모 등 신체 조건, 기혼·미혼·별거·이혼·사별·재혼·사실혼 등 혼인 여부, 임신 또는 출산, 가족 형태 또는 가족 상황, 인종, 피부색, 사상 또는 정치적 의견, 형의 효력이 실효된 전과(前科), 성적(性的) 지향, 학력, 병력(病歷) 등을 이유로 한 행위를 말한다.

(2) 다양한 차별의 형태

① 채용에 있어 동일한 조건의 채용 대상임에도 불구하고 성별에 따라 채용을 거부하거나 고용형태 또는 방법을 달리하는 경우

② 입사 지원서 상에 혼인 여부를 표시하게 하여 기혼자는 출산·육아 등으로 회사에 좋지 않은 영향을 끼칠 것이라 생각하여 배제하는 경우로, 결혼식을 먼저 올리고 혼인신고는 입사 후에 하는 혼인신고 유예 사례도 등장

③ 육아휴직을 신청했으나, 허용조건으로 퇴직금 등을 포기 또는 휴직기간 만료 후 복직을 하지 않는 등의 조건이 붙는 경우

④ 미국의 경우에도 흑인, 아시아인 등의 유색 인종 중 특히 여성은 기업의 고위직에 오르는 경우가 거의 없는 콘크리트 천장이 형성되어 있는 경향

⑤ 대기업 생산직 채용에서 대졸자를 배제하고 고졸에 한정하여 채용하는 경우 역차별에 해당함

⑥ 모집 또는 채용에서 관리/사무직 남자 0명 모집, 판매직 여자 0명 모집 등 특정 직종에 있어서 남녀 간의 차별을 두는 경우

⑦ 임금체계 등에 있어서 남녀 간 그 기준을 달리 적용함으로써 임금을 차별하는 경우

(3) 차별에 대한 처벌

① 근로기준법상 처벌

㉠ 임신 중의 여성 또는 유·사산한 경우에도 출산전후휴가 또는 유·사산휴가를 주도록 하고 있으며, 위반 시 2년 이하의 징역 또는 1천만원 이하의 벌금에 처한다.

㉡ 위의 경우 휴업한 기간과 그 후 30일 동안은 해고하지 못하며, 위반 시 5년 이하의 징역 또는 3천만원 이하의 벌금에 처한다.

㉢ 사업주는 출산전후휴가 종료 후에는 휴가 전과 동일한 업무 또는 동등한 수준의 임금을 지급하는 직무에 복귀시켜야 하며, 위반 시 500만원 이하의 벌금에 처한다.

② 남녀고용평등과 일·가정 양립 지원에 관한 법률상 처벌

㉠ 근로자의 육아휴직 신청을 받으면 이를 허용해야 하며, 위반 시 500만원 이하의 벌금에 처한다.

㉡ 육아휴직을 이유로 해고나 그 밖의 불리한 처우를 하거나, 육아휴직기간 동안 근로자를 해고하지 못하며, 위반 시 3년 이하의 징역 또는 2천만원 이하의 벌금에 처한다.

㉢ 육아휴직 후 휴직 전과 동일한 업무 또는 동등한 수준의 임금을 지급하는 직무에 복귀시켜야 하며, 위반 시 500만원 이하의 벌금에 처한다.

제 **3** 절 준거개발

1 준거

(1) 준거의 정의

① 준거는 평가할 때 사용하는 기준이다.

② 대체로 측정하고자 하는 종속변인으로, 수행 또는 성과를 반영하는 지표이다.

③ 산업 및 조직 심리학에서 준거란 근로자의 우수함이나 무능함을 측정하는 척도로 사용될 수 있는 평가기준으로 정의된다(Paul E. Levy).

④ 준거를 통해 직원수행평가뿐 아니라 교육 프로그램 평가, 인재채용, 해고나 승진 등을 위한 결정에 이용될 수도 있다.

⑤ 준거에 결함이 있으면 사용된 평가시스템도 결함이 있게 된다.

(2) 준거의 종류

① **개념준거**

㉠ 성공적인 직무수행이라고 정의할 수 있는 모든 요소를 포함하며, 연구자가 연구를 통해 이해하고자 하는 이론적 기준이다.

㉡ 준거측정 시 가장 먼저 개념준거를 설정해야 한다.

㉢ 이론적이고 추상적인 개념이기 때문에 현실적으로 수행의 모든 지표들을 완전히 정의하고 측정하는 것이 불가능하다. 따라서 측정 가능한 지표로 바꾸는 과정이 필요하다.

② **실제준거**

㉠ 개념준거를 최대한 반영하여 가장 현실적으로 개발한 준거이다.

㉡ 객관적이고 측정이 용이한 지표로 선정한다.

(3) 준거수립 기준

① 적절성은 개념준거와 실제준거가 일치하는 정도를 의미하며, 적절성의 저해요인으로는 실제준거가 개념준거를 나타내는 못하는 준거결핍과 실제준거와 개념준거가 관련되지 않은 준거오염이 있다.

② **신뢰성** : 측정치의 안정성 또는 일관성

③ **민감도** : 유능한 직원과 그렇지 않은 직원을 변별할 수 있는 정도

④ **실용성** : 중요한 결정을 하는 구성원이 사용할 수 있는 준거 범위

⑤ **공정성** : 구성원들이 해당 준거를 정당하고 합리적인 것으로 인식하는 정도

2 직무수행 준거

(1) 객관적 수행준거

① 주로 통계에 기반한 객관적이고 사실적인 조직의 기록을 기반으로 한다.

② 주관적인 판단이나 평가를 포함하지 않는 가장 순수한 준거로 여겨지며, 비판단준거라고도 한다.

③ 조직의 생산자료나 인사자료가 대표적인 예이다.

(2) 주관적 수행준거

① 통계나 수치보다 상사나 동료와 같은 사람들의 판단이나 평가를 기반으로 한다.

② 판단준거라고도 한다.

(3) 맥락수행

① 공식적으로 규정되어 있는 업무 외 활동으로써 개인이 자발적으로 수행하는 활동이며, 조직효과
성에 기여하는 행동이다(Borman & Motowidlo, 1993).

② 과업수행과 함께 전반적인 직무수행을 구성하는 중요한 의미를 가진다(Borman & Motowidlo,
1993).

01
① 직무(Job) : 과업의 종류와 수준이 동일하거나 유사한 직위들의 집단
② 과업(Task) : 기업 조직에서 독립된 목적으로 수행되는 하나의 명확한 작업 활동
③ 직위(Position) : 특정 개인에게 부여된 모든 과업의 집단

02
① '과업'이 아닌 '요소'에 대한 정의이다.
② '직종'이 아닌 '직무분류'에 대한 정의이다.
④ '직무'가 아닌 '과업'에 대한 정의이다.

01 다음 내용이 의미하는 것은?

> 비슷한 과업을 포함하고 있는 두 가지 이상 직무의 집단

① 직무(Job)
② 과업(Task)
③ 직위(Position)
④ 직군(Job Family)

02 다음 용어에 대한 정의로 가장 적절한 것은?

① 과업이란 어떤 직무와 관련된 동작이나 움직임, 정신적 과정 등 더 이상 나눠질 수 없는 최소 단위를 말한다.
② 직종이란 동일 또는 유사한 성격을 가진 직무들을 묶어 직무의 군으로 분류하는 것을 말한다.
③ 직종군이란 업무를 수행하는 데 필요한 노동의 내용에 따라 크게 분류한 직종의 군을 말한다.
④ 직무는 기업 조직에서 독립된 목적으로 수행되는 하나의 명확한 작업 활동을 의미한다.

정답 01 ④ 02 ③

03 다음이 설명하는 것으로 옳은 것은?

> 특정 시점, 특정 조직의 한 개인이 수행하는 하나 또는 그 이상의 의무로 구성된다.

① 직위(Position)
② 직무(Job)
③ 과업(Task)
④ 직군(Job Family)

04 직무분석에 대한 설명으로 가장 적절하지 <u>않은</u> 것은?

① 직무에 관한 공식적인 개요를 작성하는 데 필요한 모든 정보자료를 수집하고 이를 정리하는 과정으로 일 중심의 관리가 아닌 사람 중심의 인사관리를 하기 위해 수행된다.
② 직무분석에 있어 수집·분석되는 정보자료는 직무분석의 구체적인 목적 및 환경적 변인에 따라 다를 수 있다.
③ 직무별 적정인력이나 필요인력을 알려면 직무별 과업의 종류와 소요시간에 관한 정보를 알아야 하므로 반드시 과업 중심 직무분석을 실시하여야 한다.
④ 작업자 중심(worker-oriented) 직무분석은 직무에 관계없이 표준화된 분석도구를 만들기가 비교적 용이하다.

05 ① 인사관리를 합리적으로 수행하기 위해서는 직무를 중심으로 직무와 인간의 관계를 명확하게 밝혀야 한다.
② 직무분석은 직무와 관련된 공식적인 개요를 작성하는 데 필요한 모든 정보자료를 수집하고 이를 정리하는 일련의 과정을 의미한다.
④ 자료수집 방법 및 자료 분석의 결정은 직무분석 설계단계에서 이루어진다.

05 다음 중 직무분석에 관한 내용으로 옳은 것은?

① 인사관리를 합리적으로 수행하기 위해서는 사람을 중심으로 직무와 인간의 관계를 명확하게 밝혀야 한다.
② 직무분석은 직무와 관련된 비공식적 개요를 작성하는 데 필요한 모든 정보자료를 수집하고 이를 정리하는 일련의 과정을 의미한다.
③ 기업 조직은 직무분석을 통해 인사관리, 직무관리, 조직관리의 합리성을 제고할 수 있다.
④ 직무분석 절차상 정보자료 수집 단계에서는 자료수집 방법 및 자료 분석 방법을 결정하게 된다.

06 요소비교법(Factor Comparison Method)은 직무평가 방법 중 계량적(양적)평가방법의 하나로 직무분석의 방법과는 관련이 없다.

06 다음 중 직무분석의 방법으로 옳지 않은 것은?

① 질문지법(Questionnaire Method)
② 요소비교법(Factor Comparison Method)
③ 워크 샘플링법(Work Sampling Method)
④ 면접법(Interview Method)

07 ①·② 직무명세서에 대한 설명이다. 직무명세서는 인적 요건에 중점을 두고 기술한다.
③ 직무분석의 결과를 종합한 직무기술서 및 직무명세서는 직무수행과 직접적인 관련성을 가지며 영향을 미친다.

07 직무기술서(job description)에 대한 설명으로 옳은 것은?

① 인적 요건에 중점을 두고 기술한 것이다.
② 직무수행에 필요한 종업원들의 행동이나 기능·능력·지식 등을 일정한 양식에 기록한 문서를 의미한다.
③ 직무수행과는 아무런 관련성이 없다.
④ 종업원의 직무분석 결과를 토대로 직무수행과 관련된 각종 과업 및 직무행동 등을 일정한 양식에 따라 기술한 문서를 의미한다.

정답 05 ③ 06 ② 07 ④

08 직무명세서(job specification)에 대한 설명으로 올바른 것은?

① 직무요건에 중점을 두고 기술한 것이다.
② 직무분석의 결과를 토대로 특정한 목적의 관리절차를 구체화 하는 데 편리하도록 정리한 것을 말한다.
③ 물적 환경에 대해서 기술한다.
④ 조직의 직무 담당자들의 행동이나 능력 등에 관해서는 큰 관련 성이 없다.

09 다음 내용에 관한 설명으로 옳은 것은?

> 직무분석에 대한 오류 중에서 사람이 예상하거나 또는 왜곡 된 방법으로 질문에 대해서 극히 일률적으로 답을 할 때 발생 하는 오류의 형태이다.

① 종업원의 행동변화
② 부절적한 표본추출
③ 반응세트
④ 직무환경 변화

10 직무분석에 대한 설명으로 옳은 것은?

① 직무분석방법에는 설문지법, 면접법, 관찰법 등이 있다.
② 직무분석은 유사 직무들과 비교하여 특정 직무가 갖는 상대적 가치를 측정하는 것이다.
③ 직무분석은 담당할 과업의 수를 줄여 직무를 단순화시키거나 직무의 범위를 확대시키는 과정이다.
④ 직무분석의 결과로 도출되는 직무의 개요, 내용, 특성, 근무 조건은 직무명세서(job specification)에 기술한다.

해설 & 정답 checkpoint

08 ①·③은 직무기술서에 관한 사항이다.
④ 직무명세서는 각 직무수행에 필 요한 종업원들의 행동이나 기능· 능력·지식 등을 일정한 양식에 기록한 문서를 의미한다.

09 반응세트는 종업원들이 어떠한 왜곡 된 방법으로 질문을 했을 때 예상되 는 방법 혹은 질문에 대해서 일률적 으로 대답할 때 발생하는 오류이다.

10 ②는 직무평가, ③은 직무설계, ④는 직무기술서를 설명하고 있다.

정답 08② 09③ 10①

11 역량이란 각 기업 조직의 구성원이 지식, 기술, 가치관 등 다양한 요소들을 종합적으로 활용하여 높은 성과를 낼 때 나타나는 측정이 가능한 행동특성을 의미한다.

11 다음 중 역량에 관한 설명으로 옳지 않은 것은?

① 역량이란 각 기업 조직의 구성원이 지식, 기술, 가치관 등 다양한 요소들을 종합적으로 활용하여 높은 성과를 낼 때 나타나는 측정이 불가능한 행동특성을 의미한다.

② 역량의 개념은 1970년 당시 전통적인 학업적성검사나 성취도검사가 안고 있는 문제점을 지적하면서 맥클리랜드에 의해 처음 도입되었다.

③ 핵심역량은 역량 중에서도 조직 내부의 개인적인 기술이나, 단순하나 기능을 뛰어넘는 노하우를 포함한 종합적이고 핵심적인 강점과 기술력을 의미한다.

④ 역량평가란 조직구성원의 역량을 측정하기 위해 평가 대상자의 행동 특성을 중심으로 평가하는 체계를 말한다.

12 ③ 집단토론이 아닌 서류함기법에 관한 설명이다. 집단토론은 일반적으로 피평가자들의 사회성이나 결단력 등을 알아보기 위한 평정기법으로 집단에 공동된 과제를 제시한 후 정해진 시간 동안 토론을 진행하도록 하며, 토론이 진행되는 동안 평가자는 피평가자들의 행동을 관찰·기록한 후 평정한다.

12 다음 중 역량평가센터의 평가기법에 관한 일반적인 설명으로 옳지 않은 것은?

① 역량면접 : 피평가자의 과거 행동 및 사건을 중심으로 주목할 만한 특성과 반응을 알아보기 위한 평가기법을 말한다.

② 역할연기 : 특정 역할에 적합한 피평가자의 의사결정과 문제해결 능력 등을 파악하기 위한 평가기법을 말한다.

③ 집단토론 : 다양한 직무 영역 중에서 특히 피평가자의 관리적 측면에서의 의사결정능력을 알아보기 위한 평가기법을 말한다.

④ 서류함기법 : 실제 직무에서 다뤄지는 다양한 서류(메일, 공문, 보도자료 등) 및 상황을 설명한 자료들을 제시하고 직접 처리해보게끔 한 후 이를 토대로 하여 평정하는 기법이다.

정답 11 ① 12 ③

13 다음 괄호 안에 공통적으로 들어갈 말로 가장 옳은 것은?

> • (　　　)은/는 기업 조직에서 각 직무의 숙련·노력·책임 등을 분석 및 평가하여 다른 직무와 비교한 직무의 상대적 가치를 정하는 체계적인 방법을 의미한다.
> • (　　　)은/는 직무분석의 결과로 얻어지는 직무기술서와 직무명세서를 기초로 하여 이루어진다.
> • (　　　)은/는 공정한 임금체계의 확립, 종업원들의 적재적소 배치, 인력개발에 대한 합리성 제고 등을 목적으로 수행된다.

① 직무분석　　　② 직무분류
③ 직무평가　　　④ 역량모델링

13 괄호 안에 공통적으로 들어갈 수 있는 말은 '직무평가'이다. 이를 위한 평가방법에는 대표적 비계량적 평가방법인 '서열법'과 '분류법' 그리고 계량적 방법인 '점수법'과 '요소비교법'이 있다.

14 다음이 설명하는 직무평가방법으로 옳은 것은?

> 모든 직무에 공통적으로 적용될 수 있는 평가요소를 미리 선정하고 각 평가요소별로 등급을 매긴 후 그 점수를 모두 종합하는 평가방법이다. 이 평정법은 각 평가요소의 중요도가 사전에 마련되어 있어 평가에 대한 객관성을 확보하기가 용이하다는 장점을 지니고 있는 반면 각 평가요소를 선정하는 데 있어 많은 시간과 노력이 소요된다는 단점이 있다.

① 점수법　　　② 요소비교법
③ 서열법　　　④ 분류법

14 직무평가의 방법에는 서열법, 분류법, 점수법, 요소비교법 등이 있는데, 제시문에서는 점수법에 대해 설명하고 있다.

15 성공적인 직무수행에 결정적인 역할을 한 사례를 중심으로 직무를 분석하는 방법은?

① 면접법
② 중요사건기록법
③ 관찰법
④ 질문지법

15 중요사건기록법은 성공적인 직무수행에 결정적인 역할을 한 사건이나 사례를 중심으로 직무를 분석하고 조직목표달성의 결정적인 역할을 한 사건을 중심으로 효과적인 행동패턴을 분석하는 방법이다.

정답　13 ③　14 ①　15 ②

16 ②는 직무분류법에 관한 설명이다.

16 직무평가방법에 대한 설명으로 옳지 <u>않은</u> 것은?

① 서열법은 가장 오래되고 전통적인 직무평가방법이다.

② 요소비교법은 조직의 모든 직무를 확인하고 분류하여 유사한 직무를 같은 등급으로 묶는 방법이다.

③ 점수법은 직무를 계량화하는 방법으로 직무의 중요성을 화폐 단위로 표시하는 방법이다.

④ 서열법은 조직의 각 직무를 최상위로부터 최하위까지 비교·평가하여 순위별로 계층화하는 방법이다.

17 ① 조직구성원 개개인의 상이한 직무에 대한 적합성을 기록한 것을 승진 도표라 한다.
② 시간의 흐름에 따라 각 종업원들의 직무이동확률을 알아보기 위해 개발된 것을 마코프 체인법이라 한다.
④ 비지시적 면접이란 피면접자에게 의사표시에 대한 자유를 주고, 그에 따라 피면접자에 대한 정보를 수집하는 방식을 말한다.

17 다음 인적자원관리에 관한 설명 중 옳은 것은?

① 조직구성원 개개인의 상이하나 직위에 대한 적합성을 기록한 것을 인력 재고표라고 한다.

② 시간의 흐름에 따라 각 종업원들의 직무이동확률을 알아보기 위해 개발된 것을 승진 도표라고 한다.

③ 모집이란 기업에서 선발을 전제로 해서 양질의 인력을 조직적으로 유인해가는 과정을 말한다.

④ 지시적 면접이란 피면접자에게 의사표시에 대한 자유를 주고 그에 따라 피면접자에 대한 정보를 수집하는 방식을 말한다.

18 사내모집(내부모집)의 원천으로는 기능목록 및 인력배치표, 부서장추천, 사내공모제도 등이 있다.

18 다음 중 사내모집에 있어 그 원천에 해당하는 것은 무엇인가?

① 광고 등의 모집활동

② 직업소개소 등의 모집활동

③ 기능목록 또는 인력배치표

④ 교육기관 등의 모집활동

정답 16 ② 17 ③ 18 ③

19 다음 중 성격검사를 통해 측정할 수 있는 다섯 가지 성격 요인 중 '목표를 성취하기 위해 성실하게 노력하는 성향'이라 특정 지을 수 있는 요인은?

① 개방성
② 외향성
③ 성실성
④ 친화성

19 Costa & McCrae(1980)가 제시한 성격의 다섯 가지 요인으로는 개방성, 성실성, 외향성, 친화성, 신경증이 있다. 이들 요인 중 '성실성'은 '분명한 목표 의식과 강한 의지를 지니고, 이를 성취하기 위해 계획적이고 성실하게 노력하는 성향'을 말한다.

20 다음 중 내부모집에 대한 설명으로 옳지 <u>않은</u> 것은?

① 창의성 결여로 조직 발전에 장애를 준다.
② 조직의 홍보효과가 있다.
③ 고과기록보유로 적합한 적재적소에 배치가 가능하다.
④ 조직구성원의 사기가 앙양되며, 동기유발을 시킬 수 있다.

20 조직의 홍보효과가 있는 것은 외부모집이다.

21 외부모집의 장점에 해당하지 <u>않는</u> 것은?

① 조직구성원의 사기가 앙양되며 동기부여를 할 수 있다.
② 모집범위가 넓어 유능한 인재의 확보가 가능하다.
③ 인력개발비용이 절감된다.
④ 조직의 홍보효과가 있다.

21 ①은 내부모집의 장점이다.

정답 19 ③ 20 ② 21 ①

22 신뢰성은 동일인을 대상으로 한 검사가 조건이나 시기에 상관없이 항상 일관된 결괏값(점수)을 갖는다면 이는 신뢰도가 높다는 것을 의미한다. 여기서 사용되는 신뢰성 개념은 일관성이나 항상성과 같은 개념이라 해석될 수 있다.

23 해당 문제는 기준타당성 중 동시타당성에 관한 설명이다.

24 ④는 제2종 오류에 관한 설명이다.
- 제1종 오류 : 좋은 성과를 낼 수 있는 지원자를 선발하지 못할 위험
- 제2종 오류 : 좋은 성과를 낼 수 없는 자를 선발할 위험

22 합리적인 선발도구가 되기 위한 조건 중에서 다음이 설명하는 요소는 무엇인가?

> 어떠한 선발도구를 활용해 얻어진 결과치가 언제 또는 누가 측정을 했든지 간에 측정하려는 요소가 변하지 않는 한 동일하게 나타나는 정도를 말한다. 다시 말해, 어떠한 시험을 동일한 환경 하에서 동일한 사람이 이를 몇 번이나 보았을 때, 결과가 서로 일치하는 정도를 의미한다.

① 신뢰성 　　　　　② 타당성
③ 객관성 　　　　　④ 유효성

23 이 타당성은 '현재 근무 중인 종업원들을 대상으로 시험을 실시해서 그들의 시험점수와 직무성과와의 상관관계를 분석하여 나온 정도에 따라 시험의 타당성 여부를 측정하는 것'을 말한다. 다음 중 어떤 타당성을 말하는가?

① 구성타당성
② 내용타당성
③ 동시타당성
④ 예측타당성

24 다음 중 인사선발과 관련된 설명으로 가장 적절하지 <u>않은</u> 것은?

① 선발도구의 신뢰성에 대한 검증방법으로는 시험－재시험법, 대체형식방법, 양분법이 대표적이다.
② 타당성이란 어떤 검사가 목적으로 하는 측정의 내용이나 대상을 정확히 측정하고 있는가에 관한 것이다.
③ 선발비율이란 선발도구의 유효성에 영향을 주는 요소 중 하나로 총지원자수에 대한 선발예정인원수의 비율을 의미한다.
④ 선발 시 발생할 수 있는 오류 중 제1종 오류는 좋은 성과를 낼 수 없는 지원자를 선발할 위험을 말한다.

정답 　22 ① 　23 ③ 　24 ④

25 다음 선발의사결정 시 발생할 수 있는 오류에 관한 설명으로 옳은 것은?

① 선발시험에서 탈락하였으나, 만약 입사를 하였다면 만족스러운 업무성과를 냈을 경우. 이는 선발 시 제2종 오류가 발생한 것이다.

② 선발시험에서 탈락하였고, 만약 입사를 하였더라도 업무성과를 내지 못했을 경우, 이는 선발 시 제1종 오류가 발생한 것이다.

③ 선발시험에 합격하여 입사 후 만족스러운 업무성과를 낸 경우, 이는 인사담당자가 올바른 결정을 한 경우에 해당한다.

④ 선발시험에 합격하여 입사하였으나 만족스러운 업무성과를 내지 못한 경우, 이는 선발 시 제1종 오류가 발생한 것이다.

25 ① 제1종 오류가 발생하였다.
    ② 오류가 발생하지 않아, 올바른 결정에 해당한다.
    ④ 제2종 오류가 발생하였다.

26 다음은 '직무배치 원칙' 중 무엇에 관한 설명인가?

> 직무배치 원칙들 중 이것은 직장에서 전체 실력 증진과 더불어 사기를 상승시키는 의미로서 구성원 전체와 각 개인의 조화를 충분히 고려되어야 한다는 것을 말한다.

① 실력(능력)주의 원칙
② 적재적소주의 원칙
③ 균형주의 원칙
④ 인재육성주의 원칙

26 제시문은 균형주의 원칙에 관한 내용이다.

정답 25 ③   26 ③

안심Touch

01

정답 ㉠ 직무평가, ㉡ 직무설계

해설 • 직무평가 : 기업 조직에서 각 직무의 숙련·노력·책임·작업조건 등을 분석 및 평가하여 다른 직무와 비교한 직무의 상대적 가치를 정하는 체계적인 방법
• 직무설계 : 기업 조직의 목표달성 및 종업원 개개인의 욕구충족의 극대화를 위해서 구조적 또는 인간관계 측면을 고려한 조직구성원들의 직무에 관련되는 활동을 설계하는 과정

02

정답 과업(課業, Task, 과제, 작업)

해설 • 과업(Task) : 기업 조직에서 독립된 목적으로 수행되는 하나의 명확한 작업 활동
• 직무(Job) : 과업의 종류와 수준이 동일하거나 유사한 직위들의 집단
• 직위(Position) : 특정 개인에게 부여된 모든 과업의 집단

✅ **주관식 문제**

01 다음 설명에서 ( ) 안에 들어갈 내용을 순서대로 쓰시오.

> 직무관리는 직무의 특성 및 수행 요건 등을 조사·수집·분석하는 직무분석, 조직 내 모든 직무 간의 상대적 가치를 결정하는 (㉠), 사람과 직무 간의 효율적인 연계를 목적으로 단위직무의 성격과 범위를 결정하는 (㉡)을/를 주요 내용으로 하고 있다.

02 다음 설명과 연관 있는 용어를 쓰시오.

> • 기업 조직에서 독립된 목적으로 수행되는 하나의 명확한 작업 활동을 말한다.
> • 직무분석에 있어서의 가장 최소 단위를 말한다.
> • 버스를 운전하는 것, 비행기를 조종하는 것 등을 예로 들 수 있다.

03 다음 설명에서 ( ) 안에 들어갈 내용을 순서대로 쓰시오.

> • 직무명세서는 (㉠)에 초점을 두며, 이는 직무분석의 결과를 토대로 직무수행에 필요로 하는 작업자들의 적성이나 기능 또는 지식·능력 등을 일정한 양식에 기록한 문서를 의미한다.
> • (㉡)은/는 수행되어야 할 과업에 초점을 두며, 이는 직무분석의 결과를 토대로 직무수행과 관련된 과업 그리고 직무행동을 일정한 양식에 기술한 문서를 의미한다.

03

정답 ㉠ 인적 요건, ㉡ 직무기술서

해설 • 직무명세서 : 인적 요건에 초점을 두며, 지식, 스킬, 능력, 기타 특성들(Knowledge, Skill, Ability & Other characteristics : KSAOs)을 중심으로 작성
• 직무기술서 : 특정 직무의 내용을 조직 전체와 연계하여 기술

04 다음 설명에서 ( ) 안에 들어갈 내용을 순서대로 쓰시오.

> • (㉠) : 성공적인 직무수행이라고 정의할 수 있는 모든 요소를 포함하며, 준거측정 시 가장 먼저 설정해야 한다.
> • (㉡) : 객관적이고 측정이 용이한 지표로 (㉠)을/를 최대한 반영하여 가장 현실적으로 개발한 준거이다.

04

정답 ㉠ 개념준거, ㉡ 실제준거

해설 • 개념준거 : 연구자가 연구를 통해 이해하고자 하는 이론적 기준으로, 현실적으로 수행의 모든 지표들을 완전히 정의하고 측정하는 것이 불가능하기 때문에 측정 가능한 지표로 바꾸는 과정이 필요하다.
• 실제준거 : 개념준거를 최대한 반영하여 가장 현실적으로 개발한 준거로 객관적이고 측정이 용이한 지표로 선정한다.

여기서 멈출 거예요? 고지가 바로 눈앞에 있어요.
마지막 한 걸음까지 시대에듀가 함께할게요!

제 **2** 장

교육과 개발

I wish you the best of luck

독학사 심리학과 3단계

혼자 공부하기 힘드시다면 방법이 있습니다.
시대에듀의 동영상강의를 이용하시면 됩니다.
www.sdedu.co.kr ➔ 회원가입(로그인) ➔ 강의 살펴보기

1 교육훈련과 학습원리

일반적으로 조직 구성원은 이미 학습된 지식 및 기술 그리고 행태를 지니고 회사생활을 시작하게 된다. 따라서 직무수행의 성과는 사전에 학습된 경험의 결과라고 할 수 있다. 그러나 기업환경의 변화로 인하여 조직 구성원들은 새로운 지식과 기술을 획득할 필요가 생긴다. 기업에서 교육훈련은 조직 구성원들의 학습경험을 높이는 것이므로 교육훈련을 통하여 구성원들의 직무성과가 어떻게 향상되는가를 이해하기 위해선 다음에서 설명하는 학습에 대한 이해가 우선되어야 한다.

(1) 학습의 개념 정의

① 학습이란 개인의 반복적인 연습이나 직·간접적 경험의 결과로서 유발되는 비교적 항구적인 행동의 변화 과정을 의미한다. 이러한 학습은 기업 조직 내에서 교육 및 훈련을 통해 나타나게 된다.

② 지원자가 조직에 들어오게 되면 지속적으로 새로운 행위를 획득하게 되는데 한 기업 조직에서 새로운 행위는 개인 입장에서 보면 획득되는 것이지만 경영자의 입장에서는 개인의 행위를 변화시키는 것이라 볼 수 있다.

(2) 학습의 속성

① **행동의 변화**

학습은 긍정적 방향 또는 부정적 방향으로의 행동 변화이다. 이때 행동의 변화란 행동 잠재력의 변화까지를 포함하기 때문에 성격·판단·태도·동기·의도의 변화까지를 포함한다.

② **영구적 변화**

일시적인 행동의 변화는 학습이라고 볼 수 없다. 거의 영구적인, 또는 상당기간의 지속적인 행동변화가 나타날 때 학습되었다고 볼 수 있다.

③ **직·간접적 경험, 연습, 훈련을 통한 습득**

학습은 당사자의 경험이나 연습에 의한 행동 습득 및 변화를 의미한다. 따라서 신체적 발육과정에서 나타나는 행동변화 등은 학습이라 볼 수 없다. 즉, 성장하면서 앉고, 서고, 걷고 하는 것은 학습된 행동변화가 아닌 것이다.

> **더 알아두기**
>
> **학습의 전이**
>
> 한 번 학습된 것은 그대로 끝나지 않고 추가적인 학습의 밑거름이 되어 새로운 학습이 계속 일어날 수 있다. 즉, 한쪽에서 학습된 것은 다른 쪽으로 이전되어 그 곳의 학습을 돕는다. 이것을 학습의 전이(Transfer of Learning)라고 한다.
> - 긍정적 전이 : 이전에 습득한 기능이 새로운 기능을 습득 할 때 도움이 되는 경우
> - 부정적 전이 : 이전에 습득한 기능이 새로운 기능을 습득할 때 방해하는 경우
> - 중립적(영) 전이 : 기존의 기능이 새로운 기능의 습득에 미미한 영향만을 미치는 경우

(3) 기술 획득의 단계(Anderson, 1985)

Anderson(1985)은 기술 획득의 단계를 다음과 같이 언급하며 세 가지로 구분하여 설명하였다.

① **선언적 지식(declarative knowledge)**

㉠ 선언적 지식 단계에서의 지식은 사실이나 사물에 관련된 것으로 기술 획득에 있어서 개인이 과업을 기본적으로 이해하는 데 사용하는 기억과 추리 과정을 포함한다.

㉡ 선언적 지식 단계에서는 개인이 과업에 대한 시범을 관찰하고 과업을 수행하는 일련의 법칙들을 배우게 되며, 이 단계에서의 수행은 느리고 실수를 범할 가능성이 있다. 따라서 개인은 과업을 이해하고 수행하는 데 거의 모든 관심을 집중하여야 한다.

㉢ 개인이 과업을 충분히 이해한 다음에는 기술 획득의 두 번째 단계인 지식 통합 단계로 넘어가게 된다.

② **지식 통합(knowledge compilation)**

㉠ 지식 통합 단계에서는 개인이 과업 수행에 필요한 인지적이고 신체적인 운동 과정의 순서들을 통합한다.

㉡ 과업을 단순화하거나 능률적으로 수행하는 다양한 방법들을 시도하고 그 결과를 평가해 보게 되며, 수행의 속도나 정확도가 선언적 지식 단계보다 점점 빨라지고 더 정확해진다.

㉢ 과업의 목표와 절차들이 단기기억에서 장기기억으로 옮겨가면서 개인이 주의를 집중해야 하는 정도가 줄어들게 된다.

③ **절차적 지식(procedural knowledge)**

㉠ 절차적 지식 단계에서 말하는 지식은 다양한 인지적 활동들을 실제로 어떻게 수행하는지에 관한 지식을 말하는 것으로 목표와 그 목표 달성에 필요한 행위들을 관련짓는 지식을 의미한다.

㉡ 본질적으로 개인이 기술을 자동으로 수행할 수 있을 때 기술 획득의 이러한 마지막 단계에 도달하게 되며, 개인은 주의를 거의 기울이지 않고도 과업을 효율적으로 수행할 수 있게 된다(Kanfer & Ackerman, 1989).

㉢ 상당한 연습을 한 후에는 주의를 다른 과업에 돌리면서도 실수할 가능성이 거의 없이 과업을 수행할 수 있다(DuBois, 2002).

㉣ 제2의 천성이라고도 한다.

㉤ 정확성과 자동화는 높아지고, 실수가능성은 낮아진다.

(4) 기술 획득에 중요한 능력(Anderson, 1985)

① **일반 지능(general intellectual ability)**

ⓐ 일반 지능은 선언적 지식을 획득할 때 가장 중요시 되는 요인으로 이때 지능은 선천적으로 타고나는 것이라고 보는 전통적인 관점에서의 지능을 의미한다.

ⓑ 새로운 과업을 처음으로 접할 때에는 일반 지능이 중시되나 과업에서 요구되는 것을 이해하기 시작하고 수행전략을 개발함에 따라 주의를 기울여야 하는 정도가 줄어들면 과업수행을 위한 지적 능력의 중요성도 감소하게 된다.

② **지각속도 능력(perceptual speed ability)**

ⓐ 지각속도 능력은 기술 획득의 선언적 단계에서 절차적 단계로 옮겨가는 과정에서 더욱 중요시 되는 요인이다.

ⓑ 개인은 과업 수행 방법에 대하여 기본적으로 이해하기 시작하면서 최소한의 주의를 기울이면서도 과업을 수행할 수 있는 보다 효율적인 방법을 찾으려 한다. 때문에 이 단계에서 지각속도 능력은 정보를 보다 빨리 그리고 보다 효율적으로 처리하는 데 가장 중요한 역할을 하게 된다.

③ **심리적 운동 능력(psychomotor ability)**

ⓐ 심리적 운동 능력은 기술 획득의 마지막 단계인 절차적 지식 단계로 넘어가게 되면서부터 가장 큰 영향을 미치게 되는 요인이다.

ⓑ 최종적으로 숙련된 수행에서의 개인차는 반드시 과업수행의 최초 수준이나 기술 획득의 속도에 영향을 미치는 능력에 의해서만 결정되는 것이 아니다(Kanfer & Ackerman, 1989). Farrell과 McDanie(2001)은 이러한 기술 습득 모델이 타당하다는 것을 실증적으로 밝히면서, 절차적 지식 단계에서는 심리적 운동 능력(예 신체협응 능력)이 과업수행의 최종 수준을 결정한다고 보았다.

2 산업교육 및 훈련

(1) 산업교육 및 훈련의 정의

① 교육훈련은 기업조직이 기반이 되어 조직에서 필요로 하는 지식이나 기술 등을 담당자를 통해 피교육자에게 습득하게 하는 조직의 활동을 의미한다.

② **교육훈련과 인력개발** : 오늘날 현대조직에선 교육과 훈련 그리고 인력개발의 의미는 흔히 구분 없이 사용되나 엄밀한 의미에서 이 셋 간의 개념에는 약간의 차이가 존재한다. 교육훈련에서 특히 훈련(training)은 조직 구성원의 직무수행에 즉각 적용할 수 있는 업무 기술(skill)을 현 직무에 비교적 단기적이면서도 실무중심의 효과향상에 초점을 맞추는 반면, 교육(Education)은 구성원에 대한 일반적 지식이나 소양, 태도 등을 배양하는 것으로서 비교적 장기적이면서도 포괄적인 기업 조직의 목표에 초점을 맞춘다. 하지만 통상적으로 세 가지 개념은 서로 보완관계에 있으므로 따로 구분하기보다는 앞서 말한 바와 같이 혼용되어 사용된다.

> ❗ **더 알아두기** 🔍

훈련, 교육, 개발의 의미 비교

구분	교육(Education)	훈련(training)	개발(Development)
추구 목표	• 전체적인 직무지식(knowledge) • 인간으로서의 역할습득 및 지식이나 소양 태도 배양에 초점 • 조직의 목표 < 개인의 목표 • 정신적·보편적·장기적 목표	• 현재 직무의 업무기술(skill) • 특정 조직의 특정 직무 수행을 위한 기능을 습득하는 데 초점 • 조직의 목표 > 개인의 목표 • 육체적·구체적·단기적 목표	• 현재와 미래의 직무수행 능력(Ability) • 경영능력 개발 및 함양 • 개인과 조직의 동시성장 추구 • 인격적, 창의적, 자발적인 장·단기적 목표
기대 결과	근본적이고 보편적인 지식의 학습을 통한 다양한 결과를 기대	특정의 제한된 행동결과 기대	조직 변화와 성장에 조화된 구성원의 능력개발을 기대
대상	개별 종업원	개별 종업원 및 집단	개별 종업원, 집단, 경영자
사용 수단	이론·개념 중심의 지식 전달	실무·기능 중심의 지식 및 기술	• 이론과 실무 중심의 지식전달 • 참여 중심의 문제해결력, 판단력, 응용력, 지도력
주체	주로 정규교육기관	주로 기업 또는 연수원	정규 교육기관 및 기업

(2) 산업교육 및 훈련의 목적

교육훈련의 목적은 조직 구성원이 가지고 있는 지식이나 태도 또는 기술을 향상·발전하게 함으로써 구성원으로 하여금 스스로가 맡은 직무에 만족감을 갖게 함과 동시에 나아가 기업 조직의 목표를 위해 한층 더 중요한 직무를 수행할 수 있도록 하는 데 목적이 있다.

> ❗ **더 알아두기** 🔍

교육훈련의 목적

직접목적(1차적 목적)	직접목적(2차적 목적)	간접목적(궁극적 목적)
• 지식향상 • 기술향상 • 태도개선	• 능률향상 • 인재육성 • 인간완성 • 생활향상	• 기업의 유지·발전 • 조직과 개인의 목적 조화·통합

(3) 산업교육 및 훈련의 과정

일반적으로 교육훈련의 과정은 다음과 같은 순서로 진행된다.

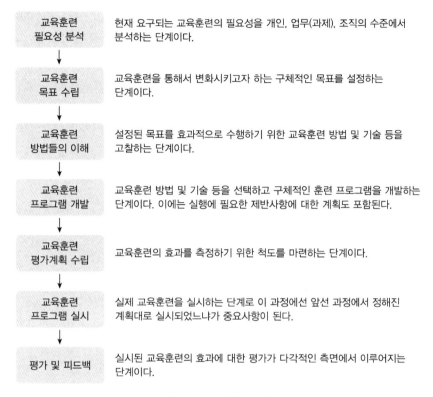

교육훈련 필요성 분석	현재 요구되는 교육훈련의 필요성을 개인, 업무(과제), 조직의 수준에서 분석하는 단계이다.
교육훈련 목표 수립	교육훈련을 통해서 변화시키고자 하는 구체적인 목표를 설정하는 단계이다.
교육훈련 방법들의 이해	설정된 목표를 효과적으로 수행하기 위한 교육훈련 방법 및 기술 등을 고찰하는 단계이다.
교육훈련 프로그램 개발	교육훈련 방법 및 기술 등을 선택하고 구체적인 훈련 프로그램을 개발하는 단계이다. 이에는 실행에 필요한 제반사항에 대한 계획도 포함된다.
교육훈련 평가계획 수립	교육훈련의 효과를 측정하기 위한 척도를 마련하는 단계이다.
교육훈련 프로그램 실시	실제 교육훈련을 실시하는 단계로 이 과정에선 앞선 과정에서 정해진 계획대로 실시되었느냐가 중요사항이 된다.
평가 및 피드백	실시된 교육훈련의 효과에 대한 평가가 다각적인 측면에서 이루어지는 단계이다.

[산업교육 및 훈련의 과정]

3 산업교육 및 훈련의 필요성(요구) 분석

교육훈련의 첫 단계는 교육훈련의 필요성 또는 요구를 파악하는 일이다. 이는 일반적으로 진행되는 직무의 성과가 미달되거나 오류가 발생되는 상황에서 감지된다. 그러나 보다 구체적인 교육훈련의 필요성은 대체적으로 다음 세 가지 단계를 거쳐 확인하게 된다.

(1) 개인수준의 교육훈련 필요성 분석(person analysis)

① 조직 구성원 개별 성과표준(performance standard)을 중심으로 개인의 수준에서 이에 요구되는 구체적인 지식, 기술, 행동 등 교육훈련의 필요성을 분석한다.

② 특히, 훈련 및 개발에 대한 개인적 욕구를 고려할 때 경영자는 개인차가 개별적인 욕구뿐만 아니라 훈련 및 개발 프로그램에 대한 반응에도 영향을 미친다는 사실을 반드시 염두에 두어야 한다.

(2) 직무수준(과제)의 교육훈련 필요성 분석(operational analysis)

① 직무분석 등을 통해 얻은 자료(직무기술서 및 직무명세서)를 중심으로 실무부서의 직무수준에서 과업의 성과달성에 요구되는 구성원들의 교육훈련의 필요성을 분석한다.

② 직무수준의 교육훈련은 현재 종업원이 보유하고 있는 직무기능을 전제로 훈련 및 개발이 계획·실시되어야 하며, 직무기능을 전제로 하여 훈련 및 개발이 이루어지기 위해서는 그 직무가 필요로 하는 직무요건이 먼저 명확히 파악되어야 한다.

(3) 조직수준의 교육훈련 필요성 분석(organizational analysis)

① 기업 조직의 전략 목표를 중심으로 전체 조직의 수준에서 이를 달성하는 데 요구되는 교육훈련의 필요성을 분석한다.

② 조직수준의 교육훈련은 조직 차원에서 잠재된 성과 향상 및 부정적이거나 불필요한 요소 제거 등의 명확한 교육훈련 목표를 달성하기 위해 수행하게 된다.

제 2 절 교육(학습) 동기

1 동기·동기부여

(1) 동기부여의 개념정의

① 동기·동기부여(motivation)란 사람들이 목표달성을 위해 행동하도록 자극하여 동기가 생기게 하고(유발 : arousal), 구체적 행동을 유도하고 이끌며(지향 : direction), 그 행동을 지속하게 하는 것을 의미한다(지속 : persistence).

② 위에서 말한 세 가지 요소가 갖추어졌을 때 동기부여가 되었다고 말할 수 있으며, 동기부여란 어떤 행위를 하게 만드는 충동적 힘이며, 강력한 목표지향성을 지니고 있기 때문에 조직은 구성원에 한 동기부여 전략을 통해 조직의 유효성을 강화시킬 수 있다.

③ 구체적으로 경영자나 조직 구성원의 입장에서도 살펴보면, 동기부여란 각 기업 조직의 개인이 직무를 수행하는 과정에서 개인의 목표와 일치되는 조직전체의 목표를 위해 자발적이고 지속적으로 고도의 노력을 기울이도록 자신을 유도하는 과정임과 동시에 조직이 그러한 개인 동기부여 된 행동을 촉진하는 일련의 활동이라고 정의내릴 수 있다.

④ 동기부여의 개념은 인간관계론에서 시작되어 행동과학으로 발전하는 과정에서 내면적 심리상태, 즉 욕구 등에 따라 행위가 달라진다는 것을 인식하게 되면서 학자들의 관심 영역이 되었다. 이러한 관심과 노력들이 동기부여를 바탕으로 한 후기 인간관계론으로 발전하였고, 이어 조직관리를 위한 의사전달, 갈등관리, 리더십 등과 연계되어 학문적 발전을 이루게 되었다.

(2) 동기부여의 의의

경영자 입장에서 조직 유효성을 제고시키고 기업의 목표를 달성하기 위해서는 조직 구성원들의 의욕을 불러일으키는 것만큼 중요한 것은 없다. 왜냐하면 조직목표와 개인목표의 조화는 결국 구성원들의 의지에 달려있고 그들이 얼마만큼 의욕을 가지고 노력하는지의 여부가 목표달성이나 성과도출을 좌우하기 때문이다. 이와 같이 중요한 의의를 지닌 동기부여의 효과를 좀 더 살펴보면 다음과 같다.

① 동기부여는 이를 통해 조직구성원들이 적극적·능동적으로 업무를 수행하게 함으로써 개개인의 자아실현의 기회를 부여한다.

② 구성원 개개인으로 하여금 과업수행에 대한 자신감과 자긍심을 갖게 한다.

③ 구성원들의 능동적 업무수행 의지를 강화시킴으로써 직무만족과 생산성을 높이고 나아가 조직의 유효성을 제고시킨다.

④ 경쟁우위 원천으로서의 인력의 중요성이 커지는 가운데 개인의 동기부여는 기업경쟁력 강화의 핵심 수단이 된다.

⑤ 동기부여는 변화에 대한 구성원들의 저항을 줄이고 자발적 적응을 촉진함으로써 조직 변화를 용이하게 하는 추진력이 된다.

(3) 동기의 분류

① 일차적 동기와 이차적 동기

㉠ 일차적 동기 : 가장 기본적이고 생득적인 동기로서 유기체가 신체적·생리적 평형 상태를 유지하는 데 필요한 생물학적 동기를 말한다.

　　예 배고픔, 목마름, 수면, 배설, 성욕 등

㉡ 이차적 동기 : 후천적 학습 및 경험을 통해서 얻어진 사회적 동기를 말한다. 사회적 환경이 복잡하게 변화해 갈수록 생물학적 동기인 일차적 동기에 보다 환경적 요인이나 상황요인에 따라 학습된 이차적 동기의 역할이 더욱 강조된다.

　　예 경쟁심, 우월감, 독립심, 소속감, 야망, 성취욕, 사회적 인정이나 자아실현 등

② 일반동기와 특수동기

㉠ 일반동기 : 교육(학습)훈련 상황에서 지식의 습득과 기능의 숙달을 위해 노력하는 지속적이고 폭넓은 경향을 의미한다.

㉡ 특수동기 : 일반동기와 달리 특정 과업의 영역이나 특정 과업 내용의 학습에 관해서만 동기화 되는 것을 말한다.

③ 내재적 동기와 외재적 동기

㉠ 내재적 동기

ⓐ 개인적 흥미·욕구·호기심 등 내적 과정을 통해 발생된 요인들에 의해 유발되는 동기를 의미한다.

ⓑ 이는 학습자의 외적 요인들과는 무관하며, 이렇게 형성된 동기는 학습자 스스로가 능동적인 학습에 참여하도록 유도한다.

ⓒ 이러한 학습동기는 학습 자체가 보상으로 작용하여 어떠한 보상이나 처벌을 필요로 하지 않는다.

ⓓ 내재적으로 동기화된 학습자는 학습 여건을 조성하고 교육자의 지속적인 관심을 통해 학습동 기가 지속될 수 있도록 하는 것이 바람직한 동기유발 전략이 된다.

ⓛ 외재적 동기

ⓐ 상벌이나 성적, 압력, 처벌과 같은 외적·환경적 요인에 의해 유발되는 동기를 의미한다.

ⓑ 외재적으로 동기화된 학습자는 학습의 목적을 오로지 성적, 처벌, 보상, 사회적 압력 등에서 그 의미를 찾는 경향성을 띠게 되며, 학습 자체에 대한 관심보다는 활동한 결과로서 얻을 수 있는 것에 많은 관심을 둔다.

ⓒ 외재적으로 동기화된 학습자는 외적 보상에 대하여 내성이 증가하므로 계속적인 동기부여를 위해서는 더 좋고 큰 보상이 주어져야 한다.

> ### 🔔 더 알아두기 🔍
>
> **동기의 기능(Keller, 2009)**
> - **활성적 기능(activating function)**
>   - 동기는 행동을 유발하고 지속하게 해주며 유발된 행동을 성공적으로 추진하는 힘을 부여하는 기능을 한다.
>   - 인간의 행동은 그 안에 동인(drive)의 발생에 의해 유발되며, 유발된 행동은 동인이 존재하는 동안 지속되다가 동인이 해소되었을 때 마치게 된다. 이때 동인의 수준은 인간의 욕구 수준에 따라 달라진다.
>   ※ 동인(drive) : 어떤 행동을 하도록 하는 내적 과정
> - **지향적 기능(directive function)**
>   - 행동은 환경 속에 있는 대상(성과와 같은 목표 등)을 향해 전개되고 행동의 방향을 어느 쪽으로 결정짓느냐는 동기에 따라 달라진다.
>   - 행동의 방향 선택에 있어 유인(incentive)은 동기의 지향적 기능을 성립시키는 중요한 환경 요인으로, 유인은 인간으로 하여금 그 유인과 가깝게 또는 멀리 행동하도록 하는 기능을 한다.
>   ※ 유인(incentive) : 목표 또는 보수가 되는 외적 환경 내의 대상과 상황
> - **조절적 기능(adjusting function)**
>   - 선택된 목표 행동에 도달하기 위해서는 필요한 다양한 분절 동작이 선택되고 이를 수행하는 과정을 겪게 된다. 이 과정에서 동기는 어떤 동작을 선택하고 수행할 것인가에 대한 조절적 기능을 한다.
> - **강화적 기능(reinforcing function)**
>   - 행동의 결과로 어떠한 보상(reward)이 주어지느냐에 따라 동기유발의 수준은 달라진다.
>   - 욕구가 만족될 만한 보상(reward)이 주어진 경우 그에 따른 행동은 지속적으로 선택되고 강화되지만 그렇지 않은 행동은 점점 약화되거나 소멸한다. 이 과정에서 동기는 행동을 강화시키는 강화적 기능을 한다.

2 학습과 동기부여

(1) 학습동기의 의의

교육훈련에서의 학습과정과 더불어 학습에 대한 동기부여는 피교육자의 학습에 대한 의욕을 강화해 줌으로써 그 효과를 높여준다. 때문에 훈련 시에는 학습 동기부여의 원리를 최대한 고려하여 학습효과를 극대화시킬 수 있어야 한다.

> **동기와 학습의 능률 간의 상관성**
> • 동기는 학습의 속도를 결정한다.
> • 동기는 학습의 도달 한계를 결정한다.
> • 동기가 강하면 오류를 적게 범한다.

(2) 학습 동기부여의 원리

① 학습은 피교육자가 동기부여 될 때 강화된다. 노력의 강도는 피교육자 자신의 의지에 달려있다. 따라서 학습을 통해 배우고자 하는 열의가 있어야 학습효과가 극대화될 수 있다.

② 학습은 피드백을 요구한다. 피드백이란 어떤 행동에 대한 결과를 알려주는 것이다. 학습을 통한 결과의 제공은 학습결과가 긍정적이었는지 혹은 부정적이었는지를 판단할 수 있게 하는 단초가 된다. 따라서 피드백은 직접적이고 신속할수록 그 효과가 커진다.

③ 강화(reinforcement)는 학습자의 긍정적인 행동을 증가시킨다. 학습에 대한 피드백의 한 방법인 강화는 긍정적인 것 그리고 부정적인 것 두 가지로 되는데 전자의 경우는 칭찬과 보상과 같은 긍정적인 피드백을 주는 것이고 후자의 경우는 성과에 대한 벌로써 다음에는 그렇게 하면 안 된다는 것을 알려주는 것이다. 학습에 대한 피드백을 강화와 함께 제공함으로써 피교육자의 훈련결과가 긍정적인지 부정적인지를 확인시켜주고 긍정적인 학습결과를 유도하게 된다.

④ 직접적인 경험학습은 학습자의 성과를 보다 증가시킨다. 피교육자의 실제 경험을 통한 직접학습은 시행착오를 통해 체득된다. 지속적인 반복과 실수를 통해 가장 효과적인 방법이 무엇인가를 스스로가 깨달아 가는 것이다.

⑤ 학습효과는 급진기에 나타난다. 그러나 시간이 지남에 따라 정체되고 극대화된다. 피교육자는 실수를 극복해 가는 과정에서 창의적인 방안들을 모색하게 되고 그 결과를 확신하게 된다. 학습곡선에서 제시된 학습은 준비기 → 급진기 → 휴식기 → 정체기 등을 반복적으로 경험하면서 극대화된다. 학습상황에 대한 의욕과 저항이 감소되면, 급진기 시기에 가장 흡수능력으로 학습효과가 극대화된다.

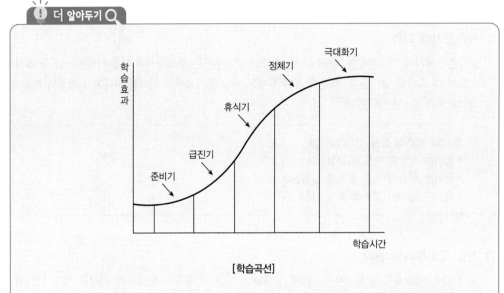

[학습곡선]

학습곡선이란 학습과정을 그래프로 나타낸 것으로 학습을 무엇으로 보느냐에 따라 곡선의 형태는 다양하다. 최초의 학습곡선은 1885년 독일에서 무의미 철자쌍에 대한 인간의 기억을 연구한 에빙하우스(Ebbinghaus)에 의해 그려졌는데, 그는 100% 학습 이후 시간의 경과에 따른 재생률을 그래프로 그렸고, 시간이 지남에 따라 낮아지는 재생률의 변화가 곧 학습곡선이다.

학습을 행동주의 이론의 틀로 파악하는 손다이크(Thorndike)나 스키너(Skinner)는 학습곡선이 점진적인 형태를 보인다고 주장하는데, 손다이크는 학습곡선을 시행횟수에 따라 변화하는 행동반응의 시간으로 나타냈고, 스키너는 시간의 경과에 따른 행동반응률로 학습곡선을 나타낸다. 한편 형태주의 이론의 통찰설에서는 학습이 갑자기 완벽하게 일어나는 것으로 보았기 때문에 학습곡선은 점진적인 것이 아니라 학습자가 통찰을 경험한 순간 거의 완벽하게 나타나게 된다.

(3) 학습동기부여 증진 방안 – 켈러의 동기설계(ARCS)모형

동기부여란 어떤 행동을 유발하고 방향을 잡도록 유도하고, 강화하며, 지속하려는 내적 상태 또는 과정을 포함한 개념을 의미한다. 이 개념은 교육심리학의 중심 개념 중에 하나이지만 직접 관찰할 수 없는 것이기 때문에 인간의 행동을 보고 도출해내는 개념이며, 이에 대한 정의는 바라보는 관점과 강조하는 내용에 따라 각기 달라질 수 있다. 여기서는 그 대표적 이론인 켈러의 동기설계(ARCS)모형에 대해서 알아보도록 한다.

① 켈러의 동기설계(ARCS)모형의 의의

켈러(Keller, 1979)는 이와 같은 개인의 동기를 설명하기 위하여 네 가지 개념요소로 구성된 ARCS이론을 제시하였다. ARCS이론은 학습동기에 관한 기존의 다양한 이론 및 연구들을 종합하여 체계화 한 것으로, 교수–학습 상황에서 학습동기를 유발하고 지속시키기 위한 동기 설계의 전략들을 제공한다. 이러한 특성을 지닌 ARCS 이론은 학습동기를 유발하고 유지하는 구체적인 요소로 다음 네 가지 요소를 꼽았는데, Attention(주의), Relevance(관련성), Confidence(자신감), Satisfaction(만족감)이 그것이다.

주의 (Attention)	→	관련성 (Relevance)	→	자신감 (Confidence)	→	만족감 (Satisfaction)

정의
학습자의 호기심(curiosity)
과 관심(interest)을
유발·유지

증진 방안
• 지각적 주의환기
• 탐구적 주의환기

정의
학습을 개인적 필요, 흥미
또는 목적과 관련지음

증진 방안
• 친밀성 제고
• 목표지향성 제고
• 개인적 필요나 동기와의
  부합성(일치성) 제고

정의
성공에 대한 자신감과
긍정적 기대를 심어줌

증진 방안
• 학습의 필요조건 제시
• 성공의 기회 제시
• 개인적 조절감 증대

정의
강화를 관리하고 자기통제
가 가능하도록 함

증진 방안
• 자연적 결과 강조
  (내적 결과)
• 긍정적 결과 강조
  (외적 결과)
• 공정성 강조

[켈러(1979)의 동기설계(ARCS) 이론의 각 요소]

② **동기설계(ARCS)모형의 각 요소와 증진 방안**

㉠ 주의(Attention)

ⓐ 피교육자의 학습을 위하여 가장 먼저 선행되어야 할 것은 피교육자 스스로가 학습 대상에 흥미를 갖고 주의를 기울이도록 하는 것이다.

ⓑ 주의력을 높이기 위한 전략으로는 피교육자의 관심을 유도하기 위한 지각적 주의환기와 호기심 자극을 위한 탐구적 주의환기, 다양성 등의 방법이 있다.

❗ 더 알아두기 🔍

피교육자의 주의환기 증진 방안

• **지각적 주의환기(perceptual arousal)의 전략**
새로우면서도 기존의 것과 모순되거나 불확실한 사건 또는 정보를 교수 상황에서 사용함으로써 학습자의 주의를 유발·지속시키는 전략을 의미한다. 학습자들은 기대하지 않고 있던 외부의 자극에 쉽게 반응하게 되는데, 그 구체적 동기부여 방법들을 살펴보면 다음과 같다.
  - 시청각 효과로서 각종 애니메이션이나 삽화 도표 및 그래프, 흰 공백, 다양한 글자체 그리고 소리나 반짝거림, 역상 문자 등을 이용하는 방법
  - 일반적이지 않은 내용이나 사건들을 활용하는 것으로, 패러독스나 피교육의 경험과는 무관한 다른 사실이나 괴상한 사실 등을 제시하는 방법
  ※ 남용할 경우에는 그 효과가 반감될 수 있으므로 너무 많은 지각적 자극이나 주의를 분산시키는 자극은 피하여야 한다.

• **탐구적 주의환기(epistemic arousal)의 전략**
인간이라면 누구나 지식의 탐구를 추구한다는 의미의 인식적 호기심과 유사한 개념으로, 학습자 스스로 문제나 질문 등을 만들어 보도록 함으로써 정보 탐색활동을 자극하는 전략을 말한다. 구체적인 동기부여 방법을 살펴보면 다음과 같다.
  - 학습자의 능동적이고 적극적인 반응을 유도해 내기 위하여 질문-응답-피드백의 메커니즘을 활용하는 방법
  - 학습자로 하여금 문제해결 과정을 구상(학습과제나 프로젝트를 직접 선택)하게 함으로써 학습자의 탐구적 주의환기를 돕는 방법

- 학습자에게 탐색 과정에서 문제 상황을 제시하면서 신비감을 심어주는 방법(이때, 필요한 지식은 필요시 부분적으로만 제공)

• 다양성의 전략
  - 교수방식의 변화

    ⓛ 관련성(Relevance)

        ⓐ 학습과 개인적 흥미 또는 목적 간에 어떠한 관련성이 있는지에 대한 해답을 찾는 노력을 말한다. 학습자들은 일단 주의가 기울여지고 나면 '왜 학습을 지속 하여야 하는가'에 대한 의문을 갖게 되고, 학습 상황에서 발생할 수 있는 개인적 필요를 지각하려고 하는 경향성을 띠게 되는데, 이에 대한 해답은 학습동기가 계속적으로 유지될 수 있는 기틀로서 역할을 하게 된다.

        ⓑ 관련성을 높이기 위한 전략으로는 학습 주제와의 친밀성, 목표지향성, 개인적 필요나 동기와의 부합성 등을 제고하는 방법이 있다.

> **❗ 더 알아두기 🔍**
>
> **관련성(Relevance) 증진 방안**
> • **친밀성 제고** : 학습자 개인적 가치와 관련된 구체적 용어나 보기 및 개념들을 활용한다.
> • **목표지향성 제고** : 학습의 목표와 유용성을 제시하는 진술이나 예문을 제공하고, 성취를 위한 비전목표를 제시한다.
> • **개인적 필요나 동기와의 부합성 제고** : 학습자들의 필요나 동기에 부합할 수 있는 교습 전략을 선택한다.

    ⓒ 자신감(Confidence)

        ⓐ 학습자 스스로가 학습에 대한 흥미와 필요성을 인식하고 지속적인 동기화를 위해서는 학습에 대한 관련성을 인지한 후 학습을 통해서 성공할 가능성이 있다는 신념과 자신감을 갖도록 하여야 한다.

        ⓑ 자신감을 높이기 위한 전략으로는 학습의 필요조건 제시, 성공의 기회 제시, 개인적 조절(통제)감 증대 등이 있다.

> **❗ 더 알아두기 🔍**
>
> **자신감(Confidence) 증진 방안**
> • **학습의 필요조건 제시** : 학습자에게 수행에 필요한 구체적 조건과 평가 기준을 제시해 줌으로써 학습자 스스로가 성공의 가능성 여부를 예측할 수 있도록 도와주려는 전략을 의미한다. 교수목표와 학습 효과의 평가 간에 일관성이 있고, 이를 학습자가 인식할 수 있도록 제시한다.
> • **성공의 기회 제시** : 학습에서의 성공에 대한 기대감을 높여 동기를 유발하는 방안으로, 자아충족 예언과 유사한 개념이다. 성공에의 확신이 높아질수록 실제 성공 확률도 높아진다.
> • **개인적 조절(통제)감 증대** : 자기 통제(조절) 가능성에 대한 지각을 통해 동기를 유발하는 방안으로, 결과에 대해 개별 학습자가 통제(조절)할 수 있다는 사고를 심어줌으로써 자신감을 부여하는 방법이다. 이러한 교수의 요소는 학습자의 자신감뿐만 아니라 학습의 지속성을 강화시키는 데 도움을 줄 수 있다.

ⓔ 만족감(Satisfaction)

ⓐ 학습의 결과가 학습자의 기대치와 일치할 때 만족감은 높아지고 이를 통해 유발된 동기는 지속성을 갖게 된다.

ⓑ 만족감을 높이기 위한 전략에는 교육대상의 학습경험(이전의 학습 수행 및 그 결과에 대한 인지적 평가와 기타 내적 보상 등)을 통한 내적 만족도를 높이는 방법과, 긍정적 결과(강화, 피드백), 공정성 강조 등이 있다.

> **더 알아두기**
>
> **만족감(Satisfaction) 증진 방안**
> • **자연적 결과 강조 전략** : 학습자의 내재적 동기가 지속되도록 하기 위해 학습자에게 학습(교육)을 통해 새로 습득한 지식 또는 기술을 실제로 혹은 모의 상황에서 적용해 볼 수 있는 기회를 제공한다.
> • **긍정적 결과 강조 전략** : 학습자의 바람직한 행동이 지속되도록 하기 위하여 성공적인 학습 결과에 대한 긍정적 피드백이나 보상을 제공한다. 이는 행동주의의 원리를 반영한 방법으로써 특히 외적 보상 부분이 강조된다.
> • **공정성 강조 전략** : 학습자의 성공에 대한 기준과 결과가 일치할 수 있도록 학습 수행에 대한 평가는 공정하게 이루어져야 하며, 동시에 성공에 대한 보상이나 기타 강화가 학습자의 기대에 부합하여 주어져야 한다. 공정성을 잃은 평가나 보상은 학습자로 하여금 학습상황에 대한 만족도를 감소시키는 결과를 초래할 수 있다.

(4) 학습동기이론의 평가 – 켈러의 동기설계(ARCS)모형의 장·단점

① 장점

㉠ 학습동기이론은 교수–학습과정에서 학습자의 동기라는 체계적이고 구체적인 요소들(주의, 관련성, 자신감, 만족감)을 제공함으로써 기존의 여러 연구들이 종합적으로 연구될 수 있는 기틀을 마련하였다.

㉡ 학습동기이론은 동기설계를 위한 구체적인 방안들을 하나의 체계적인 이론적 틀 안에서 제공함으로써 기존의 다양하게 산재되어 있던 학습자의 동기에 대한 개념들을 포괄적이고 통합적으로 이해할 수 있는 방법을 제시하고 있다는 데 의의가 있다.

② 단점

㉠ 학습자에게 동기를 유발하고 유지시키기 위한 학습동기설계 방안은 실제 동기에 영향을 미치는 조건들의 다양성 및 복잡성으로 인해 구체적·처방적 전략으로 제시되기가 매우 어렵다.

㉡ 따라서 동기설계이론의 실제 적용 시에는 많은 부분이 교수설계자나 교수자의 능력 및 노력에 의존할 수밖에 없게 된다.

㉢ 이때, 교수설계자나 교수자는 교수–학습 상황에서 존재하는 동기 유발 및 유지에 영향을 미치는 요인들을 보다 체계적인 형태로 밝혀내고 그러한 요인들에 바탕을 두어 보다 구체적이고 처방적인 전략들을 제시할 수 있어야한다.

㉣ 그렇지 않을 경우 동일하게 적용된 교수–학습설계의 효과가 학습자 개인의 특성으로 인하여 상이하게 나타남에 따라 그 결과를 완전하게 보장할 수 없게 되며, 이러한 문제로 인해 이론은 그 유효성을 인정받지 못하고 기술적인 내용에만 그치게 된다.

제 3 절 **교육원리와 기법**

1 성인교육

(1) 성인교육의 개념정의

① **성인교육에 대한 일반적 정의**

성인으로 간주되는 자에 의하여 의도성과 자발성을 기본전제로 일반사회의 다양한 장소에서 실생활을 중심으로 한 여러 프로그램을 통해 사회적 적응과 자아실현을 이루기 위하여 전개되는 학습활동을 의미한다.

② **성인교육에 대한 학자별 정의**

㉠ Knowles의 정의 : 넓은 의미에서의 성인학습 과정으로, 특정한 교육 목표를 달성하기 위한 다양한 기관에 의해 실행되는 조작화된 활동을 말한다.

㉡ Darkenwald & Merriam의 정의 : 성인의 지위에 따른 중요한 사회적 역할을 수행할 사람에게 지식, 기술, 가치, 태도의 변화를 불러일으키는 체계적이고 지속적인 학습활동의 과정을 의미한다.

㉢ Mayer의 정의 : 연습, 경험, 훈련의 결과로 인하여 성인이라고 간주되는 사람들의 지식, 태도, 그리고 행동이 비교적 지속적으로 변화되는 과정이다.

㉣ Merriam and Brockitt의 정의 : 교수-학습의 대응관계에 있어 교육자가 수행하는 일에 대응하는 측면으로 학습자의 내부에서 일어나는 인지적 과정을 의미한다.

> **❗ 더 알아두기 🔍**
>
> **유네스코(Unesco, 1976)의 성인교육에 대한 정의**
> 교육의 내용, 수준, 방법에 관계없이 성인을 대상으로 조직된 일체의 교육을 의미하는 것으로서 도제교육뿐만 아니라, 어떤 수준의 교육기관에서든지 학력을 보충하거나 높여주기 위해 형식교육·비형식교육의 형태로 진행되는 모든 교육의 과정을 포괄하는 것

(2) 성인교육의 등장 배경

① **성인인구의 증가와 그에 따른 학습요구의 증대**

지속적으로 성인인구가 증가함에 따라 성인의 지속적인 성장과 발달에 대한 관심이 확대되기 시작하였다.

② **새롭게 변모된 경제구조로 인한 재교육의 필요성 증대**

과학기술의 발달로 인하여 기술우위 사회가 대두되었으며, 평생직장 개념의 감소로 인하여 경쟁사회로 접어들면서 종래에 학교 교육을 통해서 개인이 가지고 있던 지식만 가지고는 살아남기 어렵게 되자 성인의 재교육에 대한 필요성이 점차 제고되기 시작하였다.

③ 노동시간의 감축으로 인한 여가시간의 증대

노동시간의 감축은 상대적으로 여가시간의 증대를 가져왔으며 의학의 발달로 인한 인간 수명의 연장은 각 기업의 고용 인력의 수용의 한계로 인해 정년을 단축시키는 결과를 초래하였다. 그 결과 평상시의 여가시간과 은퇴 후의 시간들을 자신의 자아정체성을 완성해 나아가는 의미 있는 시간으로 활용하고자 하는 욕구가 증대되었다.

④ 급변하는 기업 환경에 따른 인적 자원 개발의(HRD) 필요성 제고

기업이 환경에 적응하고 성장하기 위한 생산요소로서 과거 전통적 산업은 자본과 노동력이 가장 큰 핵심가치였다. 그러나 현대산업사회에 접어들면서부터는 소위 정보의 대홍수라 할 만큼 새로운 정보와 지식이 넘쳐나기 시작하였고, 그 여파는 사회 전체로 확장되어 빠르게 그 모습이 변화해가기 시작하였으며, 각 기업들은 이렇듯 급격하게 소용돌이치는 환경에서 생존하기 위한 전략으로서 개인의 역량을 핵심으로 한 인력 자원 개발에 더 큰 비중을 두게 되었다.

⑤ **기타** : 생활수준의 상승, 교육수준의 상승, 여성의 사회진출의 기회 확장에 따른 역할변화

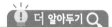

성인의 개념
- **일반적 정의** : 사회적으로 생산적인 일을 수행하고 자신의 삶에 대해 기본적인 책임을 지닌 자를 성인으로 규정한다.
- **노울즈의 사회·심리학적 정의** : 성인의 역할을 수행하는 사람 및 자신을 성인으로 인식하는 사람 모두가 성인에 포함된다.

성인과 아이의 구분 기준
- 성인과 아이의 구분은 생물학적 연령보다는 사회·심리적 성숙 정도에 따라 구분하는 것이 더욱 용이하다.
- 일반적으로 책임감이 성인과 아이의 중요한 기준이 된다. 즉 자신의 생각·판단·행동에 대해서 책임을 질 줄 아는 사람은 성인이고, 그렇지 못한 사람은 아이이다.

(3) 성인교육(학습)의 목적

① 개인의 능력 개발
② 개인적 경험지식의 강화
③ 새로운 환경에 적응을 위한 필요 지식 및 기술의 습득
④ 양태적 측면에서의 변화
⑤ 자아실현감 촉진
⑥ 사회·경제·문화적 발전 단계로의 참여유도

2 성인교육의 원리

(1) 성인교육의 기본 원리

① **자발적 학습의 원리** : 성인교육은 강제성을 띠지 않으며 자발적으로 이루어진다.
② **자기주도적 학습의 원리** : 본인 스스로 계획한 목적 및 방법을 통해 학습이 이루어진다.
③ **상호학습의 원리** : 교수자와 학습자에 대한 엄격한 구분이 없고, 상호간의 경험을 공유함으로써 학습이 이루어진다.
④ **현실성의 원리** : 학습의 대상은 실생활과 밀접한 연관성을 갖는다.
⑤ **기타** : 참여교육의 원리, 경험중심의 원리, 과정중심의 원리, 다양성과 이질성의 원리, 탈정형성의 원리, 능률성의 원리, 유희·오락성의 원리

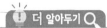

> **성인교육의 촉진 원리**
> • 자발적 참여   • 상호존중
> • 협동정신   • 자기주도적 활동
> • 비판적 사고   • 행동과 숙고

(2) 성인교육의 특징 – 페다고지와 안드라고지 모형

① 페다고지와 안드라고지 모형의 개념
  ㉠ 페다고지는 '어린이'를 뜻하는 'Paida'와 '지도하다'라는 'Agogos'에서 기원하여 아동교육을 뜻하는 말로 통용되기 시작하였으며, 이후 '성인'을 뜻하는 'Andros'와 '지도하다'라는 'Agogos'가 붙어 성인교육을 뜻하는 안드라고지로 파생되었다.
  ㉡ 기존의 전통 교육학인 '페다고지'에서 '안드라고지'가 등장하게 된 배경은 1920년 이후 성인교육이 활발해지면서 갈수록 평생학습의 시대로 바뀌어 가고 있는 상황에서, 학자들은 어린이와 청소년만을 대상으로 했던 기존의 교육 방식을 그대로 적용한 결과 성인의 학습 능력 등을 고려할 때 그 실효성이 상당히 낮게 나타난다는 점에 의구심을 품게 되었고, 따라서 성인이 주체적으로 참여할 수 있는 교육방안과 성인교육에 대한 연구의 필요성이 점차 부각이 되면서부터이다.
  ㉢ 이 둘의 가장 큰 차이점은 학습자의 경험에 대한 중시 여부를 들 수 있는데, 페다고지의 경우 학습자의 경험을 배제하고 교수자가 중심이 되어 지식을 전달하는 반면 안드라고지는 학습자의 경험이 본인을 비롯하여 타인에게도 학습자원이 될 수 있다는 사고로 경험을 중시하며, 교수자는 학습자가 주도하여 학습할 수 있도록 조력자의 역할을 하게 된다.

② **페다고지와 안드라고지의 특징**

　㉠ 페다고지(Pedagogy)

　　ⓐ 어린이와 청소년을 대상으로 하는 전통적인 교육방법으로 교수자가 가진 지식이나 경험 등의 주입식 학습을 통해 교과중심적 교육이 이루어진다.

　　ⓑ 교수자는 교육에 있어 계획, 목표의 설정 및 평가 등 전반적인 과정에 대한 결정과 진행을 하게 된다.

　　ⓒ 학습의 동기가 주로 외적 요인(교수자)으로부터 발생한다.

　　ⓓ 어린이와 청소년은 경험이 많지 않기 때문에 그들의 경험은 무가치한 것으로 여겨지며, 교수자가 주도적으로 학습을 이끌어야 한다는 관점에서 교육이 이루어진다.

　　ⓔ 권위적·형식적·경쟁적인 교육 분위기가 조성되기 쉬우며, 학습자는 수동적으로 받아들이는 것에 그친다.

　　ⓕ 주로 강의, 읽기, 과제, 시험 등의 일방적인 방식으로 교육이 이루어진다.

　㉡ 안드라고지(Andragogy)

　　ⓐ 전통 교육학(페다고지)의 반대되는 개념으로, 성인을 대상으로 한 문제중심형 교육방식이다.

　　ⓑ 교수자는 직접적으로 가르치기보다 학습자의 자발적 참여를 전제로 원활한 학습을 가능케 하는 조력자의 역할을 수행하게 된다.

　　ⓒ 학습의 동기가 주로 내적 요인(성인)으로부터 발생한다. 즉, 축적된 경험 및 삶의 방식 등에 따라 다양한 곳에서 동기가 발생하게 된다.

　　ⓓ 성인은 풍부한 경험을 바탕으로 실생활이 중심이 되는 부분을 지향하기 때문에 교수자와 학습자 간에 상호 협동에 의해 자기 주도적 교육 및 학습이 이루어진다.

　　ⓔ 유동적, 비형식적, 협동적인 수업이 가능하며 학습자의 학습준비도가 학습계획에 반영되어 보다 큰 효과를 낼 수 있다.

　　ⓕ 주로 토론, 실험 등의 교류적인 방식으로 이루어진다.

③ **페다고지와 안드라고지의 모형의 의의**

결론적으로 말하면 페다고지는 가르치는 교육, 안드라고지는 함께하는 교육으로 나타낼 수 있다. 학교에서 단순히 지식의 전달로 이루어지는 교육이 평생교육의 시대로 접어들며 세계의 교육정책은 점차 안드라고지로 바뀌고 있다. 그러나 현대의 복잡한 교육학적 상황을 단순히 아동과 청소년 그리고 성인이라는 이분법적 사고에서 출발하여 일반화하는 것에는 분명 오류가 따를 가능성이 있다. 성인이라고 해도 그들의 인종, 사회적 상황, 경험 등에 따라 학습 능력에 차이를 보일 것이며, 어떤 방식이 옳다고 단정하기에는 단순히 개인의 학습 취향에 따라서도 얼마든지 달라질 수 있기 때문이다. 따라서 각 교육방식이 지니고 있는 특성을 정확하게 파악하고 서로의 장단점을 상황에 따라 적절히 활용할 수 있도록 체계적으로 연구 및 발전시켜 나가야 할 것이다.

3 교육 및 훈련 프로그램

(1) 교육훈련 프로그램의 정의

일반적으로 조직에서 앞서 살펴본 바와 같이 교육훈련의 필요성 분석을 통하여 그 필요성이 요구되면 교육훈련 프로그램 개발에 착수를 하게 되는데, 이때 프로그램 개발자는 담당자 개인과 직무 그리고 조직전체의 목표 등을 종합적으로 고려하여 교육훈련의 방법 및 기술 등을 선택하고 구체적인 교육훈련 프로그램의 설계를 하게 된다.

(2) 교육훈련의 유형 – 장소에 의한 분류

① **직장 내 교육훈련(On the Job Training : OJT)**

훈련방법 가운데 가장 보편적으로 사용되는 방법으로 실제 업무를 수행하는 과정에서 직속상관이 부하직원에게 직무에 관한 구체적 필요 지식과 기술을 개별지도를 통해 습득하게 하는 방법이다. OJT는 '일' 중에서 지도, 교육훈련을 하는 것이므로 체험학습이라 할 수 있으며, 직속 상관은 계획적으로 직무수행에 필요한 지식, 기능 태도에 관한 교육을 실시하여 피교육자의 능력개발 향상에 노력해야 한다.

㉠ OJT의 장점

ⓐ 훈련이 추상적이지 않고 구체적·실제적이다.

ⓑ 실시가 Off-JT보다 용이하다.

ⓒ 훈련으로 학습 및 기술향상을 할 수 있어 구성원의 동기를 유발할 수 있다.

ⓓ 상관이나 동료 간 이해와 협동정신을 강화시킬 수 있다.

ⓔ 훈련과 생산이 직결되고, 교육시설 등 따로 부가적으로 소요되는 비용이 없어, 비용이 적게 든다.

ⓕ 직장 내에서 진행이 되기 때문에 훈련과 업무의 병행이 가능하다.

ⓖ 교육방법 개선이 용이해 구성원의 습득도와 능력에 맞는 훈련이 가능하다.

㉡ OJT의 단점

ⓐ 상관의 교육 능력에 따라 성과가 좌우된다.

ⓑ 일과 훈련 모두 소홀히 할 가능성이 있다.

ⓒ 많은 구성원에 대한 훈련이 곤란하다.

ⓓ 교육훈련의 내용과 수준을 통일시키기가 어렵다.

ⓔ 전문적인 고도의 지식과 기능을 가르치기가 힘들다.

② **직장 외 교육훈련(Off the Job Training : Off-JT)**

회사를 떠나서 교육훈련을 담당하는 전문 스태프의 책임하에 집단적으로 교육을 실시하는 방법이다.

㉠ Off-JT의 장점

ⓐ 현장의 업무수행과 관계없이 예정된 계획에 따라 실시할 수 있다.

ⓑ 다수의 직원에게 통일적이며 조직적인 교육이 가능하다.

ⓒ 전문가 밑에서 집중적으로 교육훈련을 받을 수 있다.

ⓓ 교육생은 업무 부담에서 벗어나 훈련에 전념하므로 교육의 효과가 높게 나타난다.

　　ⓔ 다른 부서에 종사하는 사람들과 더불어 지식이나 경험을 교환할 기회가 된다.

　　ⓕ 목표에 대한 단체적인 노력을 꾀할 수 있다.

　ⓛ Off-JT의 단점

　　ⓐ 훈련 결과를 현장에서 바로 적용하고 피드백을 받을 수 없다.

　　ⓑ 직무수행에 필요한 인력이 외부로 나가기 때문에 남아있는 종업원들의 업무 부담이 증가한다.

　　ⓒ 작업시간의 감소와 교육시설의 설치 등으로 비용이 많이 든다.

(3) 교육훈련의 방법 Ⅰ

① 강의(강연)

　ⓜ 강의(강연, lecture)는 교육방법 중에서도 가장 오래되고 가장 널리 보급되어 사용되고 있는 방법이다.

　ⓝ 강의는 체계적이고 정밀한 정보전달이 가능하기 때문에, 새로운 지식을 전달할 경우 효과적이다.

　ⓞ 강의는 많은 인원을 대상으로 교육할 수 있고, 시간의 계획과 통제가 용이하다.

　ⓟ 강의는 일방향적 의사전달 방법으로 피교육자들의 학습태도가 수동적이고 소극적일 우려가 있으며 실제 현장에서 적용방법이 무시된다는 단점이 있다.

② 토론

토론(discussion)은 참가자들의 문제해결 능력을 배양하고 태도를 변화시키고자 할 때 효과적인 방법으로 참가자들은 토론을 통해 통합된 이해를 모색하며 문제 해결을 시도한다.

　ⓜ 포럼 : 공개성

　　ⓐ 포럼(forum)은 특정 주제에 관하여 훈련생들에게 새로운 자료와 견해를 제공하여 그들에게 그 주제에 대한 관심을 높이고 나아가 필요한 정보를 제공하여 문제를 명확하게 한 후 그들 자신의 의견을 표명하게 촉진하는 것이다.

　　ⓑ 포럼에서는 훈련생들의 질의와 토론을 허용하고 나아가 이를 촉구하는 것으로 대개 강의가 있은 후 이루어지는 것이 일반적이다.

　ⓝ 패널토의 : 대표성

　　ⓐ 패널토의(panel discussion)는 토의 주제에 관하여 풍부한 지식 또는 대표적인 견해를 가진 복수(3~6명)의 선정된 연사(배심원, panelist)들이 대규모 훈련생들 앞에서 의견을 발표하고 토론하는 방법이다.

　　ⓑ 훈련생들은 토론내용을 청취함으로써 그들의 사고에 새로운 지식과 견해를 도입하고 논의 주제에 관한 이해를 높인다.

　ⓞ 심포지엄 : 전문성

　　ⓐ 심포지엄(symposium)은 특정 주제에 관하여 복수(3~6명)의 선정된 전문가들이 서로 다른 측면에서 전문적 의견을 발표하고 훈련생들의 질문을 중심으로 질의 응답식 토론을 하는 방법이다.

　　ⓑ 주제에 관한 전문적 견해를 능률적으로 제공함으로써 훈련생들의 관심을 높이고 이해를 깊게 한다.

③ 사례연구

　　㉠ 사례연구(case study)는 실제상황과 비슷한 사례를 공동으로 연구하여 문제점을 도출하고 그에 대한 대안을 모색하는 방법으로 의사결정의 훈련에 적합하다.

　　㉡ 사례연구는 실제와 유사한 사례를 통해 교육생들의 문제해결능력을 향상시키는 데 탁월한 방법이다.

　　㉢ 주입식 교육의 폐단을 시정하고, 흥미를 유발하여 자율적 사고 능력과, 이해력, 분석력, 판단력 등을 높일 수 있다.

　　㉣ 사례연구의 장점

　　　　ⓐ 훈련 참여자 모두가 능동적으로 참여할 수 있고 또한 과제에 대한 관심과 흥미를 가질 수 있다.

　　　　ⓑ 강제적·주입식 교육이 아닌 자발적 참여를 통해 독자적인 문제해결능력을 강화할 수 있다.

　　　　ⓒ 참여자 모두의 여러 다양한 경험과 의견을 자유롭게 교환하게 되므로 폭넓은 지식과 정보를 얻게 됨은 물론 보다 합리적이고 바람직한 결론에 도달할 수 있다.

　　　　ⓓ 공동된 문제해결 경험을 바탕으로 민주적 정책결정이나 의사결정에 활용할 수 있다.

　　㉤ 사례연구의 단점

　　　　ⓐ 시간이 오래 소요된다.

　　　　ⓑ 토의를 잘 이끌 능숙한 사회자가 있어야 한다.

　　　　ⓒ 사례를 준비하는 데 고도의 기술이 필요하다는 제약이 존재한다.

④ 신디케이트

　　㉠ 신디케이트(syndicate)는 몇 사람의 교육생이 반을 편성하여 문제를 연구하고 전원에게 보고하며 비판을 가하는 방법이다.

　　㉡ 신디케이트의 장·단점

　　　　ⓐ 장점 : 참가자의 관심을 유도, 상대방의 의견 존중 등

　　　　ⓑ 단점 : 비경제적이고 충분한 시간이 필요하다는 점 등

⑤ 역할연기법

　　㉠ 역할연기법(롤플레잉, role playing)은 여러 사람 앞에서 실제 행동으로 연기하고 연기가 끝나면 사회자가 청중에게 이에 대한 논평을 하게 하는 방법이다.

　　㉡ 역할연기법은 참가자 중에서 실연자를 선출하고 주제에 따르는 역할을 실제로 연출함으로써 공명과 체험을 통하여 훈련효과를 높이는 방법으로 실연식 훈련방법이라고도 한다. 그러한 과정에서 문제에 대한 정확한 이해와 사고를 할 수 있다.

　　㉢ 역할연기법은 학습자가 순차적으로 실연을 하면 비교가 되어 그 효과가 크고 관람자들의 평가를 받음으로써 그 성과를 높일 수 있다.

　　㉣ 역할연기법은 감독자 훈련에 적합하고 인간관계 및 고객에 대한 태도 개선에 효과적이지만 우수한 사회기술과 사전준비가 필요하다.

⑥ **역할모델법**

　㉠ 역할모델법(role modeling)은 실제상황에서 효과적이고 이상적인 업무 수행 방법을 교수자가 직접 시범을 보이거나 동영상에 담아 학습자가 보게 함으로써 학습자로 하여금 그 행동의 이유나 과정 등을 이해시키고 이를 그대로 반복·연습하게 함으로써 행동 변화를 유도하는 방법이다.

　㉡ 교수자는 고도의 지식과 기술을 시범할 수 있어야 하며, 이를 통해 학습자는 복잡한 기술을 습득할 수 있게 된다.

　㉢ 역할모델법이 성공하려면 교사가 학습자의 실수에 관용하며, 모르는 것을 인정하고 제안을 받아들여야 하며, 이에 대하여 학습자가 신뢰감을 가져야 한다.

⑦ **감수성훈련**

　㉠ 감수성훈련(sensitivity training)은 관리자의 능력개발을 위해 가장 많이 이용되는 방법이다. 타인이 생각하고 느끼는 것을 정확하게 감지하는 능력과 이 능력에 입각하여 적절하고 유연한 태도와 행동을 취할 수 있는 능력을 함양하게 된다. 리더가 없는 토의와 비슷하며 전인격적인 통찰의 체험학습으로 태도 변화를 유도한다.

　㉡ 감수성훈련의 장·단점

　　ⓐ 장점 : 훈련이 민주적이고 인간관계에 불가결한 가치관·태도·행태의 변화에 유익하다.

　　ⓑ 단점 : 다수의 참여가 곤란하고 권위적인 풍토에서는 효과가 감소하게 된다.

⑧ **시찰·견학**

　㉠ 시찰·견학이란 훈련을 받는 사람이 실제로 현장에 가서 어떤 일이 어떤 상황에서 일어나는지를 목격·체험하게 하는 것을 말한다.

　㉡ 시찰·견학의 장·단점

　　ⓐ 장점 : 피훈련자의 시야와 이해력을 넓히는 데 효과적인 방법이다.

　　ⓑ 단점 : 막대한 경비와 시간이 소요된다.

⑨ **비즈니스 게임법**

　㉠ 비즈니스 게임법(business games)은 가상의 기업을 설정한 후 경영에 대한 게임을 함으로써 종합적인 경영능력을 향상시키는 것을 목적으로 실시하는 훈련방법이다.

　㉡ 조직 내 의사결정에 관한 중요 사항을 더욱 간단한 형식으로 표현함으로써 학습자들은 조직의 현재 상황을 보다 쉽고 빠르게 이해할 수 있고 올바른 의사결정을 하는 일종의 조직 관리의 모의연습이다.

⑩ **인바스켓 기법**

　㉠ 인바스켓 기법(in-basket method), 즉 서류함 기법은 조직의 정보를 미리 제공한 상태에서 발생 가능한 여러 문제들을 종이쪽지에 적어 바구니 속에 넣고 학습자가 그 중 하나를 꺼내면 사전에 받은 조직의 기존 자원을 활용하여 선택된 문제를 해결하도록 한 후 이러한 과정이 끝나면 재차 바구니에서 다음 쪽지를 꺼내어 같은 과정을 반복하게 하는 훈련 방법이다.

　㉡ 관리자의 의사결정능력을 향상시키기 위한 모의훈련방법으로서 교육훈련 상황을 실제상황과 비슷하게 설정한 후 주로 문제해결 능력이나 계획능력을 향상시키고자 할 때 유용하다.

⑪ **인턴십**

- ㉠ 인턴십(internships)은 학습자에게 실제 업무가 진행되는 조직 안에서 몇 개월 또는 1년간 직무를 맡아 수행하게 함으로써 업무에 필요한 지식 및 기술, 태도 등을 습득하게 하는 방법이다.
- ㉡ 고용주의 입장에서 인턴십은 인턴 사원의 잠재적인 능력을 평가하는 수단이 되며 정규 채용 여부를 결정하는 훌륭한 정보를 제공한다.
- ㉢ 인턴 사원의 입장에서 인턴십은 업무에서 얻은 실무 지식을 기존에 본인이 가지고 있던 이론 지식과 통합할 수 있도록 만들어줌과 동시에 조직에 대한 정보를 갖게 되기 때문에 그 조직이 일하기에 좋은지 아닌지를 결정할 수 있도록 도와준다.

⑫ **멘토링**

- ㉠ 멘토링(mentoring)은 경험이 많은 연장자가 조직의 후진들에게 역할모델이 되고 경력계획, 심리적 지원 등을 제공하는 교육방법을 말한다.
- ㉡ 다양한 경험과 일정 자격을 갖춘 멘토(mentor)가 멘티(mentee) 혹은 지도대상자(protege)의 경력개발을 도우며 멘토는 자신의 경험과 지식을 바탕으로 멘티의 경력개발계획을 수립하고 주기적인 지도와 조언 및 공동작업을 통하여 목표를 달성하도록 한다.

더 알아두기

교육훈련방법 구분
- **강의식 교육방법** : 강의·강연
- **참여식·토론식 교육방법** : 토론(포럼, 패널토의, 심포지엄), 사례연구, 신디케이트, 역할연기, 역할 모델법
- **체험식 교육방법** : 감수성훈련, 시찰·견학, 비즈니스 게임법, 인-바스켓 기법, 인턴십, 멘토링

---

(4) 교육훈련의 방법 Ⅱ - 컴퓨터와 정보통신기술의 활용

① **프로그램화된 교육**

- ㉠ 프로그램화된 교육(programmed instruction) 또는 자기학습은 주로 컴퓨터나 학습용 기기를 사용하여 업무에 필요한 구체적인 지식이나 기술을 교육하는 방법이다.
- ㉡ 학습, 연습, 피드백 그리고 강화원리를 가장 잘 적용한 방법으로서, 학습자가 주어진 학습지시에 따라 학습을 진행해 나가면서 주기적으로 교수자와 토의를 하는 것이 일반적 과정이다.
- ㉢ 개인의 능력수준과 동기에 따라서 교육을 진행할 수 있다는 점과 지시교육에 특히 효과적이라는 것이 가장 주요한 장점이다.
- ㉣ 프로그램화된 교육은 컴퓨터의 도움을 받아 반복적인 연습과 문제해결, 시뮬레이션과 게임, 그리고 각종 개인화된 교육학습 효과 측정에 활용되어 현대조직에서 그 효과가 인정되어 왔으나 근래에는 정보통신기술의 발전으로 점차 웹중심의 교육훈련방법으로 대체되어 가고 있다.

② **원격 교육훈련**

- ㉠ 원격 교육훈련(distance learning)은 지역적으로 분산된 피교육자들에게 컴퓨터와 통신기술을 사용하여 교육훈련을 제공하는 방법이다. 교육훈련 이외에 조직체의 정보자료도 제공하여 실무교육에도 활용된다(Hannum, 1995).

ⓒ 교육자와 피교육자 그리고 피교육자들 간의 복합 커뮤니케이션을 통하여 동시에 정보가 교환되고 교육훈련이 이루어진다. 시청각 회의, 비디오 회의, 문서 회의 등이 원격교육의 주요 형태이고, 인터넷이나 멀티미디어를 통한 개인별 교육훈련도 원격 교육훈련에 속한다 (Galagan, 1994).

ⓒ 지역적으로 그리고 나아가서는 전세계에 분산되어 있는 피교육자들에게 교육훈련이 가능하다는 것이 원격 교육훈련의 가장 중요한 장점이다. 또한 직접 교육기관을 방문하지 않고도 최고 수준의 강의를 들을 수 있어 막대한 비용절감이 가능하다.

ⓒ 교육내용에 따라서 교수자(강사)의 직접적인 상호작용이 제한되는 것은 단점으로 지적되나 현장교사를 활용하여 질의응답을 실시함으로써 이러한 단점을 어느 정도 보완할 수 있다.

③ **웹중심 교육훈련**

㉠ 웹중심 교육훈련(web-based training)은 인터넷에 의한 공개 컴퓨터네트워크나 인트라넷에 의한 사적 컴퓨터 네트워크를 통하여 제공되는 교육훈련 프로그램을 의미한다(Glener, 1996).

㉡ 기업에서의 웹중심 교육훈련은 주로 인트라넷을 통한 교수자와 학습자 간의 단순한 커뮤니케이션 수준으로부터 특정 교육훈련 프로그램을 중심으로 교수자와 학습자 간 그리고 학습자들 간 높은 수준의 커뮤니케이션과 학습 상호작용에 이르기까지 다양한 형태로 구성된다.

㉢ 웹중심 교육훈련도 원격 교육훈련과 같이 분산된 피교육자들에게 그들 자신의 통제하에 경제적이고 유익한 교육훈련을 받을 수 있는 기회를 제공한다. 또한 교수자와 학습자 그리고 학습자들 간의 커뮤니케이션을 가능케 함으로써 정보·경험의 교환은 물론 학습결과의 피드백을 통하여 학습효과를 증대시키는 장점을 제공한다.

> **❗ 더 알아두기 🔍**
>
> **교육훈련 프로그램 계발 시 유의사항**
> • 교육 프로그램 계획서를 제안할 때 목표는 가능한 한 적게 하는 것이 바람직하며 행동을 계량화할 수 있는 용어로 기술하여야 한다.
> • 관찰 가능한 행동의 상황을 구체적으로 명시해야 하며 교육 프로그램 내용은 조직의 요구분석, 직무 담당자 개인의 요구분석을 통해 종합함으로써 선정하여야 한다.
> • 주제 선택 시에는 면접을 하도록 한다.
> • 설문지를 통하여 여론조사를 실시한다.
> • 교육 프로그램을 위한 지침서를 설정한다.
> • 교육 프로그램 강사 선정기준에 유의한다.

제 **4** 절 ▶ **교육평가**

1 교육훈련 프로그램 평가(Kirkpatrick, 1994)

교육훈련 프로그램 평가는 교육 프로그램 효과 정도를 다음과 같은 영역에서 분석하는 것을 말한다. 효과를 측정하는 준거는 적절하고 신뢰가 가며, 공정한 것이어야 한다.

(1) 반응평가(= 반응준거)

① "교육 참가자가 교육 프로그램을 어떻게 생각하는가?"를 주제로 교육 참가자의 교육훈련 프로그램에 대한 감정이나 반응을 측정한다.

② 교육훈련 프로그램에 대한 교육 참가자들의 반응을 질문지법을 이용하여 평가하고 보완적으로 조정자, 교육 담당자 등이 참여한 평가회를 갖는 것이 좋다.

③ 동기화 수준에 대한 정보를 제공해주며 교육훈련 프로그램에 대한 안면타당도 측정치로 사용될 수 있다.

(2) 학습평가(= 학습준거, 내용평가)

① "교육 참가자가 어떠한 원칙, 사실, 기술을 학습하였는가?"를 주제로 교육훈련 기간 동안 훈련 참가자의 교육훈련을 통해 얻은 지식이나 기술의 습득 정도를 측정해 프로그램의 효과성을 판단한다.

② 교육훈련 프로그램에 대한 반응평가가 좋다고 하여 반드시 학습이 잘 이루어졌다고 볼 수 없다. 따라서 학습평가가 이루어지게 되는데 학습평가 도구에는 학습현장에서의 평정과 필기시험 등이 있다.

③ 평가는 해당하는 학습영역별로 실시하는 것이 바람직하며, 해당하는 학습영역별로 각기 다른 평가도구를 사용해 이루어질 수 있다.

④ 반응평가와 학습평가는 교육훈련 프로그램 자체의 내용을 측정하는 것으로 내적 준거라 부른다.

(3) 직무행위평가(= 행동준거)

① "교육훈련 프로그램을 통하여 직무 수행상의 어떠한 행동 변화를 가져왔는가?"를 주제로 직장으로 복귀한 교육 참가자가 교육훈련을 통해 습득한 지식, 기능, 태도 등을 실제 업무 수행에 활용하는 정도를 측정해 직무행위의 변화정도를 평가한다.

② 직무행위의 평가방법은 인사고과 방법이 대표적이다.

(4) 결과평가(= 결과준거)

① "교육 프로그램을 통하여 비용절감, 품질개선, 생산성 향상 등에 있어 어떠한 결과를 가져왔는가?"를 주제로 생산량의 증가, 품질 및 서비스 질의 향상, 불량률 및 고객 불만의 감소 정도를 측정하여 조직에 기여한 부분을 파악한다.

② 직무행위평가와 결과평가는 교육훈련 프로그램 자체가 아닌 외부적인 것을 측정·평가하기 때문에 외적준거라고 부른다.

> **더 알아두기** 🔍
>
> **교육훈련 프로그램 평가 요점정리**
>
> | 평가단계 | 평가준거 | 평가목적 | 평가시기 | 평가내용 | 평가방법 |
> |---|---|---|---|---|---|
> | 1단계 | 반응 | 프로그램 개선 | 교육 후 | 프로그램 내용, 강사, 환경 및 시설 등 | 질문지, 인터뷰, 간담회 등 |
> | 2단계 | 학습 | 교육목표 달성도 | 교육 전·중·후 | 프로그램의 효과성 | • 사전·사후 검사비교
• 과제, 실습, 필기시험
• 체크리스트법 등 |
> | 3단계 | 행동 | 실무 적용도 | 교육종료 3~6개월 후 | 직무행위의 변화정도 | 인사고과법, 실습, 과제 보고서 등 |
> | 4단계 | 결과 | 경영성과 기여도 | 교육종료 6~12개월 후 | 교육훈련을 통해 얻은 이익 | 현장성과측정법, 경영종합평가법 등 |
>
> **[커크패트릭의 4단계 평가모형(Kirkpatrick, 1994)]**
>
> **교육훈련 프로그램 평가의 기준(D.Yoder, 1996)**
> • 훈련 전후의 비교(Before and After Comparisons) : 교육훈련 참가자의 교육훈련 전·후에 나타나는 행동의 변화 및 성과의 변화 등을 측정·평가하는 것을 말함
> • 통제그룹(Control Groups) : 피훈련자 및 비훈련자도 그룹으로서 포함하여 서로 비교·평가하게 하는 것을 말함
> • 평가기준의 설정(Yardsticks and Criteria) : 작업훈련 평가에서는 생산량과 속도가 중요한 기준이 됨

2 교육평가의 신뢰도와 타당도

(1) 교육평가의 신뢰도(= 일관성)

교육훈련 평가의 신뢰도란 동일한 평가에 대하여 반복적으로 측정했을 때 나타나는 측정값들의 분산을 의미하는 것으로 측정된 결과치에 오차가 들어 있지 않은 정도를 의미한다. 따라서 신뢰도는 교육훈련 프로그램 평가의 타당성을 주장하기 위한 필요조건으로 평가에 대한 신뢰도 분석 없이는 어떤 프로그램 평가도 타당성을 논할 수 없다.

(2) 교육평가의 타당도(Goldstein, 1993)

여기서 말하는 프로그램 평가의 타당도란 교육훈련이 당초 목적한 바를 충족시켰는가에 대한 물음에 답하는 것으로서 골드스타인(Goldstein, 1993)은 교육훈련 프로그램 평가의 타당성을 다음 네 가지의 범주로 분류하여 설명하였다.

① **훈련타당도(training validity)** : 교육 참가자의 단기적 훈련 목적의 달성 정도를 나타내는 타당도를 의미한다. 훈련의 목적이 수립되어 있지 않거나 교육훈련을 실행하기 위한 제반 시설 등의 부족 그리고 사전자료 수집이 충분치 못하다면 훈련타당도는 낮아지게 된다.

② **전이타당도(transfer validity)** : 실제 직무수행에 있어 훈련의 효과가 발생하는 정도를 나타내는 타당도를 의미한다. 직무분석 여부나 각 기업조직의 성과목표 또는 수행목표의 명확성, 조직 내 갈등 등이 전이타당도에 영향을 미칠 수 있다.

③ **조직 내 타당도** : 교육훈련 프로그램이 같은 조직 내의 다른 집단에 적용될 경우에도 훈련의 효과가 나타나는지 여부와 효과가 발생하였다면, 그 발생 정도를 나타내는 타당도이다. 기업 전체 조직에 적용되는 공통적인 내용의 교육훈련 프로그램은 조직 내 타당도가 높아야 효과적이다. 만일 특정 조직만을 대상으로 프로그램이 구성된 경우에는 조직 내 타당도는 낮아진다.

④ **조직 간 타당도** : 다른 조직 혹은 다른 기업조직의 피교육자에게도 교육훈련의 효과가 나타나는지 여부와 효과 발생 시 그 발생 정도를 나타내는 타당도이다. 각 조직들이 과업이나 직무의 내용 또는 조직의 문화나 가치 풍토가 서로 유사할수록 조직 간 타당도는 높게 나타날 수 있다.

> **더 알아두기**
>
> **사후관리**
> 사후관리는 조직 구성원 교육훈련에 대한 피드백의 의미를 지니며, 피드백 시에는 다음 세 가지 측면을 고려하여야 한다.
> • 인적자원관리의 제도적인 반영 메커니즘을 사용하여야 한다.
> • 훈련 및 개발을 받은 조직 구성원들에 대한 새로운 비전을 제시하여야 한다.
> • 훈련 및 개발 등에 대한 가치분석을 해야 한다.

실제예상문제

01 다음에서 기술된 내용은 '교육훈련 및 학습의 원리' 중 무엇에 관한 설명인가?

> 어떤 행동을 습득한 것이 다른 행동을 습득할 때 미치는 효과를 의미한다. 즉, '교육훈련 참가자가 교육훈련을 통해 얻은 지식, 기술, 태도 등을 자신의 업무에 적용하고 특정 기간에 걸쳐 지속적으로 유지하는 것'이라고 정의할 수 있다.

① 결과에 대한 피드백
② 학습의 전이
③ 개발
④ 강화

01 학습의 전이
한 번 학습된 것은 그대로 끝나지 않고 추가적인 학습의 밑거름이 되어 새로운 학습이 계속 일어날 수 있다. 즉, 한 쪽에서 학습된 것은 다른 쪽으로 이전되어 그 곳의 학습을 돕는다. 이것을 학습의 전이(Transfer of Learning)라고 한다.

02 학습의 전이 중 긍정적 전이란 무엇인가?

① 이전에 습득한 기능이 새로운 기능을 습득할 때 방해하는 경우
② 기존의 기능이 새로운 기능의 습득에 미미한 영향만을 미치는 경우
③ 이전에 습득한 기능이 새로운 기능을 습득할 때 도움이 되는 경우
④ 자신의 과업에 대해 내재적 흥미를 갖게 하고 나아가 동기유발의 계기를 마련해 주는 것

02 학습 전이의 종류
• 긍정적 전이 : 이전에 습득한 기능이 새로운 기능을 습득할 때 도움이 되는 경우
• 부정적 전이 : 이전에 습득한 기능이 새로운 기능을 습득할 때 방해하는 경우
• 중립적(영) 전이 : 기존의 기능이 새로운 기능의 습득에 미미한 영향만을 미치는 경우

정답 01 ② 02 ③

checkpoint 해설 & 정답

03 **교육훈련 프로그램 평가의 기준(Yoder)**
• 훈련 전후의 비교(Before and After Comparisons) : 교육훈련 참가자의 교육훈련 전·후에 나타나는 행동의 변화 및 성과의 변화 등을 측정·평가하는 것을 말함
• 통제그룹(Control Groups) : 피훈련자 및 비훈련자도 그룹으로서 포함하여 서로 비교·평가하게 하는 것을 말함
• 평가기준의 설정(Yardsticks and Criteria) : 작업훈련 평가에서는 생산량과 속도가 중요한 기준이 됨

03 요더(Yoder)의 훈련평가 기준 중 피훈련자들을 비훈련자와 비교해 그룹으로 비교·평가하는 것을 가리켜 무엇이라 하는가?

① 훈련 전후의 비교
② 통제그룹
③ 평가기준의 설정
④ 훈련자의 행동비교

04 조직과 개인의 목적 통합은 교육훈련의 궁극적 목적으로 간접적 목적에 해당한다. 교육훈련의 목적은 조직 구성원이 가지고 있는 지식이나 태도 또는 기술을 향상·발전하게 함(1차적 목적)으로써 구성원으로 하여금 스스로가 맡은 직무에 만족감을 갖게 함(2차적 목적)과 동시에 나아가 기업 조직의 목표를 위해 한층 더 중요한 직무를 수행할 수 있도록 하는데(궁극적 목적) 목적이 있다.
[문제 하단의 표 참고]

04 다음 중 교육훈련의 1차적 목적이라고 볼 수 <u>없는</u> 것은?

① 지식의 향상
② 태도 개선
③ 조직과 개인의 목적 통합
④ 직무관련 기술의 향상

»»Q

[교육훈련의 목적]

직접목적(1차적 목적)	직접목적(2차적 목적)	간접목적(궁극적 목적)
• 지식향상 • 기술향상 • 태도개선	• 능률향상 • 인재육성 • 인간완성 • 생활향상	• 기업의 유지·발전 • 조직과 개인의 목적 조화·통합

05 교육훈련의 과정은 일반적으로 '교육훈련의 필요성 분석 → 교육훈련의 목표설정 → 교육훈련 방법에 대한 이해 및 프로그램 개발 → 교육훈련 평가계획 수립 → 교육훈련 프로그램 실시 → 평가 및 피드백' 순서로 진행된다.

05 다음 중 산업교육 및 훈련의 과정 중 맨 처음 단계에 해당하는 것은 무엇인가?

① 교육훈련의 필요성 분석
② 교육훈련의 목표설정
③ 교육훈련의 방법에 대한 이해
④ 평가 및 피드백

정답 03 ② 04 ③ 05 ①

06 다음은 무엇에 관한 설명인가?

> 이는 조직의 잠재된 성과 향상 및 부정적이거나 불필요한 요소 제거 등의 명확한 교육훈련 목표를 달성하기 위한 차원에서 수행되는 분석을 의미한다. 주로 기업조직의 전략 목표를 중심으로 이를 달성하는 데 요구되는 교육훈련의 필요성을 분석한다.

① 개인분석
② 과제분석
③ 조직분석
④ 직무분석

06 조직수준의 필요성 분석단계에서는 조직이 처한 환경과 조직의 각 부문 및 전체를 고려하여 교육훈련 프로그램을 개발하고 활용할 필요성의 여부와 이 프로그램이 문제해결의 방안이 될 수 있는지를 분석하게 된다.

07 이것은 조직 구성원의 직무수행에 즉각 적용할 수 있는 업무 기술(skill)을 현 직무에 비교적 단기적이면서도 실무중심의 효과향상에 초점을 맞추는 것을 의미한다. 다음 중 이것에 해당하는 것으로 옳은 것은?

① 학습
② 교육
③ 훈련
④ 개발

07 교육, 훈련, 개발의 개념적 차이를 구분하는 문제로 해당 내용은 훈련에 대해 묻고 있다.

08 다음 중 직무 수준의 교육훈련 필요성 분석에 대한 내용으로 옳지 <u>않은</u> 것은?

① 직무 분석 등을 통해 얻은 자료를 중심으로 실무부서의 직무 수준에서 과업의 성과달성에 요구되는 구성원들의 교육훈련의 필요성을 분석한다.
② 직무 분석 등을 통해 얻은 자료에는 직무기술서는 포함되나 직무명세서는 포함되지 않는다.
③ 현재 직무 담당자가 보유하고 있는 직무 기능을 전제로 훈련 및 프로그램 개발이 계획·실시되어야 한다.
④ 직무 기능을 전제로 하여 훈련 및 프로그램의 개발이 이루어지기 위해서는 그 직무가 필요로 하는 직무요건이 먼저 명확히 파악되어야 한다.

08 직무 수준의 교육훈련 필요성 분석은 직무 분석 등을 통해 얻은 자료인 직무기술서 및 직무명세서를 중심으로 실무 수준에서 과업의 성과달성에 요구되는 구성원들의 교육훈련의 필요성을 분석하게 된다.

정답 06 ③ 07 ③ 08 ②

09 켈러(Keller)는 동기의 기능을 크게 4가지로 구분하여 다음과 같이 설명한다.
[문제 하단의 박스 참고]

09 다음 중 동기부여의 기능에 해당하지 <u>않는</u> 것은?

① 활성적 기능 ② 지향적 기능
③ 조절적 기능 ④ 강제적 기능

≫ᄋ
[동기의 기능(Keller)]

• **활성적 기능(activating function)**
  – 동기는 행동을 유발하고 지속하게 해주며 유발된 행동을 성공적으로 추진하는 힘을 부여하는 기능을 한다.
  – 인간의 행동은 그 안에 동인(drive)의 발생에 의해 유발되며, 유발된 행동은 동인이 존재하는 동안 지속되다가 동인이 해소되었을 때 마치게 된다. 이때 동인의 수준은 인간의 욕구 수준에 따라 달라진다.
  ※ 동인(drive) : 어떤 행동을 하도록 하는 내적 과정
• **지향적 기능(directive function)**
  – 행동은 환경 속에 있는 대상(성과와 같은 목표 등)을 향해 전개되고 행동의 방향을 어느 쪽으로 결정짓느냐는 동기에 따라 달라진다.
  – 행동의 방향 선택에 있어 유인(incentive)은 동기의 지향적 기능을 성립시키는 중요한 환경 요인으로, 유인은 인간으로 하여금 그 유인과 가깝게 또는 멀리 행동하도록 하는 기능을 한다.
  ※ 유인(incentive) : 목표 또는 보수가 되는 외적 환경 내의 대상과 상황
• **조절적 기능(adjusting function)**
  – 선택된 목표행동에 도달하기 위해서는 필요한 다양한 분절 동작이 선택되고 이를 수행하는 과정을 겪게 된다. 이 과정에서 동기는 어떤 동작을 선택하고 수행할 것인가에 대한 조절적 기능을 한다.
• **강화적 기능(reinforcing function)**
  – 행동의 결과로 어떠한 보상(reward)이 주어지느냐에 따라 동기유발의 수준은 달라진다.
  – 욕구가 만족될 만한 보상이 주어진 경우 그에 따른 행동은 지속적으로 선택되고 강화되지만 그렇지 않은 행동은 점점 약화되거나 소멸한다. 이 과정에서 동기는 행동을 강화시키는 강화적 기능을 한다.

10 켈러(Keller)는 동기설계이론(ARCS)을 통해서 학습동기를 유발하고 유지하는 구체적인 4가지 요소로 주의(Attention), 관련성(Relevence), 자신감(Confidence), 만족감(Satisfaction)을 제시하였다.

10 다음 중 켈러(Keller)의 동기유발 교수설계이론(ARCS)의 4가지 요소에 해당하지 <u>않는</u> 것은?

① 주의(Attention)
② 적성(Aptitude)
③ 자신감(Confidence)
④ 만족감(Satisfaction)

정답 09 ④ 10 ②

11 켈러의 학습동기 교수설계모형(ARCS)에서 제시된 4가지 요소 중 자신감(Confidence)을 증진시키기 위한 방안으로 가장 적절한 것은?

① 지각적 주의환기
② 친밀성 제고
③ 개인적 필요나 동기와 부합성 제고
④ 성공의 기회 제시

>>>◯

[켈러의 ARCS 모형에서 자신감(Confidence) 증진 방안]

학습의 필요조건 제시	학습자에게 수행에 필요한 구체적 조건과 평가 기준을 제시해 줌으로써 학습자 스스로가 성공의 가능성 여부를 예측할 수 있도록 도와주려는 전략을 의미한다. 교수목표와 학습 효과의 평가 간에 일관성이 있고, 이를 학습자가 인식할 수 있도록 제시한다.
성공의 기회 제시	학습에서의 성공에 대한 기대감을 높여 동기를 유발하는 방안으로, 자아충족 예언과 유사한 개념이다. 성공의 확신이 높아질수록 실제 성공 확률도 높아진다.
개인적 조절(통제)감 증대	자기통제(조절) 가능성에 대한 지각을 통해 동기를 유발하는 방안으로 결과에 대해 개별 학습자가 통제(조절)할 수 있다는 사고를 심어줌으로써 자신감을 부여하는 방법이다. 이러한 교수의 요소는 학습자의 자신감뿐만 아니라 학습의 지속성을 강화시키는 데 도움을 줄 수 있다.

11 자신감(Confidence)이란 어떠한 것을 할 수 있다거나 시합에서 이길 수 있다, 혹은 학습을 잘 할 수 있다는 등에 대한 자신의 느낌으로, 이를 높이기 위한 전략으로는 학습의 필요조건 제시, 성공의 기회 제시, 개인적 조절(통제)감 증대 등이 있다.
[문제 하단의 표 참고]

12 다음 중 켈러의 동기설계모형(ARCS)에 관한 설명으로 옳지 않은 것은?

① 교수-학습과정에서 학습자의 동기라는 체계적이고 구체적인 요소들을 제공하였다.
② 학습자 동기유발에 대한 구체적이고 처방적인 전략을 제시하였다.
③ 학습자의 동기에 대한 개념들을 포괄적이고 통합적으로 이해할 수 있는 방법을 제시하였다.
④ 이론의 실제 적용 시에는 많은 부분이 교수설계자나 교수자의 능력 및 노력에 의존할 수밖에 없다.

12 학습자에게 동기를 유발하고 유지시키기 위한 학습동기설계 방안은 실제 동기에 영향을 미치는 조건들의 다양성 및 복잡성으로 인해 구체적·처방적 전략으로 제시되기가 매우 어렵다. 따라서 동기설계이론의 실제 적용 시에는 많은 부분이 교수설계자나 교수자의 능력 및 노력에 의존할 수밖에 없게 된다.

정답 11 ④   12 ②

안심Touch

13 해당 제시문은 Darkenwald & Merriam 의 정의이다.
[문제 하단의 박스 참고]

14 기업이 환경에 적응하고 성장하기 위한 생산요소로서 과거 전통적 산업은 자본과 노동력이 가장 큰 핵심가치였다. 그러나 현대 산업사회에 접어들면서부터는 소위 정보의 대홍수라 할 만큼 새로운 정보와 지식이 넘쳐나기 시작하였고, 그 여파는 사회 전체로 확장되어 빠르게 모습이 변화해 가기 시작하였으며, 각 기업들은 이렇듯 급격하게 소용돌이치는 환경에서 생존하기 위한 전략으로서 개인의 역량을 핵심으로 한 인력 자원개발에 더 큰 비중을 두게 되었다.
① 성인인구의 증가로 인한 학습요구의 증대
② 새롭게 변화된 경제구조로 인한 재교육의 필요성 증가
③ 노동시간 감축으로 인한 여가시간의 증가

13 성인교육에 대하여 다음과 같이 정의내린 학자는?

> 성인교육이란 성인의 지위에 따른 중요한 사회적 역할을 수행할 사람에게 지식, 기술, 가치, 태도의 변화를 불러일으키는 체계적이고 지속적인 학습활동의 과정을 의미한다.

① Knowles
② Darkenwald & Merriam
③ Mayer
④ Merriam and Brockitt

[성인교육에 대한 학자별 정의]

- **Knowles의 정의** : 넓은 의미에서의 성인학습과정으로, 특정한 교육 목표를 달성하기 위한 다양한 기관에 의해 실행되는 조작화 된 활동을 말한다.
- **Darkenwald & Merriam의 정의** : 성인의 지위에 따른 중요한 사회적 역할을 수행할 사람에게 지식, 기술, 가치, 태도의 변화를 불러일으키는 체계적이고 지속적인 학습활동의 과정을 의미한다.
- **Mayer의 정의** : 연습, 경험, 훈련의 결과로 인하여 성인이라고 간주되는 사람들의 지식, 태도, 그리고 행동이 비교적 지속적으로 변화되는 과정이다.
- **Merriam and Brockitt의 정의** : 교수-학습의 대응관계에 있어 교육자가 수행하는 일에 대응하는 측면으로 학습자의 내부에서 일어나는 인지적 과정을 의미한다.

14 다음 중 성인교육의 등장배경으로 가장 적절한 것은?

① 성인인구의 증가로 인한 학습요구의 감소
② 새롭게 변화된 경제구조로 인한 재교육의 필요성 감소
③ 노동시간 증가로 인한 여가시간의 감소
④ 급변하는 기업 환경에 따른 인적 자원개발의 필요성 증대

정답 13 ② 14 ④

15 다음 중 성인교육의 원리로 보기 <u>어려운</u> 것은?

① 자발적 학습의 원리
② 자기 주도적 학습의 원리
③ 정형성의 원리
④ 현실성의 원리

15 성인교육은 정형화되지 않은 비정형적 특징을 지닌다. 이외에도 성인교육의 원리에는 자발적 학습의 원리, 자기 주도적 학습의 원리, 상호학습의 원리, 현실성의 원리, 다양성의 원리, 능률성의 원리, 참여교육의 원리, 유희·오락성의 원리 등이 있다.

16 페다고지 모형과 대비되는 안드라고지 모형의 특징이라 보기 <u>어려운</u> 것은?

① 전통 교육학의 반대되는 개념으로, 성인을 대상으로 한 문제 중심형 교육방식이다.
② 교수자는 직접적으로 가르치기보다 학습자의 자발적 참여를 전제로 원활한 학습을 가능케 하는 조력자의 역할을 수행하게 된다.
③ 성인은 풍부한 경험을 바탕으로 실생활이 중심이 되는 부분을 지향하기 때문에 교수자와 학습자 간에 상호 협동에 의해 자기 주도적 교육 및 학습이 이루어진다.
④ 고정적, 형식적, 협동적인 수업이 가능하며 학습자의 학습준비도가 학습계획에 반영되어 보다 큰 효과를 낼 수 있다. 주로 토론, 실험 등의 교류적인 방식으로 이루어진다.

16 안드라고지 모형에서 성인 학습자들은 유동적, 비형식적, 협동적인 특성을 지닌다고 가정한다. 따라서 형식에 구애받지 않으며, 자발적이고 능동적으로 수업에 참여하며, 학습자의 학습준비도가 학습계획에 반영되어 보다 큰 효과를 낼 수 있다고 본다.

정답 15 ③ 16 ④

안심Touch

17 제시문은 교육훈련의 유형 중 직장 내 교육훈련(On the Job Training : OJT)에 대한 설명으로 OJT의 대표적인 장점 중 하나이다.
② 훈련으로 학습 및 기술향상을 할 수 있어 구성원의 동기를 유발할 수 있다.
③ 훈련과 생산이 직결되고, 교육시설 등 따로 부가적으로 소요되는 비용이 없어, 비용이 적게 든다.
④ 교육방법 개선이 용이해 구성원의 습득도와 능력에 맞는 훈련이 가능하다.
[문제 하단의 표 참고]

17 다음에서 설명하는 교육훈련의 유형에 대한 설명으로 옳은 것은?

> 이것은 훈련방법 가운데 가장 보편적으로 사용되는 방법으로 실제 업무를 수행하는 과정에서 직속상관이 부하 직원에게 직무에 관한 구체적 필요 지식과 기술을 개별지도를 통해 습득하게 하는 방법이다. 이것은 '일' 중에서 지도, 교육훈련을 하는 것이므로 체험학습이라 할 수 있으며, 직속상관은 계획적으로 직무수행에 필요한 지식, 기능, 태도에 관한 교육을 실시하여 피교육자의 능력개발 향상에 노력해야 한다.

① 훈련이 추상적이지 않고 구체적·실제적이다.
② 훈련으로 학습 및 기술향상을 할 수 있으나 구성원의 동기는 유발할 수 없다.
③ 비용이 많이 든다.
④ 교육방법 개선이 용이하지 못하다.

[직장 내 교육훈련의 장·단점]

OJT의 장점	OJT의 단점
• 훈련이 추상적이지 않고 구체적·실제적이다. • 실시가 Off-JT보다 용이하다. • 훈련으로 학습 및 기술향상을 할 수 있어 구성원의 동기를 유발할 수 있다. • 상관이나 동료 간 이해와 협동정신을 강화시킬 수 있다. • 훈련과 생산이 직결되고, 교육시설 등 따로 부가적으로 소요되는 비용이 없어, 비용이 적게 든다. • 직장 내에서 진행이 되기 때문에 훈련과 업무의 병행이 가능하다.	• 상관의 교육 능력에 따라 성과가 좌우된다. • 일과 훈련 모두 소홀히 할 가능성이 있다. • 많은 구성원에 대한 훈련이 곤란하다. • 교육훈련의 내용과 수준을 통일시키기가 어렵다. • 전문적인 고도의 지식과 기능을 가르치기가 힘들다.

정답 17 ①

18   다음에서 설명하고 있는 교육훈련 방법은?

> • (   )은/는 교육방법 중에서도 가장 오래되고 가장 널리
>   보급되어 사용되고 있는 방법이다.
> • (   )은/는 체계적이고 정밀한 정보전달이 가능하기 때문
>   에, 새로운 지식을 전달할 경우 효과적이다.
> • (   )은/는 많은 인원을 대상으로 교육할 수 있고, 시간의
>   계획과 통제가 용이하다.
> • (   )은/는 일방향적 의사전달 방법으로 피교육자들의 학
>   습태도가 수동적이고 소극적일 우려가 있으며 실제 현장에
>   서 적용방법이 무시된다는 단점이 있다.

① 강의(강연)
② 토론
③ 신디케이트
④ 인턴십

18   제시문은 강의(강연)에 대한 설명이
다. 강의는 교육방법 중에서도 가장
오래되고 가장 널리 보급되어 사용
되고 있는 방법으로 체계적이고 정
밀한 정보전달이 가능하기 때문에,
새로운 지식을 전달할 경우 효과적
이다. 많은 인원을 대상으로 교육할
수 있고, 시간의 계획과 통제가 용이
하며, 일방향적 의사전달 방법으로
피교육자들의 학습태도가 수동적이
고 소극적일 우려가 있으며 실제 현
장에서 적용방법이 무시된다는 단점
이 있다.

19   교육훈련의 방법을 강의식, 참여·토론식, 체험식으로 구분할 때
체험식 교육방법에 속하지 <u>않는</u> 것은?

① 감수성훈련
② 시찰·견학
③ 신디케이트
④ 인바스켓 기법

19   신디케이트는 몇 사람의 교육생이 반
을 편성하여 문제를 연구하고 전원에
게 보고하며 비판을 가하는 방법으로
참여·토론식 교육방법의 범주로 구
분해 볼 수 있다.

교육훈련방법 구분
• 강의식 교육방법: 강의·강연
• 참여식·토론식 교육방법: 토론(포럼,
  패널토의, 심포지엄), 사례연구, 신디
  케이트, 역할연기, 역할모델법
• 체험식 교육방법: 감수성훈련, 시
  찰·견학, 비니지스 게임법, 인바스
  켓 기법, 인턴십, 멘토링

정답   18 ①   19 ③

20 평가는 해당하는 학습영역별로 실시 하는 것이 바람직하며, 해당하는 학 습영역별로 각기 다른 평가도구를 사 용해 이루어질 수 있다.

20 교육훈련 프로그램의 평가 영역 중 학습평가에 관한 설명으로 옳지 않은 것은?

① "교육 참가자가 어떠한 원칙, 사실, 기술을 학습하였는가?"를 주제로 교육훈련기간 동안 훈련 참가자의 교육훈련을 통해 얻 은 지식이나 기술의 습득 정도를 측정해 프로그램의 효과성을 판단한다.

② 교육훈련 프로그램에 대한 반응평가가 좋다고 하여 반드시 학 습이 잘 이루어졌다고 볼 수 없다. 따라서 학습평가가 이루어 지게 되는데 학습평가 도구에는 학습현장에서의 평정과 필기 시험 등이 있다.

③ 평가는 해당하는 학습영역별로 실시하는 것이 바람직하며, 해 당하는 학습영역별로 반드시 동일한 평가도구를 사용하여 이 루어져야 한다.

④ 반응평가와 학습평가는 교육훈련 프로그램 자체의 내용을 측 정하는 것으로 내적 준거라 부른다.

21 해당 제시문은 직무행위평가에 대한 설명이다.

21 다음에서 설명하고 있는 교육훈련 프로그램 평가방법은?

> 이 평가방법은 "교육훈련 프로그램을 통하여 직무 수행상의 어떠한 행동 변화를 가져왔는가?"를 주제로 직장으로 복귀한 교육 참가자가 교육훈련을 통해 습득한 지식, 기능, 태도 등을 실제 업무 수행에 활용하는 정도를 측정해 직무행위의 변화 정도를 평가하는 것을 말한다.

① 반응평가
② 학습평가
③ 직무행위평가
④ 결과평가

정답 20 ③ 21 ③

22 골드스타인(Goldstein)이 제시한 교육훈련 프로그램 평가의 타당성 분류 중 다음에서 설명하고 있는 타당성은 무엇인가?

> 실제 직무수행에 있어 훈련의 효과가 발생하는 정도를 나타내는 타당도를 의미한다. 직무 분석 여부나 각 기업조직의 성과목표 또는 수행목표의 명확성, 조직 내 갈등 등이 이러한 타당도에 영향을 미칠 수 있다.

① 훈련타당도
② 전이타당도
③ 조직 내 타당도
④ 조직 간 타당도

22 골드스타인(Goldstein)은 교육훈련 프로그램 평가의 타당성을 훈련타당도, 전이타당도, 조직 내 타당도, 조직 간 타당도의 네 가지의 범주로 분류하였으며, 해당 제시문은 전이타당도에 관한 내용이다.

23 학습을 통한 기술의 획득단계에서 나타나는 지식의 형태 중, 다음과 같은 특성을 지니는 지식을 무엇이라 하는가?

> 다양한 인지적 활동들을 실제로 어떻게 수행하는지에 관한 지식으로, 본질적으로 개인이 기술을 자동으로 수행할 수 있을 때 기술 획득의 이러한 마지막 단계에 도달하게 되며, 이때 개인은 주의를 거의 기울이지 않고도 과업을 효율적으로 수행할 수 있게 된다. 상당한 연습을 한 후에는 주의를 다른 과업에 돌리면서도 실수할 가능성이 거의 없이 과업을 수행할 수 있다.

① 통합적 지식
② 인과적 지식
③ 선언적 지식
④ 절차적 지식

23 학습을 통한 기술의 획득단계에서 나타나는 지식의 형태 중 절차적 지식에 대한 설명이다. 절차적 지식은 다양한 인지적 활동들을 실제로 어떻게 수행하는지에 관한 지식을 말하는 것으로 목표와 그 목표 달성에 필요한 행위들을 관련짓는 지식을 의미한다.

정답 22 ②   23 ④

24 내재적 동기란 개인적 흥미·욕구·호기심 등 내적 과정을 통해 발생된 요인들에 의해 유발되는 동기를 의미한다. 이는 학습자의 외적 요인들과는 무관하며, 이렇게 형성된 동기는 학습자 스스로가 능동적인 학습에 참여하도록 유도한다.

24 한 개인이 지니는 여러 다양한 동기의 종류 중 개인적 흥미를 추구하고, 능력을 발휘하며 그 과정에서 도전할 만한 것을 찾고 그것을 정복하려는 성향을 뜻하는 동기를 무엇이라 하는가?

① 일차적 동기
② 이차적 동기
③ 내재적 동기
④ 외재적 동기

25 ①은 직무성과 관리에 대한 개념이다.

• **직무성과 관리**
  기업 전략과 종업원의 공헌을 연결시키는 방법론이다. 전략에 기초를 둔 기대 공헌도를 명확히 하고 실현하되 공헌에 대한 평가나 공헌까지를 일관된 흐름으로 관리하는 통합적 모델이다.
• **동기부여**
  구성원 개인의 자발적인 업무수행 노력을 촉진하여 직무에 대한 만족과 생산성을 높이고 조직의 유효성을 제고시키는 역할을 한다.

25 다음은 동기부여의 중요성에 대한 설명이다. 옳지 <u>않은</u> 것은?

① 기업 전략과 종업원의 공헌을 연결시키는 방법론이며 전략에 기초를 둔 기대 공헌도를 명확히 하고 실현되게 하는 것이다.
② 조직의 변화에 대한 구성원들의 저항을 줄이면서 자발적으로 적응을 촉진함으로써 조직의 변화를 훨씬 용이하게 하는 원동력이 된다.
③ 구성원 개개인으로 하여금 과업수행에 대한 자긍심과 자신감을 갖게 한다.
④ 조직구성원들이 적극적이면서 능동적으로 업무를 수행하게 만듦으로써 자아실현을 할 수 있는 기회를 부여하는 역할을 수행한다.

26 ①·③·④는 동기부여의 인적·자원적 접근법의 내용이다.

26 다음 중 동기부여의 인간관계론적 접근법에 대한 설명으로 옳은 것은?

① 구성원에게 의사결정권한을 허용하는 것이 조직에 이익이 된다고 가정한다.
② 동기부여의 요인으로서 금전적 요인보다 인적 요인의 중요성이 크게 부각된다.
③ 직무에서 허용되는 자발적 통제나 방향의 설정이 직무만족을 높인다고 주장한다.
④ 인간에 대한 동기부여는 화폐, 성취동기, 의미 있는 일에 대한 욕구 등과 같이 상호 연관된 여러 가지 복합적 요인에 의해 이루어진다고 주장한다.

정답 24 ③ 25 ① 26 ②

✅ 주관식 문제

01 다음 설명에서 (   ) 안에 들어갈 내용을 순서대로 쓰시오.

> (㉠)은/는 한 번 학습된 것은 그대로 끝나지 않고 추가적인 학습의 밑거름이 되어 새로운 학습이 계속 일어날 수 있으며 긍정적 전이, 부정적 전이, (㉡) 전이가 있다.

01

정답 ㉠ 학습의 전이, ㉡ 중립적(또는 영)

해설 **학습의 전이**
한쪽에서 학습된 것은 다른 쪽으로 이전되어 그곳의 학습을 돕는데 이를 학습의 전이(Transfer of Learning)라고 한다.
- 긍정적 전이 : 이전에 습득한 기능이 새로운 기능을 습득할 때 도움이 되는 경우
- 부정적 전이 : 이전에 습득한 기능이 새로운 기능을 습득할 때 방해하는 경우
- 중립적(또는 영) 전이 : 기존의 기능이 새로운 기능의 습득에 미미한 영향만을 미치는 경우

02 다음 설명에서 (   ) 안에 들어갈 내용을 순서대로 쓰시오.

> - (㉠)은/는 사실이나 사물에 관련된 것으로 기술 획득에 있어서 개인이 과업을 기본적으로 이해하는 데 사용하는 기억과 추리 과정을 포함한다.
> - (㉡)은/는 상당한 연습을 한 후에는 주의를 다른 과업에 돌리면서도 실수할 가능성이 거의 없이 과업을 수행할 수 있다

02

정답 ㉠ 선언적 지식, ㉡ 절차적 지식

해설
- 선언적 지식(Declarative Knowledge) 개인이 과업에 대한 시범을 관찰하고 과업을 수행하는 일련의 법칙들을 배우게 되며, 이 단계에서의 수행은 느리고 실수를 범할 가능성이 있으므로 개인은 과업을 이해하고 수행하는 데 거의 모든 관심을 집중하여야 한다.
- 절차적 지식(Procedural Knowledge) 주의를 거의 기울이지 않고도 과업을 효율적으로 수행할 수 있게 되는 단계이다.

03

정답 ㉠ 관련성, ㉡ 자신감

해설
- 주의(Attention) : 학습자의 호기심과 관심을 유발·유지
- 관련성(Relevance) : 학습을 개인적 필요, 흥미 또는 목적과 관련지음
- 자신감(Confidence) : 성공에 대한 자신감과 긍정적 기대를 심어 줌
- 만족감(Satisfaction) : 강화를 관리하고 자기통제가 가능하도록 함

03 다음 설명에서 ( ) 안에 들어갈 내용을 순서대로 쓰시오.

> 켈러의 동기설계모형(ARCS)의 네 가지 개념요소로는 주의,
> (㉠), (㉡), 만족감이 있다.

04

정답 ㉠ 내적, ㉡ 외적

해설 반응평가와 학습평가는 교육훈련 프로그램 자체의 내용을 측정하는 것으로 내적준거라 부르며, 직무행위평가와 결과평가는 교육훈련 프로그램 자체가 아닌 외부적인 것을 측정·평가하기 때문에 외적준거라고 부른다.

04 다음 설명에서 ( ) 안에 들어갈 내용을 순서대로 쓰시오.

> 반응평가와 학습평가는 교육훈련 프로그램 자체의 내용을 측정하는 것으로 (㉠)준거라 부르며, 직무행위평가와 결과평가는 (㉡)준거라 부른다.

제 **3** 장

인사평가와
성과관리

I wish you the best of luck

독학사 심리학과 3단계

제3장 인사평가와 성과관리

제 1 절 인사평가 방법 및 도구

1 직무수행평가(인사고과)

(1) 직무수행평가의 개념

① 직무수행평가(performance appraisal)는 다양한 용어와 의미로 사용되어 왔고, 근무평정, 인사고과, 인사평가, 근무성적 평정 등으로 불리고 있다.

② 직무수행평가는 직원의 특성, 자격, 습관, 태도, 능력, 성취도, 적성 등의 상대적인 가치를 체계적이고 객관적으로 평가하는 것을 말한다(A. Langsner).

③ 직무수행평가는 일정기간에 직원들이 그들의 업무를 얼마나 잘 수행했는지에 대한 정기적이고 공식적인 평가를 말한다.

④ 이 용어는 조직 구성원들이 직무기술서에 명시되어 있는 자신의 직무를 얼마나 충실히 수행하고 있는지를 평가하는 의미가 있기 때문에 조직 구성원들로 하여금 평가의 공정성과 불편부당성을 심어줄 수 있다.

(2) 직무수행평가의 목적

일반적으로 직무수행평가는 임금관리, 인사이동, 교육훈련, 근무의욕의 향상, 사기앙양에 목적을 두고 있으며 구체적인 목적은 다음과 같다.

① 실제 직무를 수행하는 데 필요한 능력을 결정한다.

② 직무 담당자의 능력개발 및 성과향상을 위한 동기부여를 촉진한다.

③ 직무 담당자로 하여금 조직의 기대치와 자신의 업무성과를 비교할 수 있게 한다.

④ 직무 담당자의 잠재하는 재능 및 능력을 발견하고 성취를 돕는다.

⑤ 관리자와 담당자 간의 의사소통을 증진하고, 조직의 목표와 직무에 대한 이해를 증진한다.

⑥ 조직 구성원들 간의 관계를 확인하고 격려하여 업무수행의 효율성을 제고한다.

⑦ 관리자는 도움이 필요한 조직 구성원들을 지도, 상담할 수 있는 근거를 마련하게 된다.

⑧ 직무 담당자의 훈련 및 성장욕구를 파악한다.

⑨ 조직 내 유능한 담당자를 선정하고 목록에 기록하여 업무 재배치 시 활용한다.

⑩ 승진과 급여인상 시 유능한 담당자를 최적격자로 선정할 수 있다.

⑪ 특수한 업무를 맡을 적격자를 선발할 수 있다.

⑫ 직무에 만족하지 못하는 담당자를 파악할 수 있다.

2 직무수행평가의 이해

직무수행평가는 원래 임금인상을 위한 평가요소라는 의미를 지니고 있었으나, 현재는 인사고과(merit rating)나 근무평정 등과 같은 의미로 사용되고 있다.

(1) 전통적 평가방법과 현대적 평가방법의 비교

구분	특징	종류
전통적 인사고과	① 업적중심의 고과 ② 임금·승진관리를 위한 고과 ③ 포괄적·획일적 고과 ④ 평가자 중심의 고과 ⑤ 추상적 기준에 의한 고과	관찰법, 서열법, 평정척도법, 체크리스트법 등
현대적 인사고과	① 능력·적성·의욕(태도)의 고과 ② 능력개발·육성을 위한 고과 ③ 승급·상여 등 목적별 고과 ④ 피고과자의 참여에 의한 고과 ⑤ 구체적 기준에 의한 고과	중요사건기록법, 목표관리법(MBO), 행태중심 평정 척도법, 다면평가법, 평가센터법, 집단평가법 등

(2) 직무수행평가의 운영상의 원칙

① **평가기준의 명확화** : 직무수행평가는 어떤 잣대로 이루어지고 있는가? 예를 들면 평가목적, 평가방식, 평가구분, 평가요소, 가중치, 평가단계(척도) 등의 내용이 명확하게 설정되어 있어야 하는 것이 제1의 원칙이다.

② **평가기준의 준수** : 특히 업적이나 근무태도를 중점적으로 파악하는 평가에서는 평가기간을 엄격하게 준수함으로써 과거의 좋은 업적이나 나쁜 업적이 인사 때마다 계속 따라다니면서 반영되는 것을 막아줄 수 있다.

③ **평가자의 복수화** : 인사평가를 공정하게 운영하기 위해 제도 정비, 실시기준의 명확화, 평가자 훈련이 이루어지고 있다. 하지만 이런 노력을 아무리 해도 평가상의 오류를 제거하기 쉽지 않다. 따라서 직무수행평가를 실시할 때 한 사람의 피평가자를 한 사람의 평가자가 평가하지 않고 반드시 두 사람 이상의 평가자가 평가를 하여 평가 시의 오류를 줄이고자 한다.

④ **1차 평가의 존중** : 1차 평가자는 피평가자와 일차적으로 접촉하기 때문에 그 실태를 가장 잘 알 수 있는 입장이므로 이런 조건에서 볼 때 평가내용에서 1차 평가자가 평가한 것을 우선적으로 존중하여야 한다.

⑤ **공사혼동의 배제** : 인사평가는 부하를 인간 전체로 평가하는 것이 아니라 기업 내의 직무수행 장면(이를 공적 입장이라 함)에 국한해서 일정한 방식, 기준에 따라 객관적으로 파악하는 것이다. 따라서 공적인 입장 이외의 행동장면(사적인 입장)이나 감정에 좌우되어서는 안 된다는 것이다.

(3) 직무수행평가의 구성요소

① **능력평가(능력의 발휘도)** : 주어진 일을 어떻게 수행하였는지에 관한 것으로 조직의 구성원으로서 직무수행 과정에서 얼마만큼 능력을 발휘하였는지를 파악하는 것이다.

② **태도평가(일에 대한 자세, 근무태도, 노력도)** : 주어진 일에 어떻게 임하였는지에 관한 것으로 어떤 자각과 의욕을 가지고 태도와 행동을 보였는지를 파악하는 것이다.

③ **업적평가(일의 달성도)** : 능력과 태도를 발휘한 결과로 이루어낸 성과의 양과 질은 어떠하였는지에 관한 것으로 직원 개개인이 달성목표에 대해 일정기간에 얼마만큼 달성하였는지를 파악하는 것이다.

3 직무수행평가의 방법

직무수행평가(인사평가)의 방법에는 도표식 평정척도법, 일화기록법, 서열법, 체크리스트 평정법, 강제배분법, 중요사건기록법, 목표관리법, 행태중심 평정척도법 등이 있다. 평가방법은 평가목적에 따라 달라져야 하는데, 지도가 목적일 경우에는 주로 중요사건기록법이나 목표관리법을, 승진, 승급, 이동이 목적일 경우에는 강제배분법이나 서열법을, 조직개발이 목적일 경우에는 평정척도법(도표식 평정척도법, 행태중심 평정척도법)을, 동기부여가 목적일 경우에는 목표관리법을 주로 사용하는 것이 효과적이다.

(1) 도표식 평정척도법

① **도표식 평정척도법의 개념**

㉠ 도표식 평정척도법은 피평정자의 자질을 직무수행의 달성 가능한 정도에 따라 미리 마련된 척도를 도식하여 평정자(평가자)가 해당되는 곳에 표시를 하는 방법으로 가장 많이 사용되는 평정방법이다.

㉡ 한편에는 근무실적, 능력, 태도 등을 나타내는 평정요소를 나열하고 다른 편에는 우열을 나타내는 등급을 어구나 숫자로 표시한다.

② **도표식 평정척도법의 장점**

㉠ 작성이 비교적 간편하고 평정이 용이하여 가장 널리 사용된다.

㉡ 상벌을 목적으로 이용하는 데 편리하다.

③ **도표식 평정척도법의 단점**

㉠ 평정요소의 합리적 선정이 어렵고 평정요소에 대한 등급 간 비교의 기준이 모호하다.

㉡ 평가상의 오류인 연쇄효과, 중심화 경향, 관대화 경향이 나타나기 쉽다.

④ **도표식 평정척도법의 극복방법**

평정의 임의성·자의성을 방지 또는 보완하기 위하여 도표식 평정방법에 중요사건기록법이 가미된 형태인 일화기록법이나, 행태기준척도법 그리고 사실기록법 등이 사용되기도 한다.

※ 사실기록법(fact recording skill) : 객관적인 기록이나 사실에 의한 평정으로 도표식평정척도법의 임의성과 자의성을 보완해 줄 수 있다. 사실기록법의 대표적인 예로는 산출기록법, 중요사건기록법 등이 있다.

(2) 일화기록법

① 일화기록법의 개념

㉠ 일화기록법(anecdotal notes)은 자연스러운 상황에서 행위 또는 태도 등을 관찰하여 백지나 소정양식 위에 사실적, 객관적으로 기록하는 것으로 구조화되지 않은 관찰방법이다.

㉡ 일화기록법은 환경, 배경, 사건에 대한 기술과 해석과 조언이 포함될 수는 있지만, 도표식 평정척도법과 같이 좋음, 나쁨 등의 가치의 판단이 들어가면 안 된다.

② 일화기록법의 장점

㉠ 일상의 자연스런 상황을 전제로 하고 있기 때문에 경직된 구조를 강제하지 않는다.

㉡ 객관적인 기록이나 사실에 의한 평정으로 도표식 평정척도법의 임의성과 자의성을 보완할 수 있다.

③ 일화기록법의 단점

㉠ 기록이 체계적이라고 하더라도 관찰이 비구조화 경향을 띠고 있어 체계성이 현저히 떨어진다. 따라서 행동에 대한 일반화된 해석을 위해서는 누적된 일화기록이 필요하며 다른 구조화된 관찰방법과 병행하는 것이 효과적이다.

㉡ 관찰을 기록하는 데 시간이 걸린다.

㉢ 시기에 따른 체계적인 시간표집과 행동관찰이 되는 것이 아니라 그때그때 사건이 발생할 때마다 기록하므로 다른 관찰법보다 신뢰성이 떨어진다.

㉣ 피평정자가 실제적 근무에 노력하기보다는 평가를 받기 위한 형식적인 근무에 집착하게 될 위험성이 있다.

(3) 서열법

① 서열법의 개념

서열법(ranking method)은 종업원 근무능력 및 근무성적에 순위를 매겨 평정에 이용하는 방법으로 여기에 대표적인 기법으로는 교대서열법과 쌍대비교법 등이 있다.

② 서열법의 종류

㉠ 교대서열법 : 가장 우수한 사람과 가장 열등한 사람을 추려내면서 남은 인원들 중에서도 역시 같은 방식으로 가장 우수한 사람과 가장 열등한 사람을 추려내는 과정을 되풀이 해나가며 서열을 결정하는 평정 방법이다.

㉡ 쌍대비교법(짝비교법) : 일일이 임의로 두 사람씩 짝을 지어서 비교하는 것을 되풀이하여 서열을 결정하는 평정 방법이다.

$$\left[\frac{n(n-1)}{2}, \; n: \text{피평정자의 수} \right]$$

③ 서열법의 장점

㉠ 간단하면서도 실시가 용이하고, 비용이 적게 든다.

㉡ 서열에 따라 결정되기 때문에 평정 시의 오류인 관대화 경향이나 중심화 경향을 제거할 수 있다.

④ **서열법의 단점**

　　㉠ 비교적 규모가 작은 집단에서만 사용할 수 있고, 규모가 큰 집단에는 부적합하다.

　　㉡ 특정 동일한 집단 내의 서열을 알려줄 수 있으나 다른 집단과 비교할 수 있는 객관적 자료를 제시할 수 없다.

(4) 체크리스트(프로브스트식 평정법)

① **체크리스트 평정법의 개념**

　　㉠ 체크리스트 평정법(checklist)은 1930년 미국 미네소타 주의 프로브스트(J. B. Probst)가 고안한 평정방법으로, 어떤 문제에 관한 의견과 태도를 긍정적·적극적·부정적·소극적 등의 평정항목으로 나열하고 각 항목에 등급을 매긴 후 피평정자에게 이를 선택하게 하여 전체 점수를 환산하는 평정방법이다.

　　㉡ 체크리스트 평정법은 피평정자를 평가하는 데 적절하다고 판단되는 표준업무수행 목록을 미리 작성해 놓고 이 목록에 단순히 가부 또는 유무를 표시하는 평정방법으로, 직무상의 행동을 구체적으로 표현하여 평가하는 방법이다.

② **체크리스트 평정법의 장점**

　　㉠ 평정요소가 명확하게 제시되어 있고 가부 또는 유무만을 판단하기 때문에 평정하기가 비교적 쉽다.

　　㉡ 의견이나 태도를 조사하는 데 유리하다.

③ **체크리스트 평정법의 단점**

　　㉠ 성과표준이 없다는 것과 피평정자의 특성과 공헌도에 관한 계량화와 종합이 어렵다.

　　㉡ 질문이 많아질수록 많은 시간이 소요된다.

(5) 강제배분법

① **강제배분법의 개념**

　　㉠ 강제배분법(forced distribution evaluation)은 일정한 평가 단위에 속한 피평정자들의 평가성적이나 등급을 사전에 정해진 비율에 따라 강제로 할당하는 방법으로 강제할당법이라고도 한다.

　　㉡ 강제배분법은 집단적 서열법이라고 할 수 있으며, 피평정자들을 우열의 등급에 따라 구분한 뒤 몇 개의 집단으로 분포비율에 따라 배치하도록 강제하는 방법이다.

　　㉢ 예를 들어 개별 평가항목의 성적이나 혹은 최종 등급을 수, 우, 미, 양, 가로 평정할 때 수는 10%, 우는 20%, 미는 40%, 양은 20%, 가는 10% 등의 형태로 성적의 분포 비율이 어느 한쪽에 치우치지 않도록 강제로 할당한 후 평정을 하는 방법이다.

② **강제배분법의 장점** : 절대평가의 단점인 집중화 경향, 관대화 경향을 줄여 객관도를 높일 수 있다.

③ **강제배분법의 단점** : 강제배분법은 평정대상이 많을 때는 평정의 객관성·신뢰성을 보장할 수 있으나, 평정대상이 적거나 특별히 우수한 자 또는 열등한 자들로 구성된 조직의 경우에는 타당도가 매우 낮다.

(6) 중요사건기록법

① 중요사건기록법의 개념

ㄱ 중요사건기록법(critical incident method)은 조직목표달성의 성패에 영향이 큰 중요사건을 중점적으로 기록·검토 하는 방법이다.

ㄴ 평가자가 6개월 내지 1년 동안 피평정자의 업무수행과 관련하여 성공이나 실패한 행동을 발생 즉시 기록해 두었다가 이를 중심으로 평가한다.

② 중요사건기록법의 장점

ㄱ 피평정자와의 상호작용을 촉진하는 데 유용하고, 사실에 초점을 두고 있어 객관적이다.

ㄴ 능력개발과 승진에 중요한 자료를 제공해 준다.

③ 중요사건기록법의 단점

ㄱ 이례적인 행동을 지나치게 강조하여 평균적인 행동이나 전형적인 행동을 무시하게 되는 위험이 있다.

ㄴ 평가기준이 감독자에 의해서 일방적으로 설정되고 평가결과의 피드백이 지연된다.

(7) 목표관리법(MBO)

① 목표관리법의 개념

ㄱ 목표관리법(Management By Objectives ; MBO)은 조직의 상하 구성원들이 참여과정을 통해 공동으로 목표를 설정하고 달성된 성과를 측정·평가하여 회환시킴으로써 관리의 효율화를 기하는 방법이며, 수행한 결과에 초점을 둔다.

ㄴ 목표관리법은 근무과정이나 태도보다는 결과를 중시하는 평정방법이다.

ㄷ 목표관리법은 직원들이 달성하고자 하는 목표가 계량화가 가능하고 명확성을 지닐 때 효과적인 평정방법이다.

ㄹ 목표관리법은 단기적인 목표를 위주로 하여 계량적 평가기준을 주로 활용한다.

② 목표관리법의 장점

ㄱ 상·하 구성원들 간에 의사소통이 원활해진다.

ㄴ 특히 하위 구성원들의 동기부여와 책임감이 증대된다.

ㄷ 측정 및 평가에 주관성을 배제할 수 있다.

ㄹ 방어적 자세를 제거할 수 있다.

ㅁ 자질보다는 실적과 성과를 평가할 수 있다.

③ 목표관리법의 단점

ㄱ 목표설정이 참여와 합의를 통해 이루어지므로 소요시간이 많이 걸린다.

ㄴ 단기적 목표를 강조하고, 장기적 목표를 등한시 한다.

(8) 행태중심 평정척도법

① 행태중심 평정척도법의 개념

ㄱ 행태중심 평정척도법(BARS, BES, BORS)은 "도표식 평정척도법 + 중요사건기록법"으로 행태기준 평정척도법이라고도 한다.

ⓛ 행태중심 평정척도법은 중요사건기록법을 정교하게 계량적으로 수정한 기법으로 평가자가 피평가자의 행위나 업적에 대하여 등급을 매길 때, 각 등급별로 판단의 근거가 되는 구체적인 행동기준(중요행위)을 제공한다.

ⓒ 행태중심 평정척도법은 평정의 임의성과 주관성을 배제하기 위하여 도표식 평정척도법에 중요사건기록법을 가미한 평정방법이다.

ⓡ 직무분석에 기초하여 주요과업분야를 선정하고 이 과업분야별로 바람직한 또는 바람직하지 않은 행태의 유형과 등급을 구분·제시한 뒤 각 등급마다 중요행태를 명확하게 기술하여 점수를 부여하는 방법이다.

② **행태중심 평정척도법의 과정**

ⓐ 피평정자 담당업무에 대해 잘 알고 있는 사람들이 업무수행 또는 비효과적인 업무수행의 실제적 예(중요사건)를 열거한다.

ⓛ 이 실례(중요사건)를 5~10개의 평정요소로 묶는다.

ⓒ 각 요소에 실례가 잘 배정되었는지 검토한다.

ⓡ 한 요소에 6~7개의 사건이 최종적으로 배정된다.

③ **행태중심 평정척도법의 장점**

ⓐ 평정의 임의성과 자의성을 배제할 수 있다.

ⓛ 흔한 행태 묘사를 일상적 용어로 사용하고 장점과 개선점을 구체적으로 제시해주므로 능력발전에 기여할 수 있다.

ⓒ 한 세트의 평정표를 여러 직무에 사용하며 피평정자의 주관적 판단을 줄일 수 있다.

ⓡ 직원들과 관리자들이 함께 평가도구 개발에 참여하기 때문에 높은 신뢰를 보장할 수 있고, 이는 직원들로 하여금 수용도를 높여 동기화가 더 잘 이루어질 수 있도록 해준다.

④ **행태중심 평정척도법의 단점**

ⓐ 평정표 자체는 좋으나 평정표 개발에 과다한 시간과 비용이 소요된다.

ⓛ 어느 평정항목에 해당하는지 알기 어려운 경우도 발생한다.

ⓒ 지금 직무에 해당하는 행동들을 나열한 것이기 때문에 다른 직무에 적용하기 어렵다.

💡 **더 알아두기** 🔍

대인지각(person perception)

상대방의 심리 상태나 사회적 상태에 대한 판단 능력이다. 상대방의 외모, 언행, 다양한 정보로부터 상대방의 성격, 감정, 의도, 욕구, 능력 등 내면에 있는 특성과 심리적인 과정을 추론하는 것이다. 이러한 정보들은 정확하지 않을 수 있으며 많은 경우에 서로 모순되는 경우도 있다. 일단 형성된 인상은 상대방과의 교류 시 다각적인 영향을 주며, 상대방의 추후 행위를 해석하는 데 영향을 끼친다. 대인지각의 특징은 다음과 같으며, 이러한 대인지각의 오류로는 고정관념에 의한 오류나 후광효과 등이 있다.

① 첫인상 등 최초에 얻은 정보에 의하여 강하게 규정되는 초두효과가 현저하다.

② 어떤 측면에 대한 평가가 다른 측면까지 확대되는 후광효과가 강하다.

③ 자기 자신의 심리적 상태를 인지하는 상대에게 투사하는 경향이 있다.

④ 상대를 정확히 인지하는 능력에는 개인차가 있다.

4 직무수행평가의 한계

(1) 직무수행평가의 문제점

① **효용도의 저하** : 직무수행평가는 원래 주관적 평정방법이므로 타당도·신뢰도·객관도 등이 낮아 효용도가 저하되는 문제가 발생할 수 있다.

② **공정한 평정자 확보의 어려움** : 평정자의 주관을 배제할 수 있는 평정방법이 드물어 공정성에 대한 문제의 소지를 내포한다.

③ **역산제의 모순** : 근무성적에 따라 공정하게 평정하지 않고 장기근속자 등을 우선적으로 높게 평정하고 나머지 등급을 신규 직원 등에게 배정하는 오류의 위험성이 있다.

④ **장래예측의 곤란과 표준화의 어려움** : 현재의 능력이나 과거의 실적에만 치중하며 장래의 발전 가능성 등은 측정이 곤란한 문제가 있다.

(2) 평정상의 오류

① **후광효과**

㉠ 후광효과(연쇄효과, 헤일로 효과, halo effect)는 피평가자의 긍정적 인상에 기초하여 평가 시 어느 특정요소의 평정 결과가 다른 평가요소에도 영향을 미치는 것을 말한다.

㉡ 후광효과를 방지하기 위한 방법으로는 강제배분법, 체크리스트법을 활용하거나 여러 명의 평정자가 상호 독립적으로 평정하게 하거나 하나의 평정요소에 관하여 피평정자 전원을 평정하고 다음 요소에 관하여 전원을 평정하는 방법을 이용한다.

　　㉖ 용모가 단정하면 책임감이 있고 유능할 것이라는 판단 등

② **혼 효과**

㉠ 혼 효과(horn effect)는 피평정자의 어느 특정 요소가 '부족하다'는 인상을 갖게 되면 다른 요소도 막연히 '부족하다'고 평가해 버리는 경향을 가리키는 것으로 평정자는 후광효과와는 반대로 피평정자의 부정적 인상에 기초하여 평정을 하게 된다. 이 경우 피평정자는 실제 능력보다 과소평가되는 경향을 보이게 된다.

㉡ 혼 효과의 방지책도 후광효과와 동일하다. 강제배분법, 체크리스트법 등을 활용하거나 집단 평정법(다원평가)을 실시한다.

③ **중심화 경향**

㉠ 중심화 경향(집중화 경향, central tendency error)이란 가장 무난한 중간점수로 대부분 평정하기 때문에 척도상의 중간에 절대다수가 집중되는 경향을 의미한다.

㉡ 이는 평정자가 평정 시 극단적인 평가를 기피하려는 인간의 심리적 경향으로 발생된다.

㉢ 이러한 오류를 최소화하기 위해서는 강제배분법의 활용이 효과적이며 또한 피평정자와의 면접 등 접촉기회를 늘리는 것도 한 가지 방안이 될 수 있다.

④ **관대화 또는 엄격화 경향**

㉠ 관대화 또는 엄격화 경향(leniency or Strictness tendency)은 피평정자가 거둔 업무 성과나 실적과는 상관없이 평정결과 점수의 분포가 실제보다 높거나 혹은 낮은 쪽에 집중되는 경향을 말한다.

ⓛ 이러한 관대화 또는 엄격화를 막으려면 평정결과를 비공개로 하거나 강제배분법을 활용하는 것이 가장 효과적이며, 또한 평정요소에 대한 정의를 명확하게 함과 동시에 평정자의 평정 전 훈련을 통해 이러한 오류가 발생하는 것을 방지하는 노력 역시 필요하다.

⑤ **논리적 착오**

ⓞ 논리적 착오(logical error)는 두 가지 평정요소 간에 존재하는 논리적 상관관계에 의하여 생기는 오류로, 어느 한 요소가 우수하면 상관관계에 있는 다른 요소도 우수하다고 섣부르게 판단하는 경향을 말한다. 후광효과는 개인적 특성을 가지고 평가하는 것이고 논리적 착오는 평가항목이나 평가기준이 논리적으로 유사할 경우에 비슷하게 평가하는 것이라는 차이점이 있다.

ⓛ 논리적 착오를 막기 위해서는 유사한 평정 요소에 대하여서는 시간적인 간격을 두고 평정하는 방법을 사용하는 것이 효과적이다.

ⓔ 기억력이 좋은 직원은 지식이 높다든가, 작업량이 많은 직원은 숙련도가 높다든가, 근면한 직원은 작업량이 많다고 판단하여 평정하는 경향 등을 말한다.

⑥ **상동적 오차**

ⓞ 상동적 오차(stereotyping)는 유형화(정형화·집단화)의 착오에 해당하는 것으로 피평정자에 대한 편향된 견해나 선입견 또는 고정관념에 의한 오차를 의미한다.

ⓛ 평정자가 평정시 위와 같은 오류를 범할 경우 평정은 피평가자의 실질적인 업무에서의 성과보다 그가 속한 사회적 요소(출신, 학력 등)에 대한 지각을 기초로 하여 이루어지게 된다.

ⓔ 상동적 오차를 방지하기 위해선 평가자에게 선입견을 심어 줄 수 있는 요인(피평가자의 신상정보 등)에 대한 접근을 사전에 차단시키는 방법이 효과적이다.

⑦ **규칙적 착오 또는 총체적 착오**

ⓞ 규칙적 착오(Systematic Error)란 한 평정자가 다른 평정자에 비해 일관적이고 지속적으로 과대 또는 과소하게 평정하는 것을 의미하는 것으로 특정인의 가치관이나 평정기준에 따른 오차이다.

ⓛ 총체적 착오(Total Error)는 동일한 피평정자에 대하여 일관성이 결여되게 평정하는 것을 의미한다.

⑧ **근접착오**

ⓞ 근접착오(시간적 오류, recency error)는 시간적으로 근접한 평정자의 최근 실적이나 능력을 중심으로 평정하는 데서 발생하기 쉬운 오류로, 비교적 시간적으로 근접한 사건이 평정에 영향을 미치는 경우를 말한다.

ⓛ 근접착오를 방지하기 위해서는 평정요소를 하나씩 배열하고 이를 토대로 전원을 평정하는 방법이 효과적이다. 피평정자의 행동을 평소에 메모하여 총체적으로 반영하는 것도 방안이 될 수 있다.

(3) 평정상의 공정성 확보방안

① **의도적 오류 감소** : 의도적으로 오류를 줄이기 위해서 절대평가와 상대평가를 적절히 활용하여 평정방법을 보다 정교하게 만들어야 한다. 또한 평정자를 직속상사 일변도로 하는 것보다 피평정자 본인, 외부전문가, 동료 등으로 하는 다면평가 방식도 오류를 줄이는 데 기여할 것이다.

② **알지 못하는 오류 감소**: 평정자 자신이 인지하지 못하는 오류들은 제도의 개선 및 평정자 교육을 통해 극복이 가능하다. 평정자 자신 또한 오류의 수정에 대체로 협조할 자세가 되어 있어야 한다.

③ **정보부족으로 인한 오류 감소**: 정보의 부족으로 인한 오류는 평정자가 필요로 하는 정보를 조직이 충분히 제공하든지 평정자가 피평정자에 대하여 획득할 수 있는 정보만큼 평가내용의 범위를 축소해야 할 것이다.

④ **평정결과의 공개**: 평정결과를 공개하는 경우 협동체제 저해, 종업원 등의 저항 등 많은 문제를 야기할 수 있으나 평정의 신뢰성을 증대하기 위해서는 공개하는 것이 바람직하다. 새로운 평가기법을 개발하고 평가에 대한 근거자료를 유지해야 하며 평가자 교육이 뒤따라야 한다.

제 2 절 다면평가

1 평정자 기준

(1) 자기평정법

① 자기평정법(self rating)은 평정자가 자신의 근무성적을 스스로 평가하는 것으로 이는 평정자 스스로 자신을 돌아보고 반성할 수 있는 기회를 제공하며, 업무수행을 개선하기 위한 자극을 준다.

② 개인의 결함을 파악하고 이를 개선함으로써 개인의 능력발전을 목적으로 한다.

③ 자기평정법은 객관성 확보가 어려우므로 다른 평정방법과 병행하여 결점을 보완할 수 있어야 하며 상급자 평정에 비하여 과대 또는 관대화 경향의 위험이 있다.

(2) 동료평정법

① 동료평정법(peer rating)은 동료들 사이에서 가장 긍정적으로 평가되고 있거나 또는 가장 부정적으로 평가되고 있는 동료의 순으로 순위를 매겨 평정하는 방법으로 상사의 평정보다 동료의 평정이 더 정확하게 평가할 수 있다는 생각에서 고안되었다.

② 이 평정기법은 동료와의 관계를 강화시키는 데 도움을 주며, 자신과 동료의 과업수행에 대한 비판적 사고를 가능케 한다. 또한 상급자가 볼 수 없는 점도 잘 파악할 수 있다는 점에서 개인의 전문적 성장과 직무만족을 제고시킬 수 있고 객관성과 공정성을 기할 수 있다.

③ 동료평정법은 대인관계 측면을 지나치게 강조하여 인기투표로 전락할 우려가 있고, 친분관계로 공정성이 결여되기 쉬우며 평가가 주관에 치우쳐 그 타당성과 유효성이 낮아질 위험성이 있다.

(3) 상급자평정법

① 상급자 평정(수직적 평정, vertical rating)은 피평정자를 직접 관찰할 수 있는 위치의 상관인 감독자가 평정하는 방법으로 관리인과 고용인 상호간의 신뢰성을 전제로 하고 있다.

② 수직적 계층구조가 강한 대규모 조직에 가장 적합한 방식이다.

③ 관리자(감독자)의 관리능력에 따라 부하에 대한 평가의 정확성 및 공정성에 많은 차이가 있을 수 있다.

(4) 하급자평정법

① 하급자 평정은 하급자가 상급자의 일상적인 행동과 결정을 가장 정확히 평가할 수 있다는 관점에서 고안된 평정 기법으로, 하급자가 상급자를 평가한다.

② 하급자의 입장에서 보면 상사의 능력, 지도력, 통솔력을 잘 평가할 수 있고, 상사의 독선 및 독단을 막을 수 있는 기회가 제공된다.

③ 하급자가 상급자의 업무관계를 잘 알지 못하여 피상적인 평가로 머무를 가능성이 있고 다른 평정방법과 마찬가지로 주관적 평가로 인하여 그 타당성이 낮게 나타날 수 있는 문제점을 지닌다.

2 다면평가(360° feedback)

(1) 다면평가의 개념

① 다면평가란 단일 대상자를 두고 상사가 일방적으로 평가하는 기존의 방식에서 벗어나 다양한 원천(직장 내 상사·동료·부하·고객·자신 등)으로부터 피평정자에 대한 정보를 수집하고 결과를 결합하여 피드백 해주는 일련의 과정을 의미한다.

> **⚡ 더 알아두기 🔍**
>
> **다면평가를 일컫는 다양한 용어**
> - 미국 : 360 degree feedback, multi-rater feedback, Multi-source feedback, full-circle appraisal, group performance review
> - 한국 : 다면평가, 360도 평가

② 이와 같은 다면평가는 전통적인 상사 평가법과 비교해 공정성 및 객관성 면에서 높이 평가되고 있다. 피평가자와 서로 다른 방식으로 상호작용하는 다양한 사람들이 평가 과정에 관여한다는 특성으로 인하여 다면평가는 특정 개인의 편견으로부터 영향을 적게 받으며 따라서 타당도가 더 높은 평정결과를 산출한다(Edwards and Ewen, 1996; Jackson and Shuler, 2003).

(2) 다면평가의 장·단점

① 다면평가의 장점

㉠ 조직 내 평가의 객관성·공정성·신뢰성을 높일 수 있다

㉡ 평가결과의 피드백을 통해 피평가자는 자신의 강·약점을 파악하고, 이를 통한 자기반성과 성장 및 능력개발을 위해 활용될 수 있다.

ⓒ 관리행위에 대한 관리자의 능력 및 기술 개선의 기회를 부여한다.

ⓔ 관리자의 리더십 향상에 도움을 준다.

ⓜ 조직 내 계층 간의 의사소통의 기회가 확대되며 이는 인간관계의 개선과 상호간의 이해 증진에 도움이 된다.

ⓗ 기존 상급자 평정에 의한 부작용을 최소화할 수 있다.

ⓢ 관리인력 개발에 좋은 참고자료가 된다.

ⓞ 평정과정에의 참여를 통해 부하직원은 바람직한 리더상을 정립해 볼 수 있다.

ⓩ 수행평가에 대한 참여의식을 고취시킬 수 있다.

② **다면평가의 단점**

㉠ 단일 평가자에 의한 평가방식에 비해 비용과 시간이 더 많이 투입된다.

㉡ 평가에 대한 이해가 부족할 경우 객관성, 공정성, 신뢰성이 현저히 훼손될 가능성이 있다.

㉢ 인정에 이끌린 편향된 평가나 집단 반란 등의 문제가 발생할 수 있다.

㉣ 서열화가 확실한 조직에서는 계급적 질서가 무엇보다 중요시되기 때문에 적용이 다소 어려울 수 있다.

(3) 다면평가의 전제조건

① **익명성의 보장** : 무엇보다도 동료 혹은 부하 평가자의 경우 개개인의 익명성 보장이 중요하다. 익명성이 보장되지 않은 상황에서 동료나 부하가 피평정자를 있는 그대로 평가하기가 쉽지 않다. 따라서 동료나 부하를 평정자로 활용할 경우 그들 중 일부만 평정자에 포함시키기보다는 모두를 평정자에 포함시키는 것이 바람직하다.

② **평정 내용의 제공** : 평정을 주관하는 부서에서 평정내용을 종합적으로 분석하고 요약·정리하여 피평정자에게 제공할 필요가 있다. 이는 평정자의 익명성을 보장하는 효과뿐만 아니라 평가결과에 대한 피평정자의 이해도 및 활용도를 높이는 효과를 부여한다.

③ **피드백 목적으로 활용** : 평정결과의 활용측면에서 360°다면평가는 일차적으로 개인의 역량개발을 위한 피드백을 제공할 목적으로 활용하는 것이 적합하다.

제 3 절 　평가자 교육

1　평가자 교육의 취지

직무수행평가의 효과는 평정요소와 방법 등 평정시스템 자체의 영향을 받고 있지만, 이와 더불어 중요한 것은 평가자 자신의 평정행동이다. 즉 평정자의 평정기술과 평정결과를 피평정자의 피드백과 동기부여 그리고 앞으로의 성과향상과 능력개발로 연결시키는 관리기술이 매우 중요하다. 따라서 앞서 설명한 바와 같은 평정상의 여러 오류를 범하지 않도록 평정자에 대한 교육은 매우 중요하다. 또한 평정에 관심을 갖고 이에 충분한 시간을 투입하려는 평정자의 태도와 이러한 평정행동이 가능하도록 만들어주는 여건의 조성도 매우 중요하다.

2　평가자 교육 유형

(1) 평가자 오류 교육(Rater Error Training ; RET)

① 평가자 오류 발생을 줄이기 위해 개발되었다.
② 후광효과나 혼 효과와 같은 오류를 평가자에게 설명하고 그러한 오류를 피하는 방법을 보여 주는 것에 중점을 둔다.

(2) 참조틀 교육(Frame-Of Reference Training ; FOR)

① 평정자가 평가제도에서 구축한 평가체계를 참조할 수 있는 틀, 즉 참조틀을 형성하도록 하여 평가 시에 참조틀을 활용하여 평가할 수 있도록 만드는 교육을 의미한다.
② 평가 차원에 관한 정확도를 증가시키기 위해서 직무수행을 평가할 때 평가자에게 공통적으로 적용할 수 있는 동일한 기준을 제공하고 숙지시키는 것이다.
③ 성과 기준 교육이라고도 부르는 이 교육에는 직무수행 또는 성과의 차원, 각 직무수행 차원에 대한 효과적인 직무행동 사례, 그리고 평가실습과 피드백이 교육내용으로 구성된다. 즉, 참조틀 교육은 평가 차원에 관한 정확성을 증가시키기 위해서 직무수행을 평가할 때 공통적으로 참조하는 기준을 평가자에게 교육시키는 것이다(Sulsky & Day, 1992).
④ 이 교육에서는 평가자들에게 상·중·하의 직무수행 수준을 나타내는 행동 사례들을 문서 사례나 동영상 클립으로 보여 주고 평가자는 이러한 행동 사례를 평가하여, 자신의 평의 근거를 기록해 둔다. 그런 후에 평가자들은 실습한 평가에 대한 양적, 질적 피드백을 받게 되고, 평가자들의 평가점수와 전문가에게 의뢰해서 설정한 진점수(True Score)와의 차이에 대해 논의가 이루어진다(Bernardin & Buckley, 1981 ; Muchinsky, 2006).
⑤ 교육의 주된 목적은 평가자들이 공통적인 평가 차원과 함께 각 차원의 기준에 대한 공통적인 눈높이를 갖도록 하는 것이다.

제 4 절 피드백의 원리

1 직무수행평가의 피드백

(1) 피드백의 정의

① 피드백(feedback)은 직무가 요구하고 있는 활동의 실제 수행 결과를 평가·분석하고 이를 통해 얻어진 정보를 직무 담당자에게 제공하는 일련의 과정을 말한다.

② 피드백은 수행결과의 효과성에 관한 직접적이고 명확한 정보를 담고 있어야 하며 업무 수행에 있어 특정 행동을 강화하거나 교정하도록 하는 데 사용된다.

③ 직무수행에 있어 특정 행동에 대한 평가가 긍정적인 경우 바람직하게 행해졌다는 것을 확신시켜주게 되며, 평가가 부정적일 경우에는 그 행동이 바람직하지 않아 교정이 요구된다는 것을 알려준다.

(2) 피드백의 필요성(목적)

① 직무담당자에게 수행평가의 결과를 토대로 나타난 성과를 확인시켜주고 그 과정에서 나타난 문제점이 발견되면 이를 개선할 수 있도록 도와준다.

② 성과목표 수행기간 동안 발휘된 구성원의 역량을 정확하게 파악할 수 있도록 해주며, 이는 교육 훈련 프로그램 계발 시 좋은 참고자료가 된다.

③ 직무수행에 있어 바람직한 행동과 그렇지 못한 행동에 관한 정보를 제공한다.

④ 차기 성과목표에 대한 기준을 제시해준다.

⑤ 구성원들을 평가에 참여시킴으로써 평가결과에 대한 수용성을 높일 수 있다.

2 피드백 시의 고려사항

(1) 피드백 시의 고려사항

① 직무 담당자의 경력이나 기능의 수준에 따라 피드백의 양이 조절되어야 한다.

② 직무수행에 있어 변화시키고자 하는 행동특성에 대한 명확한 정보가 있어야 한다.

③ 성과에 대한 분명한 피드백은 늦어질수록 수행자로 하여금 업무에 대한 몰입도를 떨어뜨리는 결과를 초래할 수 있으므로 가급적 즉각적으로 이루어져 동기화를 유지할 수 있도록 하는 것이 바람직하다.

④ 칭찬과 비판은 사람이 아닌 구체적 행동을 대상으로 하는 것이 옳고 특히 비판 시에는 행동의 개선에 초점을 두어 건설적인 방향으로 이루어지는 것이 바람직하다.

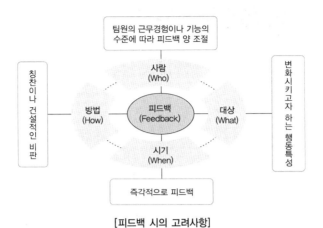

[피드백 시의 고려사항]

(2) 피드백의 효과를 높이기 위한 방법

① 피드백에 대한 구성원의 수용성을 높이기 위해서는 평가의 신뢰성이 무엇보다 중요하다. 이를 위해서 평가자는 피평가자의 직무와 수행에 대해 어느 정도 정통한 지식을 가지고 있어야 하며, 또한 피평가자의 행위를 관찰할 기회를 지녀야 한다.

② 피드백은 조직의 구체적인 성과에 대한 목표설정에 도움이 될 때 조직 구성원들의 수용성을 높일 수 있고 효과적이다. 따라서 피드백의 목표는 미래의 구체적인 성과에 대한 목표설정과 이를 달성하기 위한 구성원들 각자가 개선해야 할 행위를 확인하고 이를 상호 합의하는 데 있다.

③ 피드백은 실제 수행된 행동에 근거해서 이루어져야 한다. 따라서 구체적인 피드백을 제공하기 위해서는 즉각적으로 피드백이 이루어지거나 또는 중요사건을 기록해 두는 것이 바람직하다.

[수행평가 피드백 점검사항]

점검사항	Yes	No
사전에 합의된 목표와 지표에 따라 평가하였는가?		
실적자료(Reference Data)를 기준으로 평가하였는가?		
평가자 본인의 평가내용과 이유를 충분히 설명하였는가?		
목표를 달성할 수 있었던 이유를 구성원(팀원) 스스로가 어떻게 인식하고 있는지 확인하였는가?(본인의 노력, 동료지원, 환경요인 등)		
목표를 달성하지 못했을 경우, 그 이유에 대한 원인분석을 구성원(팀원) 스스로 하였다고 생각하는가?		
회사나 관리자(팀장)에 대한 팀원의 요청사항을 들었는가?		
우수한 성과에 대해서는 칭찬을 아끼지 않았는가?		
비판은 사실/상황에 대해서만 하고 사람에 대해서는 하지 않았는가?		
과거 잘못을 들추지 않으며 남과 비교하여 평가하는 말을 하지는 않았는가?		
목표수행과정과 자기평가결과를 중요시하였는가?		
차기 목표에 대한 내용과 일정에 대해 설명해주었는가?		
구성원(팀원)별로 성과/역량/능력 부분에 대한 구체적인 피드백을 하였는가?		

01 목표관리법(Management By Objectives, MBO)은 조직의 상하 구성원들이 참여과정을 통해 공동으로 목표를 설정하고 달성된 성과를 측정·평가하여 회환시킴으로써 관리의 효율화를 기하는 방법이며, 과정이나 태도보다는 수행한 결과에 초점을 둔다.
① 도표식평정방법은 평정등급의 기준이 명확하지 않으며 평정이 임의적이고 연쇄화, 집중화, 관대화의 오차 등이 발생할 수 있다.
③ 행태기준척도법은 도표식평정척도법과 중요사건기록법을 혼합한 것이다.
④ 중요사건기록법은 피평정자의 근무실적에 큰 영향을 주는 중요사건들을 평정자에게 기술하게 하거나 또는 중요사건들에 대한 설명구를 미리 만들어 평정자에게 해당되는 사건에 표시하게 하는 평정방법이므로 평정의 임의성을 배제할 수 있다.

02 목표관리법(MBO)은 조직의 상하 구성원들이 참여의 과정을 통해 공동으로 목표를 설정한 후 이를 평가하는 직무수행평가방법이다.

03 강제배분법을 통해 관대화 경향을 방지할 수 있다.

01 직무수행평가기법에 대한 설명이 옳은 것은?

① 도표식평정방법은 평정등급의 기준이 명확하다.
② 목표관리법은 근무과정이나 태도보다는 결과를 중시하는 평정방법이다.
③ 행태기준척도법은 도표식 평정척도법과 강제배분법을 혼합한 것이다.
④ 중요사건기록법은 평정의 임의성을 배제하기 어렵다.

02 직무수행평가기법 중 평가자와 비평가자가 함께 직무수행목표를 설정하고, 수행 후 이를 기준으로 평가하여 회환하는 방법을 무엇이라 하는가?

① 목표관리법(MBO)
② 강제배분법
③ 체크리스트 평가법
④ 대인비교법

03 직무수행평가방법 중 강제배분법을 적용하는 가장 큰 이유는?

① 규칙적 착오의 방지
② 관대화 경향의 방지
③ 논리적 착오의 방지
④ 후광효과의 방지

해설 & 정답   checkpoint

04 직무수행평가와 관련된 내용으로 옳지 <u>않은</u> 것은?

① 직무수행평가는 다양한 용어와 의미로 사용되어 왔고, 근무평정, 인사고과, 인사평가, 근무성적 평정 등으로 불리고 있다.

② 일반적으로 직무수행평가는 임금관리, 인사이동, 교육훈련, 근무의욕의 향상, 사기앙양에 목적을 두고 이루어진다.

③ 직무수행평가는 일정기간에 직원들이 그들의 업무를 얼마나 잘 수행했는지에 대한 일시적이고 비공식적인 평가를 말한다.

④ 조직 구성원들이 직무기술서에 명시되어있는 자신의 직무를 얼마나 충실히 수행하고 있는지를 평가하는 의미가 있기 때문에 조직 구성원들로 하여금 평가의 공정성과 불편부당성을 심어줄 수 있다.

04 직무수행평가는 일정기간에 직원들이 그들의 업무를 얼마나 잘 수행했는지에 대한 정기적이고 공식적인 평가를 말한다.

05 직무수행을 평가하는 여러 기법들 중 다음이 설명하는 평정기법은 무엇인가?

> • 1930년 미국 미네소타 주의 프로브스트(J. B. Probst)가 고안한 평정방법으로, 어떤 문제에 관한 의견과 태도를 긍정적·적극적·부정적·소극적 등의 평정항목으로 나열하고 각 항목에 등급을 매긴 후 피평정자에게 이를 선택하게 하여 전체 점수를 환산하는 평정방법이다.
> • 피평정자를 평가하는 데 적절하다고 판단되는 표준 업무수행 목록을 미리 작성해 놓고 이 목록에 단순히 가부 또는 유무를 표시하는 평정방법으로, 직무상의 행동을 구체적으로 표현하여 평가하는 방법이다.

① 강제배분법
② 체크리스트 평정법
③ 서열법
④ 중요사건기록법

05 체크리스트 평정법은 피평정자를 평가하는 데 적절하다고 판단되는 표준 업무수행 목록을 미리 작성해 놓고 이 목록에 단순히 가부 또는 유무를 표시하는 평정방법으로, 직무상의 행동을 구체적으로 표현하여 평가하는 방법이다. 평정요소가 명확하게 제시되어 있고 가부 또는 유무만을 판단하기 때문에 평정하기가 비교적 쉽다는 점 때문에 널리 사용되는 평정방법 중 하나이다.

정답   04 ③   05 ②

06 후광효과(연쇄효과, 할로효과, halo effect)는 피고과자의 긍정적 인상에 기초하여 평가 시 어느 특정요소의 평정결과가 다른 평가요소에도 영향을 미치는 것을 말하는 것으로 이를 방지하기 위한 방법으로는 강제배분법, 체크리스트법을 활용하거나 여러 명의 평정자가 상호 독립적으로 평정하게 하거나 하나의 평정요소에 관하여 피평정자 전원을 평정하고 다음 요소에 관하여 전원을 평정하는 방법 등이 있다.

07 오류를 최소화하기 위해서는 강제배분법의 활용이 효과적이며 또한 피평정자와의 면접 등 접촉기회를 늘리는 것도 한 가지 방안이 될 수 있다.

08 논리적 착오(logical error)는 두 가지 평정요소 간에 존재하는 논리적 상관관계에 의하여 생기는 오류로, 어느 한 요소가 우수하면 상관관계에 있는 다른 요소도 우수하다고 섣부르게 판단하는 경향을 말한다. 후광효과와 비슷한 개념이나 서로는 구분되기 때문에 혼동하지 않도록 주의하여야 한다. 논리적 착오를 막기 위해서는 유사한 평정요소에 대하여서는 시간적인 간격을 두고 평정하는 방법을 사용하는 것이 효과적이다.

06 직무수행평가 시 나타나는 평가자의 오류 중, 피평가자의 긍정적 인상에 기초하여 평가 시 어느 특정요소의 평정결과가 다른 평가요소에도 영향을 미침으로써 나타나는 평가상의 오류를 무엇이라 하는가?

① 관대화 오류
② 후광효과
③ 혼 효과
④ 중심화 경향

07 직무수행평가 시 나타나는 평가자의 오류 중, '집중화(중심화) 경향'에 대한 설명으로 옳지 않은 것은?

① 평가자가 평정 시 가장 무난한 중간점수로 대부분 평정하기 때문에 척도상의 중간에 절대다수가 집중되는 경향을 의미한다.
② 평정자가 평정 시 극단적인 평가를 기피하려는 인간의 심리적 경향으로 발생된다.
③ 오류를 최소화하기 위해서는 강제배분법의 활용이 효과적이다.
④ 피평정자와의 면접 등 접촉 기회를 최대한 줄이는 것도 오류를 최소화하기 위한 한 가지 방안이 될 수 있다.

08 다음과 같은 사례를 통해 알 수 있는 평정 시 오류는?

> 기억력이 좋은 직원은 지식이 높다든가, 작업량이 많은 직원은 숙련도가 높다든가, 근면한 직원은 작업량이 많다고 판단하여 평정한다.

① 상동적 오차
② 논리적 착오
③ 관대화 경향
④ 중심화 경향

정답 06 ② 07 ④ 08 ②

09 평정상의 공정성 확보에 관한 내용으로 옳지 <u>않은</u> 것은?

① 의도적 오류 – 의도적으로 오류를 줄이기 위해서 절대평가와 상대평가를 적절히 활용하여 평정방법을 보다 정교하게 만들어야 한다.

② 알지 못하는 오류 – 평정자 자신이 인지하지 못하는 오류들은 제도의 개선 및 평정자 교육을 통해 극복이 가능하다.

③ 정보부족으로 인한 오류 – 정보의 부족으로 인한 오류는 평정자가 필요로 하는 정보를 조직이 충분히 제공하든지 평정자가 피평정자에 대하여 획득할 수 있는 정보만큼 평가내용의 범위를 축소해야 한다.

④ 평정결과의 비공개 – 평정결과를 공개하는 경우 협동체제 저해, 종업원 등의 저항 등 많은 문제를 야기할 수 있기 때문에 평정의 신뢰성을 증대하기 위해서는 공개하지 않는 것이 바람직하다.

> **09** 평정상의 공정성 확보에 관한 내용은 평정결과의 공개이다. 평정결과를 공개하는 경우 협동체제 저해, 종업원 등의 저항 등 많은 문제를 야기할 수 있으나 평정의 신뢰성을 증대하기 위해서는 공개하는 것이 바람직하다.

10 다음은 다양한 평정기법들 중 한 가지에 관한 설명이다. 이와 관련된 내용으로 옳지 <u>않은</u> 것은?

> 단일 대상자를 두고 상사가 일방적으로 평가하는 기존의 방식에서 벗어나 다양한 원천(직장 내 상사·동료·부하·고객·자신 등)으로부터 피평정자에 대한 정보를 수집하고 결과를 결합하여 피드백 해주는 일련의 과정을 의미한다.

① 전통적인 상사 평가법과 비교해 공정성 및 객관성 면에서 높이 평가되고 있다.

② 피평가자와 서로 다른 방식으로 상호작용하는 다양한 사람들이 평가과정에 관여한다는 특성으로 인하여 특정 개인의 편견으로부터의 영향을 적게 받는다.

③ 평가결과의 피드백을 통해 피평가자는 자신의 강·약점을 파악하고, 이를 통한 자기반성과 성장 및 능력개발을 위해 활용될 수 있다.

④ 평가에 대한 이해가 다소 부족하더라도 객관성, 공정성, 신뢰성이 현저히 훼손될 가능성이 적다.

> **10** 평가에 대한 이해가 부족할 경우 객관성, 공정성, 신뢰성이 현저히 훼손될 가능성이 있다.

정답   09 ④   10 ④

11 자기평정법은 개인의 결함을 파악하고 이를 개선함으로써 개인의 능력 발전을 목적으로 한다.

11 직무수행평가에 관한 내용으로 옳지 않은 것은?

① 자기평정법은 개인의 결함을 파악하고 이를 개선함으로써 조직 전체의 능력발전을 목적으로 한다.
② 동료평정법은 동료의 관계를 강화시키는 데 도움을 주며, 자신과 동료의 과업수행에 대한 비판적 사고를 가능케 한다.
③ 동료평정법은 대인관계 측면을 지나치게 강조하여 인기투표로 전락할 우려가 있고, 친분관계로 공정성이 결여되기 쉬우며 평가가 주관에 치우쳐 그 타당성과 유효성이 낮아질 위험성이 있다.
④ 상급자평정은 피평정자를 직접 관찰할 수 있는 위치의 상관인 감독자가 평정하는 방법으로 관리인과 고용인 상호간의 신뢰성을 전제로 하고 있다.

12 **논리적 착오(logical error)**
⑩ 기억력이 좋은 직원은 지식이 높다든가, 작업량이 많은 직원은 숙련도가 높다든가, 근면한 직원은 작업량이 많다고 판단하여 평정하는 경향 등
cf. 후광효과(연쇄효과, 할로효과, halo effect)는 피고과자의 긍정적 인상에 기초하여 평가 시 어느 특정요소의 평정결과가 다른 평가요소에도 영향을 미치는 것을 말한다.
⑩ 외모가 단정하면 책임감이 있고 유능할 것이라는 판단 등

12 다음 중 평가상의 오류와 관련 내용이 잘못 짝지어진 것은?

① 후광효과 – 이를 방지하기 위한 방법으로는 강제배분법, 체크리스트법을 활용한다.
② 혼 효과 – 피평가자의 어느 특정 요소가 '부족하다'는 인상을 갖게 되면 다른 요소도 막연히 '부족하다'고 평가해 버리는 오류를 의미한다.
③ 관대화 또는 엄격화 경향 – 피평정자가 거둔 업무 성과나 실적과는 상관없이 평정결과 점수의 분포가 실제보다 높거나 혹은 낮은 쪽에 집중되는 경향을 말한다.
④ 논리적 착오 – 피평가자의 긍정적 인상에 기초하여 평가 시 어느 특정요소의 평정결과가 다른 평가요소에도 영향을 미치는 것을 말한다.

13 전통적 평가방법은 업적중심의 고과, 임금 및 승진관리를 위한 고과, 포괄적이고 획일적인 고과 등을 특징으로 하는 인사고과 방법으로 관찰법, 서열법, 평정척도법, 체크리스트법 등이 이에 속한다.

13 직무수행평가방법을 전통적인 평가방법과 현대적인 평가방법으로 나눌 경우 다음 중 전통적 평가방법에 해당하는 것은?

① 평가센터법
② 체크리스트법
③ 중요사건기록법
④ 목표관리법

정답 11 ① 12 ④ 13 ②

14 직무수행평정기법 중 전통적 평정기법과 대조되는 현대적 평정기법의 특징이라 볼 수 <u>없는</u> 것은?

① 평가자 중심의 고과
② 능력·적성·의욕(태도)에 대한 고과
③ 피고과자의 참여에 의한 고과
④ 구체적 기준에 의한 고과

>>>◯

구분	특징	종류
전통적 평정기법	① 업적중심의 고과 ② 임금·승진관리를 위한 고과 ③ 포괄적·획일적 고과 ④ 평가자 중심의 고과 ⑤ 추상적 기준에 의한 고과	관찰법, 서열법, 평정척도법, 체크리스트법 등
현대적 평정기법	① 능력·적성·의욕(태도)에 대한 고과 ② 능력개발·육성을 위한 고과 ③ 승급·상여 등 목적별 고과 ④ 피고과자의 참여에 의한 고과 ⑤ 구체적 기준에 의한 고과	중요사건기록법, 목표관리법 (MBO), 행태중심평정척도법, 다면평가법, 평가센터법, 집단 평가법 등

14 평가자 중심의 고과는 전통적 평정방법의 특징이다.
[문제 하단의 표 참고]

15 인적 평가기법의 유형분류가 <u>잘못된</u> 것은?

① 서열법 – 상대평가
② 중요사건기록법 – 행동평가
③ 체크리스트법 – 결과평가
④ 도표식평정법 – 특성평가

15 체크리스트법 – 행동평가

16 도표식평정법에서 자주 발생하는 오류가 <u>아닌</u> 것은?

① 양분화
② 관대화
③ 집중화
④ 연쇄화

16 도표식평정법에서는 등급별 강제분포비율이 없어 평정의 양분화가 아니라 주로 무난하게 중간 등급을 주는 중심화(집중화)현상이 나타난다.

정답 14 ① 15 ③ 16 ①

17 강제분할법을 통해 점수가 한 곳에 집중되는 것을 예방할 수 있다.

17 상급자의 점수가 한 곳에 집중되어 있을 때 대체 방법은?

① 중요사건기록법
② 강제분할법
③ 도표식평정법
④ 체크리스트법

18 ① 특히 하위 구성원들의 동기부여와 책임감이 증대된다.
③ 방어적 자세를 제거할 수 있다.
④ 자질보다는 실적과 성과를 평가할 수 있다.

18 목표관리법의 장점으로 옳은 것은?

① 상위 구성원들의 동기부여와 책임감이 증대된다.
② 상하 구성원들 간에 의사소통이 원활해진다.
③ 방어적 자세를 키울 수 있다.
④ 자질을 평가할 수 있다.

19 도표식평정척도법은 평정요소에 대한 등급 간 비교기준이 모호하다.

19 도표식평정척도법에 대한 설명으로 옳지 <u>않은</u> 것은?

① 평정이 용이하다.
② 평정결과의 계량화와 통계적 조정을 할 수 있다.
③ 연쇄효과를 피하기 어렵다.
④ 등급의 비교기준을 명확히 할 수 있다.

정답 17 ② 18 ② 19 ④

20 요소별로 나열하고 그 옆에 낮고 높은 등급을 나타내는 근무평가 방법은?

① 도표식평정척도법
② 서열법
③ 최근사건기록법
④ MBO 평정법

20 도표식평정척도법은 연속적이라고도 하며 각 평정요소마다 강·약도의 등급을 나타내는 연속적인 척도를 도식하여 평정자가 해당되는 곳에 표시하는 방법으로 가장 많이 사용되는 평정방법이다.

21 직무수행 중에서 주요 과업을 책임, 범주화하여 척도별로 기준 행동을 정해 평가하는 것은?

① 프로브스트식평정법
② 도표식평정법
③ 행태기준척도법
④ 중요사건기록법

21 행태기준척도법은 도표식평정척도법과 중요사건기록법을 동시에 사용하는 방법으로 직무수행 중에서 주요 과업을 책임, 범주화하여 척도별로 기준 행동을 정해 평가하는 것을 말한다. [문제 하단의 박스 참고]

[행태기준척도법(BARS, 도표식평정척도법 + 중요사건기록법)]

- 평정의 임의성과 주관성을 배제하기 위하여 도표식평정척도법에 중요사건기록법을 가미한 평정방법으로 실제로 관찰될 수 있는 행태를 서술적 문장으로 평정척도를 표시한 도표를 사용한다.
- 직무분석에 기초하여 주요 과업분야를 선정하고 이 과업분야별로 바람직한 또는 바람직하지 않은 행태의 유형 및 등급을 구분·제시한 뒤 각 등급마다 중요행태를 명확하게 기술하여 점수를 부여하는 방법이다.
- 장점
  - 평정의 임의성과 자의성(주관성)을 배제할 수 있다.
  - 흔한 행태묘사를 일상적 용어로 사용하고 장점과 개선점을 구체적으로 제시해주므로 능력발전에 기여할 수 있다.
  - 한 세트의 평정표를 여러 직무에 사용하며 피평정자의 주관적 판단을 줄일 수 있다.
  - 직원들과 관리자들이 함께 평가도구를 개발하기 때문에 믿을 수 있고 동기화된다.
- 단점
  - 평정표 자체는 좋으나 평정표 개발에 과다한 시간과 비용이 소요된다.
  - 어느 평정항목에 해당하는지 알기 어려운 경우도 발생한다.

정답 20 ① 21 ③

22 집중화 경향이 아닌 관대화 경향을 의미한다. 집중화 경향은 무난하게 중간점수를 주려는 심리적인 현상을 말한다.

22 직무성적 평정자가 평정도구를 이용하여 대상자를 평정할 때 나타날 수 있는 오류에 대한 설명으로 옳지 <u>않은</u> 것은?

① 연쇄효과란 평정자가 가장 중요시하는 하나의 평정요소에 대한 평가결과가 성격이 다른 평정요소에도 영향을 미치는 것을 말한다.

② 집중화 경향은 평정결과가 공개되는 경우에 평정대상자와 불편한 관계에 놓이는 것을 피하려는 경우에 흔히 발견된다.

③ 집중화 경향을 방지하기 위한 강력한 방법은 상대평가를 반영하는 강제배분법이다.

④ 근접효과는 평정대상기간 중에서 평정시점에 가장 가까운 실적이나 사건일수록 평정에 더 크게 반영되는 경향이다.

23 인사고과를 실시할 때 한 사람의 피고과자를 한 사람의 고과자가 평가하지 않고 반드시 두 사람 이상의 고과자가 고과를 하여 고과오류를 줄이고자 한다.

23 인사고과 운영상의 원칙으로 옳지 <u>않은</u> 것은?

① 인사고과에서 목적, 고과방식, 고과구분, 고과요소, 가중치, 고과단계(척도) 등의 내용이 명확하게 설정되어야 한다.

② 업적이나 근무태도를 중점적으로 파악하는 고과에서는 고과기간을 엄격하게 준수함으로써 과거의 좋은 업적이나 나쁜 업적이 인사 때마다 계속 따라다니면서 반영되는 것을 막아줄 수 있다.

③ 평가의 일관성을 유지하고, 혼선 및 중복을 막으려면 인사고과를 실시할 때 한 사람의 피고과자를 한 사람의 고과자가 평가하는 일대일 방식으로 하여야 한다.

④ 1차 고과자는 피고과자와 일차적으로 접촉하기 때문에 그 실태를 가장 잘 알 수 있는 입장이므로 고과내용에서 1차 고과자가 평가한 것을 우선적으로 존중하여야 한다.

정답 22 ② 23 ③

24 다음 중 직무수행평가 시 고려사항이 <u>아닌</u> 것은?

① 평정대상과 목적에 맞는 평가요소의 선정
② 주관적이며 비교 가능한 평정방법
③ 적격한 평가자
④ 합리적인 평가과정

24 평정방법은 평가자의 임의적인 판단이나 주관적 편견 등을 배제시켜 객관적이고 공정하게 이루어져야 하며, 비교가 가능해야 한다.

25 피고과자가 친구 또는 경쟁자로서 편파적일 수 있다는 문제점이 나타날 수 있는 평정방식은?

① 외부 전문가에 의한 평정
② 상급자에 의한 평정
③ 동료에 의한 평정
④ 하급자에 의한 평정

25 동료에 의한 평정은 피고과자의 여러 장점에도 불구하고 대인관계 측면을 지나치게 강조하여 인기투표로 전락할 우려가 있고, 친분관계로 공정성이 결여되기 쉬우며 평가가 주관에 치우쳐 그 타당성과 유효성이 낮아질 위험성이 있다.

26 다음이 설명하는 개념으로 옳은 것은?

> 종업원 선발 시 면접관에게 면접에서 좋은 인상을 준 지원자에 대해서 좋은 인상을 받은 만큼 업무에 대한 책임감이나 능력 등도 좋을 것이라고 판단하게 되는 것이다.

① 현혹 효과
② 관대화 경향
③ 규칙적 오류
④ 최근효과

26 현혹 효과(후광효과)는 어떤 한 부분에 있어 어떠한 사람에 대해 호의적인 태도 등이 다른 부분에 있어서도 그 사람에 대한 평가에 영향을 미치는 것을 말한다.

정답 24 ② 25 ③ 26 ①

01

정답 ㉠ 교대서열법, ㉡ 쌍대비교법(짝비교법)

해설 서열법(Ranking Method)은 종업원 근무능력 및 근무성적에 순위를 매겨 평정에 이용하는 방법으로 여기에 대표적인 기법으로는 교대서열법과 쌍대비교법 등이 있다.

02

정답 ㉠ 목표관리법(MBO), ㉡ 중요사건 기록법

해설
• 목표관리법(Management By Objectives ; MBO)은 조직의 상하 구성원들이 참여과정을 통해 공동으로 목표를 설정하고 달성된 성과를 측정·평가하여 회환시킴으로써 관리의 효율화를 기하는 방법이며, 수행한 결과에 초점을 둔다.
• 행태중심평정척도법은 평정의 임의성과 주관성을 배제하기 위하여 도표식평정척도법에 중요사건기록법을 가미한 평정방법이다.

✅ 주관식 문제

01 다음 설명에서 (   ) 안에 들어갈 내용을 순서대로 쓰시오.

• (㉠)은/는 가장 우수한 사람과 가장 열등한 사람을 추려내면서 남은 인원들 중에서도 역시 같은 방식으로 가장 우수한 사람과 가장 열등한 사람을 추려내는 과정을 되풀이해 나가며 서열을 결정하는 평정방법이다.
• (㉡)은/는 일일이 임의로 두 사람씩 짝을 지어서 비교하는 것을 되풀이하여 서열을 결정하는 평정방법이다.

02 다음 설명에서 (   ) 안에 들어갈 내용을 순서대로 쓰시오.

• (㉠)은/는 근무과정이나 태도보다는 결과를 중시하는 평정방법으로 단기적인 목표를 위주로 하여 계량적 평가기준을 주로 활용한다.
• 행태중심평정척도법은 도표식 평정척도에 (㉡)을/를 가미한 평정방법이다.

03 다음 설명에서 ( ) 안에 들어갈 내용을 순서대로 쓰시오.

> 용모가 단정하면 책임감이 있고 유능할 것이라는 판단 등은
> (㉠)에 따른 것이고, 이와 반대로 피평가자의 부정적 인
> 상에 기초한 평정을 (㉡)라 한다.

03

정답 ㉠ 후광효과, ㉡ 혼 효과

해설
- 후광효과(연쇄효과, 헤일로 효과, Halo Effect)는 피평가자의 긍정적 인상에 기초하여 평가 시 어느 특정요소의 평정결과가 다른 평가요소에도 영향을 미치는 것을 말한다.
- 혼 효과(Horn Effect)는 피평정자의 어느 특정요소가 '부족하다'는 인상을 갖게 되면 다른 요소도 막연히 '부족하다'고 평가해 버리는 경향을 가리키는 것이다.

04 다음 설명에서 ( ) 안에 들어갈 내용을 쓰시오.

> ( )은/는 단일 대상자를 두고 상사가 일방적으로 평가하
> 는 기존의 방식에서 벗어나 다양한 원천(직장 내 상사·동료·
> 부하·고객·자신 등)으로부터 피평정자에 대한 정보를 수집하
> 고 결과를 결합하여 피드백 해주는 일련의 과정을 의미한다.

04

정답 다면평가(360° Feedback)

해설 다면평가는 피평가자와 서로 다른 방식으로 상호작용하는 다양한 사람들이 평가과정에 관여한다는 특성으로 인하여 특정 개인의 편견으로부터 영향을 적게 받으며 따라서 타당도가 더 높은 평정결과를 산출한다.

여기서 멈출 거예요? 고지가 바로 눈앞에 있어요.
마지막 한 걸음까지 시대에듀가 함께할게요!

제 **4** 장

팀워크

I wish you the best of luck

독학사 심리학과 3단계

제 4 장 팀워크

제 1 절 집단 및 팀의 발달

1 집단과 팀의 이해

(1) 집단과 팀의 개념

① 집단의 개념

집단(group)이란 특정한 목적을 달성하기 위해 각자의 책임영역 내에서 정보를 공유하고 상호 작용하는 둘 이상 개인들이 모여 구성된 조직체를 의미한다. 이는 로빈스(S. P. Robbins)에 의해 정의된 집단의 개념으로 그에 따르면 집단은 공동된 목표는 있되 협력을 필요로 하는 공동 작업을 수행할 필요나 기회가 없다. 따라서 집단의 작업수행 성과는 집단 구성원 각자의 개별적 노력을 합한 것으로서 투입량의 합보다 더 큰 수준의 성과를 기대할 수 있는 시너지 효과는 매우 미약하거나 없다.

② 팀의 개념

팀(team)은 앞서 정의한 집단의 개념과 매우 유사성을 지니고 있다. 그러나 팀은 조직관리를 위한 하나의 기술인 동시에 업무처리 방식을 의미한다는 점에서 집단과 구별될 수 있으며, 그리고 일반적으로 팀은 공동의 목적, 업무수행 목표, 접근방법 등에 대하여 각 구성원 모두가 팀의 근본정신과 일정한 공동의 목표달성을 위해 유효한 능력을 가지고 몰입하며 상호간의 타자를 보완하고 충분한 의사교환 아래에서 책임을 공유하는 관계를 맺을 때 적용되는 개념이라고 이해될 수 있다.

(2) 집단과 팀의 구별

최근 팀의 개념이 부각되면서 집단과 팀 간의 개념차이에 많은 관심이 모아지고 있다. 일반적으로 집단과 팀의 구별에 있어 이는 개념에 관한 본래 의미의 차이라기보다 역사적 맥락을 통해 구성된 경험의 산물로 인식하는 것이 옳다. 이러한 관점에 기초하여 둘 간의 개념차이를 이해하자면 집단은 팀에 비해 느슨하게 정의된 조직(loosely defined organization)으로 간주될 수 있다. 따라서 모든 팀은 집단에 속할 수 있으나, 모든 집단은 팀이라 할 수 없다. 좀 더 구체적으로 살펴보기 위해 집단과 팀 간의 차이를 다음과 같이 요약 정리하였다.

[집단과 팀의 차이]

비교점	전통적 기능 조직(집단)	팀 조직
조직구조	계층적, 개인단위	수평적, 팀 단위
직무범위	단순하고 일상적인 직무	범위가 넓은 한두 가지의 직무(전체 + 다수업무)
목표	상부에서 주어진 구성원 공동목표	팀원 스스로 설정한 공동목표 + 몰입
성과	각 개인이 기여한 결과로 얻어짐	개인의 기여 + 공동의 노력의 결과로 얻어짐
보상	개인주의, 연공주의	팀·능력주의
평가	상부조직에 대한 기여도로 평가	팀이 의도한 목표달성도로 평가
책임	개인의 책임	팀원 공동의 책임
과업수행	관리적 요구에 부응	팀원 스스로 설정한 과업 수행
지시·전달	상명하복·지시·품의	상호충고·전달·회의·토론
정보의 흐름	폐쇄적·독점적	개방적
리더의 역할	관리·감독·통제권을 단독으로 행사(강한 리더)	관리·감독·통제는 팀원 상호간에 이뤄지게 되며, 리더는 지원자, 촉진자에 머묾

> **⚡ 더 알아두기** 🔍

Tuckman & Jensen의 집단발달 5단계 모형

집단은 다음 과정을 거치며 완성단계에 이르고 소기의 목표를 달성하면 소멸된다는 이론이다. 학자들에 따라서 4단계에서 6단계 모형까지 다양하다. 여기서는 Tuckman & Jensen의 집단발달 5단계 모형을 소개하고자 한다.

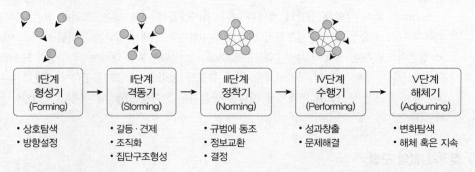

I단계 형성기 (Forming)	II단계 격동기 (Storming)	III단계 정착기 (Norming)	IV단계 수행기 (Performing)	V단계 해체기 (Adjourning)
• 상호탐색 • 방향설정	• 갈등·견제 • 조직화 • 집단구조형성	• 규범에 동조 • 정보교환 • 결정	• 성과창출 • 문제해결	• 변화탐색 • 해체 혹은 지속

① I단계 : 형성기(Forming)

구성원이 모이기는 했지만 집단의 구조, 목표, 역할 행동, 방식 등 모든 것이 미정이고 불확실한 상태이다.
- 서로 상대를 알려고 하며 탐색한다.
- 기본적인 규칙과 행동양식을 정한다.
- 리더에게 의존함에 따라 강력한 리더십이 요구된다.
- 문제가 발생하면 즉시 해결해야 하며 그렇지 못할 경우 시간낭비가 나타난다.
- 적대감, 공격성, 감정표출을 서로 억제한다.

② Ⅱ단계 : 격동기(Storming)

같은 집단에 소속된 것은 인정하면서도 서로의 역할분담, 권력구조, 신분차이에 대한 분명한 타협이 안 되어 있어서 서로 부딪치면서 해결해 나가는 단계이다.

- 리더에게 저항도 하며 좋은 이권을 확보하려고 구성원들 사이에 적대행위도 한다.
- 과업과 제도와 관련하여 이해가 엇갈린다.
- 흑백이 분명히 가려지지 않는다.
- 타협과 양보로 규정과 제도를 확정해야 한다.

③ Ⅲ단계 : 정착기(Norming)

집단의 목표, 구조, 구성원의 소속감, 역할, 응집력 등이 분명해진 상태이다.

- 규범이 정착된다.
- 서로 협력하며 공동체 의식속에서 좋은 관계를 가지려 한다.
- 갈등은 피하면서 너무 예의만 지키고 상대방 비판은 자제한다.
- 정보교환, 의견교환이 원활하다. 또한 동의, 타협이 빈번해진다.

④ Ⅳ단계 : 수행기(Performing)

각자가 주어진 역할을 충실히 하면서 집단의 목표달성에 총력을 기울여 업적을 많이 만들어 내는 단계이다.

- 집단에서 시너지효과를 발휘한다.
- 모든 문제가 쉽게 해결되며 업적을 낸다.
- 마침내 목표를 완수한다.

⑤ Ⅴ단계 : 해체기(Adjourning)

처음의 공동목표를 다 이루었다고 생각되거나 집단에 소속할 개인적 이유가 없어지면 서로 헤어지며 집단은 해체된다. 즉, 집단의 수명이 다한 것이다. 하지만 반드시 해체될 필요는 없고 성과가 계속 달성되면 영원할 수도 있다.

- 집단규범과 규정이 소용없어진다.
- 하나 둘씩 집단을 떠난다.
- 공식적으로 하루아침에 해체하기도 하고 서서히 소멸되기도 한다.

더 알아두기

집단규모의 증가에 따른 결과
- **만족도** : 조직 구성원들의 만족도가 감소한다.
- **결근율** : 조직 구성원들의 결근율이 증가한다.
- **이직률** : 조직 구성원들의 이직률이 증가한다.
- **구성원의 참여도** : 참여기회가 감소하고, 의사소통·정보교환에 문제가 발생한다.
- **리더십** : 리더의 역할이 증대되며, 개인적 배려에 한계가 나타난다.
- **여론** : 조직 내 여론수렴이 어려워진다.
- **집단성과** : 성과에 관하여서는 다음 두 가지 연구결과가 존재한다.
  - 다양한 인적자원 확보로 인하여 성과가 높아진다는 입장
  - 구성원간의 견제나 집단과정의 손실로 인하여 성과가 낮아진다는 입장

집단의 응집력과 제고요인
집단 구성원들은 집단 내에서 공동체 의식을 바탕으로 단합하게 되는데, 이때 서로가 단합하는 힘을 응집력이라고 한다. 응집력은 집단행동에 영향을 미치는 중요한 요소가 된다. 이러한 응집력을 높이는 요인을 살펴보면 다음과 같다.
- 개인 간 매력도
- 구성원 간 근접성
- 목표나 관심의 동질성 및 공유 정도
- 집단 간 경쟁 ← 외부의 위협이 클수록 응집력이 커짐
- 관리 가능한 정도의 규모 ← 집단이 작아 상호작용이 많을수록 응집력이 커짐
- 집단 구성원 가입 자격요건의 엄격성
- 오랜 기간 동안 함께 근무할수록 응집력은 커진다.
- 과거에 높은 성과를 낸 경험

2 팀 조직의 발달

(1) 팀 조직의 개념 및 의의

① 팀은 조직의 일부만으로 운영되는 것이 아닌 조직 전체 혹은 조직의 상당 부분이 유기적으로 연계된 팀에 의해서 운영되는 경우가 많다. 우리는 이러한 이상적 유형의 팀제(Team System)를 팀 조직(Team-based Organization)이라 부른다.

② 팀제란 전통적인 기능 및 계층 중심의 조직구조를 탈피하여 기존의 부·과를 통폐합하고 업무중심으로 팀을 만든 후 능력과 적성에 따라 탄력적으로 인재를 팀에 소속시켜 팀장을 중심으로 자율적·독립적으로 운영할 수 있게 설계된 조직이다.

③ 팀 조직이란 팀을 중심으로 상호보완적인 기능을 가진 소수의 사람들이 공동의 목표달성을 위해 공동의 접근방법을 가지고 신축적으로 상호작용하면서 상호책임을 공유하고 결과에 대한 공동책임을 지는 자율권을 가진 조직단위(일종의 하위집단)이다.

④ 팀 조직은 유연성과 적응성으로 고객에 대한 적극적인 대응성을 보장해 줄 수 있는 조직의 운영 방식이기도 하다.

⑤ 최근 팀제의 도입이 확산되는 가장 큰 이유는 기업환경이 급변함에 따라 유연한 조직(Flexible Organization)의 필요성이 커지고, 복잡해지는 업무성격 때문에 단일부서 독자적으로 업무를 처리하기가 어려워지고 있으며 팀제 도입으로 부서 장벽을 넘어 뛰어난 재능들을 고루 활용해서 성과를 낼 수 있기 때문이다.

(2) 팀 조직의 특징

① 적정 수의 인원만으로 구성되기 때문에 전통적 기능 조직에 비해 규모가 작고 명령지휘계통에 따라서가 아닌 과제·업무·주제 중심으로 형성된다.

② 과잉관리 업무를 폐지·축소하고 팀장을 중심으로 결재단계를 파격적으로 줄여 조직은 더 작은 단위로 세분화된다.

③ 중간관리자는 관리업무가 아닌 담당업무의 전문가로서 역할을 하도록 유도된다.

④ 협력을 통한 공동작업, 팀 성과에 대한 공동책임의식, 목표달성을 위한 공동몰입, 자율성 보장 등을 전제로 운영된다.

(3) 팀 조직의 순기능과 역기능

① 팀 조직의 순기능(장점)

㉠ 직위·직책을 분리 → 능력·성과 위주의 인사관리로 인사적체 해소 및 고위급의 인력 활용 가능

㉡ 전문가 등 소수 인력만으로도 운영이 가능해짐에 따라 구성원의 지식·경험·정보 활용능력 제고

㉢ 계층화·관료화를 방지하고 조직의 활성화 추구

㉣ 조직 의사결정의 신속성과 환경 적응력 제고 : 과업 중심의 조직이므로 의사결정의 신속성 제고할 수 있고 이는 급변하는 기업환경의 적응력을 높이는 데 일조함

㉤ 자율성 및 창의성 제고 : 팀원에게 재량권을 부여하여 팀의 자율적 운영이 가능해지기 때문에 구성원의 자아실현욕구 충족과 더불어 성취감 및 창의력을 제고할 수 있음

㉥ 구성원 간 이질성과 다양성의 결합·활용을 통한 시너지 효과 창출 및 촉진

㉦ 다양한 팀 간의 수평적 연결 관계 형성을 통해 구성원 간의 정보 공유 활성화

㉧ 공동 직무의 수행을 통한 조직 내 단결·협동심 강화

㉨ 경영환경에 유연하게 대처하여 기업경쟁력을 높일 수 있음

㉩ 조직학습 촉진, 개인 이기주의 및 파벌주의 탈피

② 팀 조직의 역기능(단점)

㉠ 관리자(팀장)의 능력부족으로 조직 갈등 증폭 가능성 존재

㉡ 팀원 간의 무임승차로 인한 업무 공동화(= 공백화) 현상 발생 가능성

㉢ 가변적인 업무로 인한 조직 구성원의 부적응으로 인한 긴장과 갈등 증폭

㉣ 팀장이 되지 못한 기존 조직 간부사원의 사기 저하

㉤ 조직 전체의 공감대 및 타 팀과의 협력관계가 느슨해질 수 있고 팀 상호 간의 불필요한 경쟁관계 유발 가능성

㉥ 계급제적 성격이 강한 사회에서는 적용이 어려움

(4) 팀 조직의 유효성 악화 요인 및 제고방안

① **팀의 유효성 악화 요인**

    ㉠ 관련제도 및 업무의 재편성이 뒤따르지 않거나 팀제 도입 목적이 불분명한 경우

    ㉡ 구성원의 수용의지가 미약하고 팀제에 대한 이해가 부족할 경우

        예 팀제의 가장 큰 문제들 중에 하나는 구성원 개인이 갖는 거부감에 있다. 홀로 일할 때 훨씬 더 큰 성과를 내는 멤버에게는 의사결정이 오래 걸리고 다른 사람과의 인간관계까지 신경을 써야만 하는 팀제가 버거울 수 있다.

    ㉢ 팀장의 능력과 리더십이 부족하고 팀원의 전문능력이 떨어질 경우

    ㉣ 상명하달식의 획일적 업무추진이 이루어지거나 권한위양이 미흡할 경우 또는 서열 중심의 수직적 사고에 익숙하여 팀원들의 역할수행이 제대로 안 될 경우

    ㉤ 조직 내 상명하복 문화가 강하거나 기존의 보상체계가 개개인의 퍼포먼스에 기반을 두어서 오랫동안 유지되어온 경우

    ㉥ 무임승차 등에 의한 구성원 상호간의 감정적인 문제가 있는 경우

② **팀의 유효성 제고방안**

    ㉠ 팀제의 성과를 높이기 위해서는 구성원의 수를 적절히 제한(10명 전후)하는 게 좋다.

    ㉡ 기술적 전문성이 있는 사람과 대인관계에 능숙한 사람, 문제해결 능력이 뛰어난 사람, 이 세 가지 각각의 영역에서 두각을 나타내는 사람을 적절히 혼합하여 구성하는 것이 좋다.

    ㉢ 개인적 보상뿐 아니라 그룹의 퍼포먼스에 대해서도 별도의 보상체계를 마련한다. 즉, 팀워크 강화를 위해 합리적 업적평가에 근거한 팀 단위의 인센티브가 주어져야 한다.

    ㉣ 기업의 목표·철학하에서 팀의 목표와 철학을 명확히 함으로써 팀원들에게 구체적인 목표(Goals)와 의미있는 비전을 갖게 하고 이를 제시하여야 한다.

    ㉤ 팀장은 전문성과 리더십을 보유한 유능한 인물이 되어야 하며, 팀장에게 인사권·예산 및 편성권 등에 대하여 재량권한을 주어 내부 운영 또한 팀장의 의사에 의하도록 할 필요가 있다. 동시에 팀원에게는 맡은 업무에 대한 책임과 함께 그에 상응하는 권한을 행사하도록 해야 하며 이를 위해 팀원 각자가 자기 권한과 책임 영역을 명확하게 인식하고 전문가로서의 자세를 갖추어야 한다.

    ㉥ 최고 경영층의 적극적인 참여 및 리더십 개발이 뒤따라야 한다.

    ㉦ 기업의 규모, 전략, 구성원 의식 및 능력수준 등에 적합한 팀제를 도입하여야 하고 팀제의 도입으로 인한 변화에 대하여 구성원들의 저항을 줄일 수 있는 분위기를 조성하여야 한다.

    ㉧ 팀 조직 운영의 측면에서는 팀의 공동목표 설정·공동책임을 운영원칙으로 하며 팀 목표의 공유, 팀 의사결정 참여를 통해 팀 리더십을 창출하여야 한다.

3 팀 관리

(1) 팀 구축법

① 팀 구축법의 개념

㉠ 팀 구축법(Team Building)이란 집단 수준의 조직개발(Organizational Development, OD) 기법 중의 하나로 조직 내에 존재하는 다양한 팀들을 개선·발전시키고 그 유효성을 증대시키는 데 목적이 있다. 이 방법은 레빈(K. Lewin)이 주장한 조직변화 과정의 모형, 태도의 변화 과정인 해빙·변화·재동결의 단계를 거쳐 이루어진다.

㉡ 팀 구축법은 작업팀의 문제 해결 능력과 효율성을 개선하기 위해 사용되는 방법으로 과업성과와 관련된 문제 해결에 중점을 둔다.

㉢ 개인과 마찬가지로 단위부서들도 팀 구성원들이 해결할 수 없는 문제들에 직면할 경우 기능 장애를 일으킨다. 팀 구축법은 이러한 문제를 바로잡는 데 사용될 수 있다.

② 팀 구축법의 실행 단계

㉠ 팀 기술 연수 : 연수 프로그램 등을 통하여 여러 팀이 변화를 수용할 수 있게 한다.

㉡ 자료 수집 : 설문지 등을 활용하여 조직의 분위기, 직무만족 등에 관한 자료를 수집한다.

㉢ 자료 처리 : 수집된 자료를 바탕으로 공개토론 및 개인면담 후 변화될 사안에 대한 우선순위를 결정한다.

㉣ 행동 계획 : 앞의 토론 및 면담을 중심으로 수행할 변화 계획을 세운다.

㉤ 팀 구축 : 각 팀의 유효성 저해 요인을 찾아내고 해결 방안을 모색한다.

㉥ 집단 간 팀 구축 : 상호의존 관계에 있는 팀의 문제를 밝히고 협조체계를 구축한다.

(2) 팀 관리의 난점

① 팀 관리가 어려운 이유

㉠ 관련 팀 간 명확한 책임 구분이 어렵고 팀마다 일관된 성과 기준을 정하기 어려우며, 팀 간의 기술 이전을 기대하기 어렵다.

㉡ 다른 여러 팀 리더들과의 효율적 의사소통이 쉽지 않다.

㉢ 팀 간의 분쟁 및 갈등 발생 시 해결이 쉽지 않다.

㉣ 팀 간의 원활한 정보공유 체계를 구축하기가 쉽지 않다.

㉤ 작업에 방해되는 프로세스를 재설계해야 한다.

㉥ 팀 간의 희소 자원 배분·조정이 어렵다.

㉦ 팀들의 시의 적절한 인재 수급, 팀의 시간·에너지 사용 최적화가 어렵다.

② 팀 관리의 실제 적용이 어려운 이유

㉠ 권한보다 책임이 크다는 인식

㉡ 실행을 위한 세부 기술(skill)의 부족

㉢ 새로운 구성원들이 불편하다고 인식

제 **2** 절 **팀 유형**

1 일반적인 팀의 유형

세상에 존재하는 팀의 종류는 무수히 많아 일일이 다 열거하기가 힘들 정도다. 학자들 간에 의견 통일을 보지 못하고 있다. 따라서 여기에서는 Mohrman이 제시한 4대 기준에 의한 일반적인 팀의 유형을 알아보도록 한다.

[Mohrman의 4대 기준에 의한 팀 분류]

기준	단순한 유형의 팀	복잡한 유형의 팀
목적 또는 사명	과업팀 (제품/서비스 생산관리)	개선팀 (과정개선을 통한 효과증진)
시간	임시팀 (일정기간만 존재)	영구팀 (조직이 존재하는 한 지속)
자율성 정도	작업집단 (리더의 결정 중시)	자율관리팀 (주요결정을 팀원들 스스로 내림)
권한구조	단순기능팀 (구성원의 유사한 전문성)	다기능팀 (다양한 전문성을 갖는 팀원으로 구성)

(1) 과업팀과 개선팀

① **과업팀** : 과업팀은 제품의 생산이나 서비스 생산관리 등 일상적이고 단순한 업무를 수행할 목적으로 구성된 팀을 의미한다.

② **개선팀** : 업무처리과정에서의 비효율과 비용 등을 개선할 목적으로 구성된 팀을 말한다.

(2) 임시팀과 영구팀

① **임시팀** : 임시팀은 일시적으로 발생한 문제를 해결하기 위해서 구성되었다가 그 문제가 해결되고 나면 소멸되는 팀을 의미한다.

② **영구팀** : 영구팀은 임시팀과는 반대로 과제나 업무와는 관계없이 조직이 존재하는 한 지속되는 팀을 말한다.

(3) 작업집단과 자율관리팀

① **작업집단** : 작업집단은 강한 리더십을 지닌 리더에 의해 작동되는 집단으로서 개개인의 자율성보다는 리더의 자질에 더 의존하는 조직을 말한다.

② **자율관리팀** : 자율관리팀은 리더의 자질에 의존하기보다 구성원 개개인의 자율성에 초점이 맞춰져 있는 팀을 말하는 것으로 여기서 리더의 역할은 공동된 목표가 더 잘 수행되도록 하기 위한 조력, 또는 지원에 머물게 된다.

(4) 단순기능팀과 다기능팀

① **단순기능팀** : 유사하고 공통된 기능과 역량을 갖는 구성원으로 이루어진 팀을 의미한다.

② **다기능팀** : 단순기능팀과 달리 서로 다른 기능과 역량을 갖는 구성원들이 모여 상호보완관계를 형성하여 시너지 효과를 낼 수 있도록 구성된 팀을 말한다.

2 Robbins의 4가지 팀의 유형

(1) 문제해결팀

① 문제해결팀(Problem-solving Team)은 주요한 쟁점이 되는 상황이나 특정한 문제 발생 시 이에 대한 구체적인 해결을 위해 주로 전문적인 지식을 가진 사람들로 구성된 팀을 의미한다.

② 기업에선 일반적으로 동일 부서 내에 소속된 구성원들 중 몇 명(5~12명)을 차출하여 구성하게 된다.

③ 구성원 선정의 기준은 쟁점화 된 문제상황에 대한 이해력, 판단력, 전문지식이나 해결능력 등이 될 수 있으며, 주요 임무는 이미 결정되어 표준화된 일반적인 해결방안이나 가이드라인에 의한 행동이 순차적으로 진행하는 것이 아닌 어떠한 결론보다도 문제되는 상황을 파악, 연구하고 실행가능한 해결책을 개발하는 것이다. 따라서 실행에 대한 권한이나 재량은 존재하지 않는다.

④ 팀은 임무가 끝나면 해산하게 된다. 때문에 조직구조에 큰 영향을 미치지는 않는다.

⑤ 주로 문제해결팀은 조직이 품질개선이나 비용감축, 혹은 작업환경 개선 등에 대한 논의가 필요할 경우 형성된다.

(2) 자가 경영 직무팀

① 자가 경영 직무팀(Self-managed Work Team)은 생산성을 높이고 의사결정을 신속하게 내리며 구성원들의 다양한 창의성 향상을 도모하기 위하여 조직된 팀으로 팀 내에서 모든 것을 해결하며 따라서 재량의 범위가 아주 넓은 것이 특징이다.

② 일반적으로 팀 구성은 수행하는 업무의 내용 등에 연관이 깊거나 상호의존적인 직무를 수행하던 사람들 10인~15인으로 하여 이루어진다.

③ 이 같은 팀의 유형에서는 팀 자체적으로 직무와 관련된 일상적 의사결정뿐만 아니라, 예산집행, 경영관리, 운영상의 의사결정, 심지어 인사권까지 행사하면서 관리자의 역할을 수행한다. 따라서 관리자의 영역이 축소되거나 그 직위 자체의 중요성이 상실되는 경향을 보인다.

(3) 기능 융합팀

① 기능 융합팀(Cross-functional Team)은 특별한 직무를 수행하기 위해 서로 다른 다양한 부서에서 정예 멤버들을 차출하여 구성하는 팀의 유형으로 각기 상이한 기능을 가지고 다른 영역에 있는 유사한 직급의 사람들이 공동으로 과업을 성취한다.

② 조직 내 다양한 영역의 사람들이 모이게 되므로 다양한 정보교환, 복합적인 작업의 조정, 새로운 아이디어 창출, 문제점 해결에 아주 효과적이다.

③ 위원회(committees), 태스크포스(Task force)팀, 동시개발팀 등이 이러한 팀 유형에 속한다.

(4) 가상팀

① 가상팀(Virtual Team)은 공동목표의 달성을 위해 물리적으로 떨어져 서로 다른 공간에 있는 구성원들을 가상의 공간(온라인)에 모아놓은 팀의 유형이다.

② 컴퓨터와 네트워크 기술(비디오 화상회의, 메신저, 이메일 등)을 활용하여 가상의 공간 안에서 구성원들은 서로 협력하게 되며, 이슈와 자료를 서로 공유하고 각자의 역할을 정하여 과업을 수행한 뒤 일을 마치면 사이버 공간에서 통합·완료된다.

③ 기능적인 차원에서 다른 팀 조직들과 차이가 없고 모든 업무의 수행이 가능하며, 문제 해결을 위해 일시적으로만 활동할 수도 있고 하나의 프로젝트가 완료될 때까지 오랜 기간에 걸쳐 지속될 수도 있다.

④ 가상팀과 오프라인팀을 구별해주는 주요한 요인은 세 가지 차원에서 고려될 수 있다.

   ㉠ 유사언어(paraverbal) 또는 비언어(손동작, 표정 등)적 소통이 불가능

   ㉡ 사회적인 관계와 직접적인 상호작용이 불가능

   ㉢ 시공간의 제약이 없음

3 팀의 구성

팀의 구성은 팀 구성원의 수, 인구통계적 구성, 팀 구성원의 경험과 같은 변인들을 포함하는 개념이다. 팀 구성에 있어서 가장 관심을 끄는 주제는 구성원들의 다양성이다. Belbin(1981)은 리더, 조성자, 작업자, 창조자, 자원조사자, 통제자-평가자, 팀 촉진자, 완성자-해결자로 8명으로 구성된 팀을 연구하였다. 여기서 리더십의 기능은 리더와 조성자가, 섭외 기능은 자원조사자가, 팀 유지 기능은 팀 촉진자와 통제자-평가자가, 마지막으로 작업 및 생산의 기능은 작업자와 완성자-해결자 창조자로, 네 가지 다른 기능에 분포되어 있다.

1 팀 과정

팀 구성이 팀 기능에 중요한 것과 마찬가지로 팀이 제대로 기능하기 위한 과정도 중요하기 때문에 이에 대한 많은 연구가 이루어졌다. 팀 과정은 팀이 원활하고 효율적으로 기능하기 위한 운영절차로 사회화 과정, 대인과정, 공유된 정신모델, 의사결정 과정으로 이루어진다.

(1) 팀 사회화 : 팀 사회화는 개인과 팀 간의 관계가 오랜 기간에 걸쳐 변화되는 상호 간의 적응 과정이라 정의 내릴 수 있다.

(2) 팀 대인과정 : 크게 의사소통, 갈등, 응집력, 신뢰 등을 조절하고 확립해 가는 과정을 말한다.

(3) 공유된 정신모형(모델)

    ① 팀 구성원들이 정보를 어떻게 획득하고 분석하며, 이 정보에 어떠한 식으로 반응할 것인지에 관하여 공통적으로 가지고 있는 인지적 과정을 말한다.

    ② 구성원 간에 공유되어야 하는 네 가지 지식

        ㉠ 특정 과업에 대한 지식 정보

        ㉡ 과업과 연결된 지식

        ㉢ 팀 구성원에 대한 지식

        ㉣ 공유된 팀의 태도나 신념

(4) 의사결정 : 팀에서의 의사결정은 각기의 다른 정보와 다른 생각들을 종합 분석하여, 설정된 성과목표의 수행을 위해 가장 최적의 방안을 모색하는 과정을 의미한다.

2 의사결정의 개념 및 중요성

(1) 의사결정의 개념

의사결정(decision making)은 문제해결 대안들 중에서 의사결정자가 자신의 목적을 달성하기 위해 좋은 대안이라고 생각되는 것을 선택하는 과정으로 이 과정에서 의사결정자는 문제에 관한 면밀한 자료 수집 및 분석을 통해 그 목적을 달성하기 위한 가장 합리적인 행동대안을 선택하게 된다. 여기서 말하는 대안의 선택은 단순한 사전적 의미가 아니라 여러 단계를 포괄하는 과정으로 이해하는 것이 일반적이다. 여러 대안 중에서 조직목표 달성에 최적안을 찾는 과정을 의사결정의 분석이라 하며, 분석의 기준은 능률성, 효과성 등 분석자의 가치판단에 따라 다르게 적용될 수 있다.

(2) 의사결정의 중요성

① 모든 경영계층의 활동에 의사결정과정은 필수적이며, 조직이나 집단의 지속적인 성장·유지·발전을 위해서는 상황에 적합한 합리적 의사결정능력이 반드시 있어야 한다.

② 의사결정이 어떻게 이루어지느냐 하는 것은 조직의 유효성에 중대한 영향을 미치게 된다.

③ 최근 경영환경의 불확실성으로 업무가 복잡해지고 위험이 커지면서 조직적 의사결정능력의 중요성이 더욱 커지고 있다.

(3) 의사결정의 유형

① **정형적-비정형적 의사결정(사이먼, Simon, 1960)**

　㉠ 정형적 의사결정 : 문제 해결에 대한 결정의 선례가 있는 경우로 반복적·관례적·일상적인 결정을 의미한다.

　　ⓐ 특징 : 반복적이며 일상화된 결정으로 의사결정의 방법 및 절차가 단순하고 명확하다. 선택 가능한 모든 대안이 파악된 상태에서 각 안들의 선택결과가 분명하여 정형화, 계량화, 프로그램화가 가능하다는 특징이 있다.

　　ⓑ 문제의 유형 : 반복적·일상적 인과관계에 관한 상당한 확실성이 존재하는 문제를 대상으로 한다.

　　ⓒ 해결안의 구체화 방안 : 해결안은 조직정책 및 절차에 따라서 사전에 명시한다.

　　ⓓ 의사결정이 이루어지는 주요 조직형태 : 시장과 기술이 안정되어 있고 일상적·구조화된 문제해결이 많은 조직에서 주로 이루어진다.

　㉡ 비정형적 의사결정 : 문제의 유형이 새롭고 일반적이지 않은 경우 또는 중요한 양상을 보이는 경우에 이루어지는 의사결정을 의미한다.

　　ⓐ 특징 : 사전에 결정된 방법이나 절차가 없고, 상황이 구조화되어 있지도 않으며, 결정사항이 일상적이지 않은 복잡한 연구개발 조직과 같은 데서 많이 이루어지는 의사결정이다. 따라서 정형화, 계량화, 프로그램화가 불가능하며 주로 직관에 따른 의사결정이 이루어진다는 특징이 있다.

　　ⓑ 문제의 유형 : 상황이 구조화되지 않고 자주 반복되지 않거나 새롭게 직면하는 문제 또는 새로운 비구조적인 인과관계에 관해 상당한 불확실성이 있는 문제가 그 대상이 된다.

　　ⓒ 해결안의 구체화 방안 : 해결안은 문제가 정의된 후에 창의적인 직관에 의존하여 결정된다.

　　ⓓ 의사결정이 이루어지는 주요 조직형태 : 구조화가 되어 있지 않고 결정사항이 일상적이지 않은 복잡한 조직에서 주로 이루어진다.

② **확실성·불확실성·위험하의 의사결정(쿠텐베르크, Erich Gutenberg)**

　㉠ 확실성하의 의사결정 : 의사결정자가 주어진 각 대체안 중에서 어느 하나를 선택할 경우 어떠한 결과가 나타날 것인가에 대하여 예측할 수 있고 정확히 알 수 있는 상황에서 이뤄지는 의사결정을 의미한다.

　㉡ 불확실성하의 의사결정 : 대체안의 결과를 일부 또는 전부에 대하여 알 수 있지만, 그 결과가 일어날 확률은 전혀 알 수 없는 상황하에서 이뤄지는 의사결정으로 일반적으로 최고 관리자들에 의해 이루어진다.

　㉢ 위험하의 의사결정 : 각 대체안을 선택하였을 경우, 예상되는 측정의 결과를 확률적으로만 알고 있는 상황하에서 이루어지는 의사결정을 의미한다.

③ **전략적·관리적·업무적 의사결정(앤소프, Ansoff)**

　㉠ 전략적 의사결정 : 조직의 목표달성을 위한 상위목표의 결정으로서 최고 관리층을 중심으로 이루어지는 거시적·추상적·포괄적인 내용을 포함하는 의사결정을 말한다. 기업의 내부문제보다는 주로 외부문제에 관한 의사결정으로 기업이 생산하려고 하는 제품믹스와 판매하려고 하는 시장 선택 등과 같은 기업의 외부환경 변화에 기업 전체를 적응시키기 위한 결정에 관한 것이다.

　㉡ 관리적 의사결정 : 기업의 내부문제에 관한 전술적 의사결정으로 전략적 의사결정을 구체화하기 위한 것이며, 보통 중간 관리층에 의해 이루어진다. 즉, 최대의 과업능력을 산출하기 위해서 기업의 자원 등을 조직화하는 문제에 대한 의사결정으로 조직기구에 관한 결정과 자원의 조달 및 개발에 관한 결정 등이 포함된다.

　㉢ 업무적 의사결정 : 전략적·관리적 의사결정을 보다 구체화하기 위한 것으로 기업자원의 전환과정에 있어서의 효율을 최대화하기 위한 의사결정이다. 업무적 의사결정은 현행 업무의 수익성을 최대화하는 것을 목적으로 하고 각 기능 부분 및 제품라인에 대한 자원의 배분, 업무의 일정계획화, 통제활동 등을 그 내용으로 한다.

④ **의사결정 주체에 의한 분류**

의사결정은 그 주체에 따라 개인적 또는 집단적 두 가지 차원에서 구분하여 볼 수 있다.

> 💡 **더 알아두기** 🔍
>
> **개인적 의사결정과 집단적 의사결정의 비교**
>
> | 요인 | 개인적 의사결정 | 집단적 의사결정 |
> | --- | --- | --- |
> | 가용시간 | 비교적 시간적 여유가 없을 때 | 비교적 시간적 여유가 있을 때 |
> | 의사결정 분위기 | 분위기가 경쟁적일 때 | 분위기가 문제 해결에 지원적일 때 |
> | 개인의 특성 | 개인들이 협력할 수 없을 때 | 집단 구성원이 함께 일한 경험을 갖고 있을 때 |
> | 의사결정의 수용도 | 수용도가 중요하지 않을 때 | 집단 구성원의 수용이 소중할 때 |
> | 문제(과업)의 유형 | 창의성 또는 능률이 요구될 때 | 다양한 지식과 기술이 요구될 때 |

3 집단의사결정

(1) 집단의사결정의 개념

집단의사결정(group decision making)이란 조직이 목표를 완수하는 과정상에서 직면하게 되는 여러 가지 문제들에 대한 해결방안을 개인이 아닌 집단의 차원에서 토론 및 지식의 교환 등과 같은 집단적 상호작용을 거쳐 선택하는 의사결정 과정을 의미한다.

(2) 집단의사결정의 특징

① 개인적 차원의 의사결정에 비하여 문제분석 수준이 광범위하며, 지식·사실·대안 등을 보다 폭넓게 활용할 수 있다.

② 집단구성원 사이의 의사전달이 용이하다.

③ 의사결정 과정상 다수가 참여하기 때문에 정확성을 높일 수 있고, 또한 구성원으로 하여금 보다 높은 만족과 결정에 대한 지지를 확보할 수 있다.

④ 다수의 참여로 인하여 문제해결까지 걸리는 시간 및 비용이 많이 소요된다.

⑤ 타협을 통해 의사결정이 이루어지므로 가장 최적의 방안을 선택하기가 어렵다.

⑥ 의사결정과정에 있어 집단사고(group think)에 영향을 받을 경우 올바른 판단을 할 수 없게 된다.

> **더 알아두기**
>
> **집단사고**
>
> 집단사고(group think)란 토의·협의를 통해 집단적으로 문제해결의 방안을 찾는 과정 또는 그 과정에서 집단 구성원들이 갖는 일치된 생각을 의미한다. 집단사고도 그 원천은 개인이 사고하는 것이며, 다만 그러한 사고를 집단과정에 호소함으로써 보다 타당한 결론에 도달하는 데 그 목적이 있다. 그러나 집단사고는 집단구성원들이 당면한 문제에 대하여 독창적인 해결책을 모색하기보다 오히려 다른 구성원들의 동의를 얻는 일에만 관심을 갖게 됨에 따라 개개인의 독창성이나 새로운 아이디어를 억제할 우려가 있다. 특히 집단의사결정에 있어서는 집단사고가 최적의 방안을 모색하는 데 가장 큰 장애요인이 될 수 있다.

(3) 집단의사결정의 장·단점

① **집단의사결정의 장점**

㉠ 집단은 개인보다 많은 지식과 정보에 근거하여 의사결정을 내리게 된다.

㉡ 집단구성원이 갖고 있는 능력은 각기 다르며 다양한 시각과 여러 관점에 문제를 검토하고 비판할 수 있으며, 상호작용을 통한 시너지 효과를 얻을 수 있다.

㉢ 분담을 통해 정보수집·분석과 대안선택과정을 전문화할 수 있다.

㉣ 의사결정과정에 참여함으로써 결정된 사항에 대한 구성원의 만족과 지지가 높아 실천의지가 강하게 나타난다.

㉤ 구성원의 합의에 의한 것이므로 수용도와 응집력이 높다.

② **집단의사결정의 단점**

㉠ 자원 및 시간의 낭비 등 비용이 많이 든다.

㉡ 실권자에 의해 편파적으로 변화할 수 있으며, 최적안을 알면서도 의견대립 때문에 보다 불리한 타협안을 선택할 수 있다.

㉢ 어떤 구성원이나 파벌에 의해 집단이 지배될 경우 구성원의 자유로운 의사표현이 곤란해지는 상황이 발생될 수 있다.

㉣ 의견의 불일치가 심할 경우 구성원들 간에 갈등이 생기고 서로에 대해 반감을 갖게 되어 의사결정 진행이 불가능해지는 상황을 초래할 수 있다.

ⓜ 부정적인 집단의사결정 중 대표적인 하나는 집단사고(group think)이다. 이와 같은 집단의 사결정 시의 함정으로는 과도한 모험선택, 집단양극화 현상, 정당화 욕구, 도덕적 환상, 만 장일치의 환상, 책임의 분산 등을 들 수 있다.

(4) 집단의사결정의 효율화 방안

집단의사결정의 질을 높이기 위해서는 태도 및 행위 측면에서 '집단사고의 최소화', 관리 측면에서 '효율적 의사결정 기법의 개발'이 필요하다.

① **집단사고의 정의**

집단사고란 응집력이 높은 집단에서 구성원들 간 합의에 대한 요구가 지나치게 큼에 따라 다른 현실적 대안의 모색을 방해하게 되는 것을 말한다. 예를 들면, 집단 내부의 압력으로 인하여 '현실에 대한 불충분한 검토, 도덕적 판단력 저하, 정신적 효율성 저하' 등의 현상이 나타나게 되는 것을 의미한다.

② **집단사고의 원인**

㉠ 집단이 외부로부터 고립되어 충분한 토의·토론의 기회를 가질 수 없는 경우
㉡ 외부의 위협에 의한 내부 구성원의 스트레스가 고조될 경우
㉢ 조직이 지시적·강제적 리더십을 받아들이는 경우
㉣ 조직원들이 이질적이지 않고 동질적이며, 사회적 배경과 관념 등이 비슷한 경우

③ **집단사고의 오류**

㉠ 과도한 모험선택 : 사람들은 혼자 있을 때보다 회의석상에서 더 높은 위험을 선택하려 하는 데 이는 집단으로 결정했을 경우에 그전에 개인이 져야 했던 책임이 분산된다고 받아들이기 때문이다.
㉡ 집단 양극화 현상 : 개개인의 생각들은 처음에는 별 차이가 없었지만 집단에 들어와서 토론 을 하게 될 때 완전히 양극단으로 갈리는 경향을 보이게 된다.
㉢ 정당화 욕구 : 다른 사람에게 일단 발성을 해 놓으면 후에 더 좋은 대안이 발견되더라도 의 견을 굽히려하지 않는다.
㉣ 도덕적 환상 : 사람들은 개인보다는 집단이 한 행동이나 집단이 제시하는 의견에 대해서는 당연히 도덕적일 것이라는 환상을 갖게 된다.
㉤ 만장일치의 환상 : 사람들은 대개 남에게 반대하기보다는 동조하려 한다.
㉥ 이 밖에도 집단사고의 오류에는 무오류의 환상, 합리화의 환상, 동조압력, 적에 대한 상동적 인 태도, 동조압력, 자기검열, 심리적 감시 등이 있다.

④ **집단사고의 부정적 결과**

㉠ 자신들의 선택안에 부합하지 않는 정보에 대해서는 비호의적 태도를 보이며, 전문가들의 조 언을 경청하려는 노력을 기울이지 않는다.
㉡ 가능한 한 모든 대체안에 대한 포괄적 분석을 회피하려는 경향이 강하며, 자신들의 선택안보 다 더 나은 안이 있는가에 대해 생각하지 않는다.
㉢ 집단은 자신들의 선택안이 갖는 문제점들을 무시하고 문제 발생 시 적절한 대처방안을 모색 하지 못하는 경우가 많다.
㉣ 상황변화로 인한 자신들의 선택안 재검토의 필요성을 무시하는 경우가 많다.

⑤ **집단사고의 최소화 방안(Janis, 1972)**

집단사고가 지나치게 커지면 의사결정의 질에 심각한 부정적 결과를 초래할 수 있으므로 이를 최소화하기 위해서는 다음과 같은 노력이 필요하다.

㉠ 집단의 지도자는 조직원들에게 비판의 평가자 역할을 배당한다. 이는 각각의 조직원들이 편하게 반대와 의심을 할 수 있도록 도와준다.

㉡ 집단의 지도자나 상사는 조직에 일을 처리할 때 자신의 의견을 표현하여서는 아니 된다.

㉢ 집단은 여러 문제들을 위한 각각의 독립된 조직으로 나눠야 한다.

㉣ 각각의 사람들은 조직의 생각을 조직 밖의 믿을 만한 사람들과 이야기해봐야 한다.

㉤ 회의를 할 때는 바깥의 전문가를 초빙해야 한다. 조직원들은 바깥의 전문가가 토론을 하거나 질문하는 것에 대해서 받아들여야 한다.

㉥ 최소한 집단의 지도자는 각각의 회의 동안 다른 사람을 지명반론자(악마의 주장법)로 선임해야 한다.

> **❗ 더 알아두기 🔍**
>
> **악마의 주장법(지명 반론자법)**
> • 개념 : 집단의사결정의 방법 중 하나로 악마의 역할은 타 구성원의 의견에 대해 의도적으로 비판하고 반박하는 것이다.
> • 장점 : 이미 제시된 안의 약점이나 단점을 토의해서 특정안이 가지는 문제점들을 최대한 파악하고 집단사고가 가져올 수 있는 부정적 결과를 최소화할 수 있다.
> • 악마의 역할을 부여받은 이는 집단으로부터 공식적으로 지명되어야 하며 그 역할을 충실히 수행함으로써 불이익을 받아서는 안 된다.

4 의사결정의 모형

(1) 합리적 의사결정 모형(합리모형)

① 합리모형의 개념

합리모형은 목표달성의 극대화를 위해 합리적 대안의 탐색을 추구하는 규범적, 이상적 접근방법으로 인간을 합리적 경제인(rational economic man)으로 가정한다. 이는 인간의 이성과 합리성을 전제로 의사결정과정을 설명하며, 의사결정자는 고도의 합리성을 가지고 주어진 상황하에서 목표달성을 극대화할 수 있는 최선의 정책대안을 찾아낼 수 있다고 본다.

㉠ 합리적 경제인 : 인간은 본인이 추구하는 목적달성을 위해 언제나 이성적이고 합리적인 최적의 대안을 선택하려고 한다.

㉡ 완전한 정보 : 의사결정에 요구되는 모든 정보의 수집이 가능하다.

㉢ 완전한 대안 : 의사결정에 고려될 수 있는 모든 대안에 대한 인식이 가능하다.

㉣ 주어진 선호체계 : 인간은 모두 완전하고 일관성이 있는 선호 체계를 가지고 있기 때문에 최선의 대안 선택이 가능하다.

② **합리모형의 과정**

합리모형에 의한 의사결정과정은 다음과 같은 단계를 거치게 되며 이러한 절차를 따름으로써 합리적이고 바람직한 의사결정이 이루어진다고 본다.

㉠ 문제인식 및 목표설정 : 문제의 내용을 완전히 파악하고 목표를 분명히 정의한다.

㉡ 대안탐색 및 평가 : 문제 해결을 위한 가능한 모든 대안을 광범위하게 탐색하고 대안의 실행에 따른 결과를 정확히 분석·파악한다.

㉢ 대안선택 및 실행 : 대안 선택의 명확한 기준이 존재한다는 가정하에 가장 최선의 대안을 선택하여 실행한다.

③ **합리모형의 한계**

㉠ 인간이 항상 이성적이고 합리적인 것은 아니며, 인간의 주관적 가치판단을 고려하지 않고 있다.

㉡ 의사결정자의 능력이나 인식능력, 판단능력 등에는 한계가 존재한다.

㉢ 대안의 결과에 대한 완전한 예측이 불가능하고, 목표는 환경에 의하여 계속 바뀔 수 있다. 따라서 원천적으로 가장 합리적인 대안이란 존재하지 않는다.

㉣ 문제 해결을 위한 최선의 방안을 모색할 수 있는 시간적 여유나 비용부족으로 인하여 최선의 대안이 선택되지 않는 경우도 있을 수 있다.

㉤ 판단을 위한 기준이 명확히 설정되어 있다 하더라도 여러 개의 기준들이 존재하는 경우 의사결정자는 심리적 갈등을 겪게 된다.

(2) 만족적 의사결정 모형(만족모형, 관리인 모형)

① **만족모형의 개념**

고전주의 경제학적 관점에서 출발한 합리모형의 이상성과 불가능성을 극복하기 위해 등장한 모형으로 사이먼(H. A. Simon, 1960)에 의해 처음 제시되었다. 합리모형을 수정한 것으로 '제한적 합리모형'이라고 한다. 이 모형에서는 합리모형과는 달리 개인의 합리성을 전제로 하고 있지 않기 때문에 의사결정자는 전체 문제에 대한 일부분의 정보만을 가지고 '제한된 합리성(Bounded Rationality)' 아래에서 의사결정을 내릴 수밖에 없다. 결국 이 같은 제약으로 인하여 의사결정자는 이상적인 '최선'의 결정보다는 만족할만한 수준에서 결정이 이루어지는 '만족' 수준에서의 의사결정을 추구하게 된다는 것이다.

② **만족모형의 당위성**

㉠ 여러 가지 제약(시간, 돈, 능력 등)으로 인하여 필요한 모든 정보를 참조하고 분석할 수 없으며 역시 같은 이유로 가능한 대안들을 전부 검토해 볼 수는 없다.

㉡ 대안과 정보를 분석·검토·평가할 때 그 기준이 주관적이었기에 그것이 다른 사람에게도 합리적 일 것이라는 가정에는 문제가 있다.

㉢ 모든 대안을 완전히 객관적으로 분석·평가하여 최선의 대안을 선택했더라도 수집된 정보는 과거에 근거한 것이고 대안이 실천되는 것은 한참 후이기 때문에 그 사이에 있을 변화는 아무도 예측할 수 없다.

③ **만족모형의 한계**

    ㉠ 대안 탐색에 있어서 대안의 선택문제 : 의사결정자는 최선의 대안이 아닌 만족할 만한 수준에서의 대안을 찾은 후 탐색을 중단하기 때문에 아직 검토되지 않은 대안 중에서 최적의 대안이 있더라도 포기되는 문제가 발생한다.

    ㉡ '만족할 만한 수준'에 대한 한계영역 설정 문제 : 만족의 여부는 기대수준에 따라 달라지게 되는데 이러한 기대수준은 극히 주관적이며 유동적인 개념이다.

    ㉢ 일반적이고 비교적 가벼운 의사결정 시에는 적용이 가능하지만 차별적이고 중대한 의사결정 시에는 보다 분석적인 결정이 이루어질 가능성이 크다.

> **❗ 더 알아두기 🔍**
>
> **일반적인 의사결정과정**
> 문제인식 → 해결해야 할 목표설정 → 대체안의 탐색 및 평가 → 대체안의 선택 → 선택된 대체안의 실행 및 평가

5 효율적 집단의사결정기법

(1) 브레인스토밍

① **브레인스토밍의 개념**

    ㉠ 브레인스토밍(Brainstorming)이란 일정한 한 가지의 주제를 선정하여 회의 형식을 채택하고 구성원의 자유발언을 통한 아이디어의 무작위 제시를 요구하여 발상을 찾아내려는 방법이다.

    ㉡ 브레인스토밍 시에는 구성원 모두의 거리낌 없는 적극적인 참여를 유도하는 것이 중요하며, 이를 위하여 비판, 찬사, 코멘트, 토의 등을 금지한다.

    ㉢ 다른 사람의 아이디어를 토대로 자신의 생각을 더 확장시키고 아이디어의 내용을 정확히 기록하여 모두가 볼 수 있도록 제시하는 방법을 통해 진행해야 한다.

    ㉣ 대개 팀의 구성원들은 서로 비슷한 사고방식과 문제해결 기법에 젖어 있어서 아이디어 제시를 요구받아도 천편일률적인 이야기를 하는 경향이 있다. 브레인스토밍은 이런 창의성을 저해하는 동조에 대한 압력을 극복할 수 있는 역할을 한다.

② **브레인스토밍의 네 가지 원칙** : 질보다 양, 비판이나 비난 금지, 자유분방한 분위기, 의견의 조합

③ **브레인스토밍의 과정**

    ㉠ 구성원들에게 브레인스토밍의 사용목적, 특징, 원칙, 진행방법을 설명한다.

    ㉡ 신속한 아이디어 창출을 위해 제한시간을 정하고 시작한다.

    ㉢ 아이디어가 나오는 대로 칠판이나 포스트잇을 이용해 게시하고 다른 사람의 아이디어를 참고하면서 더 참신하고 좋은 아이디어를 도출한다.

더 알아두기

브레인라이팅(Brainwriting)
• 아이디어를 말하는 것이 아니라 종이에 적는 것
• 종이에 아이디어를 쓰면 다른 사람들이 돌아가며 거기에 아이디어를 추가하는 것
• 브레인스토밍의 보완기법

(2) 명목집단기법

① 명목집단기법의 개념

㉠ 명목집단기법(Nominal Group Technique ; NGT)은 집단의 구성원들이 모여서 문제나 이슈를 식별하고 순위를 정하는 가중서열화법이다.

㉡ 타인의 간섭을 차단하기 위해 구성원들 상호 간에 대화나 토론 없이 각자가 독립적으로 아이디어를 종이에 기록한 후 수분 후에 각자는 이를 기록대로 발표함으로써 아이디어를 공유한다.

㉢ 한 사람을 기록자(리더)로 지명하여 구성원 전체의 모든 아이디어를 익명으로 기록하게 되며, 그때까지 토의는 시작되지 않는다.

㉣ 발표가 끝나면 투표를 하기 전에 토의를 진행하게 되는데 이때 각자는 자신들이 발표한 내용에 대한 보충설명, 지지설명을 추가하고 지지도를 분명히 하기 위한 질의응답을 하게 된다.

㉤ 끝으로 제시된 의견들의 우선순위를 묻는 비밀투표를 실시하여 최종안을 선택한다.

② 명목집단기법의 진행순서 : 아이디어 서면작성(토의는 하지 않음) → 아이디어 제출 및 전체 아이디어 기록(토의는 하지 않음) → 구성원들의 토의 → 투표 후 결정

③ 명목집단기법의 장·단점

㉠ 장점 : 모든 구성원들이 타인의 영향을 받지 않고 독립적으로 문제를 생각해 볼 수 있으며 의사결정을 마치는 데 약 2시간 정도밖에 소요되지 않아 의사결정 과정이 비교적 간단하다.

㉡ 단점 : 토론을 이끄는 리더가 적절한 훈련을 받고 자질을 갖추고 있어야 하며 한 번에 한 문제밖에 처리할 수 없다는 단점이 있다.

(3) 델파이기법

① 델파이기법의 개념

㉠ 델파이기법(Delphi Technique)은 어떠한 문제에 관하여 전문가들의 견해를 유도하고 종합하여 집단적 판단으로 정리하는 일련의 과정이라고 정의할 수 있다.

㉡ 문제해결 및 미래예측을 위한 전문가의 경험적 지식을 활용하며, 전문가 합의법이라고도 한다.

㉢ 전문가들은 일반적인 합의가 이루어질 때까지 상호간의 의견수렴, 중재, 타협의 방식을 통하여 피드백을 반복·지속하게 된다. 이때 전문가들은 직접 모이지 않고 주로 우편이나 전자 메일 등의 통신수단을 통해 의견을 수렴하고 도출된 의견을 내놓는다.

㉣ 델파이기법은 추정하려는 문제에 관한 정확한 정보가 없을 때에 '두 사람의 의견이 한 사람의 의견보다 정확하다.'는 계량적 객관의 원리와 "다수의 판단이 소수의 판단보다 정확하다."는 민주적 의사결정 원리에 논리적 근거를 두고 있다.

ⓜ 델파이기법은 그 어떤 방법보다도 논리적·객관적으로 체계적인 분석을 수행하고 수차례에 걸친 피드백을 통해 다수 전문가들의 의견을 종합하여 보다 체계화·객관화시킬 수 있는 매우 유용한 기법이다.

② **델파이기법의 과정 및 절차**

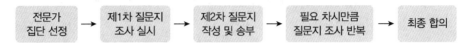

[델파이기법의 절차]

ㄱ 전문가 집단 선정 : 전문가의 전문적 지식의 정도, 대표성, 적절성, 성실성, 적정 인원수 등을 고려하여 집단의 구성원을 선정한다.

ㄴ 제1차 질문지 조사 실시 : 질문지는 개방형 형태가 좋으며 기술식이나 또는 구조화된 제한 응답형으로 구성하여, 익명성이 보장된 상태에서 실시한다.

ㄷ 제2차 질문지 작성 및 송부 : 제1차 질문지의 조사 결과를 통계처리한 후 그 결과를 토대로 제2차 질문지를 작성한다. 그리고 나서 이를 제1차 질문지의 결과와 함께 전문가에게 송부한다.

ㄹ 필요 차시만큼 질문지 조사 반복 : 필요 시 바로 이전 단계의 과정을 반복 수행하여 최종 합의를 이끌어낸다.

ㅁ 최종 합의 : 최종 합의에 이르렀을 경우 집단 구성원 전원에게 마지막 결과를 배포한다.

③ **델파이기법의 장·단점**

ㄱ 장점

ⓐ 다양한 분야의 전문가 의견을 수렴, 피드백 할 수 있고, 여러 폭 넓은 주제나 영역에 적용이 가능하다.

ⓑ 회의비, 체제비, 여건비 등을 절약함으로써 경제적 효율성을 제고한다.

ⓒ 연구자에 의해 통제되기 때문에 타인의 영향력이나 간섭을 배제할 수 있어 자유롭고 솔직한 전문가 의견 개진이 가능하다.

ⓓ 선정된 집단의 규모와 관계없이 실시가 가능하기 때문에 특정한 연구주제와 관련된 많은 전문가들의 개입이 가능하다.

ⓔ 전문적 의견을 과학적 통계처리를 통해 수합해 피드백하기 때문에 고도의 객관성을 지닌다.

ㄴ 단점

ⓐ 질문지 작성시 질문 또는 진술문이 모호하게 작성될 경우 각기 전문가에 따라 달리 해석될 가능성이 있다.

ⓑ 익명성으로 인하여 참가자들의 응답에의 성실성과 신뢰성의 문제가 나타날 수 있으며 낮은 질문지 회수율 또한 문제가 될 수 있다.

ⓒ 전문가 선정 시 대표성의 문제가 있을 수 있다.

ⓓ 최종 합의에 이르기까지 조사 과정이 반복되기 때문에 이로 인해 많은 시간이 소요된다.

ⓔ 직접적인 대면을 통한 상호작용이 곤란하다.

ⓕ 합의와 타협을 강제하는 방식을 취하고 있기 때문에 양극단에 놓인 옳을 수 있는 의견에 대한 처리문제가 발생한다.

(4) 변증법적토의법

구성원들을 둘러 나누어 찬반을 토론하도록 하면 각 대안에 대한 장·단점이 모두 드러나는데 이런 내용을 모두 이해한 다음 의견을 개진하면서 토의하는 기법이다.

(5) 상호작용 집단기법(= 토론집단법)

① **상호작용 집단기법의 개념** : 명목집단기법과 함께 조직에서 가장 흔히 사용되는 방법으로 한 명의 리더가 토론을 이끌어가면서 의사결정을 하는 방법이다.

② **토론리더의 훈련** : 토론의 리더는 다음과 같은 기능을 훈련 받아야 한다.

　㉠ 객관적으로 문제를 설명하고, 해결안이나 선호안을 제시하지 말 것

　㉡ 필수적인 정보들을 제공하고 해결안의 제약 요인들을 모두 명확히 할 것

　㉢ 한 사람의 독주를 막고 모든 구성원이 토론에 참여하도록 유도해야 하며, 신랄한 비판이나 공격으로부터 구성원을 보호할 것

　㉣ 토론이 중단될 경우 개입하지 말아야 하며 제안을 하거나 선도적인 질문도 하지 말 것

　㉤ 토론이 발전될 수 있는 촉진적인 질문을 할 것

　㉥ 진전을 보인 몇 가지 논의를 요약하고 명확히 할 것

제 4 절　팀 성과

1 팀워크의 개념

(1) 팀워크의 정의

① 팀워크(Team Work)는 팀의 각 구성원들이 일정한 공동의 목표달성을 위하여 각자의 역할에 따라 책임을 다하고 협력적으로 행동하는 것을 말한다.

② 이때, 각 구성원 모두는 조직의 공동된 목표달성을 위해 유효한 능력을 가지고 과업수행에 몰입하게 되며 그에 수반되는 문제점들을 효과적으로 해결해 나가기 위해 상호 타자를 보완하고 충분히 의사소통하며 책임을 공유하는 관계를 형성하게 된다.

③ 이러한 팀워크를 형성하기 위한 기본은 팀에 대한 개인의 행태의 변화에 기인하지만 그러한 기반을 만드는 것은 조직의 체제와 운영상의 방침에 따라 달라질 수 있다. 따라서 팀워크의 수준은 각 기업 조직이 이를 육성·개발하고 의존하는 정도에 따라 다르다.

(2) 효과적인 팀의 특징

① 효과적인 팀의 특징

　㉠ 구체적이고 명확한 성과목표가 설정되어 있음

　㉡ 구성원들 간의 역할과 책임이 명확함

ⓒ 상호간의 높은 신뢰 관계가 형성되어 있음

ⓔ 다양한 의사소통의 창구 존재

ⓜ 각 구성원들의 의사결정에의 참여가 자유로움

ⓗ 결정사항에 대한 적극적 실행의지를 보임

ⓢ 구성원에 대한 리더의 적극적인 지원

ⓞ 상호간의 생각차이를 인정하며, 받아들이는 분위기가 조성되어 있음

② **효과적이지 못한 팀의 특징(효과적인 팀과 반대되는 양상을 띰)**

ⓐ 구체적이고 명확한 성과목표가 설정되어 있지 못하고, 각 구성원의 기능 및 역할책임에 대한 파악이 이루어져 있지 않으며, 목표달성을 위한 전략 등이 부족

ⓑ 자유롭고 적극적인 의사소통이 부족

ⓒ 의견일치의 결여

ⓔ 회의·모임의 역기능적 현상 및 팀 내 갈등 발생

ⓜ 팀 차원의 지원 및 비전이 결여되어 있고, 일관된 방향성이 부족하며 만성적으로 예산 및 자원 등의 부족에 시달림

ⓗ 팀 및 팀원들의 지식 및 핵심 스킬이 부족하고 지속적 학습 및 개발 등이 부족함

(3) 팀워크의 기본요소 – 활성화 방안

효과적인 팀워크를 유지하기 위해서는 각 구성원들이 갖추어야 할 기본적인 요소들이 존재하며 다음과 같이 나열할 수 있다.

① 공동의 목표달성을 위한 강한 목표의식과 책임의식을 가져야 한다.

② 신뢰를 기반으로 상호 존중과 배려하는 마음을 가져야 한다.

③ 과업수행에 있어 상호 협력하며 각자의 역할과 책임을 다하여야 한다.

④ 솔직한 의사교환은 필수이며, 각자의 의견 차이를 인정하고 받아들이려는 자세가 필요하다. 또한 리더는 이를 잘 관리하여야 한다.

⑤ 팀원 상호간의 강한 자신감은 팀 사기에 영향을 주어 과업수행에 있어 효과성을 높이는 역할을 한다.

> **더 알아두기**
>
> **팀워크의 저해요소**
>
> ① 존중과 신뢰의 결핍   ⑥ 의사소통의 부재
> ② 충돌의 두려움   ⑦ 불명확한 초점(목표)
> ③ 헌신의 결핍   ⑧ 리더의 자질 부족
> ④ 책임에 대한 회피   ⑨ 팀원들의 역량 부족
> ⑤ 결과에 대한 무관심

2 효과적인 팀 구축 – 임파워먼트

효과적인 팀의 구축을 위해 가장 중요한 요소는 리더의 권한을 특정 개인이 독점하는 것이 아닌 구성원 모두가 공유하는 임파워먼트의 철학을 실천하는 데 있다. 이는 직위나 직급 혹은 연공서열에 의한 기존의 권한 행사가 아닌 보다 전문성이 우선되고 자율성과 창의성이 강조되며 권력을 공유하는 수평적 사고가 뒷받침되지 않고서는 성공하기 어려운 제도이다.

(1) 임파워먼트의 개념

① 임파워먼트(empowerment)를 단어 그대로 풀이하자면 권한과 능력이라는 두 가지 의미를 부여하는 일이라고 해석될 수 있다.

② 임파워먼트는 직무 담당자들의 업무수행 능력을 향상시킬 수 있도록 도우며, 리더가 지닌 권한을 각 성원들에게 나눠 그들의 책임 범위를 확대시킴으로써 각 성원들이 맡은 일에 대한 자기 통제감을 높이고, 보유한 잠재능력이나 창의력 등이 발휘될 수 있도록 하는 동기부여 방법이다.

③ 조직 내의 권력에 대한 전통적인 관점은 한 쪽의 권력이 증대되면 다른 쪽의 권력이 감소된다는 제로섬(zero-sum)의 관점으로 권력배분을 놓고 상호 대립할 수밖에 없었지만, 임파워먼트는 힘의 크기 자체를 늘려 나갈 수 있다는 관점에서 비제로섬(non zero-sum)관점이라 할 수 있다 (김인숙 외, 2015).

④ 임파워먼트는 권력의 배분보다 양쪽 모두의 권력을 증대시킬 수 있다는 전제하에 조직을 위해 중요한 일을 할 수 있는 힘이나 능력이 있다는 확신을 구성원들에게 심어주는 과정이다. 즉, 임파워먼트는 권력의 증대나 창조에 초점을 둔다.

⑤ 임파워먼트와 관련하여, 임파워먼트 리더십은 조직구성원에게 업무와 관련된 자율권을 보장하여 구성원의 잠재력을 극대화하는 리더십이라고 할 수 있다.

⑥ 임파워먼트 리더십의 핵심은 권한의 공유(power sharing)와 혁신에 있다. 임파워먼트 리더는 권한을 하급자에 이양할수록 자신의 영향력이 증대된다는 자신감을 가지고 직무 권한을 하급자와 공유하여 하급자들이 자신의 자율적 의사결정으로 업무상의 혁신을 이루도록 촉진한다.

⑦ 임파워먼트는 인간본성에 대한 Y론적 인간관을 기초로 한다.

⑧ 임파워먼트는 협동, 나눔 등으로 권력을 발전시킨다.

⑨ 임파워먼트는 권력의 분산화를 꾀한다.

⑩ 임파워먼트는 개인, 집단, 조직의 세 수준이 상호작용하는 변혁과정이다.

(2) 임파워먼트의 4가지 구성요소

① **의미성**

　㉠ 의미성(meaning)은 일에 대해서 느끼는 가치를 뜻한다.

　㉡ 임파워먼트가 없는 상태의 담당자는 자신에게 주어진 직무에 아무런 의미와 가치를 느끼지 못하게 된다.

　㉢ 의미성은 일 자체가 주는 내적 동기라 할 수 있다.

　㉣ 의미성은 직무수행에 있어 개인의 심리적 힘을 끌어올리도록 하는 가장 큰 핵심 기반이다.

② **역량감**

  ㉠ 역량감(competence)은 자신의 일을 효과적으로 수행하는 데 필요한 능력에 대한 개인적 믿음이다.

  ㉡ 이러한 역량감이 낮으면 임파워먼트의 수준은 높아질 수 없다.

③ **자기결정력**

  ㉠ 자기결정력(self-determination)은 개인이 자신의 판단과 결정에 따라 행동할 수 있는 정도를 의미한다.

  ㉡ 상사의 명령에 복종할 줄만 아는 사람은 자기결정력이 낮은 사람이다. 이러한 사람은 명령이나 지시가 없으면 불안해하고 자신의 선택에 따라 성과를 낼 수 없다.

④ **영향력**

  ㉠ 영향력(impact)은 개인이 조직 목표달성에 기여할 수 있다고 느끼는 정도를 뜻한다.

  ㉡ 개인이 조직에 아무 기여도 할 수 없다고 느낀다면 임파워먼트에 문제가 있다는 것이다.

(3) 임파워먼트의 효과와 조직에 미치는 영향

① **임파워먼트의 효과**

  ㉠ 구성원이 보유한 능력을 최대한 발휘하게 하고 그들의 직무몰입을 극대화할 수 있어야 한다.

  ㉡ 업무수행상의 문제점들과 그 해결방안을 가장 잘 알고 있는 담당자들이 고객들에게 적절하게 대응함으로써 품질과 서비스의 수준을 제고할 수 있다.

  ㉢ 고객 접점에서의 시장대응이 보다 신속하고 탄력적으로 이루어지게 된다.

  ㉣ 지시, 점검, 감독, 감시, 연락, 조정 등에 필요한 노력과 비용이 줄어들기 때문에 비용이 절감된다.

② **임파워먼트가 조직에 미치는 영향**

  ㉠ 구성원들에게 자신의 일이 조직의 성패를 좌우한다는 강한 사명감을 갖게 한다. 즉, 구성원 개인마다 자신이 담당하는 일이 매우 중요하다는 의식을 갖게 된다.

  ㉡ 우수인력 확보와 양성에 초점을 두며, 특히 업무를 수행하는 개인의 기량 향상에 초점을 둔다.

  ㉢ 자신이 담당하는 일에 대해 스스로 의사결정권을 갖게 하여 통제감을 높임으로써 무기력감과 스트레스를 해소하고 더 나아가 강한 업무의욕을 갖게 하여 구성원에게 커다란 성취감을 준다.

  ㉣ 구성원들로 하여금 직무수행에 필요한 기량을 향상하도록 하며 환경변화에 신속하게 대응하게 한다. 조직이 급변하는 환경에 적응할 수 있으려면 상부의 조언이나 허락 없이도 상황에 능동적이고 적극적으로 대응할 역량을 가진 사람들을 필요로 하는데 임파워먼트는 조직 구성원들이 그러한 능력을 갖추도록 동기를 부여한다.

(4) 임파워먼트의 저항요인

① **관료적 문화**

  ㉠ 관료적 문화를 가진 조직은 변화나 위험을 감수하고 새로운 아이디어를 장려하기보다는 현재의 상황을 유지하려는 경향이 강하다.

  ㉡ 관료적 문화를 가진 조직은 장기적 성과보다는 단기적 성과에 집착하는 경향이 강하며, 보상 시스템을 통해 현재 상황의 유지를 더욱 공고히 하는 데 주력한다.

© 관료적 문화에서는 경영자가 아무리 임파워먼트를 강조하더라도 대부분의 구성원들이 현재에 안주하려는 경향이 강해 임파워먼트가 성과를 낼 수 없다.

② **갈등의 발생**

㉠ 상하 간 또는 부문 간의 갈등 양상이 성공적인 임파워먼트의 실행을 방해한다.

㉡ 대부분의 관리자는 자신의 권한을 하위자에게 위임하는 것을 좋아하지 않으며, 오히려 임파워먼트를 책임회피 수단으로 악용하기도 한다.

③ **구성원들의 스킬부족**

구성원들이 업무량이 많거나 기술이나 지식이 부족하여 자신에게 주어진 일만 해도 벅찰 경우에는 임파워먼트를 실행하는 것이 의미가 없을 수도 있다.

(5) 임파워먼트의 개발 및 실천전략

① **명확한 비전과 원칙 제시** : 임파워먼트가 성공적으로 실행되기 위해서는 비전과 전략 방향이 명확하게 제시되어야 한다.

② **인적자산을 중시하는 기업문화 구축** : 기업이 임파워먼트를 정착시키기 위해서는 인적자산을 중시하는 기업문화를 구축하여야 한다.

③ **정보공개** : 필요한 정보를 구성원 개인이나 팀이 손쉽게 얻을 수 있어야 임파워먼트를 느낄 수 있다.

④ **참여 유도와 실패에 대한 격려** : 기업은 구성원들이 위험을 감수하고 업무를 주도적으로 추진하는 동안 발생하는 실패에 대해서는 그것을 인정하고 격려하는 문화를 가져야 한다.

⑤ **혁신활동의 지원** : 조직을 혁신하고 관료적 병폐를 쇄신하는 데 필요한 혁신활동을 실시할 수 있도록 실질적 권한과 힘을 구성원들에게 실어주어야 한다.

⑥ **권한 및 책임부여** : 구성원에게 권한을 부여함과 동시에 책임감을 느끼게 해야 한다.

⑦ **내적 보상 및 공정한 보상 제공** : 임파워먼트된 종업원들은 그들의 책임감 증가에 따라 보상이 이루어져야 한다. 내적보상과 공정한 보상을 통해 기업은 구성원 모두가 자신의 능력개발을 위해 열심히 노력하는 기업문화를 구축할 수 있다.

⑧ **역할 재정리의 마인드 개발** : 조직 구성원들이 얼마나 능동적으로 조직에서 자신의 역할 수준을 재정립하고 이를 실행하려는 마인드를 확립하느냐가 중요한데, 기업은 교육 등 다양한 방법을 통해 개인들이 다음과 같은 특성을 가질 수 있도록 해야 한다.

㉠ 전체적인 전략 방향이 결정되면 조직구성원들은 자신들의 업무목표달성 방법을 선택할 재량권을 갖고 의사결정을 내릴 수 있어야 한다.

㉡ 조직 구성원들은 자신이 맡은 업무에 주인의식과 열정을 가져야 한다.

㉢ 조직 구성원들은 담당 과업을 제대로 수행할 능력을 보유하여야 하며, 그러한 능력을 통해 업무 목표를 달성할 수 있다는 자신감을 지녀야 한다.

㉣ 조직 구성원들은 자신이 수행하는 과업에 영향력이 있어야 하며, 상급자나 동료들이 자신의 의견을 존중하고 있다고 느낄 수 있어야 한다.

⑨ **능력과 리더십의 조화** : 임파워먼트가 성공적으로 실행되려면 구성원들의 능력 정도에 따라 적절한 리더십이 발휘되어야 한다.

㉠ 구성원들이 임파워먼트를 실행할 능력이 전혀 갖추어지지 않은 상황이라고 판단되면 명령이나 지시 위주의 통제형 리더십이 성과 달성에 더 바람직하고 능력이 부족한 구성원들에게는 한층 밀접한 통제가 필요하며 지속적인 교육을 통해 과업에 대한 주인의식과 고난이도의 과업을 수행할 능력을 개발시켜야 한다.

㉡ 어느 정도 능력이 갖추어진 구성원들에게는 재량권을 일부 부여하는 대신 구성원들이 취약한 부분에 대해서는 어느 정도의 의사결정권을 유지하는 참여적 리더십이 적절하다.

㉢ 임파워먼트를 실행할 능력을 충분히 갖춘 구성원들에게는 조언과 폭넓은 가이드라인만 제공하고 모든 과업에 대한 재량권을 업무수행자에게 부여하는 코치형 리더십이 적절하다.

더 알아두기 Q

팀 프로세스의 세 가지 범주
• 전환 프로세스 : 업무의 준비에 초점을 두는 팀워크 활동
 – 과제분석
 – 목표명세
 – 전략수립
 – 결과지향 그룹
• 실행 프로세스 : 목표에 대한 모니터링
 – 목표를 향한 진행상황 모니터링
 – 시스템 모니터링
 – 팀 모니터링 및 백업 동작
 – 조정
• 대인관계 프로세스 : 활동기간/전환기간 동안 팀 구성원들 간에 동기부여 및 신뢰구축
 – 갈등관리
 – 동기부여 및 신뢰구축
 – 효과관리

실제예상문제

01 다음 중 팀에 대한 설명으로 적절하지 <u>않은</u> 것은?

① 팀이란 소수의 구성 멤버들이 상호 필요한 각자의 기능을 갖고 상호 보완·협동관계를 통해 특정 목적을 달성하기 위해 구성된 집단을 의미한다.

② 모든 팀은 집단이지만, 모든 집단이 팀은 아니다.

③ 각 구성원 간 상호 보완적 기능이 매우 중요하다.

④ 팀에 있어서 팀원의 수는 그리 중요한 요소가 아니다.

01 팀에서 팀원의 수는 매우 중요한 요소이다. 바람직한 팀원 수는 2~25명 정도로 보지만 일반적으로 가장 적정한 팀원의 수는 10명 내외이다.

02 생산성 높은 팀의 한 특징으로 '경영진은 모든 팀원들로부터 인정받을 수 있는 목표를 제공하고, 팀원은 자신의 조직목표를 명확히 알아야한다.'라는 개념은 무엇인가?

① 핵심 목표

② 클린 목표

③ 거시 목표

④ 상호 보완 목표

02 생산성이 높은 팀은 클린 목표(Clean Purpose)를 가진다.

03 다음 중 생산성이 높은 팀의 특성이 <u>아닌</u> 것은?

① 생산성이 높은 팀의 리더는 자신과 팀원들의 미션에 대한 공통된 몰입을 극대화한다.

② 생산성이 높은 팀의 리더는 광범위하고 포괄적인 목표·지시를 구성원들에게 제시한다.

③ 가장 효과적인 팀 규모는 7~14명이며, 적절한 구성원의 혼합이 필요하다.

④ 생산성이 높은 팀은 측정 가능한 성과목표를 지향한다.

03 생산성이 높은 팀의 리더는 광범위하고 포괄적인 목표·지시를 구체적이고 측정이 가능한 성과목표로 변환시켜 구성원들에게 제시한다.

정답 01 ④ 02 ② 03 ②

04 제안팀은 비용절감이나 생산성 향상과 같은 특별한 과제를 갖고 임시적으로 구성하는 팀을 말한다.
[문제 하단의 표 참고]

04 **다음 중 팀의 유형과 개념의 연결이 바르지 않은 것은?**

① 자아 관리팀 – 자가 경영 직무팀으로서 관리자 역할까지 팀 단위에 맡기는 유형이다.
② 준 자율팀 – 자기 자신의 영역에서 활동을 위한 노력을 투입하지만 감독자에 의해 관리되는 유형이다.
③ 문제 해결팀 – 특정한 문제 해결을 위해 같은 부서에 소속된 멤버 중 몇 명을 선정하여 구성하는 유형이다.
④ 제안팀 – 특별한 과제를 갖고 영구적으로 구성하는 팀 유형이다.

[팀의 유형]

자가 경영 직무팀 (자아 관리팀)	관리자의 역할까지 팀 단위에 맡기는 팀 유형이다.
준 자율팀	자기 자신의 영역에서 활동을 위한 노력을 투입하지만 감독자에 의해 관리되는 팀 유형이다.
문제 해결팀	특정한 문제를 해결하기 위해 같은 부서에 소속된 멤버 중 몇 명을 선정하여 구성하는 팀 유형이다.
제안팀	비용절감이나 생산성 향상과 같은 특별한 과제를 갖고 임시로 구성하는 팀 유형이다.
기능 융합팀	특별한 직무를 수행하기 위해 서로 다른 다양한 부서에서 직무를 수행하기 위해 서로 다른 다양한 부서에서 정예 멤버들을 차출하여 구성하는 팀의 유형으로 태스크포스나 위원회 등이 이 유형에 속한다.
가상팀	공동목표 달성을 위해 따로 떨어져 있는 구성원들을 컴퓨터와 인터넷을 활용(비디오 화상 회의, E-mail 등)하여 모아 놓은 팀 유형이다.

05 집단 구성원들은 집단 내에서 공동체 의식을 바탕으로 단합하게 되는데, 이때 서로 단합하는 힘을 응집력이라고 한다. 응집력은 집단행동에 영향을 미치는 중요한 요소이다. 이러한 집단 응집력은 구성원 간 근접성과 접촉이 많을수록 커지게 되며, 이는 상호 개인 간 매력도에 의해 좌우된다. 그리고 집단 간 경쟁은 집단의 응집력을 높이지만 집단 내 경쟁은 응집력을 약화시킨다.

05 **다음에서 설명하는 개념은 무엇인가?**

> 집단 구성원들이 집단 내에서 공동체 의식을 바탕으로 서로 단합하는 힘으로서 집단행동에 영향을 미치는 중요한 요소이다. 이것은 구성원 간 근접성과 접촉이 많을수록 커지고, 이는 상호 개인 간 매력도에 의해 좌우된다.

① 집단 매력도　　　　② 집단 응집력
③ 집단 몰입　　　　　④ 집단 사고

정답 04 ④　05 ②

06 다음 괄호 안에 들어갈 말로 적절한 것은?

> 팀은 (　　) 기능을 가지는 소수의 사람들이 공동의 목표를 달성하기 위해 책임을 공유하고 문제 해결을 위하여 공동의 접근방식을 사용하는 조직 단위이다.

① 상호 대립적
② 상호 보완적
③ 상호 모순적
④ 상호 자극적

06 팀은 구성원 간의 상호 보완적(의존적) 관계를 보인다.

07 다음 중 팀제 조직의 특징으로 옳은 것은?

① 엄격한 명령지휘 계통 체계로 팀을 형성하게 된다.
② 팀의 리더를 중심으로 결재단계를 확대시켜 조직 비대화를 추구한다.
③ 중간관리자는 담당업무의 전문가로서 역할보다는 관리업무를 하도록 장려된다.
④ 팀 구성원은 협력을 통한 공동작업, 팀 성과에 대한 공동책임, 목표달성을 위한 공동몰입을 하게 된다.

07 팀제란 전통적인 기능 및 계층 중심의 조직구조를 탈피하여 기존의 부·과를 통폐합하고 업무중심으로 팀을 만든 후 능력과 적성에 따라 탄력적으로 인재를 팀에 소속시켜 팀장을 중심으로 자율적·독립적으로 운영할 수 있게 설계된 조직이다. 즉, 팀 조직이란 팀을 중심으로 상호 보완적인 기능을 가진 소수의 사람들이 공동의 목표달성을 위해 공동의 접근방법을 가지고 신축적으로 상호작용하면서 상호책임을 공유하고 결과에 대한 공동책임을 지는 자율권을 가진 조직단위(일종의 하위집단)이다.

08 다음은 팀제 조직이 지니는 역기능과 순기능에 대한 설명이다. 옳지 <u>않은</u> 것은?

① 팀 조직은 전문가 등 소수 인력만으로도 운영이 가능해짐에 따라 구성원의 지식·경험·정보 활용능력을 제고할 수 있다.
② 과업 중심 조직으로 의사결정의 신속성을 제고할 수 있고, 이는 급변하는 기업환경의 적응력을 높이는 데 일조하게 된다.
③ 팀원 간의 무임승차로 인한 업무 공동화(= 공백화) 현상 발생 가능성이 극히 적다.
④ 조직 전체의 공감대 및 타 팀과의 협력관계가 느슨해질 수 있고 팀 상호 간의 불필요한 경쟁관계 유발 위험이 존재한다.

08 팀원 간의 무임승차로 인한 업무 공동화(= 공백화) 현상 발생 가능성이 있다.

정답 06 ② 07 ④ 08 ③

09 팀제 조직을 구성할 경우 팀원의 수는 매우 중요한 요소 중 하나로 구성원의 수에 제한을 두어 10명 전후로 팀을 구성한 경우는 유효성 악화 요인이 아닌 매우 바람직한 팀 구성이라 할 수 있다.

10 조직 구성원 각자의 몫을 분명히 하여 모두가 맡은 업무에 전문가가 되도록 장려하는 것이 바람직하다.

팀제 조직하의 인사 조직상의 변화
• 직급·지위와 직책의 분리가 이루어지므로 직급·직위 승진과 직책보임이 구분된다.
• 조직 구성원 각자의 몫을 분명히 하여 모두가 맡은 업무에 전문가가 되도록 장려한다.
• 경직적 계층구조의 부·과 개념을 떠나 유연한 평면구조로 전환을 시도하게 된다.
• 직급 중심이 아닌 과업 중심의 의사결정이 이루어진다.
• 조직체계도 담당, 대리, 과장, 부서장에서 담당자, 팀장으로 간소화되어 팀 내에서는 모든 정보가 공유된다.

11 팀 구축법(Team Building)이란 집단 수준의 조직개발(Organizational Development, OD) 기법 중의 하나로 조직 내에 존재하는 다양한 팀들을 개선·발전시키고 그 유효성을 증대시키는 데 목적이 있다. 이 방법은 레빈(Lewin)이 주장한 조직변화 과정의 모형, 태도의 변화 과정인 해빙·변화·재동결의 단계를 거쳐 이루어진다. 팀 구축법은 작업팀의 문제 해결 능력과 효율성을 개선하기 위해 사용되는 방법으로 과업성과와 관련된 문제 해결에 중점을 둔다. 개인과 마찬가지로 단위부서들도 팀 구성원들이 해결할 수 없는 문제들에 직면할 경우 기능장애를 일으킨다. 팀 구축법은 이러한 문제를 바로잡는 데 사용될 수 있다.

정답 09 ④ 10 ② 11 ④

09 **다음 중 팀제 조직의 유효성 악화 요인으로 보기 <u>어려운</u> 것은?**

① 관련제도 및 업무의 재편성이 뒤따르지 않거나 팀제 도입 목적이 불분명한 경우 유효성이 악화될 수 있다.
② 팀장의 능력과 리더십이 부족하고 팀원의 전문능력이 떨어질 경우 유효성이 악화될 수 있다.
③ 상명하달식의 획일적 업무추진이 이루어지거나 권한위양이 미흡할 경우 또는 서열 중심의 수직적 사고에 익숙하여 팀원들의 역할수행이 제대로 안 될 경우 유효성이 악화될 수 있다.
④ 팀의 성과를 높이기 위해 구성원의 수에 제한을 두어 10명 전후로 팀을 구성한 경우 팀 구성원의 수가 너무 적어 유효성이 악화될 수 있다.

10 **다음 중 팀제 조직하의 인사 조직상의 변화로 옳은 것은?**

① 직급·직위 승진과 직책보임의 통합
② 각 팀원의 담당 업무 전문가화
③ 조직체계의 확대
④ 경직적 계층구조 유지

11 **다음 괄호 안에 들어갈 말로 적절한 것은?**

( )이란 집단 수준의 조직개발(OD) 기법 중에 하나로 조직 내에 존재하는 다양한 팀들을 개선하고 그 유효성을 증대시키는 데 목적이 있다. ( )은 조직변화 과정의 모형/태도의 변화 과정인 해빙·변화·재동결의 단계를 거쳐 이루어진다. ( )은 작업팀의 문제 해결 능력과 효율성을 개선하기 위해 사용하는 방법으로 과업성과와 관련된 문제 해결에 중점을 둔다.

① 그리드 훈련
② 감수성 훈련
③ 리더십 구축법
④ 팀 구축법

12 Robbins가 제시한 4가지 팀의 유형 중 문제 해결팀(Problem-solving Team)에 관한 설명으로 옳지 <u>않은</u> 것은?

① 주요한 쟁점이 되는 상황이나 특정한 문제 발생 시 이에 대한 구체적인 해결을 위해 주로 전문적인 지식을 가진 사람들로 구성된 팀을 의미한다.

② 기업에선 일반적으로 동일 부서 내에 소속된 구성원들 중 몇 명(5~12명)을 차출하여 구성하게 된다.

③ 구성원 선정의 기준은 쟁점화된 문제 상황에 대한 이해력, 판단력, 전문지식이나 해결능력 등이 될 수 있다.

④ 팀은 임무가 끝나면 바로 해산하지 않고 유지되며. 때문에 조직구조에 큰 영향을 미치게 된다.

13 Robbins가 제시한 4가지 팀의 유형 중 자가 경영 직무팀(Self-managed Work Team)에 관한 설명으로 옳지 <u>않은</u> 것은?

① 생산성을 높이고 의사결정을 신속하게 내리며 구성원들의 다양한 창의성 향상을 도모하기 위하여 조직된 팀이다.

② 팀 내에서 모든 것을 해결하며 따라서 재량의 범위가 아주 넓은 것이 특징이다.

③ 일반적으로 팀 구성은 수행하는 업무의 내용 등에 연관이 깊거나 상호의존적인 직무를 수행하던 사람들 10인~15인으로 하여 이루어진다.

④ 팀 자체적으로 직무와 관련된 일상적 의사결정뿐만 아니라, 예산집행, 경영관리, 운영상의 의사결정까지 권한이 주어지지만 인사권까지는 주어지지 않는다.

14 가상팀은 공동목표의 달성을 위해 물리적으로 떨어져 서로 다른 공간에 있는 구성원들을 서로 연결해 일할 수 있도록 가상의 공간(온라인)에 모아놓은 팀의 유형으로 컴퓨터와 네트워크 기술(비디오 화상회의, 메신저, 이메일 등)을 활용하여 가상의 공간 안에서 구성원들은 서로 협력하게 되며, 이슈와 자료를 서로 공유하고 각자의 역할을 정하여 과업을 수행한 뒤 일을 마치면 사이버 공간에서 통합·완료된다.

15 집단 내의 응집성이 높으면 조직의 성과가 높아지기도 하지만 응집성이 조직의 방향과 다른 방향으로 형성된다고 하면 조직의 성과가 오히려 낮아지게 된다.

14 다음에서 설명하는 팀의 유형은?

> • 컴퓨터와 네트워크 기술(비디오 화상회의, 메신저, 이메일 등)을 활용하여 가상의 공간 안에서 구성원들은 서로 협력하게 되며, 이슈와 자료를 서로 공유하고 각자의 역할을 정하여 과업을 수행한 뒤 일을 마치면 사이버 공간에서 통합·완료된다.
> • 기능적인 차원에서 다른 팀 조직들과 차이가 없고 모든 업무의 수행이 가능하며, 문제 해결을 위해 일시적으로만 활동할 수도 있고 하나의 프로젝트가 완료 될 때까지 오랜 기간 걸쳐 지속될 수도 있다.

① 가상팀
② 기능 융합팀
③ 자가 경영팀
④ 자율 관리팀

15 다음 집단에 관한 설명으로 잘못된 것은?

① 비공식적 집단이란 조직이 의도하지 않았으나 조직 구성원들 사이에 자발적으로 형성된 집단으로 조직 내에서 순기능과 역기능을 모두 가지고 있다.
② 집단 내의 응집성이 높으면 조직의 성과는 향상되기 때문에 조직에서는 응집성을 높여야 한다.
③ 집단의 발전단계에서 집단의 단합이나 응집력이 가장 낮은 시기는 갈등기이다.
④ 집단의 발전단계는 형성기, 갈등기, 규범기, 성취기, 해체기로 발전하였다가 다시 쇠퇴하게 된다.

정답 14 ① 15 ②

16 집단의사결정과 개인의사결정에 대한 설명으로 옳지 <u>않은</u> 것은?

① 집단의사결정은 많은 경험과 정보를 공유할 수 있다는 장점이 있다.

② 집단사고란 집단 내부의 압력으로 구성원들 간의 사고의 일치를 지나치게 모색하여 현실적인 다른 대안의 모색을 저해하는 경향을 의미한다.

③ 집단사고가 존재할 경우 집단의사결정의 질은 현격하게 저하된다.

④ 집단의사결정은 최선의 해결책을 강구할 수 있다는 점에서 개인의사결정보다 유리하다.

16 집단의사결정은 최선책보다는 절충안을 선택할 위험이 있다.

17 의사결정을 위한 근거자료가 부족한 상황에서 전문가 집단의 각 구성원에게 설문을 보내고 이에 대한 응답을 모아 요약 정리한 후, 다시 전문가에게 보내는 과정을 반복함으로써 의사결정을 행하는 방법은?

① 델파이법
② 브레인스토밍법
③ 명목집단기법
④ 변증법적토의법

17 델파이법은 익명성과 서면을 통한 개별의견 확인의 과정을 거치게 된다.

18 다음은 집단의사결정기법으로 명목집단법과 델파이법의 비교 설명이다. 적절하지 <u>못한</u> 것은?

① 두 방법 모두 사고의 독립성을 유지시켜주는 방법이다.

② 명목집단법은 델파이법에 비해 시간이 적게 소요된다는 장점이 있다.

③ 명목집단법은 한 번에 하나의 문제만을 해결할 수 있다는 제약이 존재한다.

④ 델파이법에서 리더의 자질이 명목집단법보다 중요하다.

18 리더의 자질은 델파이법보다 명목집단법에서 더 요구된다. 명목집단법은 토론을 이끄는 리더가 적절한 훈련을 받고 자질을 갖추고 있어야 하며 한 번에 한 문제밖에 처리할 수 없다는 단점이 있다.

정답   16 ④   17 ①   18 ④

checkpoint 해설 & 정답

19 집단의사결정의 단점으로는 개인의 사결정에 비하여 시간과 비용이 많이 든다는 점이다. 이외에도 집단의사결 정은 의사결정과정에서 구성원들 간 의 의견 불일치로 집단양극화 현상이 발생할 수 있으며, 최적의 의사결정 보다는 구성원의 타협에 의하여 절충 안이 결정되는 등 집단사고가 발생할 수 있다는 점 등을 단점으로 꼽을 수 있다.

19 집단의사결정에 관한 설명으로 옳지 <u>않은</u> 것은?

① 의사결정과 관련된 이해집단들의 이해를 조정할 수 있고 참여 자 상호 간의 다양한 정보 교환 및 공유가 가능하다.

② 신속한 결정이 필요할 때는 개인의사결정이 더 선호되는 경향 이 있다.

③ 집단의사결정은 결정에 이르기까지 다소 시간이 소요되나 일 단 결정되고 나면 쉽게 이행될 수 있다.

④ 집단의사결정은 개인의사결정보다 정확도가 높으며 시간과 비용이 절약될 수 있다.

20 명목집단기법을 적용할 때는 타인의 영향 및 간섭을 배제하기 위하여 구 성원 간의 토론을 최소화시킨다.

20 의사결정에 관한 다음의 서술 중 가장 적절하지 <u>않은</u> 것은?

① 브레인스토밍 방법을 적용할 때에는 자유롭게 의견을 개진할 수 있는 분위기를 조성하는 것이 중요하다.

② 명목집단기법을 적용할 때는 구성원 간의 토론과 토론 사회자 의 역할이 중요하다.

③ 사이몬(Simon)의 제한된 합리성(bounded rationality) 모형 (이론)에 의하면 의사결정을 할 때 최적의 대안보다는 만족스 러운 대안을 선택하게 된다.

④ 집단 구성원의 응집력이 강할수록 집단사고(group think) 현 상이 발생할 가능성이 커진다.

정답 19 ④ 20 ②

21 다음 중 효과적인 팀의 특징이라 볼 수 <u>없는</u> 것은?

① 구체적이고 명확한 성과목표가 설정되어 있음
② 구성원들 간의 역할과 책임이 명확함
③ 상호 간의 높은 신뢰 관계가 형성되어 있음
④ 단일의 의사소통의 창구 존재

22 다음 중 임파워먼트의 4가지 구성요소에 해당하지 <u>않는</u> 것은?

① 의미성(meaning)
② 역량(competence)
③ 매력(attraction)
④ 영향력(impact)

23 구성원의 임파워먼트에 대한 설명으로 옳은 것은?

① 제로섬(zero-sum)의 관점에서 권력을 분배하는 것이다.
② 직위에 임명됨으로써 공식적으로 권력을 부여받는 것이다.
③ 개인의 역량을 향상시키고, 맡은 일에 대한 통제감을 높여준다.
④ 변혁적 리더십보다 거래적 리더십이 임파워링(empowering)에 효과적이다.

21 효과적인 팀은 다양한 의사소통의 창구가 존재하기 때문에 구성원들은 의사소통에 제약을 덜 받게 됨으로써 신속한 의사전달 및 정보공유가 이뤄진다는 특징을 지닌다.

22 임파워먼트는 의미성, 역량, 자기결정력, 영향력의 네 가지 요소를 구성요건으로 하고 있다.

23 임파워먼트는 직무 담당자들의 업무수행 능력을 향상시킬 수 있도록 도우며, 리더가 지닌 권한을 각 성원들에게 나눠 그들의 책임범위를 확대시킴으로써 각 구성원들이 맡은 일에 대한 자기 통제감을 높이고 보유한 잠재능력이나 창의력 등이 발휘될 수 있도록 하는 동기부여 방법이다.

정답　21 ④　22 ③　23 ③

24 임파워먼트는 권력의 배분보다 양쪽 모두의 권력을 증대시킬 수 있다는 전제하에 조직을 위해 중요한 일을 할 수 있는 힘이나 능력이 있다는 확신을 구성원들에게 심어주는 과정으로 비제로섬(non zero-sum)관점이라 할 수 있다.

24 임파워먼트의 기본개념에 관한 설명으로 옳지 않은 것은?

① 임파워먼트에서의 권력은 한쪽이 증대되면 상대편이 감소된다는 관점이다.
② 임파워먼트는 파워를 크게 하는 것으로 창조, 증대, 확산을 강조한다.
③ 임파워먼트는 개인과 개인의 긍정적 상호작용을 통해 양자 모두의 권력을 키우는 것이다.
④ 임파워먼트는 구성원들이 조직을 위해 중요한 일을 할 힘이나 능력이 있다는 확신을 심어주는 과정이다.

25 임파워먼트된 종업원들은 책임감 증가에 따른 내적 보상과 공정한 보상이 주어져야 한다. 이를 통해 기업은 구성원 모두가 자신의 능력개발을 위해 열심히 노력하는 기업문화를 구축할 수 있다.

25 다음 중 임파워먼트의 실천전략으로 적절하지 않은 것은?

① 명확한 비전과 원칙 제시
② 혁신활동의 지원
③ 정보공개
④ 외적 보상

26 ① 임파워먼트는 인간본성에 대한 Y론적 인간관을 기초로 한다.
② 임파워먼트는 비제로섬(non zero-sum)의 관점이다.
③ 임파워먼트는 권력의 분산화를 꾀한다.

26 다음 중 임파워먼트에 관한 설명으로 옳은 것은?

① 임파워먼트는 과학적 관리론에 입각한 X론적 인간관을 기초로 한다.
② 임파워먼트는 제로섬(zero-sum)의 관점에서 권력을 분배하는 것이다.
③ 임파워먼트는 권력의 집중화를 꾀한다.
④ 임파워먼트는 개인, 집단, 조직의 세 수준이 상호작용하는 변혁과정이다.

정답 24 ① 25 ④ 26 ④

✔ 주관식 문제

01 다음은 Robbins의 4가지 팀의 유형에 대한 설명이다. (   ) 안에 들어갈 내용을 순서대로 쓰시오.

> • (㉠)은/는 주요한 쟁점이 되는 상황이나 특정한 문제 발생 시 이에 대한 구체적인 해결을 위해 주로 전문적인 지식을 가진 사람들로 구성된 팀을 의미한다.
> • (㉡)은/는 특별한 직무를 수행하기 위해 서로 다른 다양한 부서에서 정예 멤버들을 차출하여 구성하는 팀의 유형이다.

01

정답 ㉠ 문제해결팀(Problem-Solving Team),
㉡ 기능융합팀(Cross-Functional Team)

해설 • 문제해결팀(Problem-Solving Team)은 기업에선 일반적으로 동일 부서 내에 소속된 구성원들 중 몇 명(5~12명)을 차출하여 구성하게 된다.
• 기능융합팀(Cross-Functional Team)은 조직 내 다양한 영역의 사람들이 모이게 되므로 다양한 정보교환, 복합적인 작업의 조정, 새로운 아이디어 창출, 문제점 해결에 아주 효과적이다. 위원회(Committees), 태스크포스(Task Force)팀, 동시개발팀 등이 이러한 팀 유형에 속한다.

02 다음은 Ansoff의 의사결정 유형에 대한 설명이다. (   ) 안에 들어갈 내용을 순서대로 쓰시오.

> • 전략적 의사결정은 조직의 목표달성을 위한 상위목표의 결정으로서 (㉠)을/를 중심으로 이루어지는 거시적·추상적·포괄적인 내용을 포함하는 의사결정을 말한다.
> • (㉡)은/는 기업의 내부문제에 관한 전술적 의사결정으로 전략적 의사결정을 구체화하기 위한 것이며, 보통 중간 관리층에 의해 이루어진다.

02

정답 ㉠ 최고 관리층, ㉡ 관리적 의사결정

해설 • 전략적 의사결정: 최고 관리층을 중심으로 이루어지며, 기업의 내부문제보다는 외부환경 변화에 기업 전체를 적응시키기 위한 결정에 관한 것이다.
• 관리적 의사결정: 최대의 과업능력을 산출하기 위해서 기업의 자원 등을 조직화하는 문제에 대한 의사결정으로 조직기구에 관한 결정과 자원의 조달 및 개발에 관한 결정 등이 포함된다.

03

정답 ㉠ 비제로섬(Non Zero-Sum),
㉡ 자기결정력

해설 • 조직 내의 권력에 대한 전통적인
관점은 한 쪽의 권력이 증대되면
다른 쪽의 권력이 감소된다는 제
로섬(Zero-Sum)의 관점으로 권력
배분을 놓고 상호 대립할 수밖에
없었지만, 임파워먼트는 힘의 크
기 자체를 늘려 나갈 수 있다는 관
점에서 비제로섬(Non Zero-Sum)
관점이라 할 수 있다.
• 임파워먼트의 4가지 구성요소로는
의미성, 역량감, 자기결정력, 영향
력이 있다.

03 다음은 임파워먼트에 대한 설명이다. ( ) 안에 들어갈 내용을
순서대로 쓰시오.

> • 임파워먼트는 힘의 크기 자체를 늘려 나갈 수 있다는 관점
> 에서 (㉠) 관점이라 할 수 있으며, 인간본성에 대한 Y
> 론적 인간관을 기초로 한다.
> • 임파워먼트의 4가지 구성요소로는 의미성, 역량감, (㉡),
> 영향력이 있다.

04

정답 ㉠ 전환, ㉡ 대인관계

해설 **팀 프로세스의 범주화**
• 전환 프로세스 : 업무의 준비에 초
점을 두는 팀워크 활동
• 실행 프로세스 : 목표에 대한 모니
터링
• 대인관계 프로세스 : 활동기간/전
환기간 동안 팀 구성원들 간에

04 다음은 팀 프로세스의 범주에 관한 설명이다. ( ) 안에 들어갈
내용을 순서대로 쓰시오.

> 팀 프로세스는 업무의 준비에 초점을 두는 팀워크 활동인
> (㉠) 프로세스, 목표에 대한 모니터링 활동인 실행 프
> 로세스, 그리고 활동기간 동안 구성원들 간에 동기부여를 하는
> (㉡) 프로세스로 범주화할 수 있다.

제 5 장

직무태도 및 조직행동

I wish you the best of luck

독학사 심리학과 3단계

제5장 직무태도 및 조직행동

제1절 직무만족

1 직무만족의 개념

(1) 직무만족의 정의

① 직무만족(job satisfaction)이란 직무에 대한 인식과 판단으로부터 오는 태도(정서, 지각, 행동)의 하나로서 한 개인의 직무나 직무경험 평가 시에 발생하는 유쾌하고 긍정적인 정서 상태를 말한다. 즉, 조직생활에서의 만족을 의미하는 것이다. 직무만족은 개념적으로 다음과 같은 특징을 지닌다.

> 첫째, 직무에 대한 정서적 반응이다.
> 둘째, 직무에서 개인이 원하는 것과 실제 얻는 것과의 비교로 나타난다.
> 셋째, 담당자의 주관적인 판단에서 비롯된 주관적 개념이다.

② 직무불만족의 표현으로는 퇴직, 불평, 불복종, 책임회피, 횡령, 기물파손 등 여러 형태가 있는데 이를 건설적이냐 파괴적이냐의 차원과 적극적이냐 소극적이냐의 차원으로 분류할 수 있다.

[사원들의 직무 불만족 행동]

- 이탈 : 다른 부서로 옮기든지 회사를 나가버린다.
- 건의 : 상황을 개선하기 위해 책임자에게 제의하고 요구한다.
- 순종 : 개선될 때까지 기다리며 참는다.
- 무시 : 조직에 비협조적이고 결근이나 태만으로 임한다.

(2) 직무만족의 중요성

① 개인 차원의 중요성

㉠ 가치판단의 측면 : 직장인들은 일상의 대부분을 직장에서 보내고 인간은 직장에서 삶이 충족되기를 바라기 때문에 직장생활은 개인에게 만족의 기회를 제공하여야 한다. 따라서 직무만족은 조직이 감당해야 할 사회적 책임의 한 범주가 된다.

㉡ 정신건강의 측면 : 직장생활에서의 불만족은 전이효과로 인하여 가정생활과 여가생활 나아가 삶 자체에 대한 불만으로 연결될 수 있다.

㉢ 신체건강의 측면 : 일에 만족을 느끼는 사람의 수명은 긴 반면 직무에 대한 불만은 스트레스, 권태, 동맥경화, 소화불량, 고혈압 등을 유발할 수 있다는 연구가 있다.

② 조직 차원의 중요성

조직 차원에서 직무만족이 중요한 이유는 조직 유효성에 영향을 미치는 주요 요소이기 때문이다. 즉, 직무만족은 조직 유효성 판단의 대표변수인 이직률, 결근율, 성과(생산성)에 큰 영향을 미치는 요인이 된다. 포터(L. W. Poter)와 롤러(E. E. Lawler III)는 성과-만족의 관계가 보상의 역할에 의해서 이루어진다고 보았다. 조직차원에서 직무만족이 중요한 구체적인 이유는 다음과 같다.

㉠ 성과에 영향 : 직무에 대한 높은 내적 동기유발과 연계되어 있는 직무만족은 작업자의 성과에 직접적으로 영향을 미친다.

㉡ 원만한 인간관계 유지 : 자신의 직무를 좋아하는 사람은 조직 외부뿐만 아니라 조직 내부에서도 원만한 인간관계를 유지하고 조직 분위기를 화목하게 만든다.

㉢ 결근율·이직률 감소 : 직무만족이 높게 되면 결근율과 이직률이 크게 감소함으로써 궁극적으로 생산성 향상에 기여할 수 있다. 종업원의 직무만족과 결근·이직 간에는 부정적 상관관계가 존재하기 때문이다.

㉣ 기업 이미지 홍보효과 : 자신의 직무에 만족하는 사람은 외부사회에서 자신의 조직에 대해 긍정적인 태도를 보이게 된다. 이는 외부 PR효과로 연결되어 신입사원의 원활한 충원과 일반 대중의 조직에 대한 호감을 유도할 수 있다.

2 직무만족의 영향 요인과 결정 요인

(1) 직무만족의 영향 요인

직무만족에 영향을 미치는 요인에는 성격(Personality)·가치관(Values)·직위·생활 만족도 등의 개인적 요인, 보수체계·감독·조직의 권한구조·일이나 동료로부터의 자극·근무환경(Working Situation) 등의 조직적 요인 및 사회적 영향요인(Social Influence) 등이 있다.

① 성격

㉠ 성격은 개인이 가지는 감정, 사고, 행동의 지속적인 패턴으로 직무만족에 영향을 미치는 요인 중 하나이다.

㉡ 개인의 기질적 요인이 직무상황에 대한 평가에 영향을 미치는 것으로 성격 형성에 영향을 미치는 유전적 요인이 직무만족에도 영향을 미친다는 일란성 쌍생아 연구가 있다.

② **가치관**

　ⓐ 가치관이란 직무 수행결과에 대한 개인적 확신을 의미하며 내재적 가치와 외재적 가치로 나뉘 볼 수 있다.

　ⓑ 강한 내재적 가치관을 지닌 사람은 개인적으로 흥미와 의미를 느끼는 일에는 강한 만족을 보이는 경향을 보이며, 열악한 근무환경에서도 기꺼이 업무를 수행한다.

③ **근무환경**

　ⓐ 근무환경(작업환경)은 직무만족 영향 요소 중 가장 중요한 변수로서 일반적으로 수행직무 자체, 직무 수행과정에서 상대하는 사람(고객, 상·하급자, 동료 등), 작업환경(물리적 작업환경), 근무시간, 급여, 직무 안정성 등으로 구성된다.

　ⓑ 근무환경에 대한 긍정적 평가는 직무만족에 긍정적 영향을 미친다.

④ **사회적 영향 요인**

　ⓐ 동료, 집단, 조직문화 등 사회적 요인들도 한 개인의 직무만족에 영향을 준다.

　ⓑ 상급자의 감독·리더십 스타일·참여적 의사결정·동료 작업자와의 관계·작업집단의 규모(작업집단의 규모가 클수록 직무만족도는 하락한다.) 같은 사회심리학적 요인과 급여·승진기회·조직의 복지정책과 절차·조직구조 같은 전체 요인도 직무만족에 영향을 미친다.

> **더 알아두기** 🔍
>
> **학자별 직무만족 영향 요인**
>
> | 구분 | 직무만족 영향 요인 |
> |---|---|
> | 허츠버그(F. Herzberg) | 발전을 통한 인정, 사회·기술적 환경, 본질적 작업 측면 |
> | 브룸(V. H. Vroom) | 감독, 승진, 임금, 작업집단, 작업시간, 직무내용 |
> | 로크(E. A. Locke) | 감독, 승진, 임금, 작업조건, 인정, 부가급부, 동료, 회사의 관리, 직무 |
> | 스미스(P. C. Smith) | 승진, 임금, 직무, 동료 |
> | 푸르네(G. P. Fournet) | 개인특성(연령, 교육, 지능, 성별, 작업수준), 직무특성(조직관리, 직속상관의 감독, 커뮤니케이션, 안정성, 단조로움, 임금) |
> | 길머(B. H. Gilmer) | 감독, 승진, 임금, 복리후생, 작업환경, 직무의 본질적 측면, 직무의 사회적 측면, 의사소통, 안전 |

(2) 직무만족의 결정요인

① **보상체계(급여)** : 급여는 직무만족의 일차적 결정 요소이다. 이때 급여의 절대성과 상대적 공정성이 중요한 문제가 된다. 실질 급여, 지각된 급여 공정성, 지급방법, 신축적 부가급제 등 직무수행 결과에 대한 보상체계를 의미한다.

② **직무자체** : 직무에서 느끼는 만족과 흥미의 정도, 종업원에게 부여되는 책임 및 학습의 정도, 작업조건, 직무의 중요성에 대한 사회적 평가 등을 의미한다.

③ **승진가능성** : 승진 등의 개인의 발전과 성장가능성이 있어야 직무만족이 유발된다. 승진기회 역시 그 비율과 공정성에 의하여 직무만족에 영향을 미친다.

④ **동료 작업자와의 관계** : 동료의 우호적이고 협조적 태도, 기술적 능력에 기반을 둔 후원적 태도 등이 직무만족에 영향을 미친다.

⑤ **리더십 스타일** : 감독자의 관리 기술 및 능력, 직원에 대한 배려·관심의 정도가 직무만족에 영향을 미친다.

⑥ **조직구조** : 직위수준이 자신의 능력에 부합하고, 분권화되어 있고, 공식화 수준이 낮을수록 직무만족의 요인이 된다.

3 직무만족 이론

(1) 직무만족의 측면 모형

① 근무환경을 능력 활용도, 성취도, 보상 등의 세부 요인으로 구분하여 각 측면에 대한 종업원의 만족 정도를 연구하는 모형이다.

② 측면 모형은 관리자에게 직무만족에 영향을 주는 특정 측면에 대한 정보를 제공하기 때문에 관리자에게 유용하다.

(2) 허츠버그(Herzberg)의 직무만족 2요인론

① 2요인이론은 인간의 욕구를 단계별(욕구단계설, ERG이론)로 계층을 이루는 것이 아니라 불만족 해소 차원인 위생요인과 만족증대의 차원인 동기요인이라는 두 가지 차원으로 구분하며, 두 가지 차원 중 만족증대 차원만이 직무만족 촉진요인으로 작용한다고 보는 이론이다.

② 종업원은 직무 측면의 자율성, 책임 등 동기요인 욕구가 충족되면 만족하고 그렇지 않으면 불만족하게 되지만, 직무환경, 감독형태, 보상 등 위생요인 욕구의 경우에는 충족 시 종업원의 직무 불만족을 방지해 줄 뿐이고 직무만족의 유발과 적극적인 동기부여까지는 하지 못한다고 설명한다.

③ 결국 동기-위생 요인에 따른 욕구만족인 직무만족과 불만족은 각각 다른 차원에서 존재하는 별개의 개념이라는 주장이다.

더 알아두기

위생요인과 동기요인의 구체적 예

요인	위생요인(불만요인)	동기요인(만족요인)
성격	물리적·환경적·대인적 요인 (직무맥락 또는 근무환경 요인)	사람과 직무와의 관계(직무요인)
예	정책과 관리, 임금(보수), 지위, 안전, 감독, 기술, 작업조건(근무조건), 조직의 방침과 관행, 개인상호간의 관계(감독자와 부하, 동료간의 관계, 대인관계 등)	성취감(자아계발), 도전감, 책임감, 안정감, 인정, 승진, 직무(일) 그 자체에 대한 보람, 직무충실, 성장 및 발전 등 심리적 요인

(3) 직무만족의 불일치 모형

① 이 모형에 따르면 종업원들은 자신의 직무 만족도를 결정하는 데 있어서 자신의 직무와 이상적인 직무를 비교할 수 있을 때 자신의 직무에 대한 기대가 높고 이 기대가 충족되지 못하면 그 사람은 직무에 대한 불만족을 느낀다고 설명한다.

② 특히 입사 초기에 이직률이 높은 것은 신입사원의 직무에 대한 기대가 높기 때문이라고 주장한다.

(4) 직무만족의 형평이론

① 근로자는 각자 특유의 전형적인 직무만족 수준인 형평 수준을 가지고 있어 직무만족은 장기간에 걸친 안정된 태도라고 보는 이론이다.

② 따라서 직무 자체를 변화시켜 직무만족 상승을 유도하는 시도는 단기적 성과만 거둘 뿐이고 장기적으로 효과가 없으므로 관리자는 보다 장기적인 직무만족 상승효과가 있는 측면을 개발할 필요가 있다는 것이다.

4 직무만족도 측정 척도 및 기법

(1) 직무만족도 측정 척도

① **복합척도** : 직무만족을 여러 측면의 집합으로 보고 각 측면에 대한 근로자의 긍정적 또는 부정적 평가의 합을 그 사람의 직무만족으로 보는 간접적인 방법이다. 관리자로 하여금 직원의 직무만족 제고를 위한 측면의 정보를 제공하게 하는 것으로 널리 사용되는 보편적인 방법이다.

② **단일척도** : 직무만족에 대한 직접적인 질의로 직무 전반에 대한 직무만족을 측정하는 방법이다. 직무만족의 정의적 요소가 무시되고 합산하는 과정에서 상쇄되고 보상되는 복합척도의 문제 때문에 단일척도가 보다 더 정확한 측정방법이라는 학자들의 주장도 있다.

(2) 직무만족도 측정 기법

직무만족도 측정기법에는 점수법, 중요사건법, 면접법, 외현행동법, 행동경향법 등이 있다. 그러나 이러한 방법을 통하지 않고도 면접에 의한 방법, 행위관찰, 각종 지표나 기록(이직률, 결근율, 사고율, 노사분류 발생률)을 보아도 얼마든지 추정이 가능하다.

① **점수법** : 가장 널리 사용되는 방법 중 하나로 직무기술지표(Job Descriptive Index ; JDI)와 미네소타 만족 설문(Minesota Satisfaction Questionnaire ; MSQ)이 있다.

> **더 알아두기**
>
> **직무기술지표(Job Descriptive Index ; JDI)의 측정 대상〈직무만족 결정 5요인〉**
> • **임금** : 임금총액, 공정성, 지급방식
> • **감독** : 감독자의 기술, 관리능력 및 종업원에 대한 배려와 관심의 정도
> • **작업(직무 자체)** : 작업에 대한 관심의 정도, 책임부담 제공의 정도
> • **승진** : 승진의 가능성 여부
> • **동료와의 관계** : 동료의 우호적 태도 및 실력과 후원 정도

② **중요사건법(허츠버그, F. Herzberg)** : 조사 대상자들로 하여금 자기 직무에 대해 특별히 만족스러웠거나 불만스러웠던 상황을 제시하게 한 후, 그 자료를 근거로 직무만족을 분석하는 기법이다.

③ **외현행동법** : 성과하락·결근율·이직률 등 불만족 척도로 나타나는 종업원 행동을 관찰하는 기법이다.

④ **행동경향법** : 조사 대상자들에게 자기 직무와 관련하여 어떻게 행동하고 싶은지를 묻는 방법이다.

5 직무만족과 조직 유효성의 관계

직무만족은 직무관련 상황의 각 측면들과의 관계에 있어서는 종속변수지만 그 자체가 독립변수가 될 수도 있다. 직무만족이 독립변수가 될 경우 종속변수는 성과, 이직률과 결근율 등이 된다.

(1) 직무만족과 철회 행동

① 대표적인 철회 행동으로는 결근, 지각, 이직이 있다.

② 직무만족과 결근율의 관계도 이직률의 관계와 대체로 유사하다고 볼 수 있으며, 이직과 결근은 가시적인 성과와 직접적 관계가 없는 것처럼 보이나 이로 인해 발생되는 노무비용의 막대한 증가는 직무만족이 그러한 비용을 감소시켜 주는 정도에 따라 화폐액으로 계산할 때 엄청난 손실일 수 있다.

③ 이직률은 직무만족과 직접적 상관관계가 있고, 결근률은 이직률에 비해 직무만족과 상관관계가 낮다.

④ 직무의 실체가 종업원들의 기대에 부응하지 못하면 이직률이 상승하는 반비례적인 현상을 보이는데 이러한 관계의 강도는 조직이나 시점에 따라 다르다.

(2) 직무만족과 보상의 공정성

① 포터와 롤러에 의하면 외재적·내재적 보상에 대해 작업자는 타인과 비교하여 공정하다고 판단되면 만족을 느끼게 되는데, 이때 내재적 보상이 외재적 보상보다 성과와 연관될 가능성이 크다고 한다.

② 포터와 롤러는 만족과 생산성 간의 긍정적 상관관계의 제고를 위해 실적이 높은 사람에게는 높은 외재적 보상을 줄 수 있도록 공정한 보상체계를 수립하는 동시에 성과에 대해 내재적 보상도 줄 수 있는 성과 구조를 정립해야 한다고 경영자들에게 제안한다.

(3) 직무만족과 친사회적 행동(조직시민행동)

직무만족은 조직 구성원에게 요구되는 의무를 넘어 구성원이 조직을 위해 자발적으로 행하는 친사회적 행동 유발에 긍정적 영향을 미치는 것으로 알려져 있으며, 근로자의 친사회적 행동은 조직 생존과 조직 유효성 제고를 위해 필수적인 경우가 많다.

제 2 절   직무몰입과 직무열의

1 조직중심의 몰입

(1) 조직몰입의 의의

① 몰입대상에 따라서 자기가 속한 조직에 몰입하려는 태도와 자기 자신에 몰입하려는 태도로 구분하여 조직 중심의 몰입과 개인중심의 몰입으로 구분하여 볼 수 있다. 전자는 조직몰입과 팀몰입을 예로 들 수 있고, 후자는 직무몰입과 경력몰입이 대표적이다.

② 조직몰입(Organizational Involvement or Commitment)은 조직의 목표와 가치관의 수용, 조직을 떠나지 않으려는 애착, 조직에 충성하고 공헌하려는 의지 등의 감정적 몰입 내지는 마음으로부터의 충성이라고 할 수 있다.

③ 즉, 조직몰입이란 한 개인이 자기가 속한 조직에 대해 어느 정도의 일체감을 가지고 조직활동과 직무에 몰두하느냐 하는 정도를 의미한다.

④ 조직몰입은 감정적(정서적) 몰입, 지속적 몰입, 규범적 몰입의 세 가지 측면을 모두 포함한다.

⑤ 마우데이(Mowday)에 따르면 조직몰입이란 개념 속에는 '조직 구성원으로 계속 남아 있고자 하는 강한 욕망', '조직을 위하여 자발적으로 높은 수준의 노력을 경주하려는 정도', '조직의 가치와 목표를 신뢰하고 수용하려는 단호한 신념'이라는 3가지 의미가 내포되어 있다. 개인의 조직에 대한 태도가 조직몰입이며 직무만족에 의해 조직몰입은 증대된다.

(2) 조직몰입의 특징

① 조직에 대한 정서적 반응이다.

② 직무만족과 같이 주관적 개념이다.

③ 조직에 대해 원하는 것과 실제 얻은 것과의 비교로 나타난다.

(3) 조직몰입의 차원

① **정서적 몰입(감정몰입)** : 조직 구성원이 조직에 대해 정서적 애착과 일체감을 가지고 동일시하는 몰입 차원

② **지속적 몰입(계속몰입)** : 현 조직을 떠나 다른 조직으로 이동할 때 발생하는 비용 때문에 현 조직에서 구성원으로서의 자격을 지속적으로 유지하려는 심리적 상태에 따른 몰입 차원

③ **규범적 몰입** : 조직에 머물러 있어야 한다는 종업원의 의무감에 기초한 몰입 차원

(4) 조직몰입 관련 변수

① **조직몰입의 선행변수(결정 요소)**

㉠ 개인적 요인 : 개인적 요인에는 성별, 나이, 교육수준 등 신분변수에 따라 다르게 나타나기도 하며 근속연수, 성취욕구, 권력욕구, 정보욕구의 크기 등과 같은 개인적 특성에 따라 달라지기도 한다.

㉡ 조직 구조 및 직무관련 특성 : 조직과 업무가 가진 특성이나 그 구성원이 속한 집단의 규범이나 분위기 등과 같은 문화적 특성, 목표의 일체성, 상사의 리더십 성향, 조직규모, 통제범위, 공식화와 분권화 정도, 의사결정 참여 정도 등 조직몰입에 영향을 주는 변수는 매우 많다. 대게 직무 충실화가 실현된 직무를 맡은 종업원일수록, 역할 갈등과 역할 모호성이 적은 직무를 맡고 있는 종업원일수록 또한 분권화된 조직이나 근로자 소유의 협동체에서 일하는 조직구성원일수록 조직몰입도가 높게 나타나는 경향을 보인다.

㉢ 작업 경험 : 일련의 작업관련 경험(집단의 태도, 직무 중요성, 직무상 기대충족 등)도 몰입도와 관련이 있다. 즉, 종업원이 자기 직무가 조직에 특히 중요하다고 생각할수록, 조직이 자신들의 복리후생에 진심으로 관심이 있다고 인식할수록, 종업원의 기대가 직무상에서 충족되고 있다고 느낄수록 조직몰입도는 높게 나타난다.

② **조직몰입의 결과변수**

㉠ 참여도 : 조직목표나 결과를 수용하고 공유하는 종업원들은 조직 활동에 적극적으로 참여하고 결근율도 낮다.

㉡ 잔류의도 : 조직몰입이 강한 조직 구성원일수록 조직에 남아있으려는 의지가 강하다. 따라서 조직 몰입도와 이직률 간에는 역의 관계가 있다고 할 수 있다.

㉢ 직무몰입 : 직무는 조직목표달성의 주요 메커니즘인데, 조직 구성원이 조직과 일체감을 느끼고 조직 목표를 신뢰할수록 직무에 몰입하게 된다. 단, 과업의 요구사항에 거부감을 갖는 경우 조직몰입은 가능해도 직무몰입은 어려운 경우가 있을 수 있다.

㉣ 직무노력 : 조직몰입이 강한 조직 구성원일수록 조직을 위해 직무에 많은 노력을 기울이게 된다. 그러나 이러한 노력이 곧 성과로 이어지는 것은 아니다. 왜냐하면 이러한 성과는 개인의 능력 변수, 직무설계변수, 상황 변수 등의 여러 요인에 의하여 보다 직접적으로 영향을 받아 결정되기 때문이다. 따라서 조직몰입과 성과와의 관련성은 그리 분명하지 않고 간접적·제한적으로 영향을 받게 된다.

(5) 팀 몰입

① 최근 거의 모든 조직들에서 팀제 조직구조를 설계하고 운영하는 것이 보편화되고 있다. 과거 조직에의 헌신보다 조직구성원들 간의 팀 협력이 조직의 성과를 좌우하게 되었으며 대부분의 구성원들이 팀 내에서 함께 업무를 수행하도록 되어가고 있는 현실에서는 자신의 업무와 회사에 충성하는 것 외에 팀의 구성원들이 동료나 부서원들에게 몰입하는 태도가 더욱 중요시 되어가고 있는 상황이다.

② 성과배분 또한 개인적 업적이 아니라 팀의 업적에 따라 배분되는 것이라면 개인의 목표나 조직의 목표보다도 팀의 목표달성을 위해 더욱 노력하여야 한다.

2 조직몰입 관리 방안

(1) 조직몰입의 한계 및 관리의 필요성

조직몰입은 다음과 같은 역효과가 발생할 우려가 있다. 따라서 조직몰입이 구성원 및 조직에게 긍정적 동인으로 작용할 수 있도록 하기 위해서는 조직몰입의 역효과를 방지하고 긍정적 효과를 촉진하는 적절한 관리방안이 요구된다.

① 과도한 조직몰입으로 인해 직원의 이동성이나 경력발전 저해
② 조직 구성원의 승진기회 감소
③ 신규인원 유입의 제한으로 인한 아이디어 제한
④ 조직에 대한 비판적 의사 소멸
⑤ 다른 대안 모색을 저해하는 집단 의사현상

(2) 조직몰입의 관리 방안

① 개인적 의미가 있는 목표를 성취할 수 있도록 기회를 제공한다. 즉, 개인의 욕구가 충족되도록 직무 배치 시에는 주의를 기울여야 한다.
② 가급적 조직 구성원들이 보다 많은 자율성과 책임감을 갖도록 직무를 수정하여야 한다.
③ 경영자는 조직 구성원들의 복지후생에 진심으로 관심을 갖고 실행하려는 노력을 기울여야 한다.
④ 조직목표에 대한 조직 구성원들의 이해를 촉진시켜 목표를 공유할 수 있도록 하여야 한다.

> **더 알아두기**
>
> **직무만족과 직무몰입의 차이**
> 직무만족과 몰입은 둘 다 태도라는 점에서 유사하게 보일지 모르나 다음과 같은 차이점이 있다. 첫째, 조직몰입이 조직전체에 대한 개인감정을 반영한다는 점에서 보다 포괄적인 개념이라는 것이다. 반면에 직무만족은 직무나 직무와 관련된 측면에 대한 반응만을 의미한다. 둘째, 직무환경의 변화에 따라 직무만족의 수준은 변화할 수 있으나 조직몰입은 쉽게 변하지 않는 특성이 있다.

3 개인중심의 몰입

(1) 개인중심 몰입의 의의

① 직무몰입과 경력몰입은 기업 조직의 측면이 아닌 직무 담당자 스스로 본인이 맡은 직무에 몰입하는 정도 혹은 자신의 전문성 개발에 헌신하는 정도로서 개인을 중심으로 이루어지는 몰입이라고 볼 수 있다.

② 조직몰입과 팀 몰입은 그 기업을 떠나서는 생각할 수 없지만 직무몰입과 경력몰입은 그 정도의 크기에 따라 기업의 측면과는 별개로 작용한다. 따라서 경력몰입이 클 경우, 경우에 따라서는 다른 기업으로의 이직을 긍정적으로 바라보는 태도를 가지게 된다.

(2) 직무몰입

① 직무몰입(Job Involvement)이란 조직구성원들이 직장에서 맡은 일이 자기 인생에서 차지하고 있는 중요도를 의미한다.

② 직무만족이 마음으로 느끼는 감정적 측면이라면, 직무몰입은 의미있고, 중요하다는 사실을 알고 있으며(Knowledge) 그렇게 믿고 있는(Belief) 인지적 측면의 태도라고 할 수 있는데 구체적으로 다음과 같이 정의된다.

    ㉠ 자신의 인생에서 직무가 중요하다고 여기는 정도

    ㉡ 직무에 적극적으로 참여하고 관여하려는 정도

    ㉢ 인생의 여러 가치들 중에서 직무의 성과(결과)에 부여한 가치의 정도

(3) 직무열의

① **직무열의의 개념(Schaufeli & Bakker, 2002)**

직무열의(work engagement)는 업무에 대하여 긍정적이고 정력적이며 헌신하고 몰두하는 자세, 즉 직무에 대한 담당자의 긍정적 마음의 상태라고 정의할 수 있다.

② **직무열의의 하위 구성요소**

    ㉠ 활력(vigor) : 담당자가 직무수행 시에 높은 정신적 에너지 수준과 회복력을 바탕으로 업무에 노력을 투입하려는 의지를 가지고 문제 봉착 시에도 포기 없이 이끌어 가고자 하는 인내력이라고 정의할 수 있다.

    ㉡ 헌신(dedication) : 직무 담당자가 본인이 수행하는 업무에 적극적이고 능동적으로 참여하고 과업수행에 대한 의미와 열정 그리고 자부심을 갖고 임하는 자세를 의미한다.

    ㉢ 몰두(absorption) : 직무에 완전하게 집중하여, 시간이 빠르게 흘러가는 듯한 느낌을 갖게 된 상태 또는 일과 자신을 분리하여서는 생각하기 어려울 정도로 깊게 몰입된 상태를 말한다.

(4) 직무탈진

① 직무탈진의 개념

직무탈진은 직무수행 상황에서 담당자가 스트레스에 지속적으로 노출됨으로써 겪게 되는 부정적인 심리상태로 이에 대한 정의는 학자에 따라 상이하며, 살펴보면 다음과 같이 정리해 볼 수 있다.

ㄱ Freudenberger(1974) : 에너지, 힘 또는 자원을 과도하게 사용함에 따라 실수, 탈진, 고갈로 이어지는 현상

ㄴ Cherniss(1980) : 과도한 직무 스트레스와 만족도 저하에 따른 반응을 나타내는 것으로 직무와 관련된 정신적인 후퇴

ㄷ Freudenberger & Richelson(1980) : 생활방식 또는 인간관계에서 기대한 만큼의 보상을 받지 못함으로써 생기는 만성적인 피로, 우울, 좌절상태

ㄹ Perlman & Hartman(1982) : 독창성의 상실, 동료와 고객에 대한 부적절한 태도, 실패하거나 지쳐서 기운이 빠진 상태, 작업 애착도의 저하, 불편한 신체와 감정적 증후의 결함

ㅁ Maslach & Schaufeli(1993) : 대인접촉이 많은 직원들이 장시간 스트레스 요인에 노출되어 겪게 되는 부정적인 심리경험

② 직무탈진의 하위 구성요소

직무탈진에 관한 대표적인 학자들인 Maslach & Jackson(1981)에 의하면, 직무탈진은 감정소진, 비인간화, 개인적 성취감 결여의 세 가지 요소로 구성된다.

ㄱ 감정소진(emotional exhaustion) : 사기저하로 인한 감정소진과 피로 상태를 의미한다. 즉, 신체적 의미의 소모개념으로 감정과 관심 상실, 믿음 상실, 정신적 상실을 포함한다. 그리고 종업원이 업무와 관련하여 합리적으로 처리하지 못할 것 같은 불안한 감정을 나타낸다. 업무 성취감에 대한 강한 열의를 보였던 사람들도 의도와 달리 심리적 탈진에 이르게 될 가능성이 존재한다(김철, 2010)

ㄴ 비인간화(depersonalization) : 사기저하로 인해 주변 사람들을 부정적으로 생각하는 태도이다. 즉, 업무관련자와 대상자에 대한 부정적 태도, 이성상실, 성가심 등을 말한다. 이런 태도는 시간이 지날수록 점차 누적·강화되어 고착화될 가능성이 높다. 비인격적인 태도가 지나친 행동으로 나타나면, 상대방을 인격체로 생각하지 않고 단지 몰가치적인 한 가지 측면에서 바라보고 자신과는 무관하다고 판단하게 된다. 비인간화는 자신을 방어하려는 반응으로, 대인관계를 완충장치의 수단으로만 인식하여 제공되는 서비스의 질을 저하시키게 된다. 이러한 냉소적 태도는 주변의 사람들에게 그대로 전이되어 여러 가지 부정적 결과를 가져오게 된다(박소영, 2013).

ㄷ 개인적 성취감 결여(reduced personal accomplishment) : 사기 저하로 인하여 자신의 성취 결과와 욕구에 대해 비관적으로 생각하는 태도를 의미한다. 이는 자기평가의 차원으로 무능한 감정이나 일에서 성취하는 생산성의 저하에서 오는 현상이다. 증상으로는 직무와 관련된 사람들과의 상호작용에서 성공적 목표달성에 대한 부담감으로 인해 급격한 성취 저하를 경험하고, 개인발전의 결여를 가져오게 된다(노래일, 2003). 개인적 성취감의 감소에 대해서는 감정소진에 비해 체계적인 연구가 이루어지지 않았으나, 자아효능감이 낮아지면 개인성취감이 감소하는 것으로 설명한다(박소영, 2013)

제 **3** 절　　**조직공정성**

1 　조직공정성의 정의

조직공정성(organizational justice)은 조직을 이루는 구성원들이 조직으로 하여금 받게 되는 대우의 공정한 정도라고 정의할 수 있다. 이러한 조직공정성은 직무성과에 대한 보상 등을 어떠한 기준에 의하여 분배할 것인가에 대한 분배적 공정성, 성과달성을 위한 의사결정 및 수단 등을 논하는 과정이나 절차상에서의 공정성을 의미하는 절차적 공정성, 조직 내 여러 상호간의 관계에 대한 공정성을 말하는 상호작용 공정성 등 몇 가지 범주로 구분하여 볼 수 있다.

2 　조직공정성의 유형(범주)

(1) 분배적 공정성

① 분배적 공정성(distributive justice)은 조직이 일정한 성과를 통해 획득한 자원을 분배하는 과정상에 구성원의 공정성 인식을 의미하는 것으로 여기서 자원이란 성과에 대한 보상이나 칭찬 등을 의미한다. 이와 같은 분배적 공정성은 조직구성원의 직무태도나 행위에 영향을 미칠 수 있다는 연구결과가 있다.

② Homans(1961)는 자원의 교환관계에 참여하는 각 개인이 자신이 들인 비용과 투자 정도에 비례하도록 보상을 받을 때 분배적 공정성이 성립한다고 하였다.

③ Adams(1965)는 개인의 투입 대비 산출의 비율과 타인의 투입 대비 산출 비율 간의 비교를 통하여 공정성을 논하였고, 분배적 공정성은 그 결과가 동일하게 적용되었다고 인식될 때 높아진다고 주장하였다.

④ 분배적 공정성은 실제 성과나 보상이 결정되기까지의 과정과 절차는 소홀히 하였다는 한계가 존재한다.

(2) 절차적 공정성

① 절차적 공정성(procedural justice)은 조직의 성과에 영향을 미치는 과정 및 절차상에서의 공정성을 의미한다. 앞서 말한 분배적 공정성에서의 한계를 극복하기 위하여 도입된 개념이다.

② Leventhal(1980)은 개인들이 그가 속한 조직의 절차에 영향을 미칠 수 있다고 느끼거나, 절차가 일관적이고, 윤리적이며 정확하고 공정하게 느낄 때 이와 같은 절차적 공정성이 높아진다고 하였다.

③ 절차적 공정성을 평가하는 기준은 두 가지 차원으로 구분하여 볼 수 있다. 한 가지 측면은 조직구성원들에게 의사결정과정에 직접 참여하여 발언할 기회가 부여되어 있는가라는 것이고 두 번째 측면은 의사결정과정에서 바람직한 절차적 규칙이 지켜졌는가 여부이다. 구성원들로 하여금 의사결정과정에 영향을 미칠 수 있도록 절차가 구성되어있고 과정상에 바람직한 절차적 규칙들이 잘 지켜졌다고 인식됨에 따라 절차적 공정성의 수준이 결정되게 된다.

④ 위에서 언급한 절차적 규칙과 관련된 개념으로 Leventhal(1980)의 "레벤탈 규칙"이 있다. 이는 조직의 원활한 의사소통을 위한 6개의 규칙으로서 일관성(consistence), 편견 억제(bias-suppression), 정확성(accuracy), 정정가능성(correctability), 대표성(representativeness), 윤리성(ethicality)이다. 따라서 공정성이 높은 조직은 의사결정에 의해 어떤 사안이 도입되었다면 그 결과는 모든 사람에게 적용되고 그 절차는 도덕적이고 윤리적으로 일관된 성격을 띠게 된다.

(3) 상호작용 공정성

① 상호작용 공정성(interactional justice)은 의사결정을 통해 정해진 공식적인 절차에 대해 설명하거나 정보를 전달할 때 종업원들이 공정한 대우를 받았는가에 대한 공정성을 의미한다.

② Colquitt(2003)은 상호작용 공정성은 대인간 공정성과 정보 공정성 두 가지의 요인에 의하여 수준이 결정된다고 보았다.

　㉠ 대인간 공정성(interpersonal justice) : 대인간 공정성은 개인이 존중받는 정도와 사람을 대하는 적절성을 일컫는 말로 공식적인 절차를 수행하거나 성과를 결정할 때 상급자와 같은 조직구성원으로부터 공손하고 정중하게 대우 받는 정도를 의미한다.

　㉡ 정보 공정성(informational justice) : 정보의 공정성은 개인이 받는 정보가 얼마나 시의성, 구체성, 진실성을 지니는가를 말한다. 즉, 정보 공정성은 왜 그러한 절차가 있었는지, 왜 또 그렇게 성과를 분배했는지에 대한 정보를 구성원에게 전달하는 설명을 중요시 여긴다.

제 4 절　직무에서의 스트레스와 행복

1　스트레스(일반)의 개념

(1) 스트레스의 정의

스트레스란 일반적으로 위협적인 환경 특성에 대한 개인의 반응으로서 환경의 압력 또는 긴장과 불안에 의해 야기되는 심리적 불안 상태를 의미한다. 즉, 환경의 요구가 지나쳐서 개인의 능력한계를 벗어날 때 발생하는 개인과 환경의 불균형·부적합 상태를 가리키는 것이다. 스트레스에 대해서는 생리의학자, 심리학자, 행동과학자 등에 의해 다방면에서 개별적으로 연구되어 왔기 때문에 그 의미와 개념이 명확히 통일되어 있지 않은 것이 현실이다.

> **⚡ 더 알아두기 Q**
>
> **다양한 분야의 관점에서 정의한 스트레스의 개념**
> - **생리학적 관점** : 스트레스란 생리적 시스템 내에서 구체적으로 일어난 모든 변화로 이루어져 있는 특정요구에 대한 신체의 비(非)특정적 반응을 의미한다.
> - **심리학적 관점** : 스트레스란 사람들이 불확실한 결과를 추구하는 것과 관련된 것으로 불확실성이 장기간 지속되고 개인이 불확실성에 의해 특정한 의사결정 및 문제해결 상황에 직면하게 되는 인지상태라고 정의한다.
> - **행동과학적 관점** : 스트레스를 환경과 개인의 부적합관계로 인식한다. 즉, 스트레스는 직무 요구와 개인의 기술·역량이 불일치하거나 환경이 개인의 능력으로 해결할 수 있는 차원 이상의 것을 요구하거나 또는 개인의 욕구가 직무환경에 의해 충족되지 못함으로써 발생하게 되는 것이다.
> - **조직심리학적 관점** : 스트레스를 조직 스트레스(Organizational Stress) 또는 직무 스트레스(Job Stress)라고 명명했는데, 직무 스트레스는 직무관련 요인들이 개인의 심신으로 하여금 정상적인 기능을 이탈하게 함으로써 종업원에게 영향을 미치는 것이다.

(2) 스트레스의 기능

① **순기능** : 최상의 기쁨이나 자극 또는 흥분을 유발한다.

② **역기능** : 많은 사람들에게 불안, 긴장 및 걱정 등을 유발한다.

※ 지나친 스트레스는 부정적인 결과를 가져오지만 적당한 스트레스는 오히려 유용하다. 모든 심리적 성장, 창의적 활동, 새로운 기술의 습득에는 적당한 스트레스가 필수적이다.

(3) 스트레스 유발 요인

① 힘든 선택

② 고도의 능력과 책임을 요하는 힘든 업무와 과도한 근무시간

③ 복잡한 인간관계

④ 냉혹감

⑤ **압박감** : 어떤 행동기준에 맞추기 위하여 자신에게 지나친 부담을 지울 때 느끼는 긴장상태

⑥ **욕구좌절** : 동기 또는 목표추구활동이 방해를 받았을 때 느끼는 불쾌한 감정상태

⑦ **갈등** : 둘 이상의 목표나 욕구를 동시에 모두 달성할 수 없을 때 발생하는 심리적 혼란상태
  - ㉠ 접근·접근형의 갈등 : 두 개의 긍정적 목표 중 하나를 선택해야 하는 경우
  - ㉡ 회피·회피형의 갈등 : 두 개의 부정적 목표 중 하나를 선택해야 하는 경우
  - ㉢ 접근·회피형의 갈등 : 한 가지 목표가 긍정적인 면과 부정적인 면을 동시에 가지고 있어 선택이 어려운 경우

⑧ **고립** : 개인의 욕구를 만족시킬 수 있는 수단이나 절차들이 부재한 상태
  - ㉠ 신체적 고립 : 어떤 집단이나 장소로부터 격리되어 혼자인 상태
  - ㉡ 정서적 고립 : 대중 속에서 정서적 유대가 결여된 경우
  - ㉢ 사회·직업적 고립 : 업무수행 능력이 있음에도 일자리를 얻지 못하는 상태

※ 주목할 점은 스트레스에 영향을 미치는 요인들이 발생한다고 하여 반드시 스트레스가 유발되는 것은 아니다. 스트레스는 상황에 따라 발생하지 않을 수도 있고 나타난다 해도 그 정도가 각자에게 달리 나타날 수 있다.

(4) 스트레스 억제 상황 요인들(스트레스 강도에 영향을 미치는 요인들)

① **예측가능성** : 스트레스 발생에 대한 예측이 가능하면 스트레스의 강도를 낮출 수 있다.

② **사회·정서적 지원** : 사회적·정서적 교류가 원활할 경우 스트레스를 더 잘 이겨낼 수 있다.

③ **인지적 평가** : 동일한 긴장의 상황도 사람에 따라 다르게 지각될 수 있다.

④ **대응 기술** : 스트레스 대처 능력이 스트레스의 강도를 결정한다. 따라서 이에 대한 적절한 대응 기술을 갖추고 있다면 스트레스의 강도를 줄일 수 있다.

⑤ **통제가능성** : 스트레스의 강도에 영향을 미치는 결정적 요소는 통제가능성이다. 스트레스 상황을 통제할 수 있으면 스트레스는 거의 받지 않을 수 있다.

(5) 스트레스로 인한 증상 및 반응

① **스트레스 증상** : 스트레스에 의한 증상은 매우 다양하지만 대략 다음 4가지 범주로 나누어 볼 수 있다.

ⓐ 정신적 증상 : 집중력이나 기억력 감소, 우유부단, 마음이 텅 빈 느낌, 혼동이 오고 유머감각이 없어진다.

ⓑ 감정적 증상 : 불안, 신경과민, 우울증, 분노, 좌절감, 근심, 걱정, 불안, 성급함, 인내부족 등의 증상이 나타난다.

> ※ 정신적, 감정적 증상을 합쳐 심리적 증상이라고도 부른다. 심리적 증상은 스트레스의 1차적 증상이기도 하다.

ⓒ 생리적 증상 : 심리적 스트레스의 강도가 세고 장기화되면 생리적 증상이 발생하게 되며, 신체에 악영향을 미친다.
  ⓐ 단기적 증상 : 심박수 증가, 호흡수 증가, 두통
  ⓑ 장기적 증상 : 식욕 상실, 위궤양, 혈압 상승, 체중 감소(혹은 비만) 등
  ⓒ 불특정 증상 : 아드레날린·노어아드레날린 분비, 흉성기능 저하, 임파선 기능 저하, 소화산 과분비 등

ⓓ 행동적 증상 : 사회적 상황에서 겪는 불편감에 대한 개인적 행동의 급격한 변화를 의미하는 것으로, 이러한 증상에는 안절부절, 손톱깨물기·발떨기 등의 신경질적인 습관, 먹는 것, 마시는 것, 흡연, 울거나 욕설, 비난이나 물건을 던지거나 때리는 행동 증가 등이 있다.

② **스트레스에 대한 반응**

ⓐ 생리적 반응

한스 젤리에(Hans Selye)에 따르면 유기체는 스트레스 유발요인에 노출될 경우 자신을 방어하려는 일반화된 시도를 하게 되는데 일반 적응 증후군이라 하였다. 이는 경고, 저항, 탈진의 세 단계를 거쳐 진행된다.

  ⓐ 경고 단계(alarm reaction) : 스트레스 유발요인에 대한 신체의 1차적 반응 단계로 심박동의 증가, 혈압 상승, 근육 긴장, 땀 분비, 아드레날린 분비 촉진 등의 반응이 나타난다.

  ⓑ 저항 단계(resistance) : 신체는 최고조의 긴장상태를 유지하게 되고 모든 생리적 기능들이 극대화 된다. 이 단계에서는 감정과 사고가 신체 기능에 중요한 역할을 하기 때문에 질병에 걸릴 확률이 높다.

ⓒ 탈진 단계(exhaustion) : 스트레스 상황이 장기간 지속되어 모든 스트레스 대항 수단이 고갈된 상태로 스트레스에 압도당하여 정상적인 생활유지가 어려운 단계를 말한다. 결국 저항하는 능력의 고갈로 몸에 병이 생기게 되며, 죽음에 이르기도 한다.

    ⓛ 심리적 반응

        ⓐ 재앙 증후군 : 개인의 일시적인 정서적 혼란 증후로 다음 세 단계로 구분된다.

- 쇼크 단계 : 스트레스로 인해 모든 반응이 일시적으로 정지되는 단계
- 암시 단계 : 주위의 지시나 명령에 수동적으로나마 따르지만 그 노력은 지극히 비효과적인 단계
- 회복 단계 : 상당 수준의 자기 통제력을 가지고 행동할 수 있으나, 불안이 계속되고 불면증 등의 증상을 보이는 단계

        ⓑ 무력증 : 스트레스 상황 지속 및 스트레스 극복 노력의 무산으로 원하는 성과를 얻지 못해 이를 운명으로 돌리게 되는 것을 말한다.

        ⓒ 우울증 : 우울증은 다음과 같이 두 가지로 구분할 수 있다.

- 외생적 우울증 : 외적 스트레스로 인한 우울증으로 반응적 우울증이라고도 한다.
- 내생적 우울증 : 내적 스트레스로 인한 우울증으로 정신병적 우울증이라고도 한다.

2 직무 스트레스

(1) 직무 스트레스의 정의

① 직무 스트레스란 개인이 일과 관련해서 경험하는 긴장상태로 직무 관련 요인들로 인하여 개인의 심신이 정상적 기능을 이탈하게 되는 것을 의미한다.

② 대개 조직생활에서 조직의 목표와 개인의 욕구 사이에 일어나는 불균형에 의해 발생한다.

③ 대체로 심리적 요구가 높고, 일에 대한 개인의 통제가능성이 낮은 직업일수록 스트레스의 노출 빈도가 높아진다.

④ 조직생활은 본질적으로 구성원들에게 많은 스트레스를 줄 수밖에 없고, 특히 역동적·창의적·혁신적·생산적 조직일수록 개인이 받는 스트레스는 더 클 수밖에 없다.

⑤ 그 원인은 환경적 요인, 조직관련 요인, 직무관련 요인, 개인적 요인, 기타 사회·경제 관련 요인 등으로 구분해 볼 수 있다.

(2) 직무 스트레스의 원인

직무 스트레스의 원인은 다양하다. 여기에는 환경적 요인, 조직·집단·직무차원의 조직적 요인, 가족·친구·삶의 질·종교문제와 같은 개인적 요인 등이 있다.

① 환경적 요인

불황기와 같은 경제적 요인, 정치·사회·기술적 요인 등의 외부 환경뿐만 아니라, 작업환경 등의 내부 환경도 스트레스를 유발하는 중요한 요인이 될 수 있다.

② **조직적 요인**

조직에서 일어나는 스트레스의 원인은 다시 조직·집단·직무차원으로 세분화된다.

㉠ 조직수준 : 조직 수준의 요인에는 관리정책, 조직구조, 리더십, 조직변화, 활동장소 등이 있다.

㉡ 집단수준 : 집단수준의 요인에는 집단규범, 집단 응집력 결여, 사회적 지원 결여, 개인 내부·개인 간·집단 간 갈등, 부적절한 집단자원 등이 있다.

㉢ 직무수준 : 직무수준의 요인에는 역할갈등, 역할의 모호성, 역할과다·과소, 사람에 대한 책임, 시간의 압박, 작업조건, 승진·고용안정

> **더 알아두기**
>
> **역할갈등 및 역할모호성과 스트레스**
> • 역할갈등은 직무 요구사항들이 개인의 직무요건, 도덕, 가치관과 상반되는 경우에 발생한다.
> • 역할모호성은 정보제공 부족 등으로 인한 역할수행의 불확실성에 의해 발생한다. 이와 같이 현대 조직사회에서 직무와 사람 간의 괴리현상은 스트레스를 야기하는 주된 요인이 되고 있다.
>
> **역할 소원**
> 역할 소원은 자아를 안정적으로 유지하는 상태에서 자신에게 주어진 역할이 자기의 본 모습과 어울리지 않는다고 인지할 때 역할을 내면적 일체감 없이 수행한다. 다시 말해, 이는 형식적이면서도 의도적으로 외형적인 역할만을 수행하는 것을 의미한다.

③ **개인적 요인**

㉠ 가정 등 개인적인 생활요인도 스트레스의 원인이 된다.

㉡ 환경에 대한 개인의 통제능력에 따라 스트레스 유발 정도가 달라진다.

(3) 직무 스트레스의 영향

① **조직적 영향** : 생산성의 감소는 물론 직무 불만족으로 인한 결근 및 이직률의 증가, 재해 사고의 증가 및 이로 인한 각종 의료비 지출 등 직·간접적 손실이 막대하다.

② **개인적 영향** : 지속적 스트레스는 각종 정신·신체 질환을 야기하며 과로사는 이러한 스트레스와 가장 관련이 깊다고 할 수 있다. 협심증과 같은 심장질환, 암, 고혈압, 관절염, 편두통 등이 그 예이다.

③ **심리적 영향** : 스트레스는 자존감을 떨어뜨리고 불안이나 우울을 증가시킨다. 알코올이나 약물의 남용도 스트레스가 원인일 수 있다.

3 **직무 스트레스 관리 방안**

(1) 조직수준

① **직무 재설계(Job Redesign)**

㉠ 좀 더 공식적인 스트레스 관리 방안으로 종업원의 직무와 직무 고유의 특성에 기초하여 개선된 직무확대 및 직무 충실화를 통해 스트레스를 관리하는 방법이다.

㉡ 근로자들의 능력과 적성에 맞게 직무를 재설계하고 직무 요구에 맞는 기술 습득을 위한 훈련프로그램을 개발·실행하며, 선발 및 승진결정 시에 개인의 직무 적성을 고려하여 실행하는 방법이다. 이 방법은 개인에게 부여된 직무를 변경하는 데 목적이 있다.

② **참여적 관리(Participative management)**

㉠ 가능한 의사결정을 분권화시키고 의사결정 참여의 기회를 확대함으로써 개인의 작업에 대한 재량권과 자율성을 강화하는 것이다.

㉡ 분권화의 과정은 미해결 상태의 긴장을 완화시키는 역할을 한다.

③ **탄력적 작업일정 계획(Flexible Work Schedule)**

㉠ 작업환경과 관련하여 개인의 통제력과 재량권을 강화시켜줌으로써 해소되지 않은 스트레스를 감소시킬 수 있는 방법이다.

㉡ 이를 위해 기업은 과업의 세부항목에 대한 상호의존성을 줄이고 과업에 대한 책임을 강화시키기 위해서 융통성 있는 작업계획을 구상해야 한다.

㉢ 고급인력 보호 및 자기계발 기회를 부여하기 위하여 Flex-time제, 안식년제도 등의 근무시간 자유제 등을 도입·활용할 필요가 있다.

④ **사회적 지원(Social Support)**

㉠ 개인이 필요로 하는 정서적·정보적·평가적·도구적 지원을 통해 개인의 업무 스트레스로 인한 여러 가지 부정적인 심리·생리적 상태를 개선하고자 하는 데 목적이 있다.

㉡ 특히 직장 상사의 지원은 스트레스 완화에 가장 효과적일 수 있고 기타 동료, 가족, 친구 등의 지원도 효과적일 수 있다.

⑤ **경력 개발(Career Development)**

㉠ 조직의 입장에서 개인의 경력 개발에 대한 무관심은 조직의 비효율성을 초래하고 과업의 질과 양을 떨어뜨리며 이직률을 높이는 결과를 초래할 수 있다.

㉡ 개인적인 입장에서는 직업선택 및 결정의지가 약화되므로 만성 스트레스와 긴장을 유발하게 된다. 따라서 근로자의 측면에서 기회를 제공하고 이들의 경력 개발을 위한 조치들을 취할 필요가 있다.

⑥ **역할 분석(Role Analysis)**

㉠ 개인의 과제 수행 역할을 명확히 하여 스트레스를 야기하는 혼동과 갈등 등을 감소시키는 방법이다.

㉡ 역할 분석은 작업과정에서 근로자들의 요구와 기대에 대한 이해를 통해 이러한 요구나 기대에 있어서 혼란이나 불일치가 발견되면 이를 해소하고 제거하는 행동을 취하기 위한 것이다.

⑦ **목표설정(Goal Setting)**
　㉠ 개인의 직무에 대한 구체적 목표를 설정해 줌으로써 기업과 근로자 간의 상호 이해심을 증
　　진시키는 방법이다.
　㉡ 조직에서의 목표설정은 특히 과제수행을 촉진시킬 수 있는 동기적 가치에 중점을 둔다.
　㉢ 동기적 가치는 개인의 작업 목표가 어느 정도는 명료화되어 있어야 한다.

⑧ **의사소통의 원활화 및 구성원 지원 프로그램**
　㉠ 의사소통 원활화를 위한 오리엔테이션 프로그램 등을 통해 구성원들과 직무수행 내용을 공
　　유하게 되면 스트레스 예방에 효과가 있다.
　㉡ 뿐만 아니라 진찰, 치료, 카운슬링 등의 구성원 지원 프로그램은 광범위하고, 유효한 스트레
　　스 관리 프로그램이다.
　㉢ 종업원과 지원단 사이의 정보가 투명하게 공유되는 것이 중요하다.

(2) 개인수준

개인적 수준에서의 직장 내 스트레스 관리방안에는 다음과 같은 것들이 있다.

① **극복 및 회피** : 직장 내 스트레스 관리법 중 가장 효과적인 것은 스트레스 유발 요인을 극복하
거나 회피하는 방법이다. 예를 들어 스트레스를 안고 있는 구성원들은 상급자에게 과중한 업무
로부터 벗어나기 위하여 도움이 필요하다고 말하거나 자신을 도와줄 어떤 사람을 훈련시켜 달
라고 부탁할 수 있다. 자신에게 맡겨진 업무의 일부를 다른 사람에게 위임하는 것은 스트레스를
감소시키는 데 도움을 줄 수 있다.

② **건강 검사** : 혈압, 콜레스테롤 수치, 심전도, 폐활량 등 스트레스 허용 수준을 나타내주는 지표
들에 대한 건강검사를 통해 스트레스의 정도를 평가하여 관리 방안을 모색할 수 있다. 이러한
자료와 함께 육체활동이나 건강상태, 흡연·음주여부, 식사습관 등에 관한 정보들을 종합하면 각
개인의 스트레스 인내 수준을 평가할 수 있고 이에 따라 스트레스 수준을 관리할 수 있다.

③ **기분전환 훈련** : 명상, 바이오피드백, 요가, 독서, 티브이 시청 등은 스트레스를 직접적으로 감
소시키거나 효과적으로 관리할 수 있는 방법이다.

제 **5** 절　**조직시민행동과 반생산적 작업행동**

1　**조직시민행동(Organizational Citizenship Behavior ; OCB)**

(1) 조직시민행동의 의의

① 조직시민행동은 역할 외 행동을 말한다.
② 직무명세서에 기재된 행동이 역할 내 행동이라면, 그 외의 행동이 역할 외 행동이다.

③ 반드시 내가 해야 할 업무가 아님에도 불구하고 자발적으로 조직의 효과성을 위해 노력하는 행동을 말한다.

④ 조직시민행동이 많아질수록 구성원들 간의 관계가 원만해지고, 직무만족도가 높아지며, 조직의 성과를 높일 수 있다.

(2) 조직시민행동의 5가지 하위 차원

개인차원의 조직시민행동 (OCB-I)	이타적 행동	타인을 도와주려는 친사회적 활동	결근한 직원이나 아픈 동료의 일을 대신해 주는 것 등
	예의적 행동	자신 때문에 남이 피해를 보지 않도록 배려하는 시민의식행동	코로나 위기 시 남을 위해 마스크를 쓰는 행동 등
조직차원의 조직시민행동 (OCB-O)	신사적 행동	정정당당히 행동하는 것	남을 험담하지 않는 것 등
	양심적 행동 (성실 행동)	양심에 따라 조직이 요구하는 것 이상의 봉사나 노력을 하는 성실행동	쓰레기 줍기 등
	공익적 활동	조직활동에 책임의식을 갖고 솔선수범하는 활동	시키지 않아도 회사제품을 홍보하는 활동 등

2 반생산적 작업행동

(1) 반생산적 작업행동의 정의

① 반생산적 작업행동(Counterproductive Work Behaviors ; CWBs)은 명백하게 조직의 목표와 안녕에 위배되는 방향으로 작동하는 행동이다.

② 반생산적 작업행동은 개개인의 직무성과에 부정적 영향을 미치며, 나아가 조직전체의 효과성을 잠식시키는 개인의 의도적이며 자발적 행동으로 정의된다.

(2) 반생산적 작업행동의 내용

① 조직일탈

㉠ 조직을 대상으로 한 반생산적 행동이다.

㉡ 작업의 의도적인 회피나 태업, 고의적인 지각이나 결근 등 생산상의 일탈행동뿐만 아니라, 회사의 자산이나 설비에 대한 오용과 절도 등 재산상의 일탈행동을 모두 포함한다.

② 대인관계일탈

㉠ 대인관계 수준의 반생산적 행동을 의미한다.

㉡ 동료사원들에 대해 모욕적인 언사나 힐난을 주는 행동, 위협을 가하거나 물리적인 폭력을 쓰는 등의 공격 행동이 포함된다.

직장 내 정서와 괴롭힘

1 직장 내 정서

(1) 정서 조절(Emotion Regulation)

① 정서 조절은 구성원 자신의 정서를 모니터하고 표현하는 방식(Gross, 1998)으로 어떤 정서를 경험할지, 언제 경험할지, 그리고 어떻게 표현할지를 선택하는 과정(Gross, 2002)이다.

② 정서 조절의 두 가지 형태(Cote & Morgan, 2002)

　　㉠ 증폭으로 기쁜 정서를 과장하거나 왜곡하는 것이다.

　　㉡ 억제로 실제 분노와 시기심 등과 같은 정서를 숨기는 것이다.

(2) 정서 노동(Emotional Labor)

① 구성원이 사람을 대하는 일을 수행할 때 조직에서 구성원에게 요구하는 감정표현을 하기 위해 구성원이 노력하고 계획하고 통제하는 것으로 정의할 수 있다(Morris & Feldman, 1996)

② 실제 감정과 직장에서 표현해야 하는 정서의 차이로 인해 생기는 정서 부조화를 겪은 근로자의 스트레스 수준이 더 높은 것으로 나타났다(Grandey & Brauburger, 2002).

③ 정서 부조화는 스트레스나 탈진을 일으키는 것은 물론 고객서비스의 질적 수준 저하로까지 이어질 수 있다.

(3) 직장 내에서의 정서 관리

① Hochschild(1983)는 내면행위와 표면행위로 구분하였다.

　　㉠ 내면행위(Deep Acting)는 정서 표현을 통제하는 것을 넘어서 내부 정서와 실제 밖으로 표현하는 정서와 일치하도록 수정하는 것이다.

　　㉡ 표면행위(Surface Acting)는 내부 정서의 변화 없이 밖으로 가짜 감정을 표현하는 것이다.

② 표면행위는 낮은 직무수행(Job Performance)과 높은 스트레인(Strain) 등 부정적인 결과로 이어지는 경우가 많고, 내면행위는 높은 직무수행 등 긍정적인 결과로 이어지는 경우가 많다(Grandey & Melloy, 2017).

2 직장 내 괴롭힘

(1) 직장 내 괴롭힘의 정의

① 직장 내 괴롭힘(Bullying/Mobbing)은 지속적이고 반복적으로 개별 또는 집단의 근로자를 모욕하거나 침해하려는 보복성이 있거나, 가혹하거나 적대적이고 공격적인 행동을 의미한다.

② 괴롭힘은 직장 내 폭력 유형 중 가장 빠르게 증가하고 있는 것으로, 주로 상사에 의한 것이지만 동료에 의해서도 발생할 수 있다.

(2) 직장 내 괴롭힘 진단

① 스트레스는 괴롭힘의 원인과 결과 모두에 해당할 수 있다.

② 직장에서의 폭력은 기업문화와 깊은 연관성이 있으며, 각각의 폭력적인 상황의 특수성 때문에 별도의 분석이 요구된다. 따라서 특정한 폭력 행동을 예측하는 것이 매우 어렵다. 다만, 폭력이 더 많이 발생할 가능성이 있고 예방을 위한 특별한 노력이 필요한 상황들이 있다.

㉠ 독립적으로 일하는 것은 목격자가 없다는 것을 의미하기 때문에 괴롭힘의 가능성이 증가한다.

㉡ 일반 대중을 대상으로 직무를 수행하는 경우에는 예측하기 어려운 공격성에 노출될 수 있다.

㉢ 귀중품이나 현금을 다루는 일을 하는 경우 특히 범죄 대상이 될 수 있다.

㉣ 부정적인 스트레스가 많은 사람과 같이 일하는 경우 위험성이 높아진다. 질병이나 통증으로 유발되는 좌절과 분노, 노화 문제, 정신장애, 알코올이나 약물 남용 등이 언어적 신체적 공격성을 유발할 수 있다. 나아가 가해자가 거주하는 공동체에서의 소득격차의 심화나 주변화(Marginalization), 보건서비스의 부족과 서비스 제공자의 불충분한 교육 및 낮은 수준의 대인관계 기술, 직장 내 전반적인 스트레스 풍토와 안전성 부족 모두 괴롭힘의 가능성을 증가시키는 요인이 된다.

(3) 직장 내 괴롭힘 예방 및 관리를 위한 인식제고

① 직장 내 폭력은 예방이 가능하다.

② 폭력은 개인만의 문제가 아니다.

③ 폭력은 개인뿐만 아니라 사업장에도 유해하다.

④ 작업 조직과 작업 환경이 폭력 발생의 요인이 된다.

⑤ 폭력을 예방하기 위해서는 작업 조직과 작업 환경이 바뀌어야 한다.

⑥ 건강한 기업을 만들기 위한 경영의 일환으로써 폭력 근절이 포함되어야 한다.

⑦ 직장 내 폭력은 다른 심리사회적 요인과 부정적인 순환 관계에 있다.

일과 삶의 균형

1 일과 삶의 균형

(1) 일과 삶의 균형의 의미
① 일에만 치중하는 것이 아니라 개인의 삶과 균형을 이루기 위한 가치로써의 의미를 지닌다.
② 일과 생활의 균형을 업무를 마치고 개인적인 생활을 할 수 있도록 업무와 개인 생활을 명확히 분리하는 것이라고 정의하기도 한다.

(2) Warr(1999)의 웰빙의 환경적 결정요인
① Warr는 일이 정신건강의 핵심이라고 주장하였는데, 웰빙의 열 가지 환경적 결정요인을 제안하였다.
② 열 가지 환경적 결정요인에는 개인 통제 기회, 기술 사용 기회, 다양성, 환경적 명확성, 가치 있는 사회적 지위, 외부에서 주어진 목표, 돈의 가용성, 신체적 안전성, 지지적 관리감독, 대인 관계 기회가 있다.
③ 구성원이 열 가지 결정요인을 자주 겪을수록 걱정이나 우울과 같은 일들을 겪을 가능성이 적어진다.

2 일-가정 갈등

(1) 일-가정 갈등의 개념 및 의미
① 일-가정 갈등은 일에서의 의무와 가정에서의 의무 사이의 갈등을 조화시키고자 하는 데서 오는 일종의 딜레마이다.
② 일-가정 갈등은 한 영역(일, 직장)의 요구가 다른 영역(가정)의 요구와 양립할 수 없는 '역할 간 갈등'으로 정의된다(Kahn et al., 1964).
③ 초과 근무, 업무 성과를 강조하는 직장 분위기, 대인관계 스트레스 등과 같은 직장 요인이 일-가정 갈등을 높이거나(Grzywacz & Marks, 2000; Nielson, Carlson, & Lankau, 2001) 어린 자녀가 많을수록 배우자와의 관계가 좋지 않을수록 일-가정 갈등 수준이 높은 것(Eby et al., 2005)으로 나타났다.

(2) 일-가정 갈등의 해결책
① 개인의 노력만으로 일-가정 갈등을 해결하는 것은 불가능하며 조직의 지원이 필요하다.
② 최근 많은 기업들이 육아 휴직, 사내 어린이집, 재택근무, 노부모 부양 지원 등과 같은 가족 친화적 복지 제도들을 도입하여 결근율, 사고율, 이직율 등을 감소시키고, 업무 만족과 같은 긍정적인 효과를 내는 것으로 나타났다(Kossek & Michel, 2010).

제 8 절   **실업의 심리적 효과와 재취업**

1 실업의 심리적 효과

(1) 고용과 실업의 의미

① **고용의 의미**

    ⊙ 경제적 혜택 외에도 자신이 누구인지를 정의하는 데 핵심적인 역할을 하는 등 다양한 심리적 효과가 있다.

    ⓛ 하루 일과에 규칙성을 부여하고, 가족 외 다른 사람과 규칙적인 접촉을 제공하며, 개인생활에 목표를 부여하는 등의 역할을 한다.

② **실업의 의미**

    ⊙ 실업은 일할 의사와 능력을 가진 사람이 일자리를 갖지 않거나 갖지 못한 상태를 말한다.

    ⓛ 실업은 실업자 본인에게 직장 및 소득의 상실과 그에 따르는 경제적·심리적 고통을 가져다준다.

(2) 실업의 심리적 효과

① 실업은 스트레스를 가장 많이 일으키는 사건 중 하나(Maysent & Spera, 1995)로 본다.

② 실업은 건강 문제를 예측할 수 있는 주요 생활 스트레스 원인(Strully, 2009)이다.

③ 실업은 우울, 자살, 반사회적 행동, 약물 남용과 연관이 있다(Goldman-Mellor, Saxton & Catalano, 2010).

(3) 실업에 대한 대처(Gowan, Riordan & Gatewood, 1999)

① **문제중심 대처**

    구직활동을 하는 것으로 정의한다.

② **정서중심 대처**

    ⊙ 실업 생각을 덜어내는 것으로 정의한다.

    ⓛ 사회적 지지를 많이 받을수록 실업에 대한 생각을 좀 더 쉽게 덜어내는 것으로 연구결과가 나타난다.

    ⓒ 정서중심 대처를 통해 실업에 대한 심리적 고통을 줄이고 재취업 가능성을 높이는 것으로 나타난다.

2 재취업

(1) 불완전고용

① 불완전고용이란 자신의 능력이나 역량 수준보다 낮은 수준에서 일하는 것이다.

② 교육 수준에 적합하지 않거나 보유한 기술을 이용하지 못하는 것 외에도 낮은 임금을 받는 것도 불완전고용에 속한다.

③ 최근 경기침체와 일자리 축소로 인해 많은 사람들이 불완전고용 상태에 놓여 있고, 지속적으로 증가하는 추세에 있다.

④ 불완전고용 상태에 있는 종업원은 직업과 본인의 역량이 적절하다고 생각한 직원보다 반생산적 행동을 더 자주 하였다(Luksyte, Spitzmueller & Maynard, 2011)

(2) 재취업 성공에 중요한 영향을 미치는 요인

① **구직강도**

㉠ 직장을 잡기 위해 노력하는 정도, 취업을 위해 얼마나 적극적으로 활동하는가를 의미한다.

㉡ 이력서 작성, 인터넷 사이트 검색 등의 행동을 예로 들 수 있다.

㉢ 구직강도가 높을수록 재취업 성과가 높아진다.

② **구직명확성**

㉠ 자신이 원하는 일이나 직장, 직무에 관한 명확한 생각을 의미한다.

㉡ 구직자가 자신에게 필요한 활동에 적극적으로 관심을 기울이고 노력할 수 있도록 방향을 제시해 주며 더 열정적으로 구직활동을 할 수 있도록 돕는다.

③ **구직효능감**

㉠ 구직활동을 성공적으로 수행하여 구직목표를 달성할 수 있다는 믿음을 의미한다.

㉡ 구직효능감이 높을수록 구직활동을 좀 더 적극적이고 지속적으로 할 수 있다.

④ 그 외에도 일을 인생에서 중요하고 의미 있게 생각하는 정도를 의미하는 고용몰입과 사회적 자산 등이 재취업 성공에 중요한 영향을 미치며, 적극적인 구직활동을 하고 커리어 목표가 분명하며 주변에 아는 사람들이 많을수록 재취업에 성공할 가능성이 높은 것으로 나타난다(탁진국, 2009).

01 근무환경은 직무만족의 영향요인에 해당한다. 직무만족의 결정요인에는 보상체계(급여), 직무자체, 승진가능성, 동료와의 관계, 리더십 스타일, 조직구조 등이 있다.

02 종업원의 직무 스트레스 관련사항은 조직차원이 아닌 개인차원에서 직무만족이 중요성을 갖는 이유 중 하나이다.

03 조직구조의 경우에는 직위의 수준이 자신의 능력에 부합하고, 분권화되어 있으며, 공식화 수준이 낮을수록 직무만족의 요인이 된다.

01 다음 중 직무만족 결정요인이 <u>아닌</u> 것은 무엇인가?

① 보상체계(급여)
② 직무자체
③ 근무환경
④ 리더십 스타일

02 조직차원에서 직무만족이 중요한 이유로서 틀린 것은 무엇인가?

① 원만한 인간관계 유지에 기여
② 회사 홍보에 기여
③ 종업원의 직무 스트레스 해소나 유발에 영향
④ 성과에 대한 영향

03 다음 중 직무만족의 결정요인에 대한 설명으로 옳지 <u>않은</u> 것은?

① 동료 작업자와의 관계에서는 동료 간의 우호적, 협조적 태도 및 기술적 능력에 기반을 둔 후원적 태도 등이 직무만족에 영향을 미치게 된다.
② 조직구조의 경우, 직위의 수준이 자신의 능력에 부합하고, 집권화되어 있으며, 공식화 수준이 높을수록 직무만족의 요인이 된다.
③ 승진의 기회 역시 그 비율과 공정성에 의해서 직무만족에 영향을 미치게 된다.
④ 직무 자체는 종업원이 직무에서 느끼는 만족 및 흥미의 정도, 종업원에게 부여되는 책임이나 학습의 정도, 작업조건 및 직무의 중요성에 대한 사회적 평가 등을 의미한다.

정답 01 ③ 02 ③ 03 ②

04 직무만족에 대한 설명으로 옳지 <u>않은</u> 것은?

① 직무에 대한 정서적 반응이다.
② 보통 직무에서 개인이 원하는 것과 실제 얻는 것과의 비교로 나타난다.
③ 직무 담당자의 주관적인 판단에서 비롯된 주관적 개념이다.
④ 개인생활에서의 만족을 의미하는 것이다.

04 직무만족이란 직무에 대한 인식과 판단으로부터 오는 태도(행동)의 하나로서 한 개인의 직무나 직무경험 평가 시에 발생하는 유쾌하고 긍정적인 정서상태를 말하는 것으로, 조직생활에서의 만족을 의미하는 것이다.

05 다음 중 E. A. Locke의 직무만족 요인에 해당되지 <u>않는</u> 것은 무엇인가?

① 직무
② 감독
③ 연령
④ 작업조건

05 E. A. Locke의 직무만족 요인으로는 회사의 관리, 동료, 직무, 감독, 작업조건, 부가급부, 인정, 승진, 임금이 있다. 연령은 이에 포함되지 않는다.

06 다음 중 직무만족도를 측정하는 기법과 그 내용이 바르게 짝지어진 것은?

① 점수법 – 조사 대상자들에게 자기 직무와 관련하여 어떻게 행동하고 싶은지를 묻는 방법이다.
② 중요사건법 – 가장 널리 사용되는 방법 중 하나로 직무기술지표(JDI)와 미네소타 만족 설문(MSQ)이 있다.
③ 외현행동법 – 성과하락·결근율·이직률 등 불만족 척도로 나타나는 종업원행동을 관찰하는 기법이다.
④ 행동경향법 – 조사 대상자들로 하여금 자기 직무에 대해 특별히 만족스러웠거나 불만스러웠던 상황을 제시하게 한 후, 그 자료를 근거로 직무만족을 분석하는 기법이다.

06 외현행동법은 성과하락·결근율·이직률 등 불만족 척도로 나타나는 종업원 행동을 관찰하는 기법이다.
① 점수법: 가장 널리 사용되는 방법 중 하나로 직무기술지표(JDI)와 미네소타 만족 설문(MSQ)이 있다.
② 중요사건법: 조사 대상자들로 하여금 자기 직무에 대해 특별히 만족스러웠거나 불만스러웠던 상황을 제시하게 한 후, 그 자료를 근거로 직무만족을 분석하는 기법이다.
④ 행동경향법: 조사 대상자들에게 자기 직무와 관련하여 어떻게 행동하고 싶은지를 묻는 방법이다.

정답 04 ④   05 ③   06 ③

07 직무만족은 직무관련 상황의 각 측면들과의 관계에 있어서는 종속변수지만 그 자체가 독립변수가 될 수도 있고 직무만족이 독립변수가 될 경우 종속변수는 성과, 이직률과 결근율 등이 된다.
① 직무의 실체가 종업원들의 기대에 부응하지 못하면 이직률을 상승시키는 현상을 초래하게 되는데 이러한 관계의 강도는 조직이나 시점에 따라 달라진다.
② 직무만족과 결근율의 관계는 이직률의 관계와 대체로 유사성을 보인다.
③ 포터와 롤러는 내재적 보상이 외재적 보상보다 성과와 연관될 가능성이 더 크다고 보았다.

07 다음 중 직무만족과 결근율 및 이직률에 관한 설명으로 옳은 것은?

① 직무의 실체가 종업원들의 기대에 부응하지 못하면 이직률을 상승시키는 현상을 초래하게 되는데 이러한 관계의 강도는 조직이나 시점에 따라 달라지지 않는다.
② 직무만족과 결근율의 관계는 이직률의 관계와 아무런 유사성을 보이지 않는다.
③ 포터와 롤러는 외재적 보상이 내재적 보상보다 성과와 연관될 가능성이 더 크다고 보았다.
④ 직무만족은 직무관련 상황의 각 측면들과의 관계에 있어서는 종속변수지만 그 자체가 독립변수가 될 수도 있다.

08 조직몰입의 선행변수에는 개인적 요인, 조직구조 및 직무관련 특성, 작업경험 등이 포함되며, 결과변수에는 참여도, 잔류의도, 직무몰입, 직무노력이 포함된다.

08 다음 중 조직몰입의 선행변수에 포함되는 것은 무엇인가?

① 참여도
② 작업경험
③ 직무몰입
④ 직무노력

09 조직몰입의 유형
• 정서적 몰입 : 조직 구성원이 조직에 대해 정서적 애착과 일체감을 가지고 동일시하는 몰입 차원
• 지속적 몰입 : 현 조직을 떠나 다른 조직으로 이동할 때 발생하는 비용 때문에 현 조직에서 구성원으로서의 자격을 지속적으로 유지하려는 심리적 상태에 따른 몰입 차원
• 규범적 몰입 : 조직에 머물러 있어야 한다는 종업원의 의무감에 기초한 몰입 차원

09 조직몰입의 유형 중 다음 설명에 해당하는 것은?

> 현 조직을 떠나 다른 조직으로 이동할 때 발생하는 비용 때문에 현 조직에서 구성원으로서의 자격을 지속적으로 유지하려는 심리적 상태에 따른 몰입 차원

① 정서적 몰입
② 지속적 몰입
③ 규범적 몰입
④ 실체적 몰입

정답 07 ④ 08 ② 09 ②

10 다음 중 직무열의의 하위 요인에 포함되지 <u>않는</u> 것은?

① 활력(vigor)
② 몰두(absorption)
③ 인내(endurance)
④ 헌신(dedication)

10 직무열의의 세 가지 하위 구성요소에는 활력(vigor), 몰두(absorption), 헌신(dedication)이 있다.

11 직무만족 측정척도로 스미스(Smith) 등이 개발한 직무기술지표(Job Descriptive Index, JDI)에서 측정하는 대상으로 옳지 <u>못한</u> 것은?

① 회사 비전에 대한 만족
② 임금 총액에 대한 만족
③ 승진 기회에 대한 만족
④ 일 자체에 대한 만족

11 1969년 스미스(Smith) 등에 의하여 개발된 직무기술지표(Job Descriptive Index, JDI)는 직무와 관련된 다섯 가지 측면에 대한 만족도를 측정한다. 이 다섯 가지 측면에는 임금, 감독, 작업(직무 자체), 승진, 동료작업자와의 관계에 대한 만족도가 포함되며, 각각의 만족도를 측정하여 매겨진 점수를 토대로 전체 만족점수를 도출해 낼 수 있다.

12 다음 중 조직몰입에 관한 설명으로 옳지 <u>않은</u> 것은?

① 조직을 떠나지 않으려는 애착, 조직에 충성하고 공헌하려는 의지 등의 감정적 몰입 내지는 마음으로부터의 충성이라고 할 수 있다.
② 개인이 자기가 속한 조직에 대해 어느 정도의 일체감을 가지고 조직 활동과 직무에 몰두하느냐 하는 정도를 의미한다.
③ 몰입대상에 따라서 자기가 속한 조직에 몰입하려는 태도와 자기 자신에 몰입하려는 태도로 구분된다.
④ 조직몰입은 감정적 몰입, 지속적 몰입, 실체적 몰입의 세 가지 측면을 모두 포함한다.

12 조직몰입은 감정적 몰입, 지속적 몰입, 규범적 몰입의 차원으로 구분해 볼 수 있다.

정답 10 ③ 11 ① 12 ④

13 직무탈진에 관한 대표적인 학자들인 Maslach & Jackson에 의하면, 직무탈진은 감정소진, 비인간화, 개인적 성취감 결여의 세 가지 요소로 구성된다.

14 작업집단의 규모와 직무만족도 간의 관계는 반비례 등식이 성립된다. 즉, 작업집단의 규모가 커지면 커질수록 구성원들의 직무만족도는 하락하게 된다.

15 종업원들이 직무에 만족하지 못하면 이직률 상승을 초래하게 되는데, 이때 만족도와 이직률 간의 관계는 역의 관계가 성립하게 되며, 강도는 조직이나 시점에 따라 다르게 나타나게 된다.

---

13 다음 중 직무탈진의 하위 구성요소에 해당하지 <u>않는</u> 것은?

① 우울감
② 감정소진
③ 비인간화
④ 개인적 성취감 결여

14 다음 내용 중에서 <u>틀린</u> 것은 무엇인가?

① 사회적 요인은 구성원의 직무만족에 영향을 미치는 중요한 요인 중에 하나이다.
② 작업집단의 규모가 크면 클수록 구성원들의 직무만족도는 상승한다.
③ 한 개인이 가지는 감정이나 사고 및 일정한 행동양식을 의미하는 성격은 직무만족에 많은 영향을 미친다.
④ 구성원들의 근무환경에 대한 긍정적 평가는 직무만족에 긍정적 영향을 미치는 요인이 된다.

15 직무만족에 대한 설명으로 옳지 <u>않은</u> 것은?

① 포터와 롤러에 의하면 외재적·내재적 보상에 대해 작업자는 타인과 비교하여 공정하다고 판단되면 만족을 느끼게 된다고 한다.
② 직무만족은 구성원이 조직을 위해 자발적으로 행하는 친사회적 행동유발에 긍정적 영향을 미친다.
③ 직무만족과 결근율의 관계는 이직률과의 관계와 마찬가지로 비례적인 현상을 보인다.
④ 포터와 롤러는 내재적 보상이 외재적 보상보다 성과와 연관될 가능성이 크다고 하였다.

정답 13 ① 14 ② 15 ③

16 다음 직무몰입과 직무열의에 관한 설명으로 올바르지 <u>않은</u> 것은?

① 직무열의는 직무에 대한 담당자의 긍정적 마음의 상태라고 정의할 수 있다.

② 직무열의의 하위 구성요소 중 활력(vigor)은 직무 담당자가 본인이 수행하는 업무에 적극적이고 능동적으로 참여하고 과업 수행에 대한 의미와 열정 그리고 자부심을 갖고 임하는 자세를 의미한다.

③ 직무몰입은 직무 담당자 스스로 본인이 맡은 직무에 몰입하는 정도 혹은 자신의 전문성 개발에 헌신하는 정도로서 개인을 중심으로 이루어지는 몰입이라고 볼 수 있다

④ 조직몰입과 팀 몰입은 그 기업을 떠나서는 생각할 수 없지만 직무몰입과 경력몰입은 그 정도의 크기에 따라 기업의 측면과는 별개로 작용한다.

16 ②의 내용은 직무열의의 하위 구성요소 중 헌신(dedication)에 대한 설명이다. 활력(vigor)은 담당자가 직무수행 시에 높은 정신적 에너지수준과 회복력을 바탕으로 업무에 노력을 투입하려는 의지를 가지고 문제봉착 시에도 포기 없이 이끌어 가고자 하는 인내력을 의미한다.

17 다음에서 설명하는 조직공정성의 범주로 볼 수 <u>없는</u> 것은?

① 분배적 공정성
② 절차적 공정성
③ 상호작용 공정성
④ 비례적 공정성

17 조직공정성은 분배적 공정성, 절차적 공정성, 상호작용 공정성의 세 가지 유형으로 구분하여 볼 수 있다.

18 다음 중 절차적 규칙에 관한 개념으로 레벤탈(Leventhal)이 제시한 절차적 공정성을 보장하기 위한 여섯 가지 준거(레벤탈 규칙)에 해당하지 <u>않는</u> 것은?

① 수용성
② 대표성
③ 정확성
④ 편견 억제

18 레벤탈이 제시한 절차적 공정성을 보장하기 위한 여섯 가지 준거에는 일관성, 대표성, 정정가능성, 정확성, 편견 억제, 윤리성이 있다. 공정성이 높은 조직은 의사결정에 의해 어떤 사안이 도입될 경우, 그 결과가 모든 사람에게 적용되고 그 절차는 도덕적이고 윤리적으로 일관된 성격을 나타내게 된다.

정답 16② 17④ 18①

19 스트레스 강도에 영향을 미치는 상황적 요소에는 사회·정서적 지원, 인지적 평가, 대응기술, 예측가능성, 통제가능성이 있다.

20 심리적 증상은 스트레스의 1차적 증상으로 일반적으로 불안정, 감정적, 공격적, 매사에 싫증, 사소한 일에 집착, 내적혼란, 도피, 무관심, 퇴행, 거부, 망각, 우유부단 등이 이에 해당한다.

21 재앙증후군으로 인해 나타나는 세 가지 단계에는 쇼크단계 → 암시단계 → 회복단계가 있다.

19 다음 중 스트레스의 강도에 영향을 미치는 상황적 요소가 <u>아닌</u> 것은?

① 사회적 지원
② 예측가능성
③ 통제가능성
④ 욕구 충족

20 다음 중 스트레스로 인한 증상 중 심리적 증상이라고 보기 <u>어려운</u> 것은?

① 망각
② 집착
③ 두통
④ 우유부단

21 재앙증후군이란 개인의 일시적, 정서적 혼란 증후로 세 단계로 구분되어 나타난다. 이에 해당되지 <u>않는</u> 것은?

① 활동단계
② 회복단계
③ 쇼크단계
④ 암시단계

정답 19 ④ 20 ③ 21 ①

22 재앙증후군의 세 가지 단계 중 '암시단계'에 대한 설명으로 옳은 것은?

① 상당수준의 자기 통제력을 가지고 행동할 수 있지만, 지속적인 불안이 계속되고 불면증 등의 증상을 보이는 단계를 말한다.
② 스트레스 상황의 지속 및 스트레스 극복노력의 무산으로 인해 성과를 얻지 못하고, 이를 운명적으로 돌리게 된 사람들은 무기력해진다.
③ 주어진 스트레스로 인해 모든 반응이 일시적으로 정지되는 단계를 말한다.
④ 주위의 명령 및 지시에 수동적으로나마 따르기는 하지만 그런 노력은 지극히 비효과적인 단계를 말한다.

22 ① 회복단계에 대한 설명이다.
② 스트레스에 의한 심리적 반응들 중 무력증에 관한 설명이다.
③ 쇼크단계에 대한 설명이다.

23 다음 스트레스로 인한 증상 중에서 행동적 증상에 해당하는 것은?

① 우리 몸의 심박수 증가, 호흡수 증가 및 두통 등의 현상이 나타난다.
② 불안정, 감정적, 공격적, 매사에 싫증, 사소한 일에 집착 등이 해당한다.
③ 안면 표정이나 말투, 걸음걸이 등 개인행동이 급격히 변하여 표출되는 것이다.
④ 식욕상실, 위궤양, 혈압상승, 체중감소 등이 나타난다.

23 스트레스로 인한 여러 증상들 중 행동적 증상이란 사회적 상황에서 겪는 불편감에 대한 개인적 행동의 급격한 변화를 의미하는 것으로, 이러한 증상에는 안절부절, 손톱깨물기, 발떨기 등의 신경질적인 습관, 먹는 것, 마시는 것, 흡연, 울거나 욕설, 비난이나 물건을 던지거나 때리는 행동의 증가 등이 있다.

24 다음 중 직무 스트레스에 관한 설명으로 옳은 것은?

① 개인이 업무와 관련해서 경험하는 긴장상태로서 직무관련 요인들로 인하여 개인의 심신이 정상적인 기능을 이탈하게 되는 것이다.
② 개인의 일시적인 정서적 혼란 증후군을 말한다.
③ 일상생활에서 개인의 욕구를 충족시킬 수 있는 수단이나 절차들이 배제된 상태에 노출됨에 따라 겪는 불편감을 의미한다.
④ 어떠한 동기나 목표추구활동 등이 방해를 받았을 때 느끼는 불쾌한 감정상태를 말한다.

24 직무 스트레스란 직무와 관련된 요소들에 의해 경험하는 긴장상태로 대게 조직생활에서 조직의 목표와 개인의 욕구 사이에 일어나는 불균형에 의해 발생한다.

정답 22 ④ 23 ③ 24 ①

25 의사소통 활성화는 조직 차원에서의 스트레스 관리 방안이다. 이 밖에도 조직 차원에서의 관리 방안에는 직무재설계, 참여적 관리, 탄력적 작업일정 계획, 사회적 지원, 경력 개발, 역할분석, 목표설정 등이 있다.

25 직무 스트레스의 여러 원인을 환경, 조직, 개인적 차원으로 세분화할 경우, 다음 중 개인적 차원에서의 스트레스 관리 방안이라 볼 수 없는 것은?

① 의사소통 활성화
② 기분전환훈련
③ 건강검사
④ 회피

26 ④는 역할분석에 관한 설명이다. 목표설정은 개인의 직무에 대한 구체적 목표를 설정해 줌으로써 기업과 근로자 간의 상호 이해심을 증진시키는 방법이다.

26 다음 중 직무 스트레스 관리 방안에 관한 설명으로 틀린 것은?

① 직무재설계는 종업원의 직무와 직무 고유의 특성에 기초하여 개선된 직무확대 및 직무충실화를 통해 스트레스를 관리하는 방법이다.
② 참여적 관리는 가능한 의사결정을 분권화하여 의사결정 참여의 기회를 확대함으로써 개인의 작업에 대한 재량권과 자율성을 강화하는 것이다.
③ 탄력적 작업일정 계획으로 개인의 통제력과 재량권을 강화시켜줌으로써 스트레스를 감소시킬 수 있다.
④ 목표설정은 개인의 과제 수행 역할을 명확히 하여 스트레스를 야기하는 혼동과 갈등 등을 감소시키는 방법이다.

정답 25 ① 26 ④

✅ **주관식 문제**

01 다음은 직무열의의 하위 구성요소에 대한 설명이다. (   ) 안에
들어갈 내용을 순서대로 쓰시오.

> • (㉠   )은/는 담당자가 직무수행 시에 높은 정신적 에너
> 지 수준과 회복력을 바탕으로 업무에 노력을 투입하려는 의
> 지를 가지고 문제 봉착 시에도 포기 없이 이끌어 가고자 하
> 는 인내력이라고 정의할 수 있다.
> • (㉡   )은/는 직무담당자가 본인이 수행하는 업무에 적극
> 적이고 능동적으로 참여하고 과업수행에 대한 의미와 열정
> 그리고 자부심을 갖고 임하는 자세를 의미한다.

01

[정답] ㉠ 활력, ㉡ 헌신

[해설] 직무열의(Work Engagement)는 업
무에 대하여 긍정적이고 정력적이며
헌신하고 몰두하는 자세, 즉 직무에
대한 담당자의 긍정적 마음의 상태
라고 정의할 수 있다.

직무열의의 하위 구성요소
• 활력(Vigor) : 담당자가 직무수행
시에 높은 정신적 에너지 수준과
회복력을 바탕으로 업무에 노력을
투입하려는 의지를 가지고 문제
봉착 시에도 포기 없이 이끌어 가
고자 하는 인내력이라고 정의할
수 있다.
• 헌신(Dedication) : 직무담당자가
본인이 수행하는 업무에 적극적이
고 능동적으로 참여하고 과업수행
에 대한 의미와 열정 그리고 자부
심을 갖고 임하는 자세를 의미한다.
• 몰두(Absorption) : 직무에 완전하
게 집중하여, 시간이 빠르게 흘러
가는 듯한 느낌을 갖게 된 상태 또
는 일과 자신을 분리하여서는 생
각하기 어려울 정도로 깊게 몰입
된 상태를 말한다.

안심Touch

02

정답 직무탈진

해설 직무탈진은 직무수행 상황에서 담당자가 스트레스에 지속적으로 노출됨으로써 겪게 되는 부정적인 심리상태를 의미한다.

02 다음에서 공통적으로 설명하고 있는 개념은 무엇인가?

- 에너지, 힘 또는 자원을 과도하게 사용함에 따라 실수, 탈진, 고갈로 이어지는 현상
- 과도한 직무스트레스와 만족도 저하에 따른 반응을 나타내는 것으로 직무와 관련된 정신적인 후퇴
- 생활방식 또는 인간관계에서 기대한 만큼의 보상을 받지 못함으로써 인해 생기는 만성적인 피로, 우울, 좌절상태
- 대인접촉이 많은 직원들이 장시간 스트레스 요인에 노출되어 겪게 되는 부정적인 심리경험
- 감정소진, 비인간화, 개인적 성취감 결여의 세 가지 요소로 구성된다.

03 다음은 조직시민행동의 5가지 하위 차원에 대한 설명이다. ( ) 안에 들어갈 내용을 순서대로 쓰시오.

> • 개인차원의 조직시민행동(OCB-I)에는 이타적 행동과 (㉠) 적 행동이 있다.
> • 조직차원의 조직시민행동(OCB-O)에는 (㉡)적 행동과 양심적 행동, 공익적 행동이 있다.

해설 & 정답 checkpoint

03
정답 ㉠ 예의, ㉡ 신사
해설 [문제 하단의 표 참고]

>>>Q

[조직시민행동의 5가지 하위 차원]

개인차원의 조직시민행동 (OCB-I)	이타적 행동	타인을 도와주려는 친사회적 활동	결근한 직원이나 아픈 동료의 일을 대신해 주는 것 등
	예의적 행동	자신 때문에 남이 피해를 보지 않도록 배려하는 시민의식행동	코로나 위기 시 남을 위해 마스크를 쓰는 행동 등
조직차원의 조직시민행동 (OCB-O)	신사적 행동	정정당당히 행동하는 것	남을 험담하지 않는 것 등
	양심적 행동 (성실행동)	양심에 따라 조직이 요구하는 것 이상의 봉사나 노력을 하는 성실행동	쓰레기 줍기 등
	공익적 활동	조직활동에 책임의식을 갖고 솔선수범하는 활동	시키지 않아도 회사제품을 홍보하는 활동 등

04

정답 ㉠ 불완전고용, ㉡ 구직명확성

해설 • 불완전고용
  – 불완전고용이란 자신의 능력이나 역량 수준보다 낮은 수준에서 일하는 것이다.
  – 교육 수준에 맞지 않거나 가지고 있는 기술을 활용하지 못하는 것 외에도 적은 임금을 받는 것도 포함한다.
• 구직명확성
  – 자신이 원하는 일이나 직장, 직무에 관한 명확한 생각을 의미한다.
  – 구직자가 자신에게 필요한 활동에 적극적으로 관심을 기울이고 노력할 수 있도록 방향을 제시해 주며 더 열정적으로 구직활동을 할 수 있도록 돕는다.

04 다음 설명에서 ( ) 안에 들어갈 내용을 순서대로 쓰시오.

> • (㉠)는 자신의 능력이나 역량 수준보다 낮은 수준에서 일하는 것으로 (㉠) 상태에 있는 종업원은 직업과 본인의 역량이 적절하다고 생각한 직원보다 반생산적 행동을 더 빈번하게 하였다.
> • 재취업 성공에 중요한 영향을 미치는 요인 중 (㉡)는 자신이 원하는 일이나 직장, 직무에 관한 명확한 생각을 의미한다.

제 **6** 장

직무설계와 조직개발

I wish you the best of luck

독학사 심리학과 3단계

제6장 직무설계와 조직개발

제 1 절 직무설계

1 직무설계의 의의 및 필요성

(1) 직무설계의 배경

① 종업원들이 주어진 과업을 얼마나 성공적으로 수행하였는가는 미리 설계된 직무의 특성에 의해 영향을 받는다.

② 이는 단순히 생산성뿐만 아닌 근로생활의 질도 직무설계와 깊은 관련이 있다는 것을 의미한다. 즉, 직무는 조직과 인간을 연결하는 하나의 연결고리인 셈이다.

③ 직무설계는 환경·조직·행위적 요소들을 반드시 반영해야만 한다. 그래서 직무설계자들은 이들 요소들을 고려해서 효율적이면서 직무담당자에게 만족을 줄 수 있는 직무로 설계하여야 한다.

(2) 직무설계의 정의

직무설계란(job design)란 기업 조직의 목표달성 및 종업원 개개인의 욕구충족의 극대화를 위해서 구조적 또는 인간관계 측면을 고려한 조직구성원들의 직무에 관련되는 활동을 설계하는 과정이라고 이해할 수 있다. 다시 말해, 직무분석에 의하여 각 직무의 내용과 성격을 파악한 다음 그것에 영향을 미치는 조직적·기술적·인간적 요소들을 규명하여 종업원의 직무만족과 조직의 생산성 향상을 위한 작업방법을 결정하는 절차라고 할 수 있다.

① 직무설계는 조직의 직무를 세분하여 부서나 개인에게 직무를 배정하는 과정을 말한다.

② 직무설계는 어떤 업무를 누가 할 것인가를 고려하여 직무 내용, 직무기능, 직무간 관계를 규정하는 것을 말한다.

③ 직무설계는 직원의 만족 증대와 조직의 성과 향상을 위해 동기부여이론을 작업설계에 응용한 것으로 볼 수 있다.

(3) 직무설계의 필요성(목적)

① 종업원들로 하여금 수용가능한 적정수준의 공정한 보상 체계의 확립을 돕는다.

② 보다 효율적인 직무설계를 통해 조직 전체의 비용을 절감할 수 있고 직원들의 직무만족도 또한 향상 시킬 수 있다.

③ 직무설계를 통하여 관리자는 조직원들에게 동기부여를 함으로써 조직 전체의 성과를 높일 수 있다.

④ 직무설계를 통해 직무내용, 직무방법, 조직 내 요구와 사회적 요구 및 직원 개개인의 요구 간의 관계를 보다 구체화시킬 수 있다.

⑤ 급변하는 사회·환경적 요인들에 의한 개인적 욕구수준의 변화에 대응할 수 있다.

2 직무설계의 요소별 접근법

(1) 조직적 요소

① **기계적 접근법(mechanistic approach)**

㉠ 종업원들의 작업시간이 최소화되며 이들의 노력이 극소화되도록 하기 위해 과업을 재조정하는 것을 말한다.

㉡ 일반적으로 직무 내의 과업들을 확인한 후 몇 개의 과업들을 하나의 직무로 묶어 편성하게 된다.

㉢ 직무가 전문화되어감에 따라 훈련시간도 더불어 짧아지게 되며, 이러한 기계적인 접근법은 특히 일의 능률적인 면을 강조하게 된다.

② **작업흐름(work flow)**

기업 조직에서 작업의 흐름은 서비스나 제품의 본질에 의해 영향을 받기 마련이다. 이렇듯 작업이 능률적으로 이루어지기 위해서는 직무 사이에 균형과 순서가 서로 유지되어야 한다.

③ **인간공학(ergonomics)**

직무설계에서 작업과 작업자 사이의 물리적인 관계가 고려되어야 자사의 생산성은 극대화 될 수 있다는 말이다. 이는 사람이 자기가 하고 있는 작업과 신체적으로 어떤 관계가 있는가를 연구하는 부분이다.

④ **작업관행(work practices)**

작업자가 작업을 함에 있어서 그대로 몸에 굳어진 방법을 의미하는 것으로 이러한 작업관행은 직무설계의 범위를 제한하는 특성을 지닌다.

(2) 환경적 요소

① **종업원의 능력과 수급**

작업자들의 능력과 수급이 그에 걸맞게 균형을 이루어야 함을 의미한다.

② **사회적 기대**

작업자가 직무설계를 받아들일 것인가의 여부는 이를 통하여 그들이 얻게 될 사회적 기대에 의하여 영향을 받는다. 즉 현대에서의 작업자들에 대한 교육수준은 많이 향상되었으며, 이들의 근로생활의 질 부분에 대한 기대수준도 높기 마련이므로 이런 부분까지도 직무설계 시에 고려해야만 한다.

(3) 행위적 요소

일반적으로 능률만을 강조하는 요소로 직무를 설계할 수는 없다. 만약, 그렇게 된다면 해당 직무를 수행하는 작업자들의 욕구 등을 완전히 배제하는 결과를 초래하고 만다. 이에 많은 학자들은 이러한 작업자들의 욕구충족에 도움이 될 수 있는 직무의 특성으로 과업정체성, 피드백, 과업중요성, 기능다양성, 자율성 등을 제시하였다.

① **과업정체성(Task Identity)** : 작업자가 작업을 수행하는 과정에서 유형적인 결과를 예상하면서 전체적인 업무를 수행하는 정도를 말한다.

② **피드백(Feedback)** : 작업자가 직무를 수행함에 있어 업적에 대한 직·간접적인 정보를 얻을 수 있는 정도를 의미한다.

③ **과업중요성(Task Significance)** : 해당 직무가 기업조직의 내·외의 사람들의 삶 또는 직무에 영향을 미치는 정도를 말한다.

④ **기능다양성(Skill Variety)** : 직무 수행과정에 있어 요구되는 기능 및 재능의 필요 정도를 의미한다.

⑤ **자율성(Autonomy)** : 작업을 수행하는 작업자에게 작업수행 방법의 결정 및 작업일정에 있어서 실질적인 독립성, 자율성, 재량권을 부여하는 정도를 의미한다.

3 직무설계의 방법

(1) 직무설계의 개요

① 직무단순화는 한 사람이 담당할 과업의 수를 줄이는 것이다.

② 직무순환은 한 직무에서 다른 직무로 순환하는 것을 말한다.

③ 직무확대는 여러 과업을 묶어 직무의 영역을 수평적으로 넓히는 것이다.

④ 직무충실화는 자주성, 성취감 등을 높일 수 있도록 직무를 수직적으로 확대하는 것이다.

⑤ 직무특성화는 개인들의 차이와 다양성을 고려하여 어떤 직무가 어떤 사람에게 적합한지를 알아보고 이를 재설계하는 것을 말한다.

(2) 직무단순화

① **직무단순화의 개념**

ㄱ 직무단순화(job simplification)는 한 사람이 담당할 과업의 수를 줄여 직무를 단순화시키는 것을 말하며, 직무전문화, 직무세분화, 분업화라고 불린다.

ㄴ 직무단순화는 직무를 가능한 세분화하여 짧은 훈련기간, 단순한 업무과정, 직원의 신속한 충원가능성을 통해 조직목표를 달성하고자 하는 것을 말한다.

ㄷ 직무단순화는 과학적 관리이론과 산업공학적 원리에 근거를 두고 있다.

② **직무단순화의 장점**

ㄱ 직무에서 복잡성을 제거함으로써 작업자는 동일한 일상적인 업무를 효율적으로 수행할 수 있다. → 효율성을 높여 비용감소

ㄴ 기술수준이 낮은 직원도 단순화된 직무를 수행할 수 있으며 조직 전체적으로는 능률성이 크게 향상된다. → 표준화와 전문화로 관리자의 통제 용이

ㄷ 약간의 훈련만으로도 기술을 습득할 수 있고 약간의 판단력만 있으면 충분히 과업을 수행할 수 있기 때문에 직원 간에 호환성이 높다.

③ **직무단순화의 단점**

㉠ 단순화된 직무로 인해 너무 단조롭고 지루하여 싫증을 느낄 수 있다.

㉡ 업무를 덜게 된 만큼 다른 일을 더 많이 맡게 될 수도 있으므로 직무만족도 측면에서 별로 달라지는 것이 없다.

㉢ 직원들의 잠재능력을 발휘할 수 있는 기회가 제한되어 직무불만족, 결근율, 이직률이 늘어나고, 그로 인해 생산성이 감소될 수 있다.

(3) 직무순환

① **직무순환의 개념**

㉠ 직무순환(job rotation)은 조직구성원을 한 직무에서 다른 직무로 체계적으로 순환시킴으로써 한 사람이 다양한 과업을 수행할 수 있도록 하는 방법이다.

㉡ 직무순환은 조직구성원에게 직무의 단조로움을 줄이고 새로운 지식과 기술을 습득할 수 있는 기회를 부여하도록 직무를 순환시키는 방법이다.

㉢ 직무순환은 단지 단기적인 해결책(미봉책)에 불과하다는 지적을 받는다. 왜냐하면 작업자의 기대나 직무 자체는 변하지 않으면서 일시적으로 단조로움이나 권태감을 완화하는 것일 뿐 또 다른 단조로운 직무를 수행하게 되기 때문이다.

② **직무순환의 장점**

㉠ 업무능률을 향상시키면서 직원들에게 다양한 경험과 자극을 줄 수 있다.

㉡ 직무의 단순성으로 인한 지루함과 단조로움을 줄일 수 있다.

㉢ 직무를 조직 전체적인 관점에서 바라볼 수 있다.

㉣ 직무를 순환하면서 새로운 지식과 기술을 익힐 수 있다.

③ **직무순환의 단점**

㉠ 직원들이 새로운 직무에서 처음에는 흥미를 느끼나 그 업무에 익숙해지면 곧 싫증을 느끼게 된다.

㉡ 직무의 계속성을 보장할 수 없고 업무의 잦은 교체로 인해 근무자가 부적응이나 무력감, 좌절감을 느낄 수 있다.

㉢ 새로운 직무에 익숙해질 때까지는 작업진행의 방해요인이 될 수 있어 조직 전체의 비용 증가를 초래할 수 있다.

(4) 직무확대

① **직무확대의 개념**

㉠ 직무확대(job enlargement)는 여러 가지의 과업을 묶어서 하나의 새롭고 넓은 직무로 결합하는 것을 말한다.

㉡ 여러 사람이 나누어 처리하던 여러 가지 과업을 한 사람이 모두 맡아서 처리하는 것으로 직무를 수평적으로 확대시키는 방법이다. 이를 수평적 직무확대 또는 직무충실화의 수평적 측면이라고도 한다.

㉢ 직무확대는 분업이나 전문화로 인해 발생될 수 있는 문제점을 개선하기 위해 고안된 직무설계 방법으로 직무가 다양하고 흥미로울 수 있도록 수행하는 과업의 수를 증가시키는 것을 말한다.

  ② 형태면에서 보면 직무단순화와 직무확대는 정반대로 볼 수 있다.

  ⑩ 직원 개인에게는 대개 작업량이 증대되므로 직원감축의 수단으로 사용된다는 비판이 있다.

② **직무확대의 장점**

  ㉠ 지나친 직무단순화로 인한 조직구성원들의 싫증을 해소하는 데 효과적이다.

  ㉡ 직무의 다양화를 통해 조직구성원의 도전정신을 높일 수 있다.

  ㉢ 직무의 단순성과 지루함을 줄일 수 있어 직무만족도가 높아져 결근율, 이직률이 감소할 수 있다.

③ **직무확대의 단점**

  ㉠ 자존심, 자아실현 욕구가 높은 사람에게는 적합하나 그 반대의 사람에게는 불만이 늘어날 수 있으며 할 일만 더 추가되었다고 불평할 수 있다.

  ㉡ 직무범위를 늘리려면 보다 긴 오리엔테이션 기간과 적응기간이 필요하다.

(5) 직무충실화(직무확충)

① **직무충실화의 개념**

  ㉠ 직무충실화(job enrichment)는 허츠버그의 2요인론에 기초한 것으로 직원들이 수행하는 과업의 수와 빈도를 변화시킴으로써 직무수행 과정에서 성취감, 안정감 기타 고차원의 동기요인들이 발휘되게 직무를 설계하는 것을 말한다.

  ㉡ 직무확대가 수평적으로 직무의 부담을 늘리는 데 반하여 직무충실화는 수직적 직무의 부담, 즉 직무의 질(quality)을 높이는 것이다.

  ㉢ 직무충실화는 직무수행자가 담당하는 기본과업은 변하지 않으나 직무수행자 스스로 그 직무를 계획하고 통제하도록 위임하는 것으로 수직적 직무확대에 해당한다.

  ㉣ 직무충실화가 이루어지면 직원들은 자기의 직무수행에 필요한 자원을 스스로 통제하고 직무장소를 스스로 설치하며 직무수행 방법도 스스로 결정한다.

  ㉤ 직무충실화는 더욱 높은 수준의 지식과 기술을 요하며 직원들이 직무를 수행함에 계획, 지휘, 통제에 대한 자주성과 책임감을 더욱 많이 가지도록 관리적 기능까지 위임하는 것으로 직무를 질적으로 재정의·재구성하는 것이다.

  ㉥ 직무충실화는 동기부여 측면에서 가치 있는 기법임은 분명하나, 복잡한 인간 및 상황변수들을 고려한 뒤에 선택적으로 적절히 사용되어야 한다.

② **직무충실화의 장점**

  ㉠ 직무수행의 결과 성취감과 인정감을 느끼고 개인적인 성장을 경험한다.

  ㉡ 새로운 지식획득의 기회 제공, 근무시간 조정, 결과에 따른 피드백을 제공함으로써 직무에 따른 경제적인 보상보다는 심리적 만족을 유도할 수 있도록 동기유발을 하거나 개인의 자아실현을 할 수 있는 기회를 제공한다.

③ **직무충실화의 단점**

  ㉠ 직무에 대한 높은 개인적 자질이 요구되기 때문에 이를 따라가지 못하는 사람에게는 불안, 갈등, 착취된다는 느낌을 갖게 할 수 있다.

  ㉡ 관련 직무를 전면적으로 검토해야 하기 때문에 비용보다 이점이 많을 때 실시한다.

(6) 직무특성모형

① **직무특성모형의 개념**

　㉠ 해크만과 올드햄(Hackman & Oldham)은 직무설계에 관한 연구결과를 종합하여 직무특성모형(job characteristics)을 개발하였다.

　㉡ 직무특성모형은 허츠버그(Herzberg)의 직무충실화 개념에 기본을 두고 그에 따른 실천전략을 제시함으로써 현재의 직무를 진단하여 직무설계를 수정하는 데 초점을 둔다.

　㉢ 직무특성모형은 개인들의 차이와 다양성을 고려하여 어떤 직무가 어떤 사람에게 적합하며 어떻게 하면 최상으로 동기부여를 하게 하고 이러한 결과를 어떤 방법으로 측정하고 평가할지를 살펴보는 동기부여를 고려한 직무설계 이론이다.

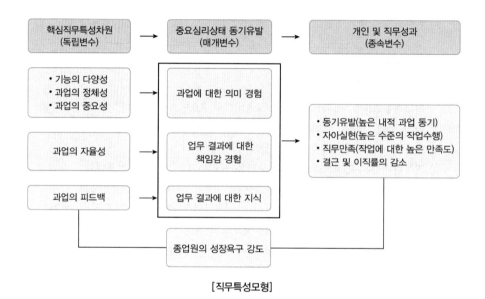

[직무특성모형]

② **직무의 핵심적 특성(독립변수)**

　㉠ 기능의 다양성(기술의 다양성, skill variety) : 한 직무 수행에 필요한 기술이나 재능을 활용할 수 있도록 다양한 활동을 요구하는 정도를 말한다. 일상적이고 반복적인 직무는 기술의 다양성이 적은 반면에 매일 새로운 문제를 처리하는 연구개발 분야의 직무는 다양성이 많다.

　㉡ 과업정체성(Task identity) : 한 직원이 전체적인 과업을 수행할 수 있는 정도로, 과업의 한 부분만 수행할 수 있다면 과업의 정체성이 낮다고 하며, 과업을 수행하는 데 모든 과정을 수행할 수 있으면 과업의 정체성이 높다고 한다.

　㉢ 과업의 중요성(task significance) : 과업이 기업이나 소비자에게 중요하게 인식되는 정도를 말한다.

　㉣ 과업의 자율성(autonomy) : 한 직원이 직무계획, 방법, 일정 등 직무수행을 위해 필요한 조건을 선택할 수 있는 자유 재량권을 행사할 수 있는 정도를 말한다.

　㉤ 피드백(직무의 환류성, feedback) : 직원이 수행한 결과에 대해서 직접적으로 정확하게 정보를 얻을 수 있는 정도를 말한다.

③ **직무특성과 결과의 매개변수**
  ㉠ 지식과 기술 : 지식과 기술을 충분히 가진 사람은 동기부여가 잘 되고 직무 결과를 긍정적으로 느끼며 직무 만족도가 높다.
  ㉡ 종업원의 성장욕구 정도 : 성장욕구의 정도가 높아 동기화가 잘 된 종업원은 좋은 성과를 가져올 가능성이 커진다.
  ㉢ 환경에 대한 만족도 : 봉급, 직업안정도, 동료, 감독 등과 같은 작업환경에 만족하는 사람일수록 충실화된 직무에 더 긍정적으로 반응한다.

제 2 절 조직개발

1 조직개발의 개념

(1) 조직개발의 정의
  ① 조직개발(OD ; Organizational Development)은 조직구성원의 가치관, 태도, 신념 등을 변화시켜 조직의 환경변화에 대한 대응 능력을 증진시키려는 조직혁신의 기법이다.
  ② 조직개발은 인간의 잠재 능력을 최대한 개발함으로써 조직 전체의 변화를 도모하려는 것으로 조직의 구조적·인간적 측면에서의 변화에 관심을 둔다.

(2) 조직개발의 가정
  ① Y이론적 관점을 취한다.
  ② 성장 및 발전에 관한 높은 욕구를 드러낸다.
  ③ 협력을 통해서 개인이 추구하는 목표와 조직이 추구하는 목표의 달성이 가능하다.
  ④ 조직의 구조는 종업원 개인이나 집단의 욕구를 충족시킬 수 있도록 설계가 가능하다.
  ⑤ 결론적으로, 조직개발이 효율적으로 이루어지기 위해서 기업은 사람 중심의 조직변화와 함께 구조적 중심의 조직변화가 상호 보완될 필요성이 있는 것이다.

(3) 성공적인 조직개발을 위한 조건
  ① 조직의 최고 경영자와 더불어 참가자의 적극적인 지지 및 요구가 있어야 한다.
  ② 조직개발에 있어 어느 특정부문에서 조직 전체로 확산되어야 한다.
  ③ 조직개발의 결과 변화된 인적자원을 사용하기 위한 구조의 설계가 기반이 되어야만 조직개발의 효용은 유지될 수 있다.
  ④ 조직개발의 실행과정에 있어서 참여하는 변화담당자의 권위가 엿보여야 한다.

(4) 조직개발의 과정

① **행동변화의 단계적 과정(르윈, Lewin)** : 해빙단계 → 변화(주입)단계 → 재동결단계

　㉠ 해빙단계 : 이미 안정화되고 습관화된 기존 조직시스템과 업무관행에서 벗어나 새로운 것을 받아들이려는 자세를 갖게 되는 단계를 말한다.

　㉡ 변화(주입)단계 : 조직구성원들이 옛 태도와 행동을 버리고 새로운 시스템과 이를 위한 새로운 태도와 기능 및 지식 등을 받아들일 준비를 갖추게 되면 이어서 변화를 구체화하는 조치를 취하게 되는 단계를 말한다.

　㉢ 재동결단계 : 이 단계에서는 변화단계에서 추진된 바람직한 시스템 및 인간 변화를 정착시키고 정화시키는 과정을 거치게 되는데, 이러한 과정을 거치게 되는 이유는 아무리 변화가 치밀하게 계획되고 수행되었다 하더라도 그것을 수행하는 과정에서 시행착오를 수반하기 때문이며, 특히 이 과정에서는 변화로 하여금 구성원들이 겪는 상처를 치유하여 안정화시키는 과정이 반드시 요구된다.

② **계획적 변화모형** : 조직진단 → 계획수립 → 행동개입(실행) → 결과평가 → 피드백

2 조직 개발 기법

(1) 감수성 훈련

기존 조직관계나 인간관계에서 완전히 벗어나는 자유로운 분위기를 조성, 이러한 분위기에서 상호 토론함으로써 자신과 타인에 대한 태도의 자각과 감수성을 기르는 훈련방법이다. 실험실 훈련 또는 T-Group 훈련이라고도 한다.

(2) 팀 구축(팀 빌딩)

① 조직을 팀 단위로 구성하여 조직 구성원 역할의 명확화, 갈등 해소, 집단 내 개인 간 관계의 향상, 문제해결 기술의 향상 등을 이루는 기법이다.

② **팀 구축 단계**

　㉠ 스카우팅(정보교환) 단계

　㉡ 참가(계약서 작성, 관계형성) 단계

　㉢ 자료수집 단계

　㉣ 자료 피드백 단계

　㉤ 진단 단계

　㉥ 활동계획 단계

　㉦ 활동수행 단계

　㉧ 평가 단계

(3) 과정 상담

외부상담자의 도움을 받아 집단 간에 발생하는 문제를 해결하는 방법이다.

(4) 태도조사 환류기법

설문지를 통해서 조직구성원의 조직에 대한 불만과 문제점을 진단하는 방법이다.

(5) 관리망 훈련

훈련 관리자의 행태 변화에서 시작하여 여러 단계를 거쳐 조직 전체의 변화를 도모하는 기법이다. 감수성 훈련을 확대한 것으로 블레이크와 무턴이 개발한 것으로 9·9유형(팀형)이 바람직한 것으로 본다.

3 맥그리거의 X이론과 Y이론

맥그리거는 상반되는 인간본질에 대한 가정을 중심으로 X·Y이론을 제기하였다.

(1) X이론의 관점

① 사람은 근본적으로 일(노동)을 하는 것을 꺼려하기 때문에 웬만하면 일하기를 회피하려고 한다.
② 일(노동)하기를 꺼려하는 인간의 특징으로 인하여 기업조직에서는 자체의 목표를 이루기 위해 통제, 강압, 또는 벌로서 다스려야 한다.
③ 통상적으로 사람은 작업을 수행함에 있어 안전을 중요한 요소로 삼고, 지시(명령)받기를 원하며, 책임에 대해서는 회피하려는 경향을 띤다.
④ 금전적인 보상 또는 제재를 유인으로 사용하고, 강제와 위협 및 철저한 감독과 통제를 강화하는 관리전략을 써야 한다.

(2) Y이론의 관점

① 사람은 일(노동)에 대해서 쉬거나 또는 여가 등을 즐기는 것과 같이 자연스럽게 받아들인다.
② X이론과는 달리, 사람을 통제 및 명령으로 다루는 것만이 사람들의 동기를 유발한다는 생각을 하지 않고 사람이 조직의 목표에 동의를 하면 스스로가 자기통제 및 자기지시를 발휘한다고 한다.
③ 사람은 책임에 대해 이를 수용하고 감수하려고 한다.
④ Y이론은 조직에 대한 바람직한 의사결정을 할 수 있는 능력에 대해 구성원들이 이를 지니고 있다고 파악한다.
⑤ 인간의 잠재력이 능동적으로 나타날 수 있는 관리전략을 써야 한다.

제 3 절　일의 세계의 변화

1 조직과 환경

(1) 조직환경의 불확실성

① **불확실성의 개념**

　　㉠ 조직환경은 일반적으로 조직에 영향을 주는 모든 요소(규모, 기술, 시장, 문화 등)들을 포괄한 개념으로 이해할 수 있다. 특히 정보와 지식을 기반으로 한 현대 산업 사회의 환경은 예측과 통제가 어려워지는 불확실성(uncertainty)이라는 특징을 가지고 있다.

　　㉡ 이러한 환경의 불확실성은 다시 두 가지 측면으로 구분하여 볼 수 있는데, 바로 동태성(dynamics)과 복잡성(complexity)이다.

　　㉢ 동태성은 환경요소의 질적인 변화를 의미하는 것으로 기업환경의 다양한 요소들이 상호간 영향을 미치면서 급속한 변화양상을 띠는 것을 의미한다. 복잡성은 환경의 구성요인의 수에 관련된 개념으로써 조직이 의사결정을 할 때 고려해야 할 환경요소가 많은 경우 '복잡하다', 혹은 적은 경우 '단순하다'로 표현되는 것을 말한다.

　　㉣ 위 두 측면을 고려할 때 높은 환경의 불확실성은 복잡하고 동태적인 환경 하에서 나타나게 된다. 이 경우 각 기업 조직은 목표 설정 시 여러 환경요소를 고려해야 하기 때문에 이러한 요소들의 변화정도는 심해질 수밖에 없다.

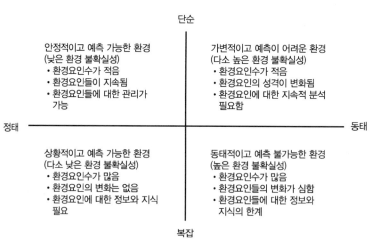

[조직환경의 불확실성 차원]

② **불확실성의 종류**

　　의사결정시의 불충분한 정보로 외부변화를 예측하지 못하는 상태를 의미한다. 조직환경이 예측할 수 없이 변화하게 될 경우, 이에 적응해야 하는 조직은 상당한 불확실성에 직면하게 된다. 이러한 불확실성은 다음과 같이 구분하여 볼 수 있다.

　　㉠ 상태불확실성(인지된 환경의 불확실성) : 조직의 환경 또는 환경 구성요소들을 제대로 예측할 수 없을 때 경영자들이 경험하는 불확실성을 말한다.

ⓒ 결과불확실성 : 환경의 변화 또는 구성요소에 대한 조직의 영향을 경영자들이 예측하지 못하여 발생하는 불확실성을 말한다.

ⓒ 반응불확실성 : 환경변화에 반응하기 위한 상기의 대안들에 대한 경영자들의 지식 부족이나 결과 예측의 곤란으로 발생하는 불확실성을 말한다.

(2) 오늘날 조직환경의 특성

오늘날 경쟁시장에서의 조직환경은 다음과 같은 특성을 지니고 있다.

① 조직환경은 끊임없이 변동하며, 그 변화의 속도가 예측하기가 매우 어려울 정도로 빠르게 진행된다는 특성을 지닌다. 이는 기본적인 경제적 환경(물가, 환율 등)이 변화를 거듭하고, 이에 따라 고객들의 구매동기가 달라지며, 경쟁사의 대응전략 또한 변화하기 때문이다.

② 변화하는 외부환경이 조직에 미치는 영향력의 범위가 종전에 비해 확대되었다. 그러나 이 같은 외부환경은 각 개별기업에게 미치는 영향력은 상이하게 나타난다는 특성을 지닌다.

③ 변화에 따른 대응적 측면에서 한발 나아가 조직이 환경 자체를 변화시켜 나갈 수 있다는 인식이 확대되기에 이르렀다.

④ 특정 조직환경에 대한 통제 불가능성도 배제할 수 없다. 따라서 이 경우 각 기업조직들의 변화에 대한 외부 압력이 증가하게 된다.

2 조직변화관리

(1) 조직변화에 대한 저항요인

대개 인간이나 집단의 행동양식은 사회적·문화적·심리적 속성을 지니며, 또한 일단 한번 정해진 행동양식은 지속적으로 오래 유지하려는 경향을 보인다. 이러한 경향은 각 기업 조직의 환경에 따른 새로운 변화와 발전에 저항 요인이 될 수 있다. 이와 같이 변화에 대해 거부하고 저항하는 원인으로는 다음과 같이 요약·정리될 수 있다.

[변화에 대한 저항요인]

저항요소	변화에 대한 저항의 주요 원인
불확실성	변화 후의 모습이 불확실함. 따라서 현실에 안주하려는 경향을 보이게 됨
혼란	변화 대상의 위협감 증대
당혹감	미래변화에 대한 준비부족
이질감	새로운 업무, 행동양식으로의 전환에 대한 거부감
체면상실	과거 잘못된 관행에 대한 인정거부
자신감 결여	변화 적응 가능 여부에 대한 두려움
개인정서 차이	변화 내용과 개인의 정서 간의 괴리 발생
업무 과부하	변화과정에서의 업무량의 폭발적 증가
권력게임	새로운 변화로 인한 기득권 상실에 대한 불안감 증대

① **불확실성** : 변화 후 모습에 대한 예측이 불확실함에 따라 현실에 안주하려는 경향을 보이게 되며 이로 인해 변화에 대한 저항이 발생한다.

② **혼란** : 변화 대상이 변화 자체에 위협감을 느끼게 되어 저항이 발생한다.

③ **당혹감** : 변화에 대한 사전준비의 부족으로 당혹감을 느끼게 되어 저항이 발생한다.

④ **이질감** : 변화결과 기존의 업무관행이 더 이상 소용이 없어지고 이질적인 새로운 업무나 새로운 행동습관을 습득하여야 하는 부담감에 따른 거부감으로 저항이 발생한다.

⑤ **체면상실** : 변화로 인한 과거 잘못된 관행을 지적 받음에 따라 자존심이 상실될 경우 이에 따른 자기방어에 의해 저항이 발생한다.

⑥ **자신감 결여** : 새로운 변화에 잘 적응할 수 있을지에 대한 두려움을 가진다.

⑦ **개인의 정서적 차이** : 새로운 변화가 개인의 정서나 가치관에 부합되지 않을 경우 이에 대한 반발로 저항이 발생한다.

⑧ **업무 과부하** : 새로운 변화와 업무에 대응하는 기술 및 행태 등을 습득해야 하는 부담감으로 인해 변화에 대한 저항이 발생한다.

⑨ **권력게임** : 새로운 변화로 인하여 승자와 패자가 명확해질 경우, 기득권 상실의 우려로 인하여 저항이 발생한다.

(2) 개인의 변화 대응 사이클

과거의 연구에 의하면, 대부분의 변화 노력이 실패하는 이유는 1, 2, 3단계의 사전준비 없이 일방적으로 변화를 실행하기 때문인 것으로 밝혀지고 있다. 변화의 실행에서 개인의 대응 사이클을 불가피한 현상으로 간주하여 회피하거나 무시할 것이 아니라 적극적인 변화 개입 기법을 활용하여 극복해 나가는 것이 바람직하다.

[개인의 변화 대응 사이클]

① **1단계** : 부정(denial) : 변화의 필요성을 근본적으로 부정

② **2단계** : 방어(defense) : 변화의 필요성은 인정하나 자신을 보호하고자 하는 단계

③ **3단계** : 무시(discarding) : 변화의 필요성을 인정하나 변화에는 동참하지 않고 수동적 입장에서 변화가 진행되는 과정을 방관하는 자세를 취하는 단계

④ **4단계** : 적응(adaptation) : 서서히 변화에 적응하여 가는 단계

⑤ **5단계** : 내재화(internalization) : 새로운 변화를 당연하게 받아들이고 과업수행 시 변화를 반영시키는 단계

더 알아두기

- 조직문화
  - 조직행동에서 주요하게 다루고 있는 개념으로 개인과 집단, 그리고 조직의 태도와 행동에 영향을 주는 공유된 가치와 규범을 의미한다.
  - 조직구성원들이 다양한 상황에 대한 해석과 행위를 불러일으키는 조직 내에 공유된 정신적 가치를 의미한다.
  - 조직문화는 조직운영에 영향을 미치기 때문에 궁극적으로 조직의 효과성과 밀접하다.

- 조직변화
  - 조직변화란 조직을 구성하는 어떤 부분이 내적 또는 외적 요인의 영향을 받아 조직이 변화하는 것을 말한다.
  - 조직의 경영정책이나 경영전략, 형태와 계층, 구성원, 업무처리방식 등의 변화가 나타날 수 있다.
  - 조직의 변화를 일으키는 기본요소로는 조직의 구조, 과학기술, 인적자원을 들 수 있다.

01 단순히 생산성뿐만 아니라 근로생활의 질도 직무설계와 깊은 관련이 있다.

01 직무설계에 대한 내용으로 옳지 <u>않은</u> 것은?

① 직무설계는 조직의 직무를 세분하여 부서나 개인에게 직무를 배정하는 과정을 말한다.

② 종업원들이 주어진 과업을 얼마나 성공적으로 수행하였는가 는 미리 설계된 직무의 특성에 의해 영향을 받는다.

③ 직무설계는 생산성과 밀접한 관련이 있으며, 근로생활의 질과 는 관련성이 없다.

④ 직무설계는 환경·조직·행위적 요소들을 반드시 반영해야만 한다.

02 종업원들로 하여금 수용가능한 적정 수준의 공정한 보상체계의 확립을 돕는다.

02 직무설계의 필요성에 대한 설명으로 옳지 <u>않은</u> 것은?

① 종업원들로 하여금 최저임금 보상 체계의 확립을 돕는다.

② 보다 효율적인 직무설계를 통해 조직 전체의 비용을 절감할 수 있고 직원들의 직무만족도 또한 향상시킬 수 있다.

③ 직무설계를 통하여 관리자는 조직원들에게 동기부여를 함으 로써 조직 전체의 성과를 높일 수 있다.

④ 직무설계를 통해 직무내용, 직무방법, 조직 내 요구와 사회적 요 구 및 직원 개개인의 요구 간의 관계를 보다 구체화시킬 수 있다.

03 직무특성 중 과업중요성에 대한 설 명이다.

03 '해당 직무가 기업조직의 내·외의 사람들의 삶 또는 직무에 영향을 미치는 정도'를 나타내는 직무특성은?

① 과업정체성

② 피드백

③ 과업중요성

④ 기능다양성

정답 01 ③ 02 ① 03 ③

04 직무설계에 대한 설명으로 옳은 것은?

① 직무단순화는 한 사람이 담당할 과업의 수를 늘리는 것이다.

② 직무확대는 자주성, 성취감 등을 높일 수 있도록 직무를 수직적으로 확대하는 것이다.

③ 직무충실화는 여러 과업을 묶어 직무의 영역을 수평적으로 넓히는 것이다.

④ 직무특성화는 개인들의 차이와 다양성을 고려하여 어떤 직무가 어떤 사람에게 적합한지를 알아보고 이를 재설계하는 것을 말한다.

04 ① 직무단순화는 한 사람이 담당할 과업의 수를 줄이는 것이다.
② 직무충실화에 대한 설명이다.
③ 직무확대에 대한 설명이다.

05 직무단순화의 장단점에 대한 설명으로 옳지 <u>않은</u> 것은?

① 직무에서 복잡성을 제거함으로써 작업자는 동일한 일상적인 업무를 효율적으로 수행할 수 있다.

② 기술수준이 낮은 직원도 단순화된 직무를 수행할 수 있으며 조직 전체적으로는 능률성이 크게 향상된다.

③ 단순화된 직무로 인해 너무 단조롭고 지루하여 싫증을 느낄 수 있다.

④ 관리자가 직원들을 통제함에 있어 어려움을 느낄 수 있다.

05 표준화와 전문화로 관리자의 통제가 용이하다.

06 직무순환의 장단점에 대한 설명으로 옳지 <u>않은</u> 것은?

① 업무능률을 향상시키면서 직원들에게 다양한 경험과 자극을 줄 수 있다.

② 직무의 단순성으로 인한 지루함과 단조로움이 발생할 수 있다.

③ 직무를 조직 전체적인 관점에서 바라볼 수 있다.

④ 직무를 순환하면서 새로운 지식과 기술을 익힐 수 있다.

06 직무의 단순성으로 인한 지루함과 단조로움을 줄일 수 있는 것이 직무순환의 장점이다.

정답 04 ④ 05 ④ 06 ②

07 여러 사람이 나누어 처리하던 여러 가지 과업을 한 사람이 모두 맡아서 처리하는 것으로 직무를 수평적으로 확대시키는 방법이다.

07 직무확대에 대한 설명으로 옳지 않은 것은?

① 직무확대는 여러 가지의 과업을 묶어서 하나의 새롭고 넓은 직무로 결합하는 것을 말한다.

② 여러 사람이 나누어 처리하던 여러 가지 과업을 한 사람이 모두 맡아서 처리하는 것으로 직무를 수직적으로 확대시키는 방법이다.

③ 직무확대는 분업이나 전문화로 인해 발생될 수 있는 문제점을 개선하기 위해 고안되었다.

④ 직원 개인에게는 대개 작업량이 증대되므로 직원감축의 수단으로 사용된다는 비판이 있다.

08 직무의 단순성과 지루함을 줄일 수 있어 직무만족도가 높아져 결근율, 이직률이 감소할 수 있다.

08 직무확대의 장단점에 대한 설명으로 옳지 않은 것은?

① 직무의 단순성과 지루함으로 직무만족도가 감소하여 결근율, 이직률이 증가할 수 있다.

② 직무의 다양화를 통해 조직 구성원의 도전정신을 높일 수 있다.

③ 자존심, 자아실현 욕구가 높은 사람에게는 적합하나 그 반대의 사람에게는 불만이 늘어날 수 있으며 할 일만 더 추가되었다고 불평할 수 있다.

④ 직무범위를 늘리려면 보다 긴 오리엔테이션 기간과 적응기간이 필요하다.

09 해당 제시문은 직무충실화에 대한 설명이다.

09 직무설계에서 다음 설명이 가리키는 것으로 옳은 것은?

허츠버그의 2요인론에 기초한 것으로 직원들이 수행하는 과업의 수와 빈도를 변화시킴으로써 직무수행 과정에서 성취감, 안정감 기타 고차원의 동기요인들이 발휘되게 직무를 설계하는 것을 말한다.

① 직무단순화
② 직무순환
③ 직무확대
④ 직무충실화

정답 07② 08① 09④

해설 & 정답   checkpoint

10 **직무충실화에 대한 설명으로 옳지 않은 것은?**

① 직무충실화는 수평적으로 직무의 부담을 높이는 것이다.

② 직무충실화는 직무수행자가 담당하는 기본과업은 변하지 않으나 직무수행자 스스로 그 직무를 계획하고 통제하도록 위임하는 것이다.

③ 직무충실화가 이루어지면 직원들은 자기의 직무수행에 필요한 자원을 스스로 통제하고 직무장소를 스스로 설치하며 직무수행 방법도 스스로 결정한다.

④ 직무충실화는 동기부여 측면에서 가치 있는 기법임은 분명하나, 복잡한 인간 및 상황변수들을 고려한 뒤에 선택적으로 적절히 사용되어야 한다.

10 직무확대가 수평적으로 직무의 부담을 늘리는 데 반하여 직무충실화는 수직적 직무의 부담, 즉 직무의 질(quality)을 높이는 것이다.

11 **직무특성모형에 따른 직무의 핵심적 특성에 대한 설명으로 옳지 않은 것은?**

① 기능의 다양성은 직무 수행에 필요한 기술이나 재능을 활용할 수 있도록 다양한 활동을 요구하는 정도를 말한다.

② 과업의 정체성은 직원이 수행한 결과에 대해서 직접적으로 정확하게 정보를 얻을 수 있는 정도를 말한다.

③ 과업의 중요성은 과업이 기업이나 소비자에게 중요하게 인식되는 정도를 말한다.

④ 과업의 자율성은 한 직원이 직무계획, 방법, 일정 등 직무수행을 위해 필요한 조건을 선택할 수 있는 자유 재량권을 행사할 수 있는 정도를 말한다.

11 ②의 내용은 피드백에 대한 설명이다. 과업의 정체성은 한 직원이 하나의 과업을 처음부터 끝까지 독자적으로 수행할 수 있는 정도, 즉 직무가 조직 전체의 목적 달성에 기여하는 정도를 말한다.

12 **조직개발에 대한 가정으로 옳지 않은 것은?**

① Y론적 관점을 취한다.

② 성장 및 발전에 관한 높은 욕구를 드러낸다.

③ 협력을 통해서 개인이 추구하는 목표와 조직이 추구하는 목표의 달성이 가능하다.

④ 조직개발이 효율적으로 이루어지기 위해서는 조직 중심의 조직변화보다 사람 중심의 조직변화의 필요성이 높다.

12 조직개발이 효율적으로 이루어지기 위해서 기업은 사람 중심의 조직변화와 함께 구조 중심의 조직변화가 서로 상호 보완될 필요성이 있다.

정답 10 ① 11 ② 12 ④

13 조직의 최고 경영자와 더불어 참가자의 적극적인 지지 및 요구가 있어야 한다.

13 성공적인 조직개발을 위한 요건으로 옳지 않은 것은?

① 참가자의 지지는 배제하더라도 조직의 최고 경영자의 적극적인 지지 및 요구가 있어야 한다.

② 조직개발에 있어 어느 특정부문에서 조직 전체로 확산되어야 한다.

③ 조직개발의 결과 변화된 인적자원을 사용하기 위한 구조의 설계가 기반이 되어야만 조직개발의 효용은 유지될 수 있는 것이다.

④ 조직개발의 실행과정에 있어서 참여하는 변화담당자의 권위가 엿보여야 한다.

14 행동변화의 단계적 과정 : 해빙단계 → 변화(주입)단계 → 재동결단계

14 조직개발의 과정에서 르윈(Lewin)에 따른 행동변화의 단계적 과정으로 옳은 것은?

① 변화(주입)단계 → 해빙단계 → 재동결단계

② 해빙단계 → 변화(주입)단계 → 재동결단계

③ 변화(주입)단계 → 재동결단계 → 해빙단계

④ 해빙단계 → 재동결단계 → 변화(주입)단계

15 계획적 변화모형의 순서 : 조직진단 → 계획수립 → 행동개입 → 결과평가 → 피드백

15 조직개발의 과정에서 계획적 변화모형의 순서로 알맞은 것은?

① 조직진단 → 계획수립 → 행동개입 → 결과평가 → 피드백

② 조직진단 → 계획수립 → 행동개입 → 피드백 → 결과평가

③ 계획수립 → 조직진단 → 행동개입 → 결과평가 → 피드백

④ 계획수립 → 조직진단 → 행동개입 → 피드백 → 결과평가

정답 13 ① 14 ② 15 ①

해설 & 정답   checkpoint

16 조직개발의 기법 중 '설문지를 통해서 조직 구성원의 조직에 대한 불만과 문제점을 진단하는 방법'에 해당하는 것은?

① 감수성 훈련
② 팀 구축
③ 과정 상담
④ 태도조사 환류기법

17 맥그리거의 X·Y이론 중 Y이론에 해당하는 것은?

① 통상적으로 사람은 작업을 수행함에 있어 안전을 중요한 요소로 삼는다.
② 사람을 통제 및 명령으로 다루는 것만이 사람들의 동기를 유발한다.
③ 사람은 책임에 대해 이를 수용하고 감수하려고 한다.
④ 금전적인 보상 또는 제재를 유인으로 사용하고, 강제와 위협 및 철저한 감독과 통제를 강화하려는 관리전략을 써야 한다.

18 조직환경의 불확실성에 대한 설명으로 옳지 <u>않은</u> 것은?

① 정보와 지식을 기반으로 한 현대 산업사회의 환경은 예측과 통제가 어려워지는 불확실성을 가지고 있다.
② 동태성은 환경요소의 양적인 변화를 의미한다.
③ 복잡성은 환경의 구성요인의 수에 관련된 개념이다.
④ 기업조직은 목표설정에 있어서 여러 환경요소를 고려해야 하기 때문에 이러한 요소들의 변화정도는 심해질 수밖에 없다.

---

16 ① 기존 조직관계나 인간관계에서 완전히 벗어나는 자유로운 분위기를 조성, 이러한 분위기에서 상호 토론함으로써 자신과 타인에 대한 태도의 자각과 감수성을 기르는 훈련 방법
② 조직을 팀 단위로 구성하여 조직 구성원 역할의 명확화, 갈등 해소, 집단 내 개인 간 관계의 향상, 문제해결 기술의 향상 등을 이루는 기법
③ 외부상담자의 도움을 받아 집단 간에 발생하는 문제를 해결하는 방법

17 ①·②·④는 X이론에 해당하는 설명이다.

18 동태성은 환경요소의 질적인 변화를 의미하는 것으로 기업환경의 다양한 요소들이 상호간 영향을 미치면서 급속한 변화양상을 띠는 것을 의미한다.

정답   16④ 17③ 18②

19 해당 제시문은 반응불확실성에 대한 설명이다.

19 다음 설명에 해당되는 불확실성의 종류로 옳은 것은?

> 환경변화에 반응하기 위한 상기의 대안들에 대한 경영자들의 지식 부족이나 결과 예측의 곤란으로 발생하는 불확실성을 말한다.

① 상태불확실성
② 결과불확실성
③ 반응불확실성
④ 효과불확실성

20 외부환경이 각 개별기업에게 미치는 영향력은 상이하게 나타난다는 특성을 지닌다.

20 오늘날 조직환경의 특성으로 옳지 <u>않은</u> 것은?

① 조직환경은 끊임없이 변동하며, 그 변화의 속도가 예측하기가 매우 어려울 정도로 빠르게 진행된다는 특성을 지닌다.
② 변화하는 외부환경이 조직에 미치는 영향력의 범위가 종전에 비해 확대되었으며, 이 같은 외부환경이 각 개별기업에게 미치는 영향력은 동일하다는 특성을 지닌다.
③ 변화에 따른 대응적 측면에서 한발 나아가 조직이 환경 자체를 변화시켜 나갈 수 있다는 인식이 확대되기에 이르렀다.
④ 특정 조직환경에 대한 통제 불가능성도 배제할 수 없다.

정답 19 ③ 20 ②

21 변화에 대해 거부하는 저항요소 중 '새로운 변화로 인한 기득권 상실에 대한 불안감 증대'가 원인이 되는 것은?

① 불확실성
② 당혹감
③ 이질감
④ 권력게임

21 ① 변화 후의 모습이 불확실함에 따라 현실에 안주하려는 경향을 보임
② 미래변화에 대한 준비부족
③ 새로운 업무, 행동양식으로의 전환에 대한 거부감

22 변화에 대한 저항요인과 원인을 연결한 것으로 옳지 <u>않은</u> 것은?

① 혼란 – 변화 대상의 위협감 증대
② 체면상실 – 과거 잘못된 관행에 대한 인정 거부
③ 개인정서 차이 – 변화 적응 가능 여부에 대한 두려움
④ 업무 과부하 – 변화과정에서의 업무량의 폭발적 증가

22 변화 적응 가능 여부에 대한 두려움은 자신감 결여의 원인이다. 개인정서 차이는 변화내용과 개인의 정서 간의 괴리발생으로 나타난다.

23 조직변화관리에서 직무분석의 절차로 옳은 것은?

① 부정 → 방어 → 무시 → 적응 → 내재화
② 부정 → 적응 → 방어 → 내재화 → 적응
③ 방어 → 적응 → 무시 → 부정 → 내재화
④ 방어 → 무시 → 부정 → 적응 → 내재화

23 조직변화관리에서 직무분석의 절차:
부정 → 방어 → 무시 → 적응 → 내재화

정답 21 ④ 22 ③ 23 ①

24 직무분석의 절차 중 무시에 해당하는 설명이다.

24 직무분석의 절차 중 변화의 필요성은 인정하나 변화에는 동참하지 않고 수동적 입장에서 변화가 진행되는 과정을 방관하는 자세를 취하는 단계에 해당하는 것은?

① 부정
② 방어
③ 무시
④ 적응

25 ① 변화의 필요성은 인정하나 자신을 보호하고자 하는 단계
② 변화의 필요성은 인정하나 변화에는 동참하지 않고 수동적 입장에서 변화가 진행되는 과정을 방관하는 자세를 취하는 단계
③ 서서히 변화에 적응하여 가는 단계

25 직무분석의 절차 중 새로운 변화를 당연히 받아들이고 과업수행시 변화를 반영시키는 단계에 해당하는 것은?

① 방어
② 무시
③ 적응
④ 내재화

정답 24 ③ 25 ④

✔ 주관식 문제

01 다음은 직무설계에 대한 설명이다. (   ) 안에 들어갈 내용을 순서대로 쓰시오.

> • 직무설계란(Job Design)란 기업조직의 목표달성 및 종업원 개개인의 욕구충족의 극대화를 위해서 구조적 또는 인간관계 측면을 고려한 조직구성원들의 직무에 관련되는 활동을 설계하는 과정이라고 이해할 수 있다.
> • 직무설계의 방법으로 한 사람이 담당할 과업의 수를 줄이는 (㉠), 한 직무에서 다른 직무로 체계적으로 순환시키는 직무순환, 여러 가지 과업을 묶어서 하나의 새롭고 넓은 직무로 결합하는 직무확대, 허츠버그의 2요인론에 기초한 (㉡)이/가 있다.

01

정답 ㉠ 직무단순화, ㉡ 직무충실화(직무확충)

해설 • 직무단순화(Job Simplification)는 한 사람이 담당할 과업의 수를 줄여 직무를 단순화시키는 것을 말하며, 직무전문화, 직무세분화, 분업화라고 불린다.
• 직무순환(Job Rotation)은 조직구성원을 한 직무에서 다른 직무로 체계적으로 순환시킴으로써 한 사람이 다양한 과업을 수행할 수 있도록 하는 방법이다.
• 직무확대(Job Enlargement)는 여러 가지의 과업을 묶어서 하나의 새롭고 넓은 직무로 결합하는 것을 말한다.
• 직무충실화(Job Enrichment, 직무확충)는 허츠버그의 2요인론에 기초한 것으로 직원들이 수행하는 과업의 수와 빈도를 변화시킴으로써 직무수행 과정에서 성취감, 안정감, 기타 고차원의 동기요인들이 발휘되게 직무를 설계하는 것을 말한다.

02

정답 ㉠ 기능의 다양성(기술의 다양성, Skill Variety), ㉡ 과업의 자율성 (Autonomy)

해설 **직무의 핵심적 특성(독립변수)**

• 기능의 다양성(기술의 다양성, Skill Variety) : 한 직무수행에 필요한 기술이나 재능을 활용할 수 있도록 다양한 활동을 요구하는 정도를 말한다. 일상적이고 반복적인 직무는 기술의 다양성이 적은 반면에 매일 새로운 문제를 처리하는 연구개발 분야의 직무는 다양성이 많다.

• 과업정체성(Task Identity) : 한 직원이 전체적인 과업을 수행할 수 있는 정도로, 과업의 한 부분만 수행할 수 있다면 과업정체성이 낮다고 하며, 과업을 수행하는 데 모든 과정을 수행할 수 있으면 과업 정체성이 높다고 한다.

• 과업의 중요성(Task Significance) : 과업이 기업이나 소비자에게 중요하게 인식되는 정도를 말한다.

• 과업의 자율성(Autonomy) : 한 직원이 직무계획, 방법, 일정 등 직무수행을 위해 필요한 조건을 선택할 수 있는 자유 재량권을 행사할 수 있는 정도를 말한다.

• 피드백(직무의 환류성, Feedback) : 직원이 수행한 결과에 대해서 직접적으로 정확하게 정보를 얻을 수 있는 정도를 말한다.

02 다음은 Hackman & Oldham의 직무특성모형에 대한 설명이다. ( ) 안에 들어갈 내용을 순서대로 쓰시오.

• (㉠) : 한 직무수행에 필요한 기술이나 재능을 활용할 수 있도록 다양한 활동을 요구하는 정도
• 과업정체성 : 한 직원이 전체적인 과업을 수행할 수 있는 정도
• 과업의 중요성 : 과업이 기업이나 소비자에게 중요하게 인식되는 정도
• (㉡) : 한 직원이 직무계획, 방법, 일정 등 직무수행을 위해 필요한 조건을 선택할 수 있는 자유 재량권을 행사할 수 있는 정도
• 피드백 : 직원이 수행한 결과에 대해서 직접적으로 정확하게 정보를 얻을 수 있는 정도

03 다음은 조직환경의 불확실성에 대한 설명이다. (   ) 안에 들어갈 내용을 순서대로 쓰시오.

> • 환경의 불확실성은 환경의 질적인 변화를 의미하는 (㉠)와/과 환경의 구성요인의 수에 관련된 개념인 복잡성이 있다.
> • 불확실성의 종류로는 상태불확실성, (㉡)불확실성, 반응불확실성이 있다.

03

정답 ㉠ 동태성, ㉡ 결과

해설
• 동태성은 환경요소의 질적인 변화를 의미하는 것으로 기업환경의 다양한 요소들이 상호간 영향을 미치면서 급속한 변화양상을 띠는 것을 의미하고, 복잡성은 환경의 구성요인의 수에 관련된 개념으로써 조직이 의사결정을 할 때 고려해야 할 환경요소가 많은 경우 '복잡하다', 혹은 적은 경우 '단순하다'로 표현되는 것을 말한다.
• 불확실성의 종류
  – 상태불확실성(인지된 환경의 불확실성) : 조직의 환경 또는 환경 구성요소들을 제대로 예측할 수 없을 때 경영자들이 경험하는 불확실성을 말한다.
  – 결과불확실성 : 환경의 변화 또는 구성요소에 대한 조직의 영향을 경영자들이 예측하지 못하여 발생하는 불확실성을 말한다.
  – 반응불확실성 : 환경변화에 반응하기 위한 상기의 대안들에 대한 경영자들의 지식 부족이나 결과 예측의 곤란으로 발생하는 불확실성을 말한다.

04

정답 ㉠ 방어, ㉡ 내재화

해설 [문제 하단의 그림 참고]
- 1단계 : 부정(Denial) – 변화의 필요성을 근본적으로 부정
- 2단계 : 방어(Defense) – 변화의 필요성은 인정하나 자신을 보호하고자 하는 단계
- 3단계 : 무시(Discarding) – 변화의 필요성을 인정하나 변화에는 동참하지 않고 수동적 입장에서 변화가 진행되는 과정을 방관하는 자세를 취하는 단계
- 4단계 : 적응(Adaptation) – 서서히 변화에 적응하여 가는 단계
- 5단계 : 내재화(Internalization) – 새로운 변화를 당연하게 받아들이고 과업수행 시 변화를 반영시키는 단계

04 다음은 조직변화관리에서 개인의 변화 대응 사이클에 대한 설명이다. ( ) 안에 들어갈 내용을 순서대로 쓰시오.

[개인의 변화 대응 사이클]

제 **7** 장

직무동기와 리더십

I wish you the best of luck

독학사 심리학과 3단계

잠깐!

혼자 공부하기 힘드시다면 방법이 있습니다.
시대에듀의 동영상강의를 이용하시면 됩니다.
www.sdedu.co.kr ➡ 회원가입(로그인) ➡ 강의 살펴보기

제7장 직무동기와 리더십

제 **7** 장

제 1 절 직무동기이론

1 동기부여이론의 전개

행동과학을 이론적 배경으로 하는 동기부여이론은 연구초점에 따라서 크게 동기부여 내용이론(motivation content theory)과 과정이론(motivation process theory)으로 나누어진다. 전자는 인간행동을 동기부여시키는 원동력(동기부여의 내용)이 무엇인가, 즉 무엇이 행동을 일으키는지가 연구의 초점이며 후자는 행동이 어떻게 유도되고 어떤 단계를 밟아 진행되는지의 과정이 연구의 초점이다.

[대표적인 동기부여이론(내용 vs 과정이론)]

내용이론	과정이론
• 매슬로우(Maslow)의 욕구단계이론 • 앨더퍼(C. R. Alderfer)의 ERG이론 • 맥클리랜드(D. C. McGlelland)의 성취동기이론 • 허츠버그(Herzberg)의 2요인이론 • 맥그리거(McGreger)의 X·Y이론 • 아지리스의 성숙·미성숙이론	• 브룸(Vroom)의 기대이론 • 아담스(Adams)의 공정성이론 • 로크의 목표설정이론(Goal setting theory) • 포터와 롤러(Porter & Lawler)의 모델 • 스키너의 강화이론

(1) 내용이론

① 내용이론의 개념

㉠ 내용이론(contents theories of motivation)은 "무엇(what)이 동기를 불러일으키는가?", "무엇이 사람들을 동기부여하는가?"를 밝히려고 한다.

㉡ 내용이론은 어떠한 요인이 동기를 부여하는 데 작용하는지를 다루는 것으로, 인간 행동을 유발하게 하는 인간의 욕구나 만족에 초점을 둔다.

㉢ 내용이론가들은 사람들이 가지고 있는 욕구와 충동을 확인하고, 이들 욕구와 충동에 어떻게 우선순위를 부여할 것인가를 고려하였다.

㉣ 내용이론에는 매슬로우의 욕구단계이론, 알더퍼의 ERG이론, 허츠버그의 동기-위생 2요인론, 맥클리랜드의 성취동기이론, 맥그리거의 X·Y이론, 아지리스의 성숙·미성숙이론 등이 있다.

② 내용이론의 공동된 특성

㉠ 동기부여를 일으키는 요소가 무엇인가에 관심을 두기 때문에 동기부여 과정의 첫 단계를 다룬다.

㉡ 동기부여시키는 인간의 욕구(needs)를 강조한다.

ⓒ 개인의 심리구조를 다룬다.

ⓔ 쾌락주의에 입각하고 있으며, 개인은 모든 욕구를 충족하려고 하고 욕구와 개인의 동질성을
강조한다.

③ 내용이론이 복잡한 이유

㉠ 사람마다 지니고 있는 욕구는 다르며 시간이 경과함에 따라 변화한다.

㉡ 욕구가 행동으로 전환되는 방법이 사람마다 다르다.

㉢ 사람은 언제나 욕구에 따라 행동하는 것이 아니며 동기부여되는 욕구도 다양하다.

㉣ 욕구의 충족 또는 좌절에 대한 개인들의 반응은 서로 다르다.

④ 내용이론의 활용방안

㉠ 어떤 욕구가 바라는 바의 업적이나 개인 및 집단의 행동을 일으키는가를 알아야 한다.

㉡ 부하의 욕구충족에 도움이 되는 의미있는 보상을 할 수 있어야 한다.

㉢ 업적을 극대화하기 위해 언제 적절한 보상을 할 것인가를 알아야 한다.

㉣ 부하의 욕구결핍이 규칙적인 패턴으로 반복될 것으로 가정해서는 안 된다.

(2) 과정이론

① 과정이론(process theory of motivation)은 "사람들이 어떻게(How) 동기부여되는가?"를 밝히는
데 관심을 둔다.

② 과정이론은 인간의 행동이 어떤 과정을 통해서 유발되는가, 즉 동기부여가 일어나는 과정을 다
루는 이론이다.

③ 과정이론은 개인의 동기부여란 동기부여 과정에 작용하는 요인만으로는 충분히 설명될 수 없음
을 감안하고, 동기부여 과정에서 발생하는 제 변수와 이들 변수들의 상호연관성을 검토하는 데
초점을 둔다.

④ 과정이론은 욕구가 어떻게 행동으로 나타나는지를 직접적으로 설명해주지 않지만, 욕구가 행동
으로 변환되는 과정을 보여준다.

⑤ 과정이론에는 브룸의 기대이론, 아담스의 공정성이론, 로크의 목표설정이론, 스키너의 강화이론
등이 있다.

2 동기부여의 내용이론

(1) 매슬로우의 욕구단계이론

① 욕구단계이론의 개념

㉠ 매슬로우(A. H. Maslow)의 욕구단계이론(hierarchy of needs theory)은 인간의 욕구는 타
고난 것이며, 욕구를 강도와 중요성에 따라 5단계로 분류할 수 있다는 내용이론의 하나이다.

㉡ 욕구단계이론은 인간행동을 유발할 수 있는 욕구가 계층을 형성한다는 이론으로 인간에게
동기부여할 수 있는 욕구는 단계적으로 나타난다는 것이다.

② **욕구단계이론의 가정**

    ㉠ 어느 한 단계의 욕구가 만족되고 나면 그 이전 단계의 욕구는 동기부여의 요인으로 더는 작용할 수 없다.

    ㉡ 인간의 욕구체계는 매우 복잡하다.

    ㉢ 상위수준의 욕구가 모티베이션 역할을 하려면 반드시 하위수준의 욕구가 충족되어야 한다. 이를 만족-진행법이라 한다.

    ㉣ 하위수준의 욕구보다는 상위수준의 욕구에 보다 많은 충족방법이 있다.

    ㉤ 하위수준의 욕구가 충족될수록 상위수준의 욕구에 대한 욕망이 커진다.

    ㉥ 두 가지 이상의 욕구가 개인에게 동시에 작용할 수 없음을 가정하고 있다.

욕구		내용	관리전략
1단계	생리적 욕구	음식, 휴식, 성적 욕구	보수체계의 적정화, 휴양·휴가제도, flex-time제
2단계	안전·안정의 욕구	경제, 질서, 신체적 안전	고용·신분의 안정성, 인플레이션에 따른 임금인상, 연금제도, 작업환경의 안정성(직무안정) 등
3단계	애정 및 사회적 욕구	인간관계, 타인과의 상호관계, 소속감, 우정, 애정, 집단의식 등	의사소통의 활성화, 갈등 제거, 비공식 조직의 안정, 인간화 등
4단계	존경 욕구	자아존중, 성취의욕, 명예, 지위, 위신 등	제안제도, 참여촉진, 교육훈련과 평가, 전직, 전보, 승진(또는 승진의 기회) 등
5단계	자아실현 욕구	자기발전, 소명의식, 신념	조직에 대한 사회적 평가의 제고, 직무충실 확대, 사명감 고취 등

③ **5가지 욕구단계**

    ㉠ 1단계(생리적 욕구) : 생리적 욕구는 인간의 가장 기본적인 욕구인 의식주 등에 관한 욕구로서 인간이라면 누구나 충족해야 하는 가장 저차원(저위) 단계의 욕구이다.

    ㉡ 2단계(안전·안정의 욕구) : 직무환경으로부터의 안전 및 생활의 안정과 같은 욕구를 의미한다. 이 단계에서 욕구 충족을 위해 조직은 작업환경개선, 안전예방조치강구, 건강·재해·의료·퇴직 보험 등의 복리후생 제도를 실행해야 한다. 드러커는 가장 중요한 직업 선택요인이 바로 개인의 안정욕구라고 주장하였다.

    ㉢ 3단계(애정 및 소속감 등 사회적 욕구) : 애정 및 소속감의 욕구는 사회적 욕구로서 집단이나 사회의 일원으로 소속되어 타인과 유대관계를 형성하여 어울리고 싶어 하는 욕구이다.

    ㉣ 4단계(존경 욕구) : 집단이나 조직 내에서 단순한 개인 이상의 존재가 되기를 원하는 욕구, 즉 다른 조직 구성원으로부터 존경이나 인정을 받고 싶은 욕구단계로서 이 욕구단계가 충족되면 자신감, 명예심, 권력, 통제력 등이 생긴다.

    ㉤ 5단계(자아실현 욕구) : 존경 욕구단계가 충족되면 다음으로 자기계발을 위해서 자신의 잠재력을 극대화하려는 욕구가 생기는데 이는 더욱 더 자기 본래의 모습을 찾거나 생의 의미를 실현하기 위해 행동하는 것을 말한다.

매슬로우는 자아실현 욕구와 나머지 4개 욕구를 구분하여 전자를 성장 욕구, 후자를 결핍 욕구라 하여 성장 욕구를 특히 강조하였고 이후 자아실현 욕구 위에 인지적 욕구와 탐미적 욕구가 있다고 수정·제안하였다.

④ 욕구단계이론에 대한 평가
　㉠ 긍정적 평가
　　매슬로우의 욕구단계이론은 경영자로 하여금 인간의 욕구에 대한 체계적인 인식을 갖게 하였고, 종업원의 하위단계 욕구를 어느 정도 충족시켜 준 이후 지속적 동기부여를 위해서는 보다 상위단계의 욕구를 충족시켜 주어야 한다는 중요한 사실을 일깨워 주었다.
　㉡ 부정적 평가
　　욕구단계이론은 이론적 타당성을 입증해 주는 조사 연구가 많지 않고 또 그 타당성에 많은 문제가 제기되고 있다.
　　ⓐ 욕구가 5가지로 분류된다는 실증적 증거가 존재하지 않는다. 다만 저차원 욕구와 고차원 욕구라는 2가지 욕구로 나눌 수 있다.
　　ⓑ 욕구 간 경계가 불분명하며, 자아실현 욕구의 개념이 모호하다. 또한 실제 연구결과 인간에게 욕구의 단계가 존재하지 않는다는 사실이 밝혀지고 있다.
　　ⓒ 인간의 욕구를 고정적으로 분류하는 데 오류가 있다. 즉, 인간은 두 가지 이상의 욕구가 동시에 작용할 수 있다는 것이다.
　　ⓓ 결핍의 원리는 저차원 욕구에서만 나타난다고 비판하였다.

(2) 앨더퍼의 ERG이론

① ERG이론의 개념
　㉠ 앨더퍼(C. R. Alderfer)는 매슬로우의 5가지 욕구단계이론에 대하여 실증적 검증이 부족하다는 비판을 하면서 이를 3가지 욕구로 줄여 변형된 욕구단계이론(modified needs hierarchy)을 제시하였다.
　㉡ 앨더퍼는 개인의 욕구를 존재(Existence) → 관계(Relatedness) → 성장(Growth)의 욕구라는 3가지로 제시하였고, 각 욕구의 첫 글자를 따서 ERG이론이라고 하였다.
　㉢ 앨더퍼 이론은 매슬로우의 욕구단계이론에 대한 문제점을 극복하기 위해 제시된 이론으로, 매슬로우의 이론보다 덜 경직되어 있고 욕구란 조정될 수 있음을 제시하였다.

② ERG이론의 가정
　㉠ 매슬로우의 욕구단계이론과의 공통점
　　ⓐ 욕구 충족의 과정은 하위단계에서 상위단계로 진행된다. 즉, 존재욕구 → 관계욕구 → 성장욕구의 단계를 밟는다.
　　ⓑ 하위욕구가 충족될수록 상위욕구에 대한 바람은 더욱 커진다.
　㉡ 매슬로우의 욕구단계이론과의 차이점
　　ⓐ 두 가지 이상의 욕구가 동시에 작용할 수 있다.
　　ⓑ 매슬로우의 욕구단계이론이 만족-진행법인 반면 앨더퍼의 ERG이론은 욕구 충족이 좌절되었을 때 그보다 하위 욕구에 대한 바람이 증대된다는 좌절-퇴행요소가 가미되어 있다. 즉, 욕구는 위로만 향하는 것이 아니라 아래로도 향한다는 것을 강조함으로써 욕구의 신축성을 제시하였다.

ⓒ 매슬로우의 욕구단계이론의 가정인 고차원적 욕구가 행동에 영향력을 행사하기 전에 반드시 하위욕구가 충족되어야 한다는 점을 배제한다. 즉, 사람에 따라 존재욕구가 충족되지 않았음에도 관계욕구나 성장욕구를 충족하는 쪽으로 행동할 수도 있음을 주장하였다.

ⓓ 욕구 충족에서 존재욕구, 관계욕구, 성장욕구의 개별적인 충족보다는 통합적인 욕구의 자극을 강조한다.

ⓔ 앨더퍼의 ERG이론은 매슬로우의 욕구단계보다 신축적이고 탄력적이며, 욕구 구조에 있어서 개인적인 차이가 있음을 인정하였다.

③ 3가지 욕구단계

㉠ 존재욕구(E : Existence)

의식주와 같은 모든 형태의 생리적·물질적 욕구들을 의미한다. 조직에서는 임금이나 쾌적한 물리적 작업조건에 대한 욕구도 존재욕구에 해당되며, 매슬로우의 욕구단계이론에서 생리적 욕구, 안전의 욕구가 존재욕구에 해당한다.

㉡ 관계욕구(R : Relatedness)

관계욕구는 매슬로우의 인간적 측면인 사회적 욕구와 일부 존경의 욕구와 유사한 욕구로서 조직에서 타인과의 인간관계(대인관계)와 관련된 것들을 포함한다.

㉢ 성장욕구(G : Growth)

성장욕구는 창조적·개인적 성장을 위한 개인의 노력과 관련된 욕구를 말한다. 성장욕구는 매슬로우의 자아실현의 욕구와 비슷하다.

(3) 허츠버그의 동기-위생 2요인론

① 동기-위생, 2요인론의 개념

㉠ 허츠버그(F. Herzberg)는 매슬로우의 욕구단계이론을 확대하여 동기-위생이론(motivation-hygiene theory) 또는 2요인이론(two factors theory)을 제시하였는데, 허츠버그는 인간에게는 전혀 이질적인 두 가지 욕구가 동시에 존재한다고 보았다.

㉡ 허츠버그의 동기-위생이론에서 가장 중요한 개념이 "만족"과 "불만"이라는 용어인데, 일반적으로 두 용어는 반대관계에 있지만, 허츠버그 이론에서는 전혀 별개의 개념이라는 사실을 이해하는 것이 중요하다.

㉢ 허츠버그는 "만족"의 반대가 "불만"이 아니라 "만족없음"이고, "불만"의 반대 또한 "만족"이 아니라 "불만없음"이라고 주장한다. 즉, 직무 만족과 불만족은 각각 독립된 차원으로 존재하며, 각 차원에 영향을 미치는 주요 요인이 다르다.

㉣ 결국, 허츠버그가 강조하고 싶은 것은 관리자에게 동기부여의 수단으로서 중요한 것은 위생요인이 아니라 동기요인이므로 동기요인의 충족에 힘써야 한다는 점이다. 왜냐하면 임금이나 작업조건과 같은 위생요인을 충족시켜 주더라도 불만은 제거할 수 있지만, 동기부여가 되지는 않기 때문이다.

② **위생요인과 동기요인**

㉠ 위생요인

ⓐ 위생요인(불만요인, 아담적 욕구, hygiene factors)은 인간의 동물적 성향에서 비롯되는 것으로서 불쾌한 것을 회피하려는 욕구로서 위생요인이 채워지지 않으면 불만이 발생하고, 위생요인이 채워진다고 해서 구성원들에게 동기부여가 되지는 않는다.

ⓑ 위생요인은 환경과 관련된 요인으로 환경이 개선되면 불만이 감소하거나 불만을 방지할 수 있다고 한다. 그러나 불만요인의 제거는 근무태도의 단기적 변화만 초래할 뿐이고 장기적인 태도 변화를 기대하기 어렵다는 가정이 위생요인론의 요지이다. 즉, 불만요인의 제거는 근무만족을 위한 필요조건이지 충분조건은 아니라는 것이다.

㉡ 동기요인

ⓐ 동기요인(만족요인, 아브라함적 욕구, motivation factors)은 계속적인 정신적 성장을 통해서 개인의 잠재력을 현실화하고자 하는 욕구를 말한다.

ⓑ 동기요인이 충족되면 만족감을 줄 수 있기 때문에 관리자는 직무내용을 개선·향상하는 데 주의를 기울여야 하지만, 동기요인이 충족되지 못하더라도 만족을 느끼지 못하나 불만이 발생하는 것은 아니다.

③ **위생요인과 동기요인의 구체적인 예**

요인	위생요인(불만요인)	동기요인(만족요인)
성격	물리적·환경적·대인적 요인(직무맥락 또는 근무환경요인)	사람과 직무와의 관계(직무요인)
예	정책과 관리, 임금(보수), 지위, 안전, 감독, 기술, 작업조건(근무조건), 조직의 방침과 관행, 개인상호간의 관계(감독자와 부하, 동료상호간의 관계, 대인관계 등)	성취감(자아계발), 도전감, 책임감, 안정감, 인정감, 승진, 직무(일) 그 자체에 대한 보람, 직무충실, 성장 및 발전 등 심리적 요인

④ **동기-위생이론의 한계**

㉠ 만족요인과 불만요인의 구분이 타당하지 못하다는 비판이 제기된다. 허츠버그 이론에서 가장 혼란스러운 부분이 바로 만족요인과 불만요인의 구분이다.

㉡ 작업환경에 대한 종업원들의 반응이 기본적으로 유사할 것이라는 가정을 하고 있어 개인적 차이를 무시하고 있다는 비판이 제기된다.

㉢ 만족과 동기부여를 같은 것으로 다루고 있는 논리적 오류를 범하고 있는 것이다. 예를 들면 만족한 종업원이 반드시 열심히 일하고 성과를 올리리라는 보장이 없다.

⑤ **동기-위생이론의 기여점**

㉠ 관리자에게 직무환경과 직무내용에 관한 새로운 이해를 주고 있으며 직원들의 동기부여를 위해 직무 내용에 신경을 써야한다는 점을 시사하고 있다.

㉡ 직원들의 직무환경을 개선시켜 주면 직원들이 당연히 동기부여가 될 것이라는 막연한 생각에서 벗어나서 실제적으로 직무 내용의 개선에 힘을 쏟아야 한다는 점을 강조함으로써 직원들의 생각과 욕구에 대해 보다 깊은 이해를 할 수 있게 하였다.

(4) 맥클리랜드의 성취동기이론

① **성취동기이론의 개념**

   ㉠ 맥클리랜드(D. C. McClelland)는 성취욕구야말로 인간이 인간다울 수 있는 가장 바람직한 욕구로서 성취동기가 높을수록 성취를 통해 조직과 개인이 성장할 수 있다는 것이 이론의 핵심이다.

   ㉡ 성취욕구는 무엇을 이루어 내고 싶은 욕구로서 이 욕구는 선천적이라기보다는 사회생활을 하면서 학습을 통해 후천적으로 습득된 것이다.

   ㉢ 성취동기이론은 조직이 성공하기 위해서는 성취욕구가 강한 사람들로 조직을 구성하고, 그들에게 성취동기를 높게 유지하면 된다고 주장한다.

② **성취동기가 높은 사람의 특성**

   ㉠ 적절히 위험(risk)을 즐긴다.

   ㉡ 보상보다는 일 자체의 성취에 관심을 많이 갖는다. 즉, 내적 보상이 중요하다.

   ㉢ 목표를 실현할 때까지 과업에 전념한다.

   ㉣ 즉각적인 피드백을 강구한다.

   ㉤ 도전적인 목표를 추구한다.

③ **성취동기이론의 3가지 욕구**

   맥클리랜드는 성취욕구와 성취동기를 강조하고 있지만, 조직에는 성취욕구가 강한 사람들로만 구성된 것은 아니다. 맥클리랜드는 인간의 욕구를 친교욕구, 권력욕구, 성취욕구 세 가지로 분류하고 개인들의 욕구별로 적절히 과업을 담당하게 하는 것이 중요하다고 하였다.

   ㉠ 친교욕구

   ⓐ 친교욕구(needs for affiliation)는 조직이나 집단에 소속되기를 원하거나 다른 사람과 상호관계를 맺으려고 하는 욕구를 말한다.

   ⓑ 친교욕구가 강한 사람은 존경받기를 원하고 집단의 규범에 반대되는 결정이나 행동을 피하려고 한다. 그들은 생산성보다는 윤리성에 더 관심을 둔다.

   ㉡ 권력욕구

   ⓐ 권력욕구(needs for power)는 다른 사람을 통제하고 영향력을 행사하려는 욕구를 말한다.

   ⓑ 권력욕구가 강한 사람은 리더로 나서기를 원하고 권력에 의해 동기부여된다.

   ⓒ 권력욕구가 강한 사람은 효율적인 업무수행보다 개인의 위신과 권력에 더 관심을 갖고 일반적으로 지도자의 일을 찾는다.

   ⓓ 권력욕구가 강한 사람은 강압적이고 거리낌없이 말하고 완고하며 자기본위적이고 남을 가르치기 좋아한다.

   ㉢ 성취욕구

   ⓐ 성취욕구(needs for achievement)는 표준을 달성하고 나아가 표준을 능가하려는 욕구, 조직에 공헌하고 성공하고자 하는 욕구를 말한다.

   ⓑ 성취욕구가 강한 사람은 도전받기를 원하고 어려운 목표를 설정하고 위험에 대해 현실적인 입장을 취하고 책임지기를 좋아하며 자신의 업적에 대해 평가받고자 하며 오랜 시간 동안 일하기를 좋아하고 실패했을 때도 지나치게 걱정하지 않는다.

   ⓒ 성취욕구가 강한 사람은 과업지향성, 결과에 대한 높은 관심도 및 미래 지향적 태도를 갖는다.

④ **성취동기이론의 시사점**

맥클리랜드의 성취동기이론은 조직구성원을 선발하는 데 친교욕구, 권력욕구, 성취욕구들을 신중하게 고려할 필요가 있음을 시사하고, 관리자는 욕구에 따라 적절하게 업무를 할당해야 한다. 다음은 욕구별 담당업무의 구체적인 예이다.

㉠ 소속감과 동료애가 높은 사람은 동료를 소외시키는 결정을 하지 않을 것이므로 친교욕구가 강한 직원이 적절하다.

㉡ 프로젝트가 절약과 같은 유쾌하지 않은 과업을 포함하고 있다면 권력욕구가 높은 직원이 적절하다.

㉢ 프로젝트가 명확한 목적과 특정한 과업을 포함하고 있다면 성취욕구가 높은 직원이 적절하다.

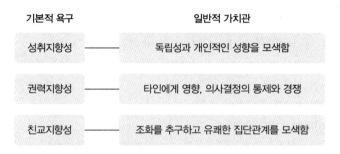

[맥클리랜드의 후천적 욕구와 관련된 가치관]

(5) 맥그리거의 X·Y이론

① 맥그리거의 X·Y이론 개념

㉠ 맥그리거(D. McGregor)는 직원들의 인간관을 X이론과 Y이론적 인간관으로 구분하고 그 유형에 따라 적절한 동기부여 및 관리전략을 수립하여야 한다고 하였다.

㉡ 맥그리거는 전통적 관리이론에서의 인간관을 X이론이라 하였고, 전통적 인간관과 대비되는 현대적 인간관을 Y이론이라고 하여 이론을 전개하였다.

② X·Y이론적 인간관

㉠ X이론적 인간관의 특징

명령과 통제에 따른 전통적 견해인 X이론적 인간관에서는 인간의 본성은 게으르고 일하기를 싫어하며, 무책임하고 변화를 싫어한다. 또한 이기적이고 조직의 목적에 무관심하며 주로 안정과 경제적 만족을 추구한다. 한 마디로 안 좋은 것은 모두 X이론적 인간관의 내용이다.

㉡ Y이론적 인간관의 특징

자율과 분권에 따른 현대적 견해인 Y이론적 인간관에서는 인간은 부지런하고 책임과 자율성 및 창의성을 발휘하기를 원하고 조직목적에 적극 참여하여 자아실현을 추구하며, 자신을 스스로 통제할 수 있는 능력을 가지고 있다고 본다. 한마디로 좋은 것은 모두 Y이론적 인간관의 내용이다.

③ 인간관별 관리전략

구분	인간관	관리전략
X이론	• 자기중심적이고 수동적 행동을 한다. • 야망이 없고, 책임을 회피하며 지휘나 통제 받기를 좋아한다. • 조직문제를 해결하는 데 창의력을 발휘하기를 싫어한다. • 동기유발은 생리적 욕구나 안전욕구의 단계에서만 가능하다. • 안정을 추구하고 변화를 싫어한다. • 인간은 선천적으로 일하기를 싫어한다. • 사람은 엄격히 통제되어야 하고 조직목표를 달성하기 위해서는 강제되어야 한다.	• 폐쇄적·정태적·기계적 구조 • 권위적·전제적 리더십 • 강제, 통제, 명령, 위협, 벌칙 • 상부책임제도의 강화 • 경제적 보상체계의 확립 및 강화
Y이론	• 일은 작업조건만 잘 부여해 두면 놀이나 쉬는 것과 같이 지극히 자연스러운 것이다. • 인간은 일을 좋아한다. 즉, 사람들은 적절히 동기유발이 되면 자율적이고 창의적으로 일을 한다. • 인간은 창의력을 지닌 존재이고 조직문제를 해결할 수 있는 창의력은 누구나 가지고 있다. • 인간은 자기규제능력이 있고 조직목표를 달성하는 데는 자기통제가 필요하다. • 인간은 능동적이며 책임질 줄 아는 존재이다. • 동기유발은 모든 욕구단계에서 가능하다.	• 개방적·동태적·유기적 구조 • 참여적·자유방임적 리더십 • 자기평가제도 • 분권화, 재량권부여, 권한위임 • 비공식조직의 활용 • 인간적·자발적 처리 • MBO, 의사결정의 민주화

(6) 아지리스의 성숙-미성숙이론

① 성숙-미성숙이론의 개념

ㄱ 아지리스(C. Argyris)의 성숙-미성숙이론은 개인의 인격 성숙 상태를 성숙(maturity)과 미성숙(immaturity)의 연속모형으로 설명한 이론이다.

ㄴ 개인과 조직의 통합을 모색하기 위해 Y이론에 입각한 관리를 강조하였다.

② 성숙과 미성숙 요소의 구분

미성숙	성숙
• 수동적 활동 • 의존적 활동 • 단순한 행동 • 변덕스럽고 얕은 관심 • 단기적 전망 • 종속적 지위에 만족 • 자기의식의 결여	• 능동적 활동 • 독립적 활동 • 다양한 행동 • 깊고 강한 관심 • 장기적 전망 • 대등 또는 우월한 지위에 만족 • 자기의식 또는 자기 규제의 가능성

ㄱ 미성숙한 직원일수록 동기부여가 낮고 성숙한 직원일수록 동기부여가 높다.

ㄴ 수동적 활동일 때보다 능동적 활동일 때 동기부여가 높다.

ㄷ 의존적 활동일 때보다 독립적 활동일 때 동기부여가 높다.

ㄹ 개인의 욕구와 조직 사이에 불일치가 클수록 긴장, 갈등, 불만족이 커진다.

③ 성숙-미성숙이론의 시사점

아지리스는 개인과 조직의 목표달성이 상호 모순관계에 있지 않고 조화와 통합을 이루기 위해서는 개인의 인격을 성숙시키는 방향으로 조직구조와 관리방법을 확립해야 한다고 시사하였다.

[내용이론 간의 비교]

맥그리거	매슬로우	맥클리랜드	앨더퍼	허츠버그	셰인
X이론	생리적 욕구		생존의 욕구(E)	위생요인(불만)	경제·합리적 인간관
	안전 욕구				
Y이론	애정·사회적 욕구	친교욕구	관계의 욕구(R)	동기요인(만족)	사회인관
	존경의 욕구	권력욕구			
	자아실현 욕구	성취욕구	성장의 욕구(G)		자아실현인관
Z이론					복잡인관

3 동기부여의 과정이론

(1) 브룸의 기대이론

① 브룸의 기대이론의 개념

ㄱ 기대이론(expectancy theory)은 레빈(K. Lewin)의 장(field theory)과 벡터 심리학에 근거하는데, 레빈은 인간의 동기를 연구한 인물이다. 이후 기대이론을 작업현장에 체계적으로 도입한 학자는 브룸(V. H. Vroom)에 의해서였고, 포터(Porter) 등에 의해 더욱 발전되었다.

ㄴ 기대이론에 의하면 동기는 사람들이 어떤 일을 원하는 정도(유인가)와 그 일을 성취할 수 있는 가능성의 정도(기대치)에 달려있다고 한다.

ㄷ 브룸의 기대이론은 어떤 직원이 행동을 결정하는 과정에서 여러 가지 가능한 행동 대안을 평가하여 자기 자신이 가장 중요하고 가치 있는 결과를 가져오리라고 믿는 행동전략을 선택한다는 이론이다.

ㄹ 기대이론에서 동기부여라는 것은 여러 대안들이 있을 경우 그 대안들이 갖는 힘이 큰 쪽으로 행위가 이뤄지는 선택의 지배과정을 의미한다.

② 기대이론의 기본 가정

브룸의 기대이론은 다음과 같은 가정을 전제로 전개된다.

ㄱ 내적 욕구와 외부 환경 두 요인 모두는 인간 행동에 영향을 미친다.

ㄴ 행동은 개인의 의사 결정이다.

ㄷ 인간은 결과에 대한 자신의 인지를 중심으로 행동한다.

③ 기대이론의 주요 변수

브룸은 기대감(expectancy), 수단성(instrumentality), 유의성(valence)이라는 세 가지 변수가 행동을 선택하는 중요한 동기요인이 된다고 보았다. 이를 구체적으로 살펴보면 다음과 같다.

ⓙ 기대(expectancy) : 성과 기대

ⓐ 어떤 행동이나 노력의 결과에 의해 나타나는 성과에 대한 신념을 의미한다.

ⓑ 자신이 노력을 투입하면 얼마의 성과를 낼 수 있을 것이라고 믿는 주관적 확률이다.

ⓒ 과업을 수행하기 위한 노력은 실제로 성과가 나타날 것이라는 기대에 좌우된다.

ⓓ 목표달성을 위해 자신의 능력과 가능성에 대해 인지하는 정도로, 목표라는 실체보다 상황의 지각(perception of situation)에 따라 결정된다.

ⓔ 기대는 일정한 노력을 기울이면 특정한 결과를 달성하리라고 믿는 가능성으로 투입된 노력에 의해 어떠한 성과가 나타나리라고 보는 것에 대한 완전한 의심인 '0'에서부터 완전한 믿음을 의미하는 '1' 사이에 존재한다.

ⓕ 만약 일정한 노력이 자기 자신에게 어떠한 결과를 반드시 가져온다고 믿는다면 기대의 수치는 '1'이 되며, 자신이 아무리 노력해도 달성가능성이 전혀 없다고 믿는다면 기대의 수치는 '0'이 된다.

ⓛ 수단성(instrumentality) : 보상 기대

ⓐ 과업 수행은 보상을 획득하기 위한 수단이 됨을 전제로 어떠한 일의 결과가 가져올 보상에 대한 확률을 의미한다.

ⓑ 제1차 결과(성과)와 제2차 결과(보상) 간의 기대치로 1차 결과(성과)가 2차 결과(보상)를 유도할 것이라는 믿음의 정도이다.

ⓒ 높은 성과에 의한 보상의 확률이 높아지면 수단성의 값이 오르지만, 높은 성과에도 불구하고 보상이 이루어질 것 같지 않으면 수단성의 값은 내려간다.

ⓓ 특정 수준의 성과가 바람직한 보상을 가져오리라고 믿는(기대하는) 가능성으로, 높은 성과가 항상 낮은 보상으로 이어질 것이라는 완전한 믿음인 '−1'에서부터 높은 성과가 항상 높은 보상으로 이어질 것이라는 완전한 믿음인 '1' 사이에 존재한다.

ⓔ 만약, 어떤 기업 조직이 보상체계가 잘 정립되어 있어, 직원들의 성과에 대한 보상이 잘 이뤄진다면, 이 조직에 소속된 직원들에게 수단성의 값은 '1'에 가까울 것이나, 보상체계가 정립되어 있지 않아 성과에 대한 보상이 잘 이루어지지 않는다면 조직에 소속된 직원들에게 수단성의 값은 '−1'에 가깝게 된다.

ⓔ 유의성(valence) : 보상에 대한 선호의 정도, 매력의 정도

ⓐ 어떤 제2차 결과(보상)에 대해 개인이 평가하는 중요성과 가치의 정도로, 이는 개인의 욕구에 따라 다르며, 긍정적이거나, 부정적 혹은 가치중립적일 수 있다.

ⓑ 개인이 어떤 특정행동 대안의 결과인 보상에 대해 갖는 매력의 강도로서 지각된 가치이다.

ⓒ 개인과 대상이 있다고 할 때, 개인 중심에서 보면 선호도(preference)라고 할 수 있고, 대상 중심에서 보면 유의성(유인가)이라고 할 수 있다.

ⓓ 유의성(유인가)은 개인의 욕구를 반영하며, 연봉인상, 물질적 보상, 승진, 인정, 해외연수 기회와 같은 긍정적(적극적) 유의성과 압력이나 벌 등과 같은 부정적(소극적) 유의성으로 구분된다.

ⓔ 궁극적으로 보상이 개인에게 얼마나 매력적인가를 나타내는 것으로, 개인이 보상에 대해 아무런 매력을 느끼지 못하는 '−1'에서부터 가치중립인 '0' 그리고 보상을 얻지 않았을 때보다 더 선호를 느끼게 되는 '1' 사이에 존재한다.

④ **기대이론의 공식**

$$\text{동기}(M : \text{motivation}) = \text{기대}(E) \times \text{수단성}(I) \times \text{유의성}(V)$$

㉠ 위에서 설명한 기대이론의 3가지 요소인 기대감, 유인가, 수단성의 값이 각각 최대가 되면 최대의 동기부여가 된다.

㉡ 3가지 요소 중 어느 하나라도 '0'(zero)이 되면 전체 값이 '0'(zero)이 되며 동기 부여는 되지 않는다. 높은 수준의 동기부여를 위해서는 각 요소들 중 어느 하나라도 '0'의 값을 가져서는 안 되며 성공적인 동기부여를 위해선 세 요소 모두 적절히 조합되어야 한다.

㉢ 개인에게 동기를 부여하기 위해서는 그 개인의 욕구뿐만 아니라 일정한 노력을 기울이면 달성할 수 있다는 합리적인 목표 수준이 제시되어야 하며, 목표달성 시에도 반드시 일정한 보상이 주어져야 하고 또한 그 보상은 그 사람에게 매력적인 가치가 있어야 한다.

⑤ **기대이론의 적용**

㉠ 기대이론은 종업원들이 열심히 일하면 소망한 결과를 얻을 수 있다고 생각할 때 더욱 열심히 일한다는 사실을 시사한다.

㉡ 종업원들의 동기부여가 잘 되려면 결과가 매력적임을 발견할 필요가 있고, 어떠한 성과가 원하는 결과를 가져오게 할지와 그리고 그 성과는 노력을 통하여 달성가능한지를 사정해 보아야 한다.

㉢ 관리자가 직원들을 동기유발하려면 성과와 보상 간의 연관성을 분명히 해야 하고 실제로 바람직한 행동에 대한 보상을 해주어야 한다.

(2) 아담스의 공정성이론

① **공정성이론의 개념**

㉠ 아담스(J. S. Adams)의 공정성이론(equity theory)은 노력과 직무만족은 업무상황의 지각된 (주관적) 공정성에 따라 결정된다고 보는 과정이론이다.

㉡ 공정성이론은 페스팅거(Festinger)의 인지부조화 이론과 호만스(Homans)의 분배정의 이론에 기초를 두고, 1960년대 아담스에 의해 개발된 이론이다.

㉢ 공정성이론은 사회적 비교이론의 하나인데, 사회적 비교이론은 한 개인이 타인에 비해 얼마나 공정한 대우를 받고 있다고 느끼는가에 초점을 둔 이론이다.

㉣ 공정성이론은 직원 자신의 투입 대 산출(보상)의 비율을 동일한 직업상황에 있는 다른 사람의 투입 대 산출(보상)의 비율과 비교하여 그것이 같을 때는 공정성을 느끼지만, 상대적 비율이 크거나 작을 때는 불공정성을 지각한다는 이론이다.

㉤ 직원들은 자신의 노력과 그 결과로 얻어지는 보상과의 관계를 동일 조건에 있는 다른 사람들의 노력과 보상과의 관계를 비교함으로써 공정성을 느끼기도 하고 불공정성을 느끼기도 한다.

② **공정성이론의 핵심요소**

$$\text{자신} = \frac{\text{성과}}{\text{투입}} \qquad \boxed{\begin{array}{c} = \\ > \text{또는} < \end{array}} \qquad \frac{\text{성과}}{\text{투입}} = \text{타인}$$

※ 투입(input) : 과업을 수행하기 위해 개인 자신이 기여하는 모든 것을 의미한다. 투입에는 교육, 훈련, 경험, 기능, 능력, 개인적 특성(용모, 건강, 연령), 직무에 대한 노력 등이 있다.
※ 성과(output) : 과업을 수행한 결과로서 개인 자신이 받는 것을 말한다. 성과에는 보수, 지위, 승진, 직업조건, 인정, 부가적 혜택, 직업안정 등이 있다.

㉠ 자신의 투입-산출(보상) 비율이 타인의 투입-산출(보상) 비율과 같을 때는 공정성을 느끼므로 자신의 행위를 변화시키지 않는다.
㉡ 자신의 투입-산출(보상) 비율이 타인의 투입-산출(보상) 비율과 다를 때는(크거나 작을 때는) 불공정성을 느끼게 되므로 불공정성을 감소시키는 방향으로 자신의 행동을 변화시킨다.

③ **공정성의 세 가지 측면**
공정성은 분배적(distributive), 절차적(procedural), 관계적(interactional) 공정성의 세 가지 측면으로 구분된다.
㉠ 분배적 공정성 : 회사의 자원을 구성원들 사이에 얼마나 공평하게 분배했느냐의 문제이다.
㉡ 절차적 공정성 : 회사의 의사결정 과정이 얼마나 공정했느냐의 여부이다.
㉢ 관계적 공정성 : 인간관계에서 인간적인 대우를 포함한 질적인 차원에서의 공정성을 뜻한다.
조직에서 공정한 조직정의(organizational justice)를 실천하려면 위의 세 요소가 모두 공정해야 하는데 받은 보상액이 남들과 똑같이 공정해야 하고(분배측면) 보상을 결정하는 과정이 공정해야 하며(절차측면), 모두에게서 평등한 인간적 대우를 받는다면(관계측면) 구성원들은 조직정의를 느끼고 동기부여가 된다는 것이다.

④ **불공정성 감소방안**
개인이 비교를 통하여 불공정성을 지각하게 되면 긴장이 유발되는데 긴장의 양은 지각된 불공정성의 정도에 비례하며, 긴장은 사람들로 하여금 그 원인을 감소시키도록 하고 결과적으로 인지부조화에 비례하는 지각된 불공정성을 감소시키는 방향으로 동기가 작용하게 된다. 불공정성을 감소시키는 방안으로는 다음과 같은 것이 있다.
㉠ 투입의 변경 : 사람들이 업무는 과다한데 급여가 부족함을 느낀다면 투입을 줄여 생산성을 감소시킬 것이며, 반대로 보상을 잘 받는다고 느낀다면 투입을 늘려 생산성을 향상시킬 것이다.
㉡ 산출(결과)의 변경 : 노조의 압력 등으로 임금인상이나 작업조건을 개선하는 경우, 특히 이것이 다른 산업이나 조직과의 불공정성을 없애기 위한 것일 때가 결과의 변경에 해당한다.
㉢ 자기 자신의 투입이나 결과의 왜곡(인식의 왜곡) : 인지적으로 자신의 기여와 보상에 대해 파악되는 중요성이나 가치를 왜곡해서 동일한 결과를 얻을 수 있다고 여긴다. 예를 들면, '내가 하는 일이 더 중요하니까 다른 사람들보다 보상을 더 많이 받아도 된다.'라며 위안한다.

ⓔ 직장이동(이탈) : 사람들은 극한 불공정성이 없는 한 조직을 쉽게 떠나지는 않는다. 그러나 한계에 도달했을 때는 직장을 떠나 다른 곳을 찾게 된다.

ⓜ 준거인물의 변경(비교대상의 변경) : 자신과 비교하는 대상을 변경함으로써 불공정성을 줄일 수 있다.

⑤ **공정성이론에 대한 평가**

ⓖ 공정성이론의 시사점

ⓐ 조직 관리자는 조직에서 사회적 비교 과정에 주의를 기울여야 한다. 즉, 직원들이 공정한 대우를 받고 있다는 느낌을 갖게 만들 책임이 있다.

ⓑ 동기부여에 있어서 직원들의 지각의 중요성을 인식해야 한다. 관리자는 자신과 종업원 양측 간의 지각세계가 다를 수 있다는 점을 인정해야 한다.

ⓒ 공정성 또는 불공정성에 관한 결정은 개인적 차원에서만 이루어지는 것이 아니고, 조직 내·외의 다른 직원과의 비교를 통해서 이루어진다는 점을 알아야 한다.

ⓛ 공정성이론의 한계점

ⓐ 공정성이론에서 '공정성'과 '불공정성'은 개인의 주관적 판단에 의해 결정된다는 점이다. 이러한 '주관성'으로 인한 문제점은 대부분 과정이론에서 동일하게 문제가 되는 부분이다. 주관적이기 때문에 일정한 규칙성을 보장할 수 없고, 사람마다 차이가 날 수밖에 없다.

ⓑ 불공정성과 관련하여 사람들은 마땅히 받아야 할 것 이상을 받았을 때는 불공정성을 느끼지 않으며, 마땅히 받아야 할 것보다 적게 받을 때 민감하게 불공정성을 느낀다고 보는 것이 보다 현실적이다.

ⓒ 공정성과 정의는 많은 사람들에게 중요한 동기가 되며 개인들이 소극적으로 불공정성을 감소시키는 방향으로만 움직이는 것이 아니라 공정성을 높이는 방향으로도 움직일 수 있다는 점을 간과하고 있다는 비판을 받는다.

(3) 로크의 목표설정이론

① **목표설정이론의 개념**

ⓖ 목표설정이론(goal-setting theory)은 명확한 목표와 불명확한 목표가 성과에 미치는 영향을 연구한 것으로, 로크(E. A. Locke)가 발전시킨 이론이다. 로크의 목표설정이론은 조직에서 가장 효과적이고 널리 적용되는 동기부여이론 중의 하나이다.

ⓛ 목표설정이론은 처음에는 하나의 이론으로 출발한 것이 아니라 목표설정의 중요성을 탐색하는 과정에서 이론적 가치가 확인됨에 따라 체계를 갖추게 된 이론이며, 점차적으로 목표관리(MBO), 기획예산제도, 경영정보관리는 물론 체제분석, 전략기획 등과 같은 경영기법에 광범위하게 적용되고 있다.

ⓒ 목표설정이론은 목표의 특성에 따라, 목표가 어떻게 설정되고 목표달성이 어떻게 추구되느냐에 따라 구성원의 동기행동이 달라지고, 과업의 성과가 달라진다는 이론이다.

ⓔ 인간은 자신이 지닌 가치관에 따라 정서와 욕망이 형성되고 이를 토대로 의도나 목표가 설정되면 이것이 실제 행위나 성과의 결정요인으로 작용한다.

ⓜ 목표가 달성된 경우에는 만족과 더욱 높은 동기를 가져오지만, 목표가 달성되지 않았을 경우에는 좌절과 더욱 낮은 동기를 가져온다.

ⓑ 행위는 개인의 가치관과 개인의 기대치에 의해 결정되며 목표달성의 몰입도는 자기효능감과 관련된다.

② **효과적 목표의 특성**

스티어스(R. M. Steers) 등이 제시한 효과적인 과업목표의 특성은 다음과 같다.

㉠ 목표의 구체성 : 구체적인 목표가 일반적인 목표보다 높은 성과를 가져온다.

㉡ 목표의 곤란성 : 쉬운 목표보다는 다소 어려운 목표가 동기화와 높은 성과를 가져온다.

㉢ 목표설정에의 참여 : 상부에서 제시된 목표보다 구성원들이 목표설정 과정에 참여할 때 직무 만족도가 높아지고, 높은 성과를 가져온다. 또한 목표설정에의 참여는 구성원의 목표 수용도를 높여준다.

㉣ 목표의 수용성 : 목표의 수용성이 높을수록 높은 성과를 가져온다. 리더가 일방적으로 부여한 목표보다는 부하직원이 수락한 목표가 높은 성과를 가져온다.

㉤ 피드백과 보상 : 노력에 대한 피드백의 제공과 보상이 동기부여에 중요하다.

㉥ 결정지향 목표 : 결정지향 목표가 과정지향 목표보다 업무수행능력을 증진시켜 준다.

㉦ 동료 간의 경쟁 : 목표달성에 대한 동료 간의 경쟁이 성과를 촉진한다.

③ **목표설정이론의 일반모델**

가치관 → 정서와 욕망 → 의도 또는 목표 → 지시된 주의 등 → 행위(수행) → 성과

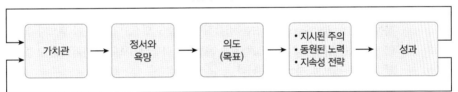

[목표설정이론의 일반모델]

④ **목표설정이론의 관리에의 적용**

목표설정이론에 따라 동기부여를 시키려면 구체적이고 도전감을 유발하며 수용될 수 있고 달성 가능한 목표를 제시하고 목표설정 과정에 종업원이 참여하게 되면 목표를 잘 수용하게 되고 목표달성을 위한 동기부여가 잘 될 수 있다.

⑤ **목표설정이론의 한계**

㉠ 편협한 시야 : 특정 목표에만 초점이 맞춰져 있다.

㉡ 수확체감의 원칙 : 여러 목표가 있을 경우, 목표 간에 충돌이 날 수 있다.

㉢ 과제의 복잡성 : 복잡한 과제에는 적합하지 않다.

㉣ 장기목표 부적절성 : 장기목표에는 적합하지 않다.

(4) 강화이론

① **강화이론의 개념**

㉠ 강화이론(reinforcement theory)은 행동주의 심리학자인 스키너(B. F. Skinner)에 의해 제시된 조작적 학습이론을 구성하는 주요 이론적 기반의 하나이다.

ⓛ 여기서 조작적 학습이론(operant conditioning theory)은 인간의 행동이 강화를 통해 보상을 받게 되면 이 행동의 결과는 다음 행동에서 자발적으로 반복되는 경향이 있음을 강조한 이론으로 강화를 학습에 이용한다.

② **강화전략의 유형 및 세부요인**

강화는 행위자의 일정한 행위반응을 얻기 위해 보상을 제공하여 인간행위에 동기를 부여하는 것으로 긍정적 강화와 부정적 강화가 있다.

㉠ 긍정적(적극적) 강화

어떤 자극을 주어 바람직한 행위를 증대시키는 것을 말한다. 적극적 강화에는 포상금과 같은 경제적 이익을 제공하는 외재적 강화요인과 성취감과 같은 심리적 만족을 구성원에게 제공하는 내재적 강화요인이 있다.

ⓐ 외재적 강화요인 : 구성원의 바람직한 행위에 대해 주어지는 임금이나 승진과 같은 경제적 성격의 보상을 의미한다.

ⓑ 내재적 강화요인 : 성취감, 만족감, 자긍심같이 직무수행 자체에서 생기는 심리적 보상이다.

㉡ 부정적(소극적) 강화요인

어떠한 보상을 주는 것이 아닌 불쾌하고 부정적인 자극을 제거하여 구성원의 바람직한 행동이 반복·강화되도록 유도하는 것이다. 이러한 부정적(소극적) 강화에는 이미 불편한 상태에 있는 자극을 제거하는 도피학습과 불편한 자극을 사전에 봉쇄·제거하는 회피학습이 있다.

ⓐ 도피 학습 : 어떤 행동을 함으로써 어떤 혐오 자극이 제거되면 그 행동이 일어날 확률이 높아지는 현상을 말한다. 도피학습은 바람직한 행동을 일으키기 위하여 혐오자극이 먼저 제시되어야 한다는 점에서 일반적으로 최종수단으로 사용되기보다는 회피조건 형성을 습득하기 위한 예비 훈련으로 사용하게 된다.

ⓑ 회피 학습 : 혐오(불쾌)자극을 피하기 위하여 어떤 행동을 학습하는 것으로, 어떤 행동이 혐오자극의 발생을 방지하게 되면 그 행동의 빈도가 증가하게 된다.

㉢ 소거

ⓐ 소거(extinction)는 긍정적 강화요인을 억제함으로써 행동개선을 유도시킨다.

ⓑ 예를 들면, 판매실적이 줄고 있는 사원에게 지급하던 보너스를 삭감하는 것 등이 해당한다.

㉣ 처벌

ⓐ 처벌(punishment)은 바람직하지 않은 행동에 대하여 불쾌한 결과를 주는 것을 말한다.

ⓑ 바람직하지 않은 행동을 줄이거나 중지하도록 하기 위해 싫거나 불편한 결과를 주거나 혹은 적극적 강화요인을 제거하는 것으로 '부정적 결과'를 제공하는 방법이다.

ⓒ 소거는 바람직한 행위에 대해 부여했던 보상을 중단하는 데 반하여, 벌은 바람직하지 않은 행위를 못하게 하기 위해 여타 적극적 보상을 중단하는 것으로 차이가 있다.

㉤ 강화요인과 소거, 처벌의 특징

ⓐ 긍정적 강화와 부정적 강화는 바람직한 행동을 반복시키는 데는 공통점이 있으나, 긍정적 강하는 칭찬이나 보상 등 만족스러운 강화요인을 적용하는 반면, 부정적 강화는 불만족스러운 결과를 회피함으로써 바람직한 행동을 강화시킨다는 점에서 차이가 있다.

ⓑ 소거와 처벌은 반드시 바람직하지 않은 행동을 감소시킨다는 보장이 없고, 오히려 처벌만을 하고 긍정적 강화요인을 억제하는 관리행동에 대한 반발로 바람직하지 않은 행동이 강해지는 경우도 있다.

ⓒ 처벌은 학습에 있어 비효과적일 수 있으므로 조심스럽게 적용되어야 한다는 것이 학자들 사이에서의 일반적인 견해이다.

③ **강화효과 극대화 방안**

㉠ 강화효과의 조건

ⓐ 보상 자체가 매력이 있어야 한다.

ⓑ 보상은 바람직한 행위와 밀접하게 연관되어 있어야 한다.

ⓒ 바람직한 행위가 어느 정도 가능한 것이어야 한다.

㉡ 강화관리 원칙의 수립

ⓐ 강화결속의 원칙 : 강화요인은 바람직한 행위가 실행되었을 때 제공하여야 한다.

ⓑ 즉각적 강화원칙 : 강화요인는 바람직한 혹은 바람직하지 않은 행위가 나타난 직후 이루어질 때 훨씬 효과적이며 시간적 거리가 클수록 효과는 반감된다.

ⓒ 강화크기 적정성의 원칙 : 강화요인의 적정 크기는 개인과 행위 간의 관계에 의해 결정되어야 한다.

ⓓ 강화박탈의 원칙 : 강화요인은 대상이 그것을 절실히 원할 때 바람직한 행동을 할 가능성이 높다.

④ **강화 일정계획 수립방안**

강화요인을 제공하거나 제거하여 어떤 행동을 강화시키기도 하고 소멸시키기도 하는데 이때 강화요인이 많고 적음에 따라 행동수정의 정도가 달라진다. 또한 같은 양의 강화요인일지라도 언제, 어느 정도의 간격을 가지고, 어느 정도의 빈도로 제공되고 제거되느냐에 따라서 강화의 효력이 달리 나타날 수 있다. 따라서 강화전략을 조직 관리에 적용할 시에는 세부적인 일정을 세우고, 계획적으로 접근할 필요가 있다. 이러한 강화 일정계획 수립방안에는 연속강화계획과 고정비율 강화계획, 변동비율 강화계획 방법이 있다.

㉠ 연속강화계획(CRF ; Continuous Reinforcement) : 행동이 일어났을 때마다 강화물이 주어지는 것이다. 학습된 행동이 처음으로 도입될 때 용이하게 사용된다. 그 결과 반응률은 높지만, 강화가 중지되면 소거가 아주 빨리 일어난다.

㉡ 부분(단속)강화계획

ⓐ 고정간격 강화계획(FI ; Fixed Interval schedule) : 일정한 간격을 두고 강화요인을 제공하는 방법이다. 초기에는 매우 느리게 반응하지만 점차 반응속도가 증가하고 보상이 나타날 순간을 기대하게 된다. 그러나 직원들은 언제 보상이 주어지는지를 알기 때문에 시간이 지날수록 자극의 효과가 낮다.

ⓑ 고정비율 강화계획(FR ; Fixed ratio schedule) : 행동의 결과에 따라 일정량의 비율로 성과급이 지급되는 경우가 이에 해당된다.

ⓒ 변동간격 강화계획(VI ; Variable Interval schedule) : 불규칙한 시간 간격으로 강화요인을 제공하는 방법이다.

ⓓ 변동비율 강화계획(VR ; Variable ratio schedule) : 불규칙적인 비율로 강화요인이 제공되는데 간격은 일정하되 배분량이 불규칙한 보너스 지급이 이에 해당된다.

제 2 절 ▶ 리더십이론

1 리더십의 개념 및 특성

(1) 리더십의 개념

① 리더십이론은 1930년대 인간관계론과 1960년대 후기 인간관계론(동기부여이론)의 영향을 받아 발전하면서 그 영역을 넓혀왔다.

② 리더십(leadership)은 조직구성원들이 공동목표를 달성하려는 방향으로 기꺼이 따라오게 영향력을 행사하는 기술과 과정을 말한다.

③ 특히 현대조직에서의 리더십은 일방적·강압적인 권한 및 권력의 행사가 아닌 구성원들로부터 동의와 자발적 반응을 이끌어내는 인간 영향력 행사의 과정으로 정의된다.

④ '영향력'이란 다른 사람들의 지각, 태도, 행위에 영향을 미치는 능력으로서 개인, 집단, 전체조직에 미칠 수 있다. 이러한 영향력의 유형으로는 자기표현, 영합, 합리성, 인정, 교환, 추켜세우기, 차단, 협상 등이 있다.

⑤ '영향력을 행사하는 기술과 과정'에는 사람을 변화시키고(transform), 새롭게 하며(renew), 힘을 북돋아 주고(energize), 영감을 주는(inspire) 행위를 모두 포함한다.

⑥ 리더십은 조직의 목표를 달성하기 위하여 조직의 개인 및 집단의 의욕을 고무하고 능동적으로 활동을 촉진하여 조정하는 기술과 영향력을 말한다.

> **① 더 알아두기 Q**
>
> **리더십에 대한 다양한 학자별 정의**
> - **스톡딜(R. M. Stogdill)** : 리더십이란 목표설정과 목표달성을 지향하도록 집단행위에 영향력을 행사하는 과정이다.
> - **쿤츠(H. Koontz)** : 리더십이란 사람들로 하여금 공동 목표를 달성하는 데 따라오도록 영향력을 행사하는 것이다.
> - **플레이시먼(E. A. Fleishman)** : 리더십이란 어떤 목표나 목표들의 달성을 향하도록 의사소통과정을 통해서 개인 간에 영향력을 행사하려는 시도이다.

(2) 리더십의 본질

① 시간이나 상황의 변화에 따라서 적절하고 다양한 동기를 부여하는 능력이다.

② 과업수행에 모든 역량을 발휘할 수 있도록 구성원들에게 생동감을 불어 넣는 능력이다(동기부여가 구성원의 욕구와 만족에 관한 것인 반면, 생동감은 리더에 대한 추종자의 충성심, 헌신 등에 관한 것이기 때문에 이를 카리스마적 속성이라고 한다).

③ 동기부여에 대한 반응이 나타나도록 조직 분위기를 이끄는 능력이다.

④ 여러 가지 목표를 조화시키고 개인의 목표를 조직의 목표와 조화시키면서 구성원들을 잘 유도하는 능력이다.

(3) 리더십의 구성요소

리더십은 리더, 추종자(조직구성원), 상황(환경적 변수)의 세 가지 요소로 구성된다. 리더와 조직구성원의 관계는 상황이라는 조건하에서 형성되며, 리더십은 조직의 비전과 목표를 향하여 위의 세 가지 요소가 조화를 이루도록 이끌어가는 활동이다.

(4) 리더십의 특징

① 리더십은 조직이 달성하려는 미래상(목적, 청사진)과 밀접한 관계가 있다.
② 리더십은 리더와 추종자 및 상황(환경적 변수) 간의 관계이다.
③ 리더십은 리더가 추종자에게 획일적으로 행동을 강요하는 것이 아니라 상호작용 과정에서 발휘된다.
④ 리더십은 공식적 계층 책임자의 직권에서 나오는 직권력과 다르다. 즉, 비공식적으로 나타나는 것이 리더십이다.

(5) 리더십의 기능(역할)

① **상황판단의 기능(진단·분석적 기능)**
리더십은 조직목표를 달성하기 위해 무엇을 해야 하는지를 상황에 대한 정확한 정보를 기초로 분석·판단하는 기능을 한다.
② **집단통일 유지의 기능(동원 및 통합적 기능)**
리더십은 조직의 여러 부분의 요구를 충족시키고 중복 또는 갈등을 가져오는 의견이나 목표를 조정하며, 조직구성원의 일체감과 연대감을 조장하고, 통일성을 확보·유지하는 기능을 한다.
③ **조직 목표달성 기능(도구적·처방적 기능)**
리더십은 조직구성원들이 개개인의 능력을 최대한 발휘하여 조직의 목표달성에 자발적으로 공헌하도록 자극하고 설득함으로써 조직 목표를 효과적으로 달성하게 하는 기능을 한다.

(6) 조직관리에서 리더십의 중요성

① **사기양양** : 리더십은 구성원들이 목표달성에 적극적으로 기여하게 동기화한다. 즉, 효과적인 리더십은 구성원들에게 목표달성에 기여할 수 있도록 동기를 부여하고 사기를 높이며 업무에 몰입할 여건 조성에 중요한 역할을 한다.
② **코치역할** : 리더십은 구성원들이 개인 능력을 함양하도록 촉진시킨다. 리더십은 구성원들을 유능한 인재로 성장시키는 데 필요한 멘토, 코칭, 상담과 같은 사회화 과정을 주도하는 핵심요인이다.
③ **시너지 효과 창출** : 리더십은 개개인의 역량을 결집해 집단의 역량이 단순한 개인 역량의 합 이상의 힘을 발휘하게 하는 시너지 효과를 촉진하여 집단의 성과뿐만 아니라 조직 전체의 성과를 좌우한다.
④ **지속적 성장 촉진 및 비전 제시** : 리더십은 외부환경 변화에 대한 적응을 촉진하며 조직발전을 위한 변화를 주도한다. 효과적인 리더는 변화하는 환경에서 조직이나 집단의 사명과 목표를 명확하게 설정하여 구성원들에게 나아갈 방향을 제시하고, 급변하는 환경에 능동적으로 적응하게 촉진함으로써 지속적이고 안정적인 조직발전을 도모한다.

2 리더십이론 – 리더십연구의 유형(접근방법)

(1) 특성이론(자질론)

① 1940년대 초기 리더십연구에서는 성공적인 리더들의 남다른 특성이나 자질을 연구대상으로 하여 공통된 특성을 추출하였는데, 이를 특성이론(trait theory) 또는 자질이론이라 부른다.

② 특성이론을 연구했던 학자로는 버나드(C. Barnard), 깁슨(J. Gibson), 카츠(R. Katz) 등이 있다.

③ 연구목적인 리더들의 공통된 특성을 추출하는 데 실패하고 이렇다 할 성과를 거두지 못하였다.

(2) 행동이론(행태이론)

① 1950~60년대에는 특성이론의 한계를 극복하기 위한 새로운 리더십연구가 시도되었는데, 행동이론 또는 행태이론(behavior theory)으로 불리는 이들 리더십연구는 명칭 그대로 성공적인 리더들의 행동을 관찰, 유형화하는 방향으로 진행되었다.

② 행동주의 리더십 연구로는 아이오와 대학의 리더십연구(전제형-민주형-자유방임형 리더십), 오하이오 주립대학의 리더십연구(배려-구조주도 리더십), 미시건 대학의 리더십연구(직무중심 – 종업원중심 리더십), 관리격자이론(블레이크 & 무턴) 등이 있다.

③ 행동이론은 리더의 행동에 초점을 두고 리더의 여러 가지 행동들이 추종자들의 업적과 만족에 어떠한 영향을 미치는지를 연구하였다. 즉, 효과적인 리더들이 어떠한 행동 스타일 또는 어떤 행동 패턴을 보이는지를 규명하여 효과적이라고 입증된 리더십 스타일을 훈련시켜 리더를 양성하려는 것이므로 효과적인 리더는 선천적으로 타고나는 것이 아니라 후천적으로 만들어진다는 것이다.

④ 행동이론은 활발한 연구활동을 벌이며 다양한 리더십 유형들을 소개하는 데는 성공하였지만, 정작 어떤 리더십 유형이 높은 성과와 관련이 있는가에 대한 명확한 해답을 주는 데는 실패하였다.

(3) 상황이론

① 1970년대는 상황에 가장 부합하는 리더가 가장 성공적인 리더라고 하는 상황이론이 등장하였다.

② 상황이론에는 피들러의 상황적합성 이론, 하우스의 경로-목표 이론, 허시와 블랜차드의 상황대응 리더십 이론 등이 있다.

(4) 1980년 이후 새로운 리더십

상황이론 이후에는 변혁적 리더십, 슈퍼리더십, 서번트 리더십, 팔로워십 등 다양한 리더십이 등장하였다. 또한 임파워먼트라는 개념도 등장하였다.

(5) 리더십연구의 접근방법

접근방법	특성론적 접근	행태론적 접근	상황론적 접근
연대	1940년대	1950~60년대	1970년대
가정(가설)	성공적인 리더는 그렇지 못한 리더(비리더)와는 다른 일련의 특성이 존재한다.	리더행동의 어떤 유형 또는 조합이 모든 상황에서 가장 효과적이다.	모든 상황에 적합한 유일최선의 리더십 유형은 존재하지 않는다.
연구주제	리더는 어떤 특성을 지닌 사람인가?	리더는 부하에 대해 어떻게 행동하는가?	상황에 따라 리더십 유형은 어떻게 달라지는가?
연구초점	성공적인 리더의 특성 탐색과 비리더와의 차별화	성공적인 리더의 행동유형의 탐색	리더십 유형과 상황과의 관계를 기술
분석수준	개인	집단	조직

3 특성이론

(1) 특성이론의 개념

① 특성이론(trait theory)은 성공적인 리더들이 갖고 있는 일련의 공통적인 특성을 규명하려는 이론이다.

② 특성이론은 1940년대 중반까지 리더십연구의 기초가 되었던 리더십이론이었다.

③ "리더는 어떤 특성을 지닌 사람인가?"를 연구주제로 하여 지도자가 갖추어야 할 자격이나 능력, 속성에 연구의 초점을 맞추고 있는 접근방법이다.

④ 특정 자질을 지녔기 때문에 항상 리더가 될 수 있다고 생각하는 관점이다.

⑤ 추종자들에게 존경과 신뢰를 받을 수 있는 우수성이 리더십의 결정요인이다.

⑥ 처음에 등장한 특성이론은 소수의 사람들만이 위대해질 수 있는 특성을 가지고 태어난다는 위인이론(great man theory)이었다. 위인이론에 의하면 리더는 도구적이면서 지지적인 리더십 행동을 보인다고 설명한다. 위인이론이 상황이론과 가장 큰 차이점은 도구적 행동과 지지적 행동을 동시에 사용하는 소위 '위인들'은 어떤 상황에서든지 효과적인 지도자가 된다고 가정했다는 점이다.

⑦ 초창기에는 리더의 자질은 선천적으로 타고나는 것이라는 입장이었다. 그 후 자질론의 관점은 학습과 경험을 통해서 습득된다고 보고 있다.

⑧ 리더가 어떤 고유한 특성을 가지면 상황이나 환경에 관계없이 항상 리더가 될 수 있다고 가정한다.

⑨ 추종자(하급자)의 영향과 환경적 영향 및 상황적 요인 등을 고려하지 않았다.

(2) 리더의 특성

지성(intelligence)	인성(personality)	능력(ability)
• 판단력 • 결단력 • 지식 • 언어 유창력	• 적응력 • 민첩성 • 창의력 • 협동심 • 통합능력 • 정서적 균형과 조절능력 • 자기확신 • 독립심	• 협동능력 • 인기와 명성 • 대인관계기술 • 사회적 참여 • 임기응변 • 외교술

(3) 리더의 자질

① 버나드(C. I Barnard)

ㄱ 기술적 측면 : 체력, 기능, 기술, 지각력, 지식, 기억력, 예측력 등

ㄴ 정신적 측면 : 결단력, 지구력, 인내력 등

② 깁슨(J. L. Gibson)

ㄱ 지식, 지능 등의 지성

ㄴ 상상력, 창의성, 민첩성, 성실성, 자신감 등의 개성

ㄷ 연령, 신장, 체중, 외모 등의 신체적 특징

ㄹ 감독능력

③ 카츠(R. L. Katz)

ㄱ 기능적 기술 : 전문지식과 분석능력

ㄴ 인간적 기술 : 인간관계 개선능력과 협동능력의 확보와 집단분위기 안정의 능력

ㄷ 개념적 기술 : 조직활동 전체를 이해하고 자기 자신의 활동이 전체 조직의 어디에 관련되고 있으며 조직의 어디에 적합한지를 알고 있는 능력

(4) 특성이론의 한계점

① 가장 중요한 자질이 무엇인지에 대한 언급이 없다.

② 리더십을 발휘하기 위해 요구되는 자질이 무엇인지 분명하지 않아 성공적인 지도자와 특정한 자질 간의 상관성 도출에 실패하였다.

③ 통합된 전체로서의 인간을 보지 못했다.

④ 추종자(하급자)의 영향과 환경적 영향 및 상황적 요인을 고려하지 않았다.

⑤ 초창기 특성이론은 선천설(위인이론)에 근거하고 있었는데, 선천설은 오늘날 그 근거와 정당성이 약한 이론이다.

⑥ 제시된 리더의 특성은 모든 사람들이 갖고 있는 것이다.

⑦ 제시된 우수한 특성과 능력을 고루 갖춘 사람은 존재하지 않는다.

⑧ 어떤 상황에 필요한 특성과 자질이 다른 상황에서는 효과적이지 않을 수 있다.

(5) 특성이론의 재조명

유클(G. A. Yukl)은 대부분의 성공적인 리더십과 밀접하게 관련된 여러 특성과 기능들을 제시하였는데, 최근에는 '카리스마적 리더십의 이름으로 다시 관심의 대상이 되고 있다.

4 행동이론(행태이론)

특성이론에서 리더의 특성을 일반화시키지 못한 많은 학자들은 1950년대 이후부터 높은 생산성과 만족을 가져올 수 있는 리더십 행동과 유형을 연구하였는데, 이들 행동이론은 "리더는 부하에 대해 어떻게 행동하는가?"를 연구주제로 삼았다. 특히 아이오와 대학과 오하이오 주립대학, 미시간 대학 등 미국의 주요 대학교 연구에서 좋은 연구 성과물이 나왔다.

(1) 아이오와 대학의 연구

1939년 아이오와 대학의 레빈(K. Lewin)은 리더십 행동이 일련의 연속선상에 전제형, 민주형, 자유방임형으로 분류된다고 하였다. 이러한 분류를 3원론적 관점이라 하고, 그래프상 직선(연속선) 형태를 띠고 있어 일차원 모형이라 한다. 이러한 3원론적 관점은 윌리암스(J. C. Williams, 1978)의 연구, 던컨(W. O. Duncan, 1981)의 연구, 화이트와 리피트(R. K. White & R. Lippitt)의 연구, 탄넨바움과 슈미츠의 연구 등이 있다. 그 중에서 화이트와 리피트의 연구가 가장 널리 인용되고 있다. 화이트와 리피트는 리더의 권한과 부하들의 참여를 기준으로 하여 리더십 유형을 다음과 같이 전제형, 민주형, 자유방임형으로 분류하였다.

① 전제형 리더십(권위형)
  ㉠ 전제형 리더십의 개념
    ⓐ 전제형 리더는 추종자(하급자)의 의견을 잘 들으려 하지 않으며, 리더가 모든 조직의 목표와 방침 및 작업과제를 결정하고 업무방식이 성취지향(성과지향)적이다. 전제형 리더십은 위기 상황과 같은 특수상황에 유용하고 군대와 같은 큰 관료집단에서 흔히 볼 수 있다.
    ⓑ 전제형 리더는 자신의 판단이 최상이라고 보기 때문에 집단 구성원의 의견을 받아들이지 않으며 거의 혼자서 결정한다.
    ⓒ 전제형 리더는 집단에 대해 강한 통제를 가하고 강제로 구성원들을 동기부여시키며, 명령조로 지시한다. 상의하달식 의사소통을 사용하고 독단적으로 의사결정을 하며 직위의 차이를 강조한다. 또한 처벌을 목적으로 비난한다.
    ⓓ 전제형 리더십은 중앙집권화되어 있고, 의사결정권이 더 낮은 직위의 사람에게 위임되지 않은 조직에서 자주 사용된다.
    ⓔ 전제형 리더십은 업무중심적이며 권위주의적인 지도성 유형이다.
  ㉡ 전제형 리더십의 장점
    ⓐ 응급상황이나 위기상황 시에는 효과적일 수 있다.
    ⓑ 구성원의 지식과 경험이 미숙할 때 유용하다.
    ⓒ 구성원이 지도자의 능력을 절대적으로 신뢰한다.

ⓓ 항상 예측가능한 안정된 집단활동을 가져온다. 즉, 구성원에게 안정감을 주고 집단의 혼돈을 완화시키며 생산성이 높을 수도 있다.

ⓒ 전제형 리더십의 단점

ⓐ 집단의 참여를 저해하며 낮은 성장과 낮은 작업 만족도를 보이며 조직의 목표달성에 참여할 기회가 적다.

ⓑ 창의성, 자기동기화, 자율성이 감소된다.

② **민주형 리더십**

㉠ 민주형 리더십의 개념

ⓐ 민주형 리더는 조직의 계획과 운영방침 결정을 하위자와 협의를 통해 결정하며, 사람들의 업무수행능력을 향상시키는 분위기를 조성하지만, 업적이나 상벌은 객관적 자료에 따라 평가하고 수여한다.

ⓑ 민주형 리더는 집단에 대한 통제를 최소화하고 경제적 보상과 자아보상으로 동기부여시킨다. 제안과 안내로 지시하고, 상의하달식 및 하의상달식 의사소통을 자유롭게 허용한다. 의사결정에 구성원들을 참여시키고 '나', '너'보다 '우리'를 강조한다.

ⓒ 민주형리더십은 의사결정의 권한을 집단에 위임하는 지도성 유형이다.

㉡ 민주형 리더십의 장점

ⓐ 구성원 간의 협동과 조정을 통한 팀워크가 잘 이루어진다.

ⓑ 구성원의 자발성과 능력개발이 용이하다.

ⓒ 구성원이 의사결정에 참여하므로 업무에 대한 긍지나 책임감, 만족감이 크다.

ⓓ 구성원의 자율성과 성장을 증진시키므로 구성원 간의 협동과 조정이 필요할 때 특히 효과적인 리더십이다.

㉢ 민주형 리더십의 단점

ⓐ 구성원의 상호작용을 통한 합의점 도출이 전제되므로 의사결정 시 많은 시간이 요구되어 신속한 결정을 요구하는 사람들에게는 혼돈을 가져올 수 있다.

ⓑ 위기상황에서 신속한 대응이 어렵다.

ⓒ 구성원이 많을 경우 통솔이 어렵다.

ⓓ 여러 연구결과 민주형 리더십은 전제형 리더십보다 양적으로는 덜 효율적임을 보여준다. 하지만 질적으로는 더 우수한 리더십 유형이다.

③ **자유방임형 리더십**

㉠ 자유방임형 리더십의 개념

ⓐ 자유방임형 리더는 조직의 계획이나 운영상의 결정에 관여하지 않고 국외자(아웃사이더)로 행동하고 요청을 받았을 때에만 참여한다. 의사결정권이 구성원 개인에게 주어지는 연구소와 같은 조직에서 많이 볼 수 있다.

ⓑ 자유방임형 리더는 허용적이고 통제가 전혀 없다. 구성원의 요청이 있을 때 지지를 함으로써 동기부여시킨다. 거의 지시를 하지 않고, 비평을 하지 않으며, 의사소통의 통로가 다양하다.

ⓒ 자유방임형 리더십은 집단 구성원의 자의적 활동을 허용하는 유형으로 리더 자신이 역할을 포기하는 소극적인 리더십 유형이다.

ⓓ 자유방임형 리더십은 '우리'보다 '나', '너'를 강조한다.

ⓛ 자유방임형 리더십의 장점

 ⓐ 개인 선택의 자유, 제한된 상황에서 특정 목표달성에 필요한 창의성을 증진시킬 수 있다.

 ⓑ 모든 구성원들이 동기부여되어 있고 자기지시적일 때 자유방임형 리더십은 가장 많은 창의성과 생산성을 산출해낼 수 있다.

 ⓒ 문제가 잘 규명되지 않고 대안적 문제해결이 필요할 때 적절하다.

ⓒ 자유방임형 리더십의 단점

 ⓐ 비지시적 리더십이기 때문에 불안정, 비구조화, 비효율성과 혼돈을 초래한다.

 ⓑ 어떤 집단에서는 무감동, 무관심을 초래할 수 있다.

④ **아이오와 대학 연구의 종합**

ⓐ 가장 바람직한 리더십 유형은 중간에 위치한 민주형 리더십이다.

ⓑ 생산성 측면은 평상시에는 민주형 리더십이, 응급상황이나 위기상황하에서는 전제형 리더십이 더 좋게 나타난다.

ⓒ 자유방임형 리더십은 어느 경우에서나 가장 나쁜 행태를 보여주고 있다. 그러나 White & Lippitt의 세 가지 리더십 유형은 각각 장점과 단점을 갖고 있으므로 어느 것이 다른 것보다 무조건 더 좋다고 말할 수 없다. 그러므로 융통성과 상황을 고려하여 세 가지 유형을 적절하게 사용하는 것이 좋다.

구분	전제형	민주형	자유방임형
특성	• 구성원에 대한 강한 통제 • 강제로 구성원을 동기부여 • 명령조로 지시 • 상의하달식 의사소통(하향식) • 독단적 의사결정 • 직위의 차이강조 • 처벌을 목적으로 비판	• 구성원에 대한 통제 최소화 • 경제적 보상, 자아보상 → 동기부여 • 제안과 안내로 지시 • 상의하달식 하의상달식 의사소통(수평적 의사소통) • 의사결정에 구성원 참여 • '우리'를 강조 • 건설적 비평	• 허용적이고 통제가 전혀 없음 • 구성원의 요청이 있을 때 지지 → 동기부여 • 지시를 거의 하지 않음 • 의사소통 통로 다양 • 의사결정에 구성원 참여 • 비평하지 않음 • '나', '너'를 강조 • 전문가집단(연구소 등)
장점	• 예측가능한 안정된 집단활동 • 혼돈 완화 → 생산성 증대	구성원들 간 협동과 조정이 필요할 때 효과적	모든 구성원이 동기부여되고 자기지시적일 때 가장 많은 창의성과 생산성을 산출
단점	창의성, 자기 동기화, 자율성 등이 부족	• 시간소요가 많음 • 신속한 결정 시 혼돈 야기	• 비지시적 → 혼돈 초래 • 무감동, 무관심 야기

(2) 오하이오 주립대학의 연구

1940년대 후반부터 시작된 오하이오 주립대학의 연구는 리더행동의 결정요인을 조사하고 리더십 유형이 작업집단의 업적과 만족에 미치는 효과를 알아내는 것을 목적으로 진행되었다. 헬핀, 위너 등 오하이오 대학팀은 배려(고려, consideration)와 구조주도(구조화, initiating structure)라는 2차원을 가진 평면 형태의 리더십 유형을 개발하였다.

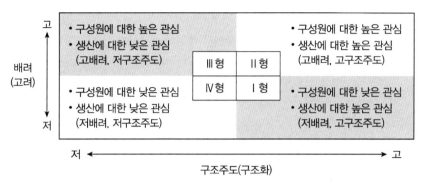

[오하이오 주립대학의 배려-구조주도 리더십 행동유형]

① 배려-구조주도 리더십

　　㉠ 배려(고려) 행동

　　　　지도자와 종업원 간의 관계에서 신뢰, 우정, 지원, 관심을 드러내기 위해 의사소통을 하는
　　　　정보로, 친숙하고 지지적인 방법으로 행동하기, 타인의 복지추구, 다른 사람의 의견에 귀 기
　　　　울이기, 제안을 기꺼이 받아들이기 등의 활동을 의미한다.

　　㉡ 구조주도(구조화) 행동

　　　　지도자가 종업원의 업무수행에 기획, 조직, 지시, 통제하기 위해 행동하는 정보로, 과업의
　　　　할당, 절차 규명, 하한선 설정, 표준유지, 새로운 접근 제안, 활동조정 등을 말한다.

② 오하이오 주립대학 연구의 특징

　　㉠ 배려와 구조주도라는 두 가지의 지도자적 행동을 단일한 연속선상의 두 점으로 보지 않고,
　　　　두 개의 독립된 별개의 차원으로 보았다.

　　㉡ 배려-구조주도 리더십은 평면 위에 네 가지의 리더십 유형이 도출되며, 배려가 높고 구조주
　　　　도도 높은 유형(II형)이 가장 바람직한 리더십 유형이다.

　　㉢ 오하이오 주립대학 연구는 이후 블레이크와 무턴의 관리격자이론, 허시와 블랜차드의 상황대
　　　　응 리더십이론에 영향을 주었다.

(3) 미시간 대학의 연구

리커트(Likert) 등 미시간 대학의 연구팀들은 리더십 유형이 집단성과에 미치는 영향에 대한 연구를
진행하였다. 연구결과, 업무중심(생산지향, production centered) 리더십과 종업원중심(employee-
centered) 리더십의 두 가지 유형으로 분류하였다. 미시간 대학 연구는 2원론적 관점이고, 일차원모
형에 해당한다.

① 업무중심-종업원중심 리더십

　　㉠ 업무중심 리더십(과업 및 생산지향 리더십)

　　　　리더가 집단 과업 달성을 중시하고 생산절차와 방법 등 세부적인 사항에 관심을 갖는다. 업
　　　　무중심 리더십에서는 공식적 권한에 의존하여 구성원을 철저하게 감독한다.

ⓛ 종업원중심 리더십

리더가 구성원 간의 관계를 중시하고 종업원의 욕구 충족과 각 개인의 성장과 발전에 관심을 갖는다. 종업원에게 권한을 위임하고, 재량권을 많이 주며, 지원적 업무환경을 조성한다. 일반적 감독방법을 사용한다.

② 미시간 대학 연구의 특징

㉠ 업무중심 리더십과 종업원중심 리더십은 동일 차원의 양 극단에 위치하고 있으므로, 한 리더에게서 동시에 두 유형이 나타날 수 없다.

㉡ 생산성이 높은 집단에서 종업원 중심 리더십이 많이 발견되고, 생산성이 낮은 집단에서 업무중심 리더십이 많이 발견된다.

㉢ 종업원중심 리더십에서 구성원의 직무만족도가 높게 나타난다.

㉣ 리커트(Likert)는 구성원의 만족감과 높은 수행목표를 지닌 효과적인 작업집단을 만드는 데 최선을 다하는 리더를 종업원중심 리더로 보고, 생산성을 높이기 위해 구성원에게 끊임없이 압력을 가하는 리더를 직무중심 리더로 볼 때 직무중심 리더가 있는 부서의 생산성이 떨어지는 것을 발견하였다.

(4) 관리격자 이론

블레이크(R. R. Blake)와 무턴(J. S. Mouton)은 오하이오 주립대학의 배려-구조주도 리더십 이론을 확대하여 리더가 갖는 두 가지의 관심, 즉, 생산(과업)에 대한 관심을 X축, 인간(종업원)에 대한 관심을 Y축으로 하고, 그 관심도를 9등급으로 나누어 등급이 높을수록 관심도를 높게 하여 리더십 행동의 관심도를 평가할 수 있도록 관리망을 구성, 제시하였다. 관리그리드 이론이라고도 부르며, 배려-구조주도 리더십이론과 마찬가지로 2차원 모형이다.

① 무관심형(impoverished, 무기력한 경영형, 1·1형)

㉠ 리더는 생산(과업)과 인간에 대한 관심이 모두 낮다.

㉡ 리더는 자기 자신의 직분유지에 필요한 최소한의 노력만을 투입하는 무기력한 리더십 유형이다.

② 인기형(country club, 컨트리클럽 경영형, 1·9형)

㉠ 리더는 인간에 대한 관심은 매우 높으나 생산에 대한 관심은 매우 낮다.

㉡ 리더는 구성원끼리의 원만한 관계 및 친밀한 분위기 조성에 주력한다.

③ 과업형(task or authority-obedience, 권위-복종형, 9·1형)

㉠ 리더는 생산에 대한 관심은 매우 높으나 인간에 대한 관심은 매우 낮다.

㉡ 리더는 일의 효율성을 높이기 위해 인간적 요소를 최소화하도록 작업조건을 정비하고 과업수행능력을 가장 중요하게 생각한다.

④ 중도형(middle of the road, 중용형, 타협형, 조직-인간 경영형, 5·5형)

㉠ 리더는 생산과 인간에 대해 적당히 관심을 갖는다.

㉡ 리더는 과업의 능률과 인간적 요소를 절충하여 적당한 수준에서 성과를 추구한다.

⑤ 팀 형(team, 팀경영형, 이상형, 9·9형)

㉠ 리더는 인간과 생산에 대한 관심이 모두 높다.

㉡ 리더는 구성원과 조직의 공동목표 및 상호의존 관계를 강조하고, 상호 신뢰적이고 존경적인 관계와 구성원의 몰입을 통하여 과업을 달성한다. 가장 이상적인 리더십 유형이다.

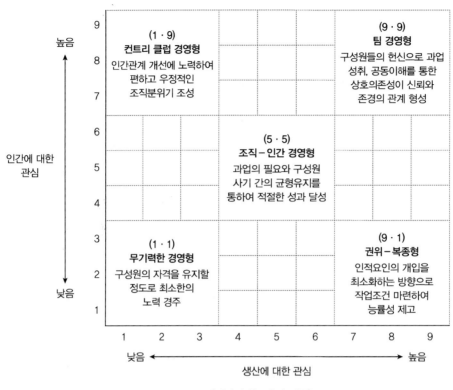

[관리격자(그리드) 이론]

(5) 행동이론의 한계

① 행동이론은 리더의 행동과 추종자의 행동을 분리하여 기술하고 있다는 점과 리더십 행동이 추종자의 어떤 요인을 매개로 성과와 만족에 영향을 미치는지를 밝히지 못했다는 한계점을 지닌다.

② 행동이론의 초기 연구자들은 과업지향적 행동보다는 관계지향적 행동의 중요성을 강조하였지만, 모든 상황에 가장 적합한 하나의 리더십 유형은 없다고 주장하였다. 왜냐하면 리더십의 과정에는 행동유형 이외에도 많은 변수들이 작용하고 있으므로 이런 상황변수들을 고려하지 않고서는 효율적인 리더행동에 대한 결론을 내리기가 매우 어렵기 때문이다.

③ 결국 행동이론의 이러한 한계점들은 상황이론을 통해 어느 정도 극복할 수 있게 되었다.

5 상황이론

1970년대 들어서면서 리더십 연구는 특정 리더십 유형뿐만 아니라 주어진 결과에 영향을 미치는 다양한 작업환경과 상황적 변수들을 발견하려는 방향으로 전환되었다. 즉, 여러 상황적 조건을 구체화하고 이들 상황적 조건에 따른 리더십 행동과 그 효과를 집단성과와 집단구성원의 만족감을 중심으로 분석함으로써 리더십의 효과성을 상황과 연계시키려고 했는데, 이를 상황이론이라 한다. 상황이론은 "상황에 따라 리더십 유형은 어떻게 달라지는가?"를 연구주제로 삼았다. 여기에는 피들러의 상황적합성 이론, 허시와 블랜차드의 상황대응 리더십 이론, 하우스의 경로-목표이론 등이 있다.

(1) 피들러의 상황적합성 이론

① 상황적합성 이론의 개념

㉠ 피들러(F. Fiedler)는 종래의 행동이론을 반박하고 효과적인 리더십은 상황에 따라 달라진다는 상황적합성 이론을 주장하였다.

㉡ 리더십의 효과성에 관한 상황적합성 이론을 창안해 낸 피들러는 효과적인 리더십은 지도자와 구성원 간의 상호작용 유형과 상황과의 관계에 따라 결정된다고 보았고, 모든 상황에 적합한 이상적인 리더십은 존재하지 않음을 언급함으로써 상황에 따라 효과적인 리더십 유형이 달라짐을 강조하였다.

㉢ 피들러는 '상황의 호의성'이란 개념을 강조하였는데, "상황의 호의성은 그 상황이 리더로 하여금 자기 집단에 대하여 자신의 영향력을 행사할 수 있게 하는 정도를 말한다."고 하였다. 이러한 상황의 호의성은 3가지 상황변수에 의해 결정된다고 보았다. 세 가지 상황변수로는 리더와 부하 관계, 과업구도, 지위나 권력이 있다.

㉣ 피들러의 상황적합성 이론은 집단의 성과가 리더의 유형과 리더에 대한 상황의 호의 정도에 따라 달라진다는 것을 보여준다. 따라서 이 모형은 리더의 특성과 상황의 양 측면을 통합한 이론이다. 결국, 피들러는 리더가 처한 상황의 호의성을 높일 수 있을 때 리더십도 촉진된다고 하였다.

② 리더의 유형

㉠ 리더의 특성은 LPC(Least Preferred Coworker)척도에 의해 측정한다. 여기서 'LPC척도'는 리더가 가장 싫어하는 동료 작업자에 대해 8점 척도로 평가하는 것인데, 가장 싫어하는 동료 작업자에게 점수를 높게(후하게) 주는 리더는 관대한 리더라고 볼 수 있고, 점수를 낮게 주는 리더는 엄격한 리더라고 볼 수 있다. 평가의 대상이 누구이든 점수를 후하게 주는 리더는 관대한 리더일 것이다.

㉡ LPC점수를 기준으로 관계지향적 리더와 과업지향적 리더로 분류하는데, LPC점수가 높을수록 관계지향적 리더(관대한 리더)일 확률이 높고, LPC점수가 낮을수록 과업지향적 리더(엄격한 리더)일 확률이 높다.

③ 상황과 리더와의 관계

피들러는 상황과 리더의 유형을 바탕으로 각 상황에 적합한 리더의 유형을 발견하려고 하였다. 정리하면 다음과 같다.

    ㉠ 관계지향적 리더(LPC점수가 높은 리더)

        ⓐ 관계지향적 리더는 상황의 호의성이 중간 정도인 경우에 가장 훌륭하게 과업을 수행하는 경향이 있다.

        ⓑ 예컨대, 리더와 구성원 간의 관계가 좋고(good), 과업구조는 비구조화되어 있으며(nonstructural), 리더의 직위권한이 약할 경우(weak)가 상황의 호의성이 중간 정도인데, 이런 상황에서 가장 훌륭하게 과업을 수행한다.

    ㉡ 과업지향적 리더(LPC점수가 낮은 리더)

        ⓐ 과업지향적 리더는 상황의 호의성이 아주 높거나 아주 낮은 경우에 가장 훌륭하게 과업을 수행하는 경향이 있다.

        ⓑ 예컨대, 상황의 호의성이 아주 높은 경우는 리더와 구성원 간의 관계가 좋고(good), 과업구조는 구조화되어 있으며(structural), 리더의 직위권한이 강한 경우(strong)이다. 상황의 호의성이 아주 낮은 경우는 리더와 구성원 관계가 나쁘고(bad), 과업구조는 비구조화되어 있으며(nonstructural), 리더의 직위권한은 약한 경우(weak)이다.

④ **상황적합성 이론의 한계점**

리더십의 유형이 특정 상황에 따라 각기 다른 유효성을 가지므로 조직은 상황적 요소를 변경시키거나 리더의 리더십 유형을 변경시킴으로써 작업환경의 유효성을 높일 수 있다는 사실을 규명하여 리더십 연구에 공헌하였으나, 상황분류가 지나치게 단순하고 상황변수의 의미가 분명하지 못하다는 점, 그리고 측정의 타당성과 신뢰성의 문제 등이 한계로 지적되고 있다.

(2) 허시와 블랜차드의 상황대응 리더십 이론

① **상황대응 리더십 이론의 개념**

    ㉠ 허시와 블랜차드(Hersey & Blanchard)는 배려와 구조주도 측면을 연구한 오하이오 주립대학의 리더십 연구를 바탕으로 리더의 행동을 과업지향적 행동과 관계지향적 행동이라는 두 차원을 가로축과 세로축으로 하여 4분면으로 분류한 후, 여기에 상황적 요인으로서 구성원의 성숙도를 추가함으로써 리더십에 관한 3차원 모형을 제시하였다.

    ㉡ 허시와 블랜차드는 처음에 '리더십의 생활주기(수명주기) 이론'이라고 했다가 뒤에 '상황대응 리더십 이론'이라고 개명하였다.

    ㉢ 상황대응 리더십 이론의 초점은 리더십효과가 부하들에게 달려있다는 것이다. 즉, 부하들의 성숙도 수준에 따라 리더십 효과가 달라진다는 점이다.

    ㉣ 리더는 과업을 수행하는 하급자들의 성숙도에 따라 과업행위와 관계행위의 비중을 조정하는 것이 필요하다(리더의 임무는 하급자의 성숙도를 높이는 것이다).

② **상황대응 리더십 이론의 4가지 리더십 유형**

리더의 행위를 과업행위와 관계행위의 2차원을 축으로 하여 4분면으로 분류하는데 그것이 지시적(telling), 설득적(selling), 참여적(참가적, participating), 위임적(위양적, delegating) 리더의 유형이다.

    ㉠ 지시적 리더십(높은 과업행동, 낮은 관계행동, S1)

        ⓐ 관계지향적인 행동은 낮으나 과업지향적인 행동을 높게 발휘하는 지도자가 지배하는 전제형 리더이다. 이 유형은 부하직원의 성숙도가 낮은 사람에게 발휘하면 효과적이다.

ⓑ 대부분의 의사소통의 초점이 목표달성에 맞추어져 있으며 지도자는 집단 구성원들이 어떠한 목표를 달성해야 하는지에 대한 작업지시를 하고 구성원들의 작업 활동을 주의 깊게 감독한다.

ⓛ 설득적 리더십(높은 과업행동, 높은 관계행동, S2)

ⓐ 관계지향적 행동도 높으며 과업지향적 행동도 높게 발휘하는 리더십 유형으로 참여형보다는 좀 더 전제형의 행동을 보인다. 즉, 결정 내용을 부하에게 지시하는 것이 아니라 이를 설명해 주고 부하가 이해할 수 있도록 돕는다.

ⓑ 의사소통의 초점을 목표달성과 정서적 지원 양측에 맞추고 있으며 구성원의 참여를 고무하고 아이디어를 장려함으로써 모두 참여하는 팀 정신을 촉구하지만 여전히 무슨 목표를 달성할지에 대한 최종결정은 지도자가 내리는 유형이다.

ⓒ 참여적 리더십(낮은 과업행동, 높은 관계행동, S3)

ⓐ 관계지향적 행동은 높으나 과업지향적 행동은 낮게 발휘하는 리더십 유형으로 좀 더 민주형의 행동을 보인다.

ⓑ 참여적 리더는 의사결정 과정에서 부하와 의견을 교환하면서 조정한다.

ⓔ 위임적 리더십(낮은 과업행동, 낮은 관계행동, S4)

ⓐ 관계지향적 행동도 낮으며 과업지향적 행동도 낮게 발휘하는 리더십 유형으로 적극적인 민주형의 행위를 보인다. 즉, 의사결정과 업무수행 책임을 부하에게 위임한다.

ⓑ 이 지도자형은 성숙도가 높은 부하에게 발휘하면 바람직한 유형이다.

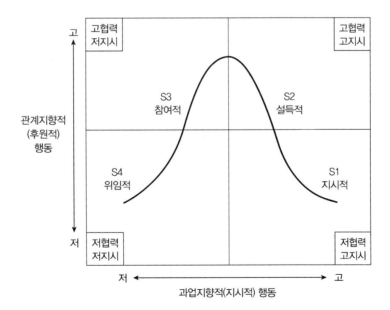

[허시와 블랜차드의 상황대응 리더십 모형]

③ 구성원의 성숙도

 ㉠ 구성원의 성숙도(maturity)는 특정한 과업을 달성하기 위해 부하가 지닌 능력과 의욕(동기, 의지)을 의미한다. 능력은 직무상의 성숙도, 의욕은 심리적 성숙도이며, 연속선상에 존재한다.

  ⓐ 하급자가 달성 가능한 범위에서 높은 목표를 세울 수 있는 역량

  ⓑ 하급자가 자신의 일에 대해 책임지려는 의지와 능력

  ⓒ 하급자가 갖는 과업과 관련된 교육과 경험 등을 통칭

 ㉡ 성숙도는 가장 낮은 단계인 M1부터 가장 높은 단계인 M4로 나뉜다.

  ⓐ 성숙도1(M1) : 부하가 직무를 수행할 수 있는 능력과 의지가 모두 없는 상태

  ⓑ 성숙도2(M2) : 능력은 없지만 의지는 있는 단계

  ⓒ 성숙도3(M3) : 능력은 있지만 의지는 없는 단계

  ⓓ 성숙도4(M4) : 능력과 의지를 모두 가지고 있는 단계

④ 상황대응 리더십 이론의 종합

사분면	과업-관계		리더십 유형	구성원 특성		성숙도	위치
	과업지향	관계지향		직무수행능력	직무수행의지		
S1	고지시	저협력	지시형 리더십	낮음	낮음	하	M1
S2	고지시	고협력	설득형 리더십	낮음	높음	중하	M2
S3	저지시	고협력	참여형 리더십	높음	낮음	중상	M3
S4	저지시	저협력	위임형 리더십	높음	높음	상	M4

 ㉠ 허시와 블랜차드의 상황대응 리더십 이론은 가장 이상적이고 최선의 리더십 유형은 없으며, 리더십 유형은 그때그때의 상황에 따라서 달라져야 한다는 것이다.

 ㉡ 리더는 리더십의 효과성을 높이기 위해서 하급자들의 직무에 관한 성숙도가 높아져 감에 따라 직무상의 지시나 명령 등과 같은 과업지향적 행동을 줄이고, 관계지향적 행동을 늘려야 한다.

 ㉢ 리더의 성공은 부하들의 특성에도 좌우되지만 리더 스스로가 주어진 환경에 얼마나 잘 대처하는가에 의해서도 좌우된다는 상황이론을 재입증해 주었다.

 ㉣ 이론이 너무 복잡하여 검증이 어렵고 명확하게 추구해야 할 목표를 제시하기 어렵기 때문에 경영자들이 실무에 적용하는 데 한계가 있다.

(3) 리더-구성원 교환관계이론

① 리더-구성원 교환관계이론의 개념

 ㉠ 리더-구성원 교환관계이론(LMX ; Leader-Member Exchange Theory)에서 리더십은 리더와 구성원의 상호작용을 중심으로 나타나는 과정으로 개념화한다.

 ㉡ 리더의 특성이나 행위에 초점을 두는 이론이 아니라 리더와 구성원 간의 관계에 초점을 두고 있는 이론이다.

 ㉢ 리더는 모든 구성원들에 대하여 똑같이 대하지 않고 집단 내외를 기준으로 어떤 구성원에게 더 많은 관심과 주의를 집중하는 반면 어떤 구성원에게는 그렇지 않다고 주장한다. 구성원들의 업무와 관련된 태도와 행동들은 리더가 그들을 다루는 방식에 달려있다는 것이다.

  ② 리더는 리더십 범주 내의 구성원 간의 관계를 더 중시하게 된다. 따라서 이 경우 리더는 팀 내의 구성원들과 더 강한 신뢰감, 감정, 존중이 전제된 관계를 형성한다.

② **내·외 집단구성원**

  ③ 내집단(In-group) 구성원 : 리더십 범주 내의 구성원에게는 리더가 많은 자원을 공유하고 관심과 재량권을 준다. 따라서 좋은 성과를 내고 긍정적 직무태도를 보이게 된다.

  ⓒ 외집단(Out-group) 구성원 : 리더십 범주 외의 구성원에게는 리더가 관심과 재량권을 주지 않는다. 따라서 직무에 부정적인 태도를 보이게 된다.

③ **리더-구성원 교환관계이론의 시사점**

  ③ 리더와 구성원들 간의 좋은 관계가 직무만족과 성과향상에 도움이 될 수 있다는 것을 알 수 있다.

  ⓒ 리더는 구성원들과 권한 및 정보를 공유하고 조력자로서의 역할을 수행함으로써 구성원들에게 소속감을 갖고 적극적으로 조직목표달성에 기여하도록 동기부여를 할 수 있어야 한다.

> **🔔 더 알아두기 🔍**
>
> **로버트 하우스(Robert House)의 경로-목표이론**
> • 개념 : 리더의 역할은 구성원들이 높은 목표를 세우게 하고 자신감을 가지고 노력하여 성공적으로 과업을 수행함으로써 원하는 보상을 받을 수 있도록 경로를 명확히 해 주는 것이다.
> • 리더십 유형에는 지시적 리더십, 지지적 리더십, 성취 지향적 리더십, 참여적 리더십이 있다.
> • 부하특성과 과업특성의 두 가지 상황변수가 있다.

6 새로운 패러다임의 리더십 이론

1980년대 초까지는 상황이론이 리더십 연구를 주도해 왔으나 기업환경이 급격히 변화하면서 이를 타개하고 지속적인 성장을 이루기 위하여 조직 구성원들의 조직에 대한 강한 일체감과 적극적인 참여를 유발할 수 있는 새로운 리더십들이 지속적으로 제시되고 있다. 그 중 몇 가지 새로운 리더십에 대해 살펴보기로 하겠다.

(1) 변혁적 리더십

① **변혁적 리더십의 개념**

  ③ 변혁적 리더십(transformational leadership)이론을 가장 처음 주창한 Burns(1978)는 변혁적 리더십이란 미시적 측면에서는 개인 간의 영향력 행사과정이며, 거시적으로는 사회적 체계변화와 조직혁신을 위해 힘을 동원하는 과정이라고 정의하면서, 변혁적 리더란 추종자들의 의식·가치관·태도 등의 혁신을 촉구하는 리더라고 규정했다.

ⓛ 이러한 Burns의 주장을 기초로 변혁적 리더십에 관해 보다 구체적인 이론체계를 구축해온 Bass(1985)는 기존의 리더십이론들은 기본적으로 리더와 부하 간의 거래적 교환관계에 기초를 두고 있기 때문에 종업원들에 대하여 변화와 혁신을 위한 사고와 행동을 촉진할 수 없다고 주장하고 있다. 즉, 거래적 리더십은 기존 조직문화의 틀 안에서 리더가 원하는 목표와 부하들이 바라는 보상 간의 효율적 교환만을 추구할 뿐, 조직의 변화와 쇄신을 추구하지 않기 때문이라는 것이다. Bass는 변혁적 리더는 부하들로부터 신뢰를 받고, 개인적 이해를 넘어 조직과 부서의 이익을 위한 헌신적 자세를 갖추는 등 카리스마적 특성행동을 취해야 하며, 동시에 부하들에 대한 개별적 배려로 그들을 임파워(Empower)시키고 자기 직무에 대한 의미와 자신감을 제고시키며, 기존 사고의 틀을 넘어 창의적 관점과 행동개발을 위한 지적 자극을 부여해야 한다는 점을 강조한다.

ⓒ 변혁적 리더십은 기대 이상의 성과를 도출하는 과정으로 부하들에게 장래의 비전 공유를 통해 몰입도를 높여 부하가 원래 생각했던 성과 이상을 달성하게 동기부여하는 리더십을 말한다.

ⓔ 변혁적 리더십은 구성원의 가치, 신념, 욕구체계를 변화시켜 조직의 성과를 제고한다.

[거래적 리더십과 변혁적 리더십의 비교]

구분	거래적 리더십	변혁적 리더십
목표	안정지향	변혁·변화 지향
현상	현상을 유지하기 위하여 노력함(현상유지)	현상을 변화시키고자 노력함
성격	소극적	적극적
목표지향성	현상과 너무 괴리되지 않은 목표 지향	보통 현상보다 매우 높은 이상적 목표지향
시간	단기적인 전망, 효율성과 타산	장기적인 전망, 효과와 가치의 창조
동기부여전략	• 기본적으로 가시적인 보상으로 동기부여 • 외재적 동기부여	• 부하들에게 자아실현과 같은 높은 수준의 개별적 목표를 동경하도록 동기부여 • 내재적 동기부여
행위표준	부하들은 규칙과 관례를 따르기 좋아함	변환적이고도 새로운 시도에 도전하게 부하를 격려함
적절한 상황	• 업무성과를 조금씩 개선하려 할 때 • 목적을 대체시키려 할 때 • 특정행위에 대한 저항을 감소시킬 때	• 조직합병을 주도하려 할 때 • 조직을 위해 신규부서를 만들려 할 때 • 조직문화를 새로 창출하고자 할 때
문제해결	부하들을 위해 문제를 해결하거나 해답을 찾을 수 있는 곳을 알려줌	질문을 통해 부하들이 스스로 해결책을 찾을 수 있도록 격려하거나 함께 일함
리더십 요인	• 업적에 따른 보상 • 예외 관리	• 이상적 영향력 : 부하들에게 강력한 역할 모델이 되는 리더 • 영감적 동기부여 : 부하들의 의욕을 끊임없이 자극시키고 고무시키는 리더 • 지적 자극, 개별화된 배려

② **변혁적 리더십의 구성요인**

ⓛ 카리스마

ⓐ 카리스마적 리더십(Charismatic Leadership)은 구성원들에게 미래에 대한 비전을 제공하고 자부심을 심어줌으로써 존경과 신뢰를 얻는 것을 의미하는 것으로, 이때의 비전이란 조직이 추구하려는 공유된 가치를 대변하는 것 그 이상을 의미한다.

ⓑ 카리스마는 부여된 카리스마와 이상화된 영향력으로 나눌 수 있다. 부여된 카리스마는 눈빛, 목소리, 행동 등 선천적으로 느껴지는 카리스마에 해당하고, 이상화된 영향력은 신념이나 가치관 등을 행동으로 보여 주고, 이를 통해 구성원들의 존경과 신뢰를 얻었을 때 부여되는 카리스마에 해당한다.

ⓒ 리더는 추종자에게 비전과 사명감, 긍지를 심어줌으로써 추종자에게 존경과 신뢰를 받는다.

ⓛ 영감적 동기유발

ⓐ 영감적 동기유발(Inpirational Motivation)이란 카리스마적 리더십 내부에 존재하는 하위요인으로 추종자들에게 높은 수준의 기대감을 심어주고 현실보다 높은 이상적 목표를 제시함으로써 최대한의 노력을 기울일 수 있도록 동기를 부여한다.

ⓑ 리더는 추종자들에게 높은 기대치를 심어주고, 추종자의 노력을 집중시키기 위해 상징기법을 사용하며, 중요한 목표를 간단·명료하게 표현한다.

ⓒ 개별적 배려

ⓐ 개별적 배려(Individualized Consideration)는 리더가 자신의 영역 안에 있는 구성원들에게 개별적인 관심을 보여줌으로써 구성원들의 자기 존중감과 자아 정체성을 높이고, 결과적으로 리더가 카리스마적 속성을 보유할 수 있도록 만들고, 부하들로 하여금 리더의 변혁적 인물로 지각하게 하는 데 일조를 한다.

ⓑ 리더는 추종자 개인에게 관심을 가지고(주목하고) 개별 추종자를 개인적으로 상대하며, 조언과 지도를 아끼지 않는다.

ⓔ 지적 자극

ⓐ 지적 자극(Intellectual Stimulation)은 리더에 대한 강한 복종이나 신뢰에 의해 특정 지어지는 카리스마와 달리, 부하의 자율성을 보장하고 그들의 의존성향을 제거하는 속성을 지니고 있다. 부하들을 변혁적이고 새로운 시도에 도전하도록 고무하며 스스로 문제 해결책을 찾도록 격려·자극한다.

ⓑ 리더는 추종자들의 지식, 합리성, 신중한 문제해결을 장려한다.

💡 더 알아두기 Q

변혁적 리더십 요약·정리
- 변혁적 리더 : 가치, 비전, 권한 부여 등을 통해 지도하고 동기를 부여
- **변혁적 리더의 특성 : 카리스마, 영감적 동기유발, 지적 자극, 개별적 관심**
- 리더로서의 책임전략 : 비전제시를 통한 주의환기, 대화를 통한 의무부여, 신뢰, 자기개발
- 리더십의 기본전략 : 과정에 대한 도전, 비전의 공유, 행동하고 방법을 모형화(모델링, modeling) 하는 것과 마음을 북돋아 주는 것 등
- 리더의 핵심기능 : 가치판단, 비전제시, 코칭, 권한부여, 팀 결정, 질 향상 등

(2) 자율적 리더십

① 자율적 리더십의 개념

㉠ 팀 리더와 구성원 모두가 자율적으로 스스로 관리하고 이끌어가는 리더십을 의미한다.

㉡ 부하들은 자기규제와 통제에 의해 스스로를 이끌어나가고 리더는 부하들이 그러한 능력을 갖도록 촉진하고 지원하는 리더십을 말한다.

② 자율적 리더십의 유효성

㉠ 팀 구성원들은 자기존중·자긍심을 갖고 만족스러운 조직생활을 할 수 있다.

㉡ 리더는 감시와 통제 대신 새로운 아이디어 또는 팀 비전을 구상하는 등 발전적인 방향으로 역량을 집중할 수 있다.

㉢ 조직 차원에서는 자율적 집단을 구축하여 조직 유효성을 제고할 수 있다.

(3) 자율적 리더십의 유형

① 셀프 리더십 – 구성원(부하) 중심

㉠ 셀프 리더십의 개념

ⓐ 셀프 리더십(Self Leadership)이란 구성원들이 철저한 자기규제와 자기통제를 통해 스스로를 이끌어 나가고 자율적으로 일하는 것을 의미한다.

ⓑ 구성원들은 조직에서 리더가 일시적으로 자리를 비울지라도 스스로를 관리·통제하는 동시에 다른 구성원들도 자율적으로 일하도록 지원·촉진할 수 있어야 한다.

㉡ 셀프 리더십의 중요성

셀프 리더십은 현대 경영에서 특히 중시되는 자율적 리더십을 함양하는 데 핵심적 요소이다. 즉, 셀프 리더십 스킬의 배양을 통해 구성원들은 자기존중·자긍심을 갖고 만족스러운 조직생활을 할 수 있으며, 리더는 감시·통제를 줄이고 새로운 아이디어나 조직의 비전을 구성하는 데 힘을 집중할 수 있다.

㉢ 셀프 리더십을 발휘하는 구성원들의 행동 특성

ⓐ 업무 수행과 결과에 대해 팀원 간 격려를 통한 자기강화 방안을 모색한다.

ⓑ 자기관찰 및 자기평가를 중시한다.

ⓒ 자신과 팀의 성과목표에 대한 기대수준을 더욱 높게 올리도록 하는 자기기대를 갖는다.

ⓓ 자기목표 설정, 사전 연습, 자기비판 등의 행동을 한다.

㉣ 셀프 리더십 스킬의 배양

ⓐ 임파워먼트를 통해 부하직원들이 잠재능력을 발휘할 수 있도록 자극하고 스스로 모범을 보이며, 궁극적으로 관리가 필요없는 수준으로까지 조직의 힘을 키우는 역할을 해야 한다.

ⓑ 집단 구성원들이 리더의 역할을 나누어 수행할 수 있도록 준비시켜야 한다.

ⓒ 팀 책임을 강조하면서 구성원 각자가 하고 있는 역할이 팀과 조직에 어떠한 공헌을 하고 있는지를 알려주도록 해야 한다.

② 슈퍼 리더십 – 리더 중심

㉠ 슈퍼 리더십의 개념

ⓐ 슈퍼 리더십이란 구성원들을 스스로 파악하여 행동에 옮기고, 그 결과도 책임질 수 있는 셀프 리더로 만드는 리더십을 의미한다.

ⓑ 슈퍼 리더십에서는 구성원들이 자발적으로 리더십을 발휘할 수 있도록 능력을 개발해주고, 이를 위한 여건을 조성하는 리더의 행동을 특히 강조한다.

ⓒ 리더가 부하들이 스스로 판단하고 행동에 옮기며 그 결과에 대해서도 책임을 질 수 있도록 부하를 육성하여 셀프 리더로 만드는 리더십이다.

ⓛ 슈퍼 리더십의 역할

ⓐ 모델 역할 : 리더가 먼저 셀프 리더로서 행동모범을 보임으로써 부하의 대리학습을 촉진하는 역할

ⓑ 코치 역할 : 부하의 장래비전과 목표설정을 적극적으로 지원하여 셀프 리더가 될 수 있도록 도와주는 지원자 역할

ⓒ 변화 담당자 역할 : 집단이 자율적으로 운영되는 체제로 전환시키는 변화 담당자로서의 역할

③ **팔로워십**

ⓝ 팔로워십의 개념

ⓐ 부하의 특성·행동 및 리더와의 상호작용에 대한 연구를 통해 입증된 것으로 부하도 리더에게 중요한 영향을 미친다는 가정하에 리더십의 상향적 과정에 대한 연구를 통해 확립된 개념이다.

ⓑ 부하들의 적절한 역할이 리더의 리더십 성과를 좌우한다는 이론이다.

ⓒ 켈리는 조직의 성과에 대한 리더의 기여는 10~20% 정도이며, 나머지는 부하들의 팔로워십이 결정한다고 여겨서 부하의 팔로워십에 대한 인식이 매우 중요하다고 보았다.

ⓛ 유능한 부하의 특성

ⓐ 독자적 판단 및 업무수행 능력이 탁월

ⓑ 자신의 이익을 초월해 조직 및 집단에 몰입

ⓒ 자기계발을 통해 조직에 공헌할 수 있는 지속적인 업무역량 강화

④ **임파워링 리더십**

ⓝ 임파워링 리더십의 개념

ⓐ 임파워링 리더십은 조직의 생명력과 기를 살려주는 리더십으로 부하에게 권한과 책임을 위양해주고, 목표성취 능력을 키워주어 신뢰를 구축함으로써 구성원에게 에너지를 불어넣어주는 리더십이다.

ⓑ 조직의 구성원이 자신의 일처럼 관심과 열성을 갖고 조직의 개선과 변화에 참여할 수 있는 기본적인 틀을 제시하고 있다는 점에서 주목되고 있다.

ⓛ 임파워링 리더십의 특징

ⓐ 리더는 전통적인 관리자상인 통제자·의사결정자·집행자·아이디어 창안자라기보다는 지원자·코치·활력 있는 분위기 촉진자의 역할을 수행한다.

ⓑ 임파워링 리더십에서 리더와 팀원의 역할·책임·행동에 따라 1단계 수직적 명령체계에서 리더가 팀원에 대한 지원 등의 역할만 맡고 종전 리더의 영역에 속했던 책임과 의사결정권을 팀원에게 위임하는 5단계까지 구분된다. 리더는 부서의 활동과 도전 쪽으로 관심을 전환하고 팀원의 활력에 집중한다.

ⓒ 기존에 나온 셀프리더십과 슈퍼 리더십을 통합한 개념으로 개인(리더 자신과 팔로워)과 조직의 육성·발전을 같이 추구하는 것이다.

> **! 더 알아두기** 🔍
>
> **리더의 임파워먼트 역할에 대한 킬만의 정리**
> • 부하의 의사결정 참여를 통한 임파워먼트
> • 자율관리 팀의 구성과 활동을 통한 임파워먼트
> • 경청과 인정을 통한 임파워먼트
> • 교육과 재훈련을 통한 임파워먼트
> • 인센티브 제공을 통한 임파워먼트
> • 고용보장을 통한 임파워먼트
> • 조직구조의 간소화를 통한 임파워먼트
> • 중간관리자 역할의 재인식을 통한 임파워먼트
> • 관료제적 요소의 제거를 통한 임파워먼트

7 효과적인 리더십 개발 방안

(1) 현대적 리더로서의 자질 함양

① 비전을 개발하고 목표를 구체화하여야 한다.
② 부하를 신뢰하고 부하로부터 신망을 얻어야 한다.
③ 항상 솔선수범하여야 한다.
④ 구성원을 배려하는 인간미를 갖추어야 한다.
⑤ 지속적인 자기계발로 업무의 전문가가 되어야 한다.
⑥ 자기 자신에게 반대하는 사람을 중시해야 한다.
⑦ 효과적인 커뮤니케이션 능력을 갖추어야 한다.
⑧ 위험을 감수하는 도전정신을 가져야 하며 구성원들을 지속적으로 임파워먼트시켜야 한다.
⑨ 환경변화에 대한 높은 감수성을 가져야 한다.
⑩ 민주적·인간중심적 리더십을 갖추어야 한다.

(2) 리더십 스타일 개발을 위한 진단과 훈련

① **리더의 자기진단** : 효과적 리더십 개발을 위해서는 LPC점수 등 체크리스트를 이용한 리더십 스타일에 관한 자기 진단이 필요하다. 이를 통해 리더의 특성과 행위도 개발해야 한다.
② **리더십 개발 훈련기법**
  ㉠ 개인행동 수준의 리더십 개발 훈련기법
    ⓐ 리더십 이론과 기술에 대한 강의
    ⓑ 사례연구
    ⓒ 역할연기
    ⓓ 감수성훈련
    ⓔ 행동 모형화

ⓛ 집단행동 수준의 리더십 개발 훈련기법

ⓐ 팀 구축 : 조직 내 다양한 팀들의 개선 및 유효성 증대를 목적으로 하는 리더십 개발 방법이다.

ⓑ 집단대면기법 : 변화 담당자가 중심이 되어 구성원 간의 상호 이해를 증진시키고, 잠재되어 있는 문제를 인식시켜 이에 대한 해결방안을 모색하는 방법이다.

ⓒ 과정 자문법 : 외부 상담자의 도움을 받아 한 집단 내 또는 집단 간에 발생하는 갈등 과정을 개선하는 기법이다.

ⓓ 제3자 조정법 : 갈등해결을 근본목표로 삼고 있는 이 기법은 과정 자문법과 마찬가지로 관련 과정을 검토하여 갈등의 이유를 진단하고, 제3자를 통하여 갈등에 대한 대책과 해결을 촉진하는 방법이다.

ⓔ 설문조사 피드백 : 집단이나 조직문제에 대한 구성원의 설문조사 결과를 도출하고 이것을 피드백 자료로 활용하여 구성원들로 하여금 자기의 집단과 조직문제를 해결하도록 하는 리더십 개발방법이다.

ⓒ 조직행동 수준의 리더십 개발 훈련기법 – 그리드 훈련기법

그리드 조직개발 기법의 그리드 훈련의 목적은 6단계의 리더십 개발과정을 통하여 개인수준의 행동개발로부터 전체 조직의 행동개발에 이르기까지 '이상적인 리더'를 개발·육성하는 데 있다. 그리드 기법의 6단계 과정은 다음과 같다.

ⓐ 1단계 : 그리드 세미나 단계

ⓑ 2단계 : 팀(워크) 개발 단계

ⓒ 3단계 : 집단 간 행동 개발 단계

ⓓ 4단계 : 이상적 전략모델 개발 단계

ⓔ 5단계 : 이상적 전략모델 실행 단계

ⓕ 6단계 : 체계적 비판 단계(이상적 모형의 정착으로 지금까지 시도한 기법들의 실제 효과를 측정·평가하고 향후 그리드 조직 개발 수행의 초점을 설정하는 단계이다.)

(3) 인재육성형 리더십의 개발

현대 조직에서의 리더는 본인 스스로가 인재를 육성할 당사자라는 확고한 자세를 갖고 지속적으로 조직구성원들의 역량을 개발할 수 있는 코치나 촉진자의 역할을 수행해야 한다.

① 인재육성형 리더로서의 역할 수행

오늘날 리더는 인재육성형 리더로서의 역할을 수행해야 하는데, 이를 위해서 리더는 사명감과 신념을 갖고 '구성원들의 잠재능력을 진단하여 능력 향상을 촉진하고', '구성원들에게 지적인 자극을 주고', '단계적으로 도전적인 업무를 제시하는 동시에 능력을 발휘할 수 있는 환경을 조성'해야 한다.

② 코칭스킬의 함양

현대 기업에서 리더는 현장에서 구성원들에게 업무와 관련하여 업무내용·수행방법·수행요령 등을 일일이 구체적으로 가르쳐주는 코치의 역할을 수행해야 한다. 효과적인 코치의 역할을 수행하기 위해서는 '설명(Telling) – 시범(Showing) – 실행(Doing) – 교정(Correcting)'의 체계적 단계를 기초로 효과적인 코칭스킬을 함양해야 한다.

      ㉠ 설명단계 : 리더가 구성원들에게 업무내용, 업무수행 방법, 시한, 결과 수준에 대해 설명하는
          단계이다.
      ㉡ 시범단계 : 리더가 구성원들에게 업무수행 방법 및 요령에 대한 시범을 보이는 단계이다.
      ㉢ 실행단계 : 구성원들로 하여금 과업을 실제로 수행하도록 하는 단계이다.
      ㉣ 교정단계 : 작업수행 결과에 대한 진단을 통해 이를 교정 또는 칭찬하는 단계이다.

(4) 구성원의 팔로워십과 셀프 리더십 스킬 배양

조직에서 리더십이 효과적으로 발휘되기 위해서는 리더뿐만 아니라 구성원들도 팔로워십과 셀프 리더십 스킬을 배양해야 한다. 즉, 팔로워십은 리더의 영향력을 따르려는 부하들의 특성 및 행동양식으로 조직과 구성원 모두는 팔로워십을 상호 개발하여 이를 명확히 하고 공유해야 하는 동시에 구성원 스스로 자기강화·자기관찰·자기평가·자기기대·자기목표 설정·사전 연습 및 자기비판 등을 통해 자신을 관리하게 되는 셀프 리더십스킬도 배양해야 한다.

(5) 리더십 상황요인의 개선

효과적인 리더십 개발을 위해서는 리더십 상황요인, 즉 조직 환경요인을 개선할 필요가 있다. 리더십 상황요인(조직 환경) 개선방안은 다음과 같다.

① 리더와 상황의 적합성을 높이는 방향으로 리더의 선발·배치제도를 개선한다.
② 직무 재설계 등 조직 구조적인 요인의 변경을 통하여 리더십 유효성을 제고시킬 수 있다.
③ 예산 전결권·인사권 등 리더의 재량권 확대를 통해 구성원에 대한 리더의 영향력을 증대시킬 수 있다.
④ 인사문제에 관한 규칙·정책·절차 등을 명확히 하여 리더십 효과를 높일 수 있다.
⑤ 리더와 구성원의 상호 신뢰를 기초로 참여 경영이 확립될 때 리더십의 효과를 극대화 할 수 있다.

해설 & 정답 checkpoint

01 매슬로우의 욕구단계이론에 관한 설명으로 옳지 <u>않은</u> 것은?

① 인간의 욕구는 타고난 것이며 욕구를 강도와 중요성에 따라 다섯 단계로 분류할 수 있다는 내용이론의 하나이다.

② 두 가지 이상의 욕구가 동시에 작용할 수 있다.

③ 인간에게 동기부여 할 수 있는 욕구는 단계적으로 나타난다.

④ 상위수준의 욕구가 동기를 유발하기 위해서는 반드시 하위수준의 욕구가 충족되어야 한다.

01 매슬로우는 두 가지 이상의 욕구가 개인에게 동시에 작용할 수 없음을 가정하고 있다.

02 동기부여이론 중 과정이론에 해당하는 이론은?

① 브룸의 기대이론

② 매슬로우의 욕구단계이론

③ 허츠버그의 2요인이론

④ 아지리스의 성숙·미성숙이론

02 ②·③·④는 내용이론에 속한다. 대표적인 동기부여이론은 다음과 같다. [문제 하단의 표 참고]

>>>◯

[대표적인 동기부여이론(내용 vs. 과정이론)]

내용이론	• 매슬로우(Maslow)의 욕구단계이론 • 앨더퍼(Alderfer)의 ERG이론 • 맥클리랜드(McClelland)의 성취동기이론 • 허츠버그(Herzberg)의 2요인이론 • 맥그리거(McGreger)의 X·Y이론 • 아지리스의 성숙·미성숙이론
과정이론	• 브룸(Vroom)의 기대이론 • 아담스(Adams)의 공정성이론 • 로크의 목표설정이론 • 포터와 롤러(Porter & Lawler)의 모델 • 스키너의 강화이론

정답 01 ② 02 ①

안심Touch

03 자아계발은 동기요인에 속한다. 위생 요인(불만요인)에는 안전, 대인관계, 조직의 방침과 관행 등과 같은 물리 적·환경적·대인적 요인이고, 동기요 인(만족요인)에는 자아계발, 도전감, 책임감 등과 같은 사람과 직무와의 관계를 말하는 직무 요인이 있다.

03 허츠버그가 주장하는 위생요인에 속하지 <u>않는</u> 것은?

① 안전
② 대인관계
③ 자아계발
④ 조직의 방침

04 친교욕구는 조직이나 집단에 소속되 기를 원하거나 다른 사람과 상호관 계를 맺으려고 하는 욕구를 말하며, 친교욕구가 강한 사람은 생산성보다 는 윤리성에 더 관심을 둔다.

04 맥클리랜드의 성취동기이론에 대한 설명으로 옳지 <u>않은</u> 것은?

① 성취동기이론은 조직이 성공하기 위해서는 성취욕구가 강한 사람들로 조직을 구성하고, 그들에게 성취동기를 높게 유지시 키면 된다고 주장한다.
② 맥클리랜드는 인간의 욕구를 친교욕구, 권력욕구, 성취욕구 세 가지로 분류하였다.
③ 권력욕구가 강한 사람은 효율적인 업무수행보다 개인의 위신 과 권력에 더 관심을 갖고 일반적으로 지도자의 일을 찾는다.
④ 친교욕구가 강한 사람은 윤리성보다는 생산성에 더 관심을 둔다.

05 ①·②·④는 Y이론에 관한 설명이다. X이론적 인간관에서 인간의 본성은 게으르고 일하기를 싫어하며 무책임 하고 변화를 싫어한다. 또한 이기적이 고 조직의 목적에 무관심하며 주로 안 정과 경제적 만족을 추구한다.

05 맥그리거의 X·Y이론에서 X이론에 대한 설명으로 옳은 것은?

① 일은 작업조건만 잘 부여해 두면 놀이나 쉬는 것과 같이 지극 히 자연스러운 것이다.
② 사람들은 적절한 동기유발이 되면 자율적이고 창의적으로 일 을 한다.
③ 사람들은 야망이 없고 책임을 회피하며 지휘나 통제받기를 좋 아한다.
④ 인간은 자기규제능력이 있고 조직목표를 달성하는 데는 자기 통제가 필요하다.

정답 03 ③ 04 ④ 05 ③

06 동기부여이론에 관한 설명으로 옳지 않은 것은?

① 허츠버그는 만족의 반대는 불만족이 아니며, 서로 별개의 차원으로 존재하며 각 차원에 영향을 미치는 주요 요인이 다르다고 주장한다.

② 앨더퍼의 ERG이론에서는 인간의 욕구는 두 가지 이상의 욕구가 동시에 작용할 수 없다고 가정한다.

③ 내용이론은 어떠한 요인이 동기를 부여하는 데 작용하는지를 다루는 것으로 인간의 행동을 유발하게 하는 인간의 욕구나 만족에 초점을 둔다.

④ 과정이론은 동기부여가 일어나는 과정을 다루는 이론이다.

06 앨더퍼의 ERG이론에서는 두 가지 이상의 욕구가 동시에 작용할 수 있다고 가정한다. 인간의 욕구는 두 가지 이상의 욕구가 동시에 작용할 수 없다고 가정한 이론은 매슬로우의 욕구단계이론이다.

07 스키너의 강화이론에서 소거에 관한 설명으로 옳은 것은?

① 보상을 제공하여 바람직한 행위를 증대시키는 것이다.

② 보상을 주는 것이 아닌 불쾌하고 부정적인 자극을 제거하여 구성원의 바람직한 행동이 반복·강화되도록 유도하는 것이다.

③ 긍정적 강화요인을 억제함으로써 행동개선을 유도시키는 것이다.

④ 바람직하지 않은 행동에 대하여 불쾌한 결과를 주는 것이다.

07 소거는 판매실적이 줄고 있는 사원에게 지급하던 보너스를 삭감하는 것처럼 긍정적 강화요인을 억제함으로써 행동개선을 유도시키는 것이다.
①은 긍정적(적극적) 강화이며, ②는 부정적(소극적) 강화, ④는 처벌에 관한 내용이다.

08 기대이론 중에서 보상에 대해 개인이 평가하는 중요성과 가치의 정도에 해당하는 것은?

① 수단성(instrumentality)

② 자율성(autonomy)

③ 기대(expectancy)

④ 유의성(valence)

08 브룸의 기대이론 중에서 보상에 대해 개인이 평가하는 중요성과 가치의 정도에 해당하는 것은 유의성이다.

정답   06 ②   07 ③   08 ④

안심Touch

09 공정성이론에 따르면 직원들은 자신의 노력과 그 결과로 얻어지는 보상과의 관계를 동일 조건에 있는 다른 사람들의 노력과 보상과의 관계를 비교함으로써 공정성을 느끼기도 하고 불공정성을 느끼기도 한다.

09 **다음의 설명에 해당하는 이론은 무엇인가?**

> 사회적 비교이론의 하나이며, 직원들은 자신의 노력과 그 결과로 얻어지는 보상과의 관계를 동일 조건에 있는 다른 사람들의 노력과 보상과의 관계를 비교함으로써 얼마나 평등한 대우를 받고 있다고 느끼는가에 초점을 둔 이론이다.

① 기대이론
② 공정성이론
③ 목표설정이론
④ 강화이론

10 애정 및 사회적 욕구이며, 인간관계와 소속감 그리고 우정, 애정, 집단의식의 욕구인 이 단계에서는 의사소통을 활성화 시키고 갈등을 제거시키며, 비공식 조직을 인정하는 등의 방법으로 관리전략을 세울 수 있다.

10 **매슬로우의 욕구단계이론에서 사회의 일원으로 소속되어 타인과 유대관계를 형성하여 어울리고 싶어 하는 욕구는 무엇인가?**

① 안전·안정의 욕구
② 존경 욕구
③ 애정 및 사회적 욕구
④ 자아실현 욕구

11 위생요인이 채워지면 구성원들은 불만이 없을 뿐 동기부여가 되는 것은 아니다. 위생요인은 환경과 관련된 요인으로 환경이 개선되면 불만을 방지할 수 있으나, 근무태도의 단기적 변화만 초래할 뿐이다.

11 **허츠버그의 동기-위생 2요인론에 대한 설명으로 옳지 <u>않은</u> 것은?**

① 만족의 반대는 불만이 아니라 만족 없음이다.
② 위생요인이 채워지면 구성원들은 동기부여가 된다.
③ 동기요인에는 성취감, 도전감, 책임감 등과 같은 직무요인과 관련된 것들이 있다.
④ 종업원들의 작업 환경 차이를 무시하고 있다는 비판이 제기된다.

정답 09 ② 10 ③ 11 ②

12 아지리스의 성숙-미성숙 이론에서 성숙요소에 해당하지 <u>않는</u> 것은?

① 다양한 행동
② 깊고 강한 관심
③ 독립적 활동
④ 단기적 전망

12 단기적 전망은 미성숙 요소에 해당하는 것이다. 성숙 요소에 해당하는 것으로는 능동적 활동, 장기적 전망, 대등 또는 우월한 지위에 만족, 자기의식 또는 자기규제의 가능성, 다양한 행동, 깊고 강한 관심, 독립적 활동이 있다.

13 다음에서 설명하는 강화계획은?

> 일정한 간격을 두고 강화요인을 제공하는 방법이다. 초기에는 매우 느리게 반응하지만 점차 반응속도가 증가하고 보상이 나타날 순간을 기대하게 된다.

① 고정간격 강화계획
② 고정비율 강화계획
③ 변동간격 강화계획
④ 변동비율 강화계획

13 고정간격 강화계획은 초기에는 효과가 나타나지만, 점차 시간이 지날수록 직원들은 언제 보상이 주어지는지를 알기 때문에 자극의 효과가 낮아진다.

14 허시와 블랜차드의 상황대응 리더십이론에서 주장하는 4가지 리더십 유형에 속하지 <u>않는</u> 것은?

① 지시적 리더십
② 변혁적 리더십
③ 참여적 리더십
④ 위임적 리더십

14 허시와 블랜차드의 상황대응 리더십 이론에서 주장하는 4가지 리더십 유형으로는 지시적 리더십, 설득적 리더십, 참여적 리더십, 위임적 리더십이 있다. 변혁적 리더십은 기대 이상의 성과를 도출하는 과정으로 부하들에게 장래의 비전 공유를 통해 몰입도를 높여 부하가 원래 생각했던 성과 이상을 달성하게 동기를 부여하는 리더십을 말한다.

정답   12 ④   13 ①   14 ②

15 1970년대는 상황에 가장 부합하는 리더가 가장 성공적인 리더라고 하는 상황이론이 등장하였으며, 상황에 따라 리더십의 유형은 어떻게 달라지는가를 연구주제로 삼았다.

16 1940년대 후반부터 시작된 오하이오 주립대학의 연구는 리더행동의 결정요인을 조사하고 리더십 유형이 작업집단의 업적과 만족에 미치는 효과를 알아내는 것을 목적으로 진행되었다. 오하이오 대학팀은 배려(고려, consideration)와 구조주도(구조화, initiating structure)라는 2차원을 가진 평면 형태의 리더십 유형을 개발하였다.

17 행동이론은 성공적인 리더들의 행동을 관찰, 유형화하는 방향으로 진행되었으며 부하에 대해 어떻게 행동하는가를 연구주제로 삼았다.
②, ③은 특성이론에 관한 설명이다.
④ 하우스의 경로-목표이론은 상황이론들 중 하나이다.

15 모든 상황에 적합한 유일최선의 리더십 유형은 존재하지 않으며 상황에 따라 부합하는 리더가 가장 성공적인 리더라고 하는 이론은 무엇인가?

① 상황이론
② 특성이론
③ 행동이론
④ 경로-목표이론

16 배려행동과 구조주도 행동이라는 2차원을 가진 평면 형태의 리더십의 유형을 개발한 연구는 무엇인가?

① 아이오와 대학의 연구
② 미시간 대학의 연구
③ 오하이오 주립대학의 연구
④ 하버드 대학의 연구

17 행동이론에 대한 설명으로 옳은 것은?

① 리더는 부하에 대해 어떻게 행동하는가를 연구주제로 삼았다.
② 1940년대 중반까지 리더십연구의 기초가 되었던 리더십이론이었다.
③ 지도자가 갖추어야 할 자격이나 능력, 속성에 연구의 초점을 맞추고 있다.
④ 하우스의 경로-목표이론은 행동이론들 중 하나이다.

정답   15 ①   16 ③   17 ①

18 블레이크와 무턴의 관리격자 이론 중 인간에 대한 관심은 매우 높으나 생산에 대한 관심이 매우 낮고, 구성원끼리의 원만한 관계 및 친밀한 분위기 조성에 주력하는 리더십 유형은?

① 무관심형
② 인기형
③ 과업형
④ 팀형

18 인기형의 리더는 인간에 대한 관심은 매우 높으나 생산에 대한 관심은 매우 낮다. 무관심형은 인간과 생산에 대한 관심이 매우 낮으며, 과업형의 리더는 생산에 대한 관심은 매우 높으나 인간에 대한 관심은 매우 낮으며 팀형의 리더는 인간과 생산에 대한 관심이 모두 높다.

19 리더의 특성을 LPC척도에 의해 측정하며 집단의 성과가 리더의 유형과 리더에 대한 상황의 호의성의 정도에 따라 달라진다는 것을 보여주는 이론은?

① 블레이크 & 무턴의 관리격자이론
② 하우스의 경로-목표이론
③ 허시와 블랜차드의 상황대응 리더십이론
④ 피들러의 상황적합성이론

19 피들러의 상황적합성이론에 대한 설명이다. 피들러는 효과적인 리더십은 지도자와 구성원 간의 상호작용 유형과 상황과의 관계에 따라 결정된다고 보았고, 모든 상황에 적합한 이상적인 리더십은 존재하지 않음을 언급함으로써 상황에 따라 효과적인 리더십유형이 달라짐을 강조하였다.

20 허시와 블랜차드의 상황대응 리더십이론에서 관계지향적 행동도 낮고, 과업지향적 행동도 낮게 발휘하며 적극적인 민주형의 행위를 보이는 리더십의 유형은?

① 지시적 리더십
② 설득적 리더십
③ 참여적 리더십
④ 위임적 리더십

20 위임적 리더십은 의사결정과 업무수행 책임을 부하에게 위임하며 이 지도자형은 성숙도가 높은 부하에게 발휘하면 바람직한 유형이다.

정답 18② 19④ 20④

checkpoint　해설 & 정답

21 외집단 구성원에게는 리더가 관심과 재량권을 주지 않으며, 따라서 직무에 부정적인 태도를 보이게 된다. 내집단 구성원에게는 리더가 많은 자원을 공유하고 관심과 재량권을 준다. 따라서 좋은 성과를 내고 긍정적인 직무태도를 보이게 된다.

21 리더-구성원 교환관계이론에 대한 설명으로 옳지 <u>않은</u> 것은?

① 리더와 구성원 간의 관계에 초점을 두고 있는 이론이다.
② 구성원들의 업무와 관련된 태도와 행동들은 리더가 그들을 다루는 방식에 달려있다는 이론이다.
③ 외집단 구성원에게는 리더가 많은 관심과 재량권을 준다.
④ 리더는 구성원들에게 소속감을 갖고 적극적으로 조직목표달성에 기여하도록 동기부여를 할 수 있어야 한다.

22 부하들을 위해 문제를 직접 해결하거나 해답을 찾을 수 있도록 지시하는 것은 거래적 리더십에 관한 내용이다. 변혁적 리더십에서 리더는 부하들이 <u>스스로</u> 해결책을 찾을 수 있도록 격려하거나 함께 일한다.

22 거래적 리더십과 변혁적 리더십에 대한 설명으로 옳지 <u>않은</u> 것은?

① 변혁적 리더십은 부하들을 위해 문제를 직접 해결하거나 해답을 찾을 수 있도록 지시한다.
② 거래적 리더십은 현상을 유지하기 위하여 노력한다.
③ 변혁적 리더십은 구성원의 가치, 신념, 욕구체계를 변화시켜 조직의 성과를 제고한다.
④ 거래적 리더십은 가시적인 보상으로 동기를 부여시킨다.

23 업적에 따른 보상은 거래적 리더십에 해당하는 내용이다. 변혁적 리더십의 구성요인으로는 카리스마적 리더십, 영감적 동기유발, 개별적 배려, 지적 자극이 있다.

23 변혁적 리더십의 구성요인이 <u>아닌</u> 것은?

① 카리스마적 리더십
② 영감적 동기유발
③ 개별적 배려
④ 업적에 따른 보상

정답　21 ③　22 ①　23 ④

24 리더십 개발 훈련 기법 중 개인행동 수준의 리더십 개발 훈련 기법은?

① 과정자문법
② 제3자 조정법
③ 행동 모형화
④ 팀 구축

24 개인행동 수준의 리더십 개발 훈련기법으로는 리더십 이론과 기술에 대한 강의, 사례연구, 역할연기, 감수성훈련, 행동 모형화가 있다.
①·②·④는 집단행동 수준의 리더십 개발 훈련기법에 속한다.

25 다음 설명에 해당하는 리더십은?

> 부하에게 권한과 책임을 위양해주고, 목표성취 능력을 키워주어 신뢰를 구축함으로써 구성원에게 에너지를 불어넣어주는 리더십이며, 리더는 지원자·코치·활력 있는 분위기 촉진자의 역할을 수행한다.

① 변혁적 리더십
② 임파워링 리더십
③ 거래적 리더십
④ 슈퍼리더십

25 임파워링 리더십은 개인(리더 자신과 팔로워)과 조직의 육성·발전을 같이 추구하는 것이다. 조직의 구성원이 자신의 일처럼 관심과 열성을 갖고 조직의 개선과 변화에 참여할 수 있는 기본적인 틀을 제시하고 있다는 점에서 주목되고 있다.

26 리더십 개발 훈련 기법 중 그리드 기법의 단계별 리더십 훈련으로 옳지 **않은** 것은?

① 1단계 : 그리드 세미나 단계
② 2단계 : 팀(워크) 개발 단계
③ 3단계 : 집단 간 행동 개발 단계
④ 4단계 : 체계적 비판 단계

26 체계적 비판 단계는 4단계가 아니라 가장 마지막 단계에 해당한다. 그리드 훈련기법은 총 6단계로 구성되어 있으며 4단계는 이상적 전략 모델 개발 단계에 해당한다.

정답 24 ③　25 ②　26 ④

안심Touch

01

[정답] ㉠ 친교욕구(Needs for Affiliation),
㉡ 성취욕구(Needs for Achievement)

[해설] 맥클리랜드(D. C. McClelland)의 성취동기이론은 성취욕구야말로 인간이 인간다울 수 있는 가장 바람직한 욕구로서, 성취동기가 높을수록 성취를 통해 조직과 개인이 성장할 수 있다는 것이 이론의 핵심이다. 성취동기이론의 세 가지 욕구로는 친교욕구, 권력욕구, 성취욕구가 있다.

✔ **주관식** 문제

01 다음은 맥클리랜드의 성취동기이론의 세 가지 욕구에 대한 설명이다. ( ) 안에 들어갈 내용을 순서대로 쓰시오.

- (㉠)은/는 조직이나 집단에 소속되기를 원하거나 다른 사람과 상호관계를 맺으려고 하는 욕구를 말한다.
- 권력욕구(Needs for Power)는 다른 사람을 통제하고 영향력을 행사하려는 욕구를 말한다.
- (㉡)은/는 표준을 달성하고 나아가 표준을 능가하려는 욕구, 조직에 공헌하고 성공하고자 하는 욕구를 말한다.

02 다음은 브룸의 기대이론의 주요 변수에 대한 설명이다. (   ) 안에 들어갈 내용을 순서대로 쓰시오.

• 기대감(Expectancy)은 성과 기대로 어떤 행동이나 노력의 결과에 의해 나타나는 성과에 대한 신념을 의미한다.

• 수단성(Instrumentality)은 보상 기대로 과업 수행은 보상을 획득하기 위한 수단이 됨을 전제로 어떠한 일의 결과가 가져올 보상에 대한 확률을 의미한다.

• (㉠)은/는 보상에 대한 선호의 정도, 매력의 정도로 이는 개인의 욕구에 따라 다르며, 긍정적이거나, 부정적 혹은 가치중립적일 수 있다.

• 기대이론의 공식은 (㉡)이다.

02

정답 ㉠ 유의성(Valence),
㉡ 동기(M : Motivation) = 기대(E) × 수단성(I) × 유의성(V)

해설 • 기대감(Expectancy)은 성과 기대로 어떤 행동이나 노력의 결과에 의해 나타나는 성과에 대한 신념을 의미한다. 기대는 일정한 노력을 기울이면 특정한 결과를 달성하리라고 믿는 가능성으로 투입된 노력에 의해 어떠한 성과가 나타나리라고 보는 것에 대한 완전한 의심인 '0'에서부터 완전한 믿음을 의미하는 '1' 사이에 존재한다.

• 수단성(Instrumentality)은 보상 기대로 과업 수행은 보상을 획득하기 위한 수단이 됨을 전제로 어떠한 일의 결과가 가져올 보상에 대한 확률을 의미한다. 특정 수준의 성과가 바람직한 보상을 가져오리라고 믿는(기대하는) 가능성으로, 높은 성과가 항상 낮은 보상으로 이어질 것이라는 완전한 믿음인 '-1'에서부터 높은 성과가 항상 높은 보상으로 이어질 것이라는 완전한 믿음인 '1' 사이에 존재한다.

• 유의성(Valence)은 보상에 대한 선호의 정도, 매력의 정도로 이는 개인의 욕구에 따라 다르며, 긍정적이거나, 부정적 혹은 가치중립적일 수 있다. 개인이 보상에 대해 아무런 매력을 느끼지 못하는 '-1'에서부터 가치중립인 '0' 그리고 보상을 얻지 않았을 때보다 더 선호를 느끼게 되는 '1' 사이에 존재한다.

• 기대이론의 공식은 '동기(M : Motivation) = 기대(E) × 수단성(I) × 유의성(V)'이다. 세 요소 중 어느 하나라도 '0'(Zero)이 되면 전체 값이 '0'(Zero)이 되며 동기부여는 되지 않는다. 높은 수준의 동기부여를 위해서는 각 요소들 중 어느 하나라도 '0'의 값을 가져서는 안 되며 성공적인 동기부여를 위해선 세 요소 모두 적절히 조합되어야 한다.

03

정답 ㉠ 무관심형(Impoverished, 무기력한 경영형, 1·1형), ㉡ 팀형(Team, 팀경영형, 이상형, 9·9형)

해설 • 무관심형(Impoverished, 무기력한 경영형, 1·1형)
  - 리더는 생산(과업)과 인간에 대한 관심이 모두 낮다.
  - 리더는 자기 자신의 직분유지에 필요한 최소한의 노력만을 투입하는 무기력한 리더십 유형이다.
• 팀형(Team, 팀경영형, 이상형, 9·9형)
  - 리더는 인간과 생산에 대한 관심이 모두 높다.
  - 리더는 구성원과 조직의 공동목표 및 상호의존 관계를 강조하고, 상호 신뢰적이고 존경적인 관계와 구성원의 몰입을 통하여 과업을 달성한다.
  - 가장 이상적인 리더십 유형이다.

03 다음은 블레이크와 무턴의 관리격자 이론에 대한 설명이다. ( ) 안에 들어갈 내용을 순서대로 쓰시오.

• (㉠)에서 리더는 생산(과업)과 인간에 대한 관심이 모두 낮다.
• (㉡)에서 리더는 인간과 생산에 대한 관심이 모두 높다.

04

정답 ㉠ 상황적합성 이론, ㉡ 상황의 호의성

해설 리더십의 효과성에 관한 상황적합성 이론을 창안해 낸 피들러는 효과적인 리더십은 지도자와 구성원 간의 상호작용 유형과 상황과의 관계에 따라 결정된다고 보았고, 모든 상황에 적합한 이상적인 리더십은 존재하지 않음을 언급함으로써 상황에 따라 효과적인 리더십 유형이 달라짐을 강조하였다. 상황의 호의성은 리더와 부하 관계, 과업구도, 지위나 권력의 세 가지 상황변수에 의해 결정된다고 보았다.

04 다음 설명에서 ( ) 안에 들어갈 내용을 순서대로 쓰시오.

• 피들러(F. Fiedler)는 종래의 행동이론을 반박하고 효과적인 리더십은 상황에 따라 달라진다는 (㉠)을/를 주장하였다.
• (㉡)은/는 그 상황이 리더로 하여금 자기 집단에 대하여 자신의 영향력을 행사할 수 있게 하는 정도를 말한다.

최종모의고사

I wish you the best of luck

독학사 심리학과 3단계

혼자 공부하기 힘드시다면 방법이 있습니다.
시대에듀의 동영상강의를 이용하시면 됩니다.
www.sdedu.co.kr ➔ 회원가입(로그인) ➔ 강의 살펴보기

제1회 최종모의고사 | 산업 및 조직심리학

제한시간: 50분 | 시작 ___시 ___분 – 종료 ___시 ___분

⊋ 정답 및 해설 293p

01 다음 중 직무 관련 용어에 대한 설명으로 옳지 **않은** 것을 고르시오.

① 요소 : 어떤 직무와 관련된 동작이나 움직임, 정신적 과정 등 과업을 위한 더 이상 나눠질 수 없는 최소 단위의 행위

② 직위 : 특정 시점에서 특정 조직의 한 개인이 수행하는 하나 또는 그 이상의 의무

③ 과업 : 기업 조직에서 독립된 목적으로 수행되는 하나의 명확한 작업 활동

④ 직무 : 과업의 종류와 수준이 동일하거나 유사한 직군들의 집단

02 켈러의 동기설계 모형에서 학습동기를 유발하고 유지하는 구체적인 요소가 **아닌** 것은?

① 주의
② 관련성
③ 자신감
④ 경쟁심

03 평정상의 오류 중 후광효과에 관한 설명으로 옳지 **않은** 것은?

① 피고과자의 긍정적 인상에 기초하여 평가 시 어느 특정요소의 평정 결과가 다른 평가요소에도 영향을 미치는 것을 의미한다.

② 용모가 단정하면 책임감이 있고 유능할 것이라는 판단은 후광효과로 인한 판단이다.

③ 후광효과를 방지하기 위해 강제배분법, 체크리스트법을 활용한다.

④ 피평정자의 어느 특정 요소가 부족하다는 인상을 가지게 되면 다른 요소도 막연히 부족하다고 평가하게 된다.

04 다음에서 설명하는 직무수행평가의 방법은 무엇인가?

> 피평정자의 자질을 직무수행의 달성 가능 정도에 따라 미리 마련된 척도를 도식하여 평정자(고과자)가 해당되는 곳에 표시를 하는 방법으로 가장 많이 사용되는 평정방법이다.

① 도표식 평정척도법
② 서열법
③ 체크리스트법
④ 행태중심 평정척도법

05 팀 구축법에 대한 설명으로 옳지 <u>않은</u> 것은?

① 팀 구축법은 조직 내에 존재하는 다양한 팀들을 개선·발전시키고 그 유효성을 증대시키는 데 목적이 있다.

② 과업성과와 관련된 문제해결에 중점을 둔다.

③ 레빈(K. Lewin)이 주장한 조직변화 과정의 모형, 태도의 변화 과정인 해빙·변화·재동결의 단계를 거쳐 이루어진다.

④ 팀 구축법의 실행단계 중 팀 기술 연수에서 각 팀의 유효성 저해요인을 찾아내고 해결방안을 모색한다.

06 동기부여의 과정이론에서 브룸이 주장한 직무만족 영향 요인이 <u>아닌</u> 것은?

① 감독
② 승진
③ 동료
④ 직무내용

07 조직몰입의 선행변수에 포함되는 것은?

① 참여도
② 직무노력
③ 조직구조
④ 직무몰입

08 조직공정성의 유형 중 절차적 공정성에서 절차적 규칙과 관련된 개념으로 레벤탈의 규칙에 해당하지 <u>않는</u> 규칙은?

① 일관성
② 정확성
③ 대표성
④ 편견성

09 직무 스트레스 관리방안에 관한 설명으로 옳지 <u>않은</u> 것은?

① 직무 재설계는 종업원의 직무와 직무 고유의 특성에 기초하여 개선된 직무확대 및 직무 충실화를 통해 스트레스를 관리하는 방법이다.

② 참여적 관리는 가능한 의사결정을 분권화시키고 의사결정 참여의 기회를 확대함으로써 개인의 작업에 대한 재량권과 자율성을 강화하는 것이다.

③ 탄력적 작업일정 계획으로 개인의 통제력과 재량권을 강화시켜줌으로써 스트레스를 감소시킬 수 있다.

④ 목표설정은 개인의 과제수행 역할을 명확히 하여 스트레스를 야기하는 혼동과 갈등 등을 감소시키는 방법이다.

10 직무설계의 행위적 요소에 속하지 <u>않는</u> 것은?

① 과업정체성
② 과업중요성
③ 자율성
④ 작업관행

11 **직무특성모형에 대한 설명으로 옳은 것은?**

① 직무특성과 결과의 매개변수 중 종업원의 성장욕구 정도는 동기부여가 낮고 좋은 성과를 가져올 가능성이 낮다.

② 직무의 독립변수로는 기술의 다양성, 과업의 정체성, 과업의 중요성, 과업의 자율성, 피드백이 포함된다.

③ 직무특성모형은 해크만과 올드햄(Hackman & Oldham)의 직무충실화 개념에 기본을 둔다.

④ 허츠버그는 직무설계에 관한 연구결과를 종합하여 직무특성모형(job characteristics)을 개발하였다.

12 **다음에서 설명하는 동기부여의 이론은?**

> 조직 관리자는 조직에서 사회적 비교 과정에 주의를 기울여야 한다. 즉, 직원들이 공정한 대우를 받고 있다는 느낌을 갖게 만들 책임이 있다. 동기부여에 있어서 직원들의 지각의 중요성을 인식해야 하며, 관리자는 자신과 종업원 양측 간의 지각세계가 다를 수 있다는 점을 인정해야 한다. 공정성 또는 불공정성에 관한 결정은 개인적 차원에서만 이루어지는 것이 아니고, 조직내·외의 다른 직원과의 비교를 통해서 이루어진다는 점을 알아야 한다.

① 공정성이론
② 기대이론
③ 목표설정이론
④ 강화이론

13 **리더십 개발 훈련기법 중 개인행동 수준의 리더십 개발 훈련기법이 아닌 것은?**

① 역할연기
② 감수성훈련
③ 과정자문법
④ 사례연구

14 **변혁적 리더십의 구성요인에 해당되지 않는 것은?**

① 카리스마
② 영감적 동기유발
③ 개별적 배려
④ 팀원과의 조화

15 **리더십의 구성요소에 포함되지 않는 것은?**

① 리더
② 조직구성원
③ 조직의 미래상
④ 상황

16 **빈칸 (A)에 들어갈 말로 알맞은 것은?**

> (A)은 어떠한 선발도구를 활용해 얻어진 결과치가 언제 또는 누가 측정을 했든지 간에 측정하려는 요소가 변하지 않는 한 동일하게 나타나는 정도를 말한다. 즉, 시험이 얼마나 일관성을 유지하고 있는가에 관한 것이다.

① 신뢰성   ② 타당성
③ 선발비율   ④ 기초비율

17 조직구성원을 한 직무에서 다른 직무로 체계적으로 순환시킴으로써 한 사람이 다양한 과업을 수행할 수 있도록 하는 방법이며, 조직구성원에게 직무의 단조로움을 줄이고 새로운 지식과 기술을 습득할 수 있는 기회를 부여하도록 직무를 순환시키는 방법은?

① 직무단순화
② 직무충실화
③ 직무확대
④ 직무순환

18 다음에서 설명하는 직무분석 방법은 무엇인가?

> 직무수행에 결정적인 역할을 한 사건이나 사례를 중심으로 분석하는 방법이며, 면접과 관찰을 통해 사건이나 사례 등을 수집하며 실제 직무수행 중 발생했던 사건을 토대로 직무수행에 관한 중요한 지식, 기술, 담당자의 능력 등 핵심적 요소들을 발견할 수 있다.

① 경험법
② 중요사건기록법
③ 설문지법
④ 작업기록법

19 빈칸 (A)에 들어갈 말로 알맞은 것은?

> (A)은/는 조직의 정보를 미리 제공한 상태에서 발생 가능한 여러 문제들을 종이 쪽지에 적어 바구니 속에 넣고 학습자가 그 중 하나를 꺼내면 사전에 받은 조직의 기존 자원을 활용하여 선택된 문제를 해결하도록 한 후 이러한 과정이 끝나면 재차 바구니에서 다음 쪽지를 꺼내어 같은 과정을 반복하게 하는 훈련 방법이다.

① 인바스켓 기법
② 역할모델법
③ 신디케이트
④ 인턴십

20 집단의 구성원들이 모여서 문제나 이슈를 식별하고 순위를 정하는 가중서열화법으로, 타인의 간섭을 차단하기 위해 구성원들 상호 간에 대화나 토론 없이 각자가 독립적으로 아이디어를 종이에 기록한 후 수분 후에 각자는 이를 기록대로 발표함으로써 아이디어를 공유하는 집단의사결정기법은?

① 명목집단기법
② 브레인스토밍
③ 델파이기법
④ 상호작용 집단기법

21 산업교육훈련의 목적 중 1차적 목적으로 볼 수 없는 것은?

① 지식향상
② 기술향상
③ 인재육성
④ 태도개선

22 허시와 블랜차드의 4가지 리더십 유형 중 낮은 과업행동과 낮은 관계행동에 해당하는 유형은?

① 지시적 리더십
② 설득적 리더십
③ 참여적 리더십
④ 위임적 리더십

23 동기부여의 내용이론 중 앨더퍼가 주장한 인간의 3가지 욕구에 해당되지 않는 것은?

① 존재
② 관계
③ 성장
④ 자아실현

24 직무수행평가기법 중 조직의 상하 구성원들이 참여과정을 통해 공동으로 목표를 설정하고 달성된 성과를 측정·평가하여 회환시킴으로써 관리의 효율화를 기하는 방법은 무엇인가?

① 목표관리법
② 형태중심 평정척도법
③ 강제배분법
④ 서열법

✔ 주관식 문제

01 다음은 준거에 대한 설명이다. (   ) 안에 들어갈 내용을 순서대로 쓰시오.

> 준거는 평가할 때 사용하는 기준으로 준거의 종류에는 두 가지가 있다.
> • (㉠   )은/는 성공적인 직무수행이라고 정의할 수 있는 모든 요소를 포함하며, 준거측정 시 가장 먼저 설정해야 한다.
> • (㉡   )은/는 객관적이고 측정이 용이한 지표로 (㉠   )를 최대한 반영하여 가장 현실적으로 개발한 준거이다.

02 다음 설명에서 (　　) 안에 들어갈 내용을 순서
대로 쓰시오.

> (　㉠　)은/는 한 번 학습된 것은 그대로
> 끝나지 않고 추가적인 학습의 밑거름이 되
> 어 새로운 학습이 계속 일어날 수 있으며,
> (　㉡　)적 전이, 부정적 전이, 중립적(영)
> 전이가 있다.

03 다음은 조직시민행동의 5가지 하위 차원에 대한
설명이다. (　　) 안에 들어갈 내용을 순서대로
쓰시오.

> • 개인차원의 조직시민행동(OCB-I)에는
> (　㉠　)적 행동과 예의적 행동이 있다.
> • 조직차원의 조직시민행동(OCB-O)에는
> 신사적 행동과 (　㉡　)적 행동, 공익적
> 행동이 있다.

04 다음은 조직개발의 과정에서 르윈(Lewin)에 따른
행동변화의 단계적 과정을 설명한 것이다. (　　)
안에 들어갈 내용을 순서대로 쓰시오.

> • (　㉠　) : 이미 안정화되고 습관화된 기
> 존 조직시스템과 업무관행에서 벗어나
> 새로운 것을 받아들이려는 자세를 갖게
> 되는 단계를 말한다.
> • 변화(주입)단계 : 조직구성원들이 옛 태
> 도와 행동을 버리고 새로운 시스템과 이
> 를 위한 새로운 태도와 기능 및 지식 등
> 을 받아들일 준비를 갖추게 되면 이어서
> 변화를 구체화하는 조치를 취하게 되는
> 단계를 말한다.
> • (　㉡　) : 변화단계에서 추진된 바람직
> 한 시스템 및 인간 변화를 정착시키고 정
> 화시키는 과정을 거친다.

제2회 최종모의고사 | 산업 및 조직심리학

제한시간: 50분 | 시작 ___시 ___분 – 종료 ___시 ___분

☰ 정답 및 해설 297p

01 직무평가의 방법에 해당하지 <u>않는</u> 것은?

① 서열법
② 분류법
③ 요소비교법
④ 설문지법

02 다음이 설명하는 교육훈련 방법은 무엇인가?

> • 특정 주제에 관하여 훈련생들에게 새로운 자료와 견해를 제공하여 그들에게 그 주제에 대한 관심을 높이고 나아가 필요한 정보를 제공하여 문제를 명확하게 한 후 그들 자신의 의견을 표명하게 촉진하는 것이다.
> • 훈련생들의 질의와 토론을 허용하고 나아가 이를 촉구하는 것으로 대게 강의가 있은 후 이루어지는 것이 일반적이다.

① 포럼
② 패널토의
③ 심포지엄
④ 사례연구

03 면접의 유형 중 비구조적 면접에 대한 설명으로 옳은 것은 무엇인가?

① 높은 타당성, 낮은 융통성
② 높은 타당성, 높은 융통성
③ 낮은 타당성, 높은 융통성
④ 낮은 타당성, 낮은 융통성

04 교육훈련 프로그램의 효과를 측정하는 요소 중 반응준거에 관한 내용으로 옳지 <u>않은</u> 것은?

① 교육 참가자의 교육훈련 프로그램에 대한 생각, 감정 또는 반응을 측정한다.
② 평가방법은 인사고과 방법이 대표적이다.
③ 교육훈련 프로그램에 대한 교육 참가자들의 반응을 질문지법을 이용하여 평가하고 보완적으로 조정자, 교육 담당자 등이 참여한 평가회를 갖는 것이 좋다.
④ 동기화 수준에 대한 정보를 제공해 주며 교육훈련 프로그램에 대한 안면타당도 측정치로 사용될 수 있다.

05 교육훈련의 방법을 강의식, 참여·토론식, 체험식으로 구분할 때 체험식 교육방법에 속하지 <u>않는</u> 것은 무엇인가?

① 감수성 훈련
② 멘토링
③ 인턴십
④ 역할연기

06 다음에서 설명하는 직무수행평가의 방법은 무엇인가?

> 1930년 미국 미네소타 주의 프로브스트(J. B. Probst)가 고안한 평정방법으로, 어떤 문제에 관한 의견과 태도를 긍정적·적극적·부정적·소극적 등의 평정항목으로 나열하고 각 항목에 등급을 매긴 후 피평정자에게 이를 선택하게 하여 전체 점수를 환산하는 평정방법이다.

① 강제배분법
② 체크리스트 평정법
③ 중요사건기록법
④ 도표식 평정척도법

07 다음에서 설명하는 직무수행평가에서 나타날 수 있는 평정상의 오류는 무엇인가?

> 이 오류는 한 평정자가 다른 평정자에 비해 일관적이고 지속적으로 과대 또는 과소하게 평정하는 것을 의미한다.

① 규칙적 착오
② 총체적 착오
③ 근접착오
④ 상동적 오차

08 피드백에 관한 설명으로 옳지 <u>않은</u> 것은?

① 피드백은 직무가 요구하고 있는 활동의 실제 수행결과를 평가·분석하고 이를 통해 얻어진 정보를 직무 담당자에게 제공하는 일련의 과정을 말한다.
② 피드백은 수행결과의 효과성에 관한 간접적이고 추상적 정보를 담고 업무수행에 있어 특정 행동을 강화하거나 교정하도록 하는 데 사용된다.
③ 특정 행동에 대한 평가가 긍정적인 경우 바람직하게 행해졌다는 것을 확신시켜주게 된다.
④ 차기 성과목표에 대한 기준을 제시해준다.

09 다면평가의 전제조건으로 옳지 <u>않은</u> 것은 무엇인가?

① 개개인의 익명성이 보장되어야 한다.
② 평정내용을 종합하여 피평정자에게 제공할 필요는 없다.
③ 개인의 역량개발을 위한 피드백을 제공할 목적으로 활용하는 것이 적합하다.
④ 동료나 부하를 평정자로 활용할 경우 모두를 평정자에 포함시키는 것이 바람직하다.

10 팀 조직의 순기능으로 옳지 <u>않은</u> 것은?

① 계층화·관료화를 방지하고 조직의 활성화를 추구한다.
② 구성원 간 이질성과 다양성의 결합·활용을 통해 시너지 효과를 창출한다.
③ 공동 직무의 수행을 통한 조직 내 단결·협동심을 강화한다.
④ 계급제적 성격이 강한 사회에서 적용이 쉽다.

11 다음의 설명은 Robbins가 분류한 4가지 팀 유형 중 어느 팀의 유형에 속하는 설명인가?

> 컴퓨터와 네트워크 기술(비디오 화상회의, 메신저, 이메일 등)을 활용하여 구성원들은 서로 협력하게 되며, 이슈와 자료를 서로 공유하고 각자의 역할을 정하여 과업을 수행한 뒤 일을 마치면 사이버 공간에서 통합·완료된다.

① 자가경영직무팀
② 기능융합팀
③ 가상팀
④ 문제해결팀

12 집단 의사결정에 대한 장점으로 옳은 것은?

① 자원 및 시간 등 비용이 적게 든다.
② 구성원의 합의에 의한 것이므로 수용도와 응집력이 높다.
③ 실권자에 의해 편파적인 변화가 불가능하다.
④ 부정적인 집단의사결정 중 대표적인 하나는 집단사고(Group Think)이다.

13 동기부여의 내용이론에서 허츠버그(Herzberg)의 직무만족 2요인론 중 동기요인에 속하지 <u>않는</u> 것은?

① 성취감
② 도전감
③ 임금
④ 승진

14 직무열의의 하위 구성요소로 옳지 <u>않은</u> 것은?

① 활력
② 참여
③ 헌신
④ 몰두

15 직무 스트레스에 관한 설명으로 옳지 <u>않은</u> 것은?

① 직무 스트레스란 개인이 일과 관련해서 경험하는 긴장상태로 직무 관련 요인들로 인하여 개인의 심신이 정상적 기능을 이탈하게 되는 것을 의미한다.

② 작업환경 등의 내부 환경도 스트레스를 유발하는 중요한 요인이 될 수 있다.

③ 가정 등 개인적인 생활요인은 직무 스트레스에 영향을 주지 않는다.

④ 일에 대한 개인의 통제가능성이 낮은 직업일수록 스트레스의 노출빈도가 높아진다.

16 직무단순화에 대한 설명으로 옳지 <u>않은</u> 것은?

① 직원 간에 호환성이 낮다.

② 직무전문화, 직무세분화, 분업화라고 불린다.

③ 과학적 관리이론과 산업공학적 원리에 근거를 두고 있다.

④ 한 사람이 담당할 과업의 수를 줄여 직무를 단순화시키는 것이다.

17 다음은 직무설계의 방법 중 어떤 방법에 관한 설명인가?

> 여러 가지의 과업을 묶어서 하나의 새롭고 넓은 직무로 결합하는 것을 말하며, 여러 사람이 나누어 처리하던 여러 가지 과업을 한 사람이 모두 맡아서 처리하는 것으로 직무를 수평적으로 확대시키는 방법이다.

① 직무충실화

② 직무확대

③ 직무순환

④ 직무단순화

18 맥그리거의 X·Y이론에서 관점이 <u>다른</u> 하나는 무엇인가?

① 사람은 근본적으로 일을 하는 것을 꺼려한다.

② 기업조직에서는 자체의 목표를 이루기 위해 통제, 강압, 또는 벌로 다스려야 한다.

③ 금전적인 보상 또는 제재를 유인으로 사용한다.

④ 구성원들은 조직에 대한 바람직한 의사결정을 할 수 있는 능력이 있다.

19 맥클리랜드의 성취동기이론에서 주장하는 욕구는 무엇인가?

① 존재, 관계, 성장

② 친교, 권력, 성취

③ 안전, 존경, 자아실현

④ 생존, 권력, 성취

20 절차적 공정성의 내용에 해당되지 <u>않는</u> 것은?

① 관련 개념으로 레벤탈 규칙이 있다.

② 조직의 성과에 영향을 미치는 과정 및 절차 상에서의 공정성을 의미한다.

③ 개인들이 그가 속한 조직의 절차에 영향을 미칠 수 있다고 느끼거나, 절차가 일관적이고 윤리적이며 정확하고 공정하게 느낄 때 높아질 수 있다.

④ 실제 성과나 보상이 결정되기까지의 과정과 절차는 소홀히 하였다는 한계가 존재한다.

21 오하이오 주립대학이 주장한 주요 리더십 형태는?

① 전제형-민주형-자유방임형

② 배려-구조주도

③ 직무중심 - 종업원중심

④ 관리격자

22 임파워먼트의 구성요소 중 하나는?

① 의미성

② 신뢰성

③ 조화성

④ 독립성

23 관리격자 이론에 따르면 리더가 인간 및 생산에 대한 관심이 모두 높아 구성원과 조직의 공동목표 및 상호의존관계를 강조하여 상호신뢰적이고 존경적인 관계와 구성원의 몰입을 통하여 과업을 달성하는 유형은?

① 인기형

② 팀형

③ 중도형

④ 과업형

24 직무분석의 결과를 토대로 특정한 목적의 직무를 성공적으로 수행하는 데 필요한 인적 요건인 자격과 능력 등을 정리해 놓은 공식문서에 해당하는 것은?

① 직무명세서

② 직무기술서

③ 직무수행평가서

④ 일화기록지

✅ **주관식 문제**

01 다음은 선발도구에 관한 설명이다. (   ) 안에 들어갈 내용을 순서대로 쓰시오.

> • (㉠) : 지원자가 맡을 직무와 그의 성격이 일치하는지 파악하기 위한 검사이다.
> • (㉡) : 자신의 감정을 미리 인지하고 사용하는 능력, 기분을 관리하고 감정을 조절하는 능력 등을 포함한다.

02 다음은 무엇에 대한 설명인가?

> • 조직, 구성원, 이해관계자에게 피해를 입히거나 피해를 입힐 의도가 있는 행동으로 정의된다.
> • 조직을 대상으로 한 조직일탈과 동료사원들에 대해 모욕적인 언사나 힐난을 주는 행동 등을 포함하는 대인관계일탈이 있다.

03 다음은 조직변화에 대한 저항요인을 설명한 것이다. (   ) 안에 들어갈 용어를 순서대로 쓰시오.

> • (㉠) : 변화 후 모습에 대한 예측이 불확실함에 따라 현실에 안주하려는 경향을 보이게 되며 이로 인해 변화에 대한 저항이 발생한다.
> • (㉡) : 변화로 인한 과거 잘못된 관행을 지적 받음에 따라 자존심이 상실될 경우 이에 따른 자기방어에 의해 저항이 발생한다.

04 다음은 브룸의 기대이론의 주요 변수에 대한 설명이다. (   ) 안에 들어갈 용어를 순서대로 쓰시오.

> • (㉠)은/는 성과 기대로 어떤 행동이나 노력의 결과에 의해 나타나는 성과에 대한 신념을 의미한다.
> • (㉡)은/는 보상 기대로 과업 수행은 보상을 획득하기 위한 수단이 됨을 전제로 어떠한 일의 결과가 가져올 보상에 대한 확률을 의미한다.

정답 및 해설

최종 모의고사

제1회

01	02	03	04	05	06	07	08	09	10	11	12
④	④	④	①	④	③	③	④	④	④	②	①
13	14	15	16	17	18	19	20	21	22	23	24
③	④	③	①	④	②	①	①	③	④	④	①

주관식 정답	
01	㉠ 개념준거, ㉡ 실제준거
02	㉠ 학습의 전이, ㉡ 긍정
03	㉠ 이타, ㉡ 양심(성실)
04	㉠ 해빙단계, ㉡ 재동결단계

01 정답 ④

④ 직무란 과업의 종류와 수준이 동일하거나 유사한 직위들의 집단을 의미한다. 직군은 비슷한 과업을 포함하고 있는 두 가지 이상의 직무의 집단을 말한다.

02 정답 ④

④ 켈러의 동기설계 모형에서 학습동기를 유발하고 유지하는 구체적은 요소는 주의, 관련성, 자신감, 만족감이다.

03 정답 ④

④ 혼 효과에 관한 설명이다. 혼 효과는 후광효과와는 반대로 피평정자의 부정적 인상에 기초하여 평정을 하게 된다. 이 경우 피평정자는 실제 능력보다 과소평가되는 경향을 보이게 된다.

04 정답 ①

① 도표식 평정척도법에 관한 설명이다. 도식의 한편에는 근무실적, 능력, 태도 등을 나타내는 평정요소들을 나열하고 다른 편에는 우열을 나타내는 등급을 어구나 숫자로 표시한다.

05 정답 ④

④ 팀 구축법의 실행단계 중 팀 구축에 관한 내용이다. 팀 기술 연수에서는 연수 프로그램 등을 통하여 여러 팀이 변화를 수용할 수 있게 한다.

06 정답 ③

③ 브룸이 주장한 직무만족 영향 요인으로는 감독, 승진, 임금, 작업집단, 작업시간, 직무내용이 있다. 동료는 로크와 스미스가 주장한 직무만족 영향 요인에 속한다.

07 정답 ③

③ 조직몰입의 선행변수에는 개인적 요인, 조직구조 및 직무관련 특성, 작업경험이 포함된다. 결과변수로는 참여도, 잔류의도, 직무몰입, 직무노력이 있다.

08 정답 ④

④ 절차적 규칙과 관련된 개념으로 Leventhal(1980)의 "레벤탈 규칙"이 있다. 이는 조직의 원활한 의사소통을 위한 6개의 규칙으로서 일관성(consistence), 편견 억제(bias suppression), 정확성(accuracy), 정정 가능성(correctability), 대표성(representativeness), 윤리성(ethicality)이 있다.

09 정답 ④

④ 역할 분석에 관한 설명이다. 목표설정은 개인의 직무에 대한 구체적 목표를 설정해 줌으로써 기업과 근로자 간의 상호 이해심을 증진시키는 방법이다.

10 정답 ④

④ 작업관행은 조직적 요소에 속한다. 작업관행은 작업자가 작업을 함에 있어서 그대로 몸에 굳어진 방법을 의미하며 이러한 작업관행은 직무설계의 범위를 제한하려고 한다.

11 정답 ②

① 직무특성과 결과의 매개변수 중 종업원의 성장욕구 정도는 동기부여가 높고 좋은 성과를 가져올 가능성이 높다.
③ 직무특성모형은 허츠버그(Herzberg)의 직무충실화 개념에 기본을 둔다.
④ 해크만과 올드햄(Hackman & Oldham)은 직무설계에 관한 연구결과를 종합하여 직무특성모형(job characteristics)을 개발하였다.

12 정답 ①

① 공정성이론에 관한 설명이다. 공정성이론은 직원 자신의 투입 대 산출(보상)의 비율을 동일한 직업상황에 있는 다른 사람의 투입 대 산출(보상)의 비율과 비교하여 그것이 같을 때는 공정성을 느끼지만, 상대적 비율이 크거나 작을 때는 불공정성을 지각한다는 이론이다.

13 정답 ③

③ 과정자문법은 집단행동 수준의 리더십 개발 훈련기법이다. 개인행동 수준의 리더십 개발 훈련기법으로는 리더십 이론과 기술에 대한 강의, 사례연구, 역할연기, 감수성훈련, 행동 모형화가 있다.

14 정답 ④

④ 팀원과의 조화는 변혁적 리더십의 구성요인이 아니다.

> **변혁적 리더십**
> 부하들에게 장래의 비전 공유를 통해 몰입도를 높여 부하가 원래 생각했던 성과 이상을 달성하게 동기를 부여하는 리더십
> • 구성요인
> – 카리스마
> – 영감적 동기유발
> – 개별적 배려
> – 지적 자극

15 정답 ③

③ 리더십은 리더, 추종자(조직구성원), 상황(환경적 변수)의 세 가지 요소로 구성된다. 리더십은 조직의 비전과 목표를 향하여 위의 세 가지 요소가 조화를 이루도록 이끌어가는 활동이다.

16 정답 ①

② 타당성 : 어떠한 시험이 목적으로 하는 측정의 내용이나 대상을 정확히 측정하고 있는가에 관한 것이다.
③ 선발비율 : 선발도구의 유효성에 영향을 주는 또 하나의 요소로서 전체 지원자수에 대한 선발예정인원수의 비율을 의미한다.
④ 기초비율 : 지원자들이 무작위로 회사에 입사할 경우 그들 중에서 만족스러운 성과를 거둘 수 있는 사람들의 비율을 의미한다.

17 정답 ④

① 직무단순화 : 한 사람이 담당할 과업의 수를 줄이는 것이다.
② 직무충실화 : 자주성, 성취감 등을 높일 수 있도록 직무를 수직적으로 확대하는 것이다.
③ 직무확대 : 여러 과업을 묶어 직무의 영역을 수평적으로 넓히는 것이다.

18 정답 ②

① 경험법 : 직무분석자가 직접 해당 직무를 수행해 보는 방법으로 다른 분석방법들과 비교해 효과는 가장 우수하나 기술발전과 지식의 증가로 실질적인 수행에 의해 연구될 수 있는 직무는 한정적이다.
③ 설문지법 : 의도나 과정이 면접법과 같지만 설문지에 답을 쓰거나 과업, 작업조건, 소요재료 등에 관하여 좀 더 상세하게 기술함으로써 정보를 얻는 방법으로 표준설문지를 사용하는 방법과 분석의 대상이 되는 직무에만 사용할 수 있는 설문지를 사용하는 방법이 있다.
④ 작업기록법 : 직무수행자가 직접 작성하는 작업일지나 메모 등과 같은 사항을 참고하여 정보를 수집하고 분석하는 방법으로 장기간에 걸쳐 작성된 작업일지는 내용에 대한 신뢰도를 확보할 수 있어, 엔지니어나 고급관리자가 수행하는 직무 등과 같이 관찰이 어려운 직무인 경우에 많이 활용된다.

19 정답 ①

② 역할모델법 : 실제 상황에서 효과적이고 이상적인 업무 수행방법을 교수자가 직접 시범을 보이거나 동영상에 담아 학습자가 보게 함으로써 학습자로 하여금 그 행동의 이유나 과정 등을 이해시키고 이를 그대로 반복·연습하게 함으로써 행동 변화를 유도하는 방법이다.
③ 신디케이트 : 몇 사람의 교육생이 반을 편성하여 문제를 연구하고 전원에게 보고하며 비판을 가하는 방법이다.
④ 인턴십 : 학습자에게 실제 업무가 진행되는 조직 안에서 몇 개월 또는 1년간 직무를 맡아 수행하게 함으로써 업무에 필요한 지식 및 기술, 태도 등을 습득하게 하는 방법이다.

20 정답 ①

② 브레인스토밍 : 일정한 한 가지의 주제를 선정하여 회의 형식을 채택하고 구성원의 자유발언을 통한 아이디어의 무작위 제시를 요구하여 발상을 찾아 내려는 방법이다.
③ 델파이기법 : 어떠한 문제에 관하여 전문가들의 견해를 유도하고 종합하여 집단적 판단으로 정리하는 일련의 과정으로 정의된다.
④ 상호작용 집단기법 : 조직에서 가장 흔히 사용되는 방법 중 하나로 한 명의 리더가 토론을 이끌어가면서 의사결정을 하는 방법이다.

21 정답 ③

③ 인재육성은 2차적 목적에 해당된다.

[교육훈련의 목적]

직접목적 (1차적 목적)	직접목적 (2차적 목적)	간접목적 (궁극적 목적)
• 지식향상 • 기술향상 • 태도개선	• 능률향상 • 인재육성 • 인간완성 • 생활향상	• 기업의 유지·발전 • 조직과 개인의 목적 조화·통합

22 정답 ④

① 지시적 리더십 : 높은 과업행동, 낮은 관계행동
② 설득적 리더십 : 높은 과업행동, 높은 관계행동
③ 참여적 리더십 : 낮은 과업행동, 높은 관계행동

23 정답 ④

④ 앨더퍼는 개인의 욕구를 존재(Existence) → 관계(Relatedness) → 성장(Growth)의 욕구라는 3가지로 제시하였고, 각 욕구는 첫 글자를 따서 ERG이론이라고 하였다.

24 정답 ①

① 목표관리법(management by objectives, MBO)은 모든 직원들이 참여과정을 통해 공동으로 목표를 설정하며 단기적인 목표를 위주로 하며 계량적 평가기준을 주로 활용한다.

주관식 해설

01 정답 ⊙ 개념준거, ⓒ 실제준거

해설
- 개념준거 : 연구자가 연구를 통해 이해하고자 하는 이론적 기준으로, 현실적으로 수행의 모든 지표들을 완전히 정의하고 측정하는 것이 불가능하기 때문에 측정 가능한 지표로 바꾸는 과정이 필요하다.
- 실제준거 : 개념준거를 최대한 반영하여 가장 현실적으로 개발한 준거로 객관적이고 측정이 용이한 지표로 선정한다.

02 정답 ⊙ 학습의 전이, ⓒ 긍정

해설 **학습의 전이**
한쪽에서 학습된 것은 다른 쪽으로 이전되어 그곳의 학습을 돕는데 이를 학습의 전이(Transfer of Learning)라고 한다.
- 긍정적 전이 : 이전에 습득한 기능이 새로운 기능을 습득할 때 도움이 되는 경우
- 부정적 전이 : 이전에 습득한 기능이 새로운 기능을 습득할 때 방해하는 경우
- 중립적(영) 전이 : 기존의 기능이 새로운 기능의 습득에 미미한 영향만을 미치는 경우

03 정답 ⊙ 이타, ⓒ 양심(성실)

해설 **조직시민행동의 5가지 하위 차원**

개인 차원의 조직 시민 행동 (OCB-I)	이타적 행동	타인을 도와주려는 친사회적 활동	결근한 직원이나 아픈 동료의 일을 대신해 주는 것 등
	예의적 행동	자신 때문에 남이 피해를 보지 않도록 배려하는 시민의식행동	코로나 위기 시 남을 위해 마스크를 쓰는 행동 등
조직 차원의 조직 시민 행동 (OCB-O)	신사적 행동	정정당당히 행동하는 것	남을 험담하지 않는 것 등
	양심적 행동 (성실 행동)	양심에 따라 조직이 요구하는 것 이상의 봉사나 노력을 하는 성실행동	쓰레기 줍기 등
	공익적 활동	조직활동에 책임의식을 갖고 솔선수범하는 활동	시키지 않아도 회사제품을 홍보하는 활동 등

04 정답 ⊙ 해빙단계, ⓒ 재동결단계

해설 르윈(Lewin)에 따른 행동변화의 단계적 과정 : 해빙단계 → 변화(주입)단계 → 재동결단계
- 해빙단계 : 이미 안정화되고 습관화된 기존 조직시스템과 업무관행에서 벗어나 새로운 것을 받아들이려는 자세를 갖게 되는 단계를 말한다.
- 변화(주입)단계 : 조직구성원들이 옛 태도와 행동을 버리고 새로운 시스템과 이를 위한 새로운 태도와 기능 및 지식 등을 받아들일 준비를 갖추게 되면 이어서 변화를 구체화하는 조치를 취하게 되는 단계를 말한다.
- 재동결단계 : 이 단계에서는 변화단계에서 추진된 바람직한 시스템 및 인간 변화를 정착시키고 정화시키는 과정을 거치게 되는데, 이러한 과정을 거치게 되는 이유는 변화는 아무리 그것이 치밀하게 계획되고 수행되었다 하더라도 그것을 수행하는 과정에서 시행착오를 수반하기 때문이며, 특히 이 과정에서는 변화로 하여금 구성원들이 겪는 상처를 치유하여 안정화시키는 과정이 반드시 요구된다.

제2회

01	02	03	04	05	06	07	08	09	10	11	12
④	①	③	②	④	②	①	②	②	④	③	②
13	14	15	16	17	18	19	20	21	22	23	24
③	②	③	①	②	④	②	④	②	①	②	①

	주관식 정답
01	㉠ 성격검사, ㉡ 감성지능
02	반생산적 작업행동
03	㉠ 불확실성, ㉡ 체면상실
04	㉠ 기대감(Expectancy), ㉡ 수단성(Instrumentality)

01 정답 ④

④ 설문지법은 직무 분석방법에 해당한다. 설문지에 답을 쓰거나 과업, 작업조건, 소요재료 등에 관하여 좀 더 상세하게 기술함으로써 정보를 얻는 방법이다. 직무평가의 방법으로는 서열법, 분류법, 점수법, 요소비교법이 있다.

02 정답 ①

① 포럼에 관한 설명이다. 패널토의의 경우 토의 주제에 관한 전문가들이 대규모 훈련생들 앞에서 의견을 발표하고 토론하는 방법이며, 심포지엄의 경우 특정 주제에 관해 선정된 전문가들이 서로 다른 측면에서 전문적 의견을 발표하고 훈련생들의 질문을 중심으로 질의 응답식 토론을 하는 방법이다.

03 정답 ③

③ 비구조적 면접은 질문 사항을 미리 정하지 않고 면접관이 중요하다고 여기는 내용을 자율적으로 질문을 하여 높은 융통성을 지니며, 낮은 타당성을 지닌다.

04 정답 ②

② 인사고과법은 직무행위 평가 시의 대표적인 평가법으로 훈련 참가자들의 반응평가 시에는 부적절하다. 반응평가 시에는 주로 질문지법을 이용하여 평가하고 보완적으로 조정자, 교육 담당자 등이 참여한 평가회를 갖는 것이 좋다.

05 정답 ④

④ 역할연기는 참여식·토론식 교육방법에 속한다. 체험식 교육방법 중에는 감수성 훈련, 시찰·견학, 비즈니스 게임법, 인바스켓 기법, 인턴십, 멘토링이 있다.

> **교육훈련방법 구분**
> • 강의식 교육방법 : 강의·강연
> • 참여식·토론식 교육방법 : 토론(포럼, 패널토의, 심포지엄), 사례연구, 신디케이트, 역할연기, 역할모델법
> • 체험식 교육방법 : 감수성훈련, 시찰·견학, 비즈니스 게임법, 인바스켓 기법, 인턴십, 멘토링

06 정답 ②

② 체크리스트 평정법은 피평정자를 평가하는 데 적절하다고 판단되는 표준업무수행 목록을 미리 작성해 놓고 이 목록에 단순히 가부 또는 유무를 표시하는 평정방법으로, 직무상의 행동을 구체적으로 표현하여 평가하는 방법이다.

07 정답 ①

① 규칙적 착오에 관한 설명이다. 규칙적 착오(systematic error)란 한 평정자가 다른 평정자에 비해 일관적이고 지속적으로 과대 또는 과소하게 평정하는 것을 의미하는 것으로 특정인의 가치관이나 평정기준에 따른 오차이다.

08 정답 ②

② 피드백은 수행결과의 효과성에 관한 직접적이고 명확한 정보를 담고 있어야 하며 업무 수행에 있어 특정 행동을 강화하거나 교정하도록 하는 데 사용된다.

09 정답 ②

② 다면평가의 경우 익명성을 보장해야 하며 평정내용을 제공하며 피드백의 목적으로 활용해야 한다. 평정을 주관하는 부서에서 평정내용을 종합적으로 분석하고 요약·정리하여 피평정자에게 제공할 필요가 있다. 이는 평정자의 익명성을 보장하는 효과뿐만 아니라 고과결과에 대한 피평정자의 이해도 및 활용도를 높이는 효과를 부여한다.

10 정답 ④

④ 팀원에게 재량권을 부여하여 팀의 자율적 운영이 가능해지기 때문에 계급제적 성격이 강한 사회에서 적용이 어렵다.

11 정답 ③

③ 가상팀은 공동목표의 달성을 위해 물리적으로 떨어져 서로 다른 공간에 있는 구성원들을 서로 연결할 수 있도록 가상의 공간(온라인)에 모아놓은 팀의 유형이다. 기능적인 차원에서 다른 팀 조직들과 차이가 없고 모든 업무의 수행이 가능하며, 문제해결을 위해 일시적으로만 활동할 수도 있고 하나의 프로젝트가 완료될 때까지 오랜 기간에 걸쳐 지속될 수도 있다.

12 정답 ②

② 집단 의사결정은 자원 및 시간의 낭비 등 비용이 많이 들며, 실권자에 의해 편파적으로 변화할 수 있다. 따라서 최적안을 알면서도 의견대립 때문에 보다 불리한 타협안을 선택할 수 있다. 부정적인 집단의사결정 중 대표적인 하나는 집단사고(Group Think)를 들 수 있다. 이와 같은 집단의사결정 시의 함정으로는 과도한 모험선택, 집단양극화 현상, 정당화 욕구, 도덕적 환상, 만장일치의 환상, 책임의 분산 등을 들 수 있다.

13 정답 ③

③ 허츠버그(Herzberg)의 직무만족 2요인론 중 임금은 위생요인에 속한다. 위생요인은 물리적, 환경적, 대인적 요인이라면, 동기요인은 직무요인의 성격을 가진다.

14 정답 ②

② 직무열의는 직무에 대한 담당자의 긍정적 마음의 상태라고 정의할 수 있다. 직무열의의 하위 구성요소로는 활력, 헌신, 몰두가 있다.

15 정답 ③

③ 가정 등 개인적인 생활요인도 직무 스트레스의 원인이 되며, 환경에 대한 개인의 통제능력에 따라 스트레스 유발 정도가 달라진다.

16 정답 ①

① 직무의 세분화로 인해 약간의 훈련만으로도 기술을 습득할 수 있고 약간의 판단력만 있으면 충분히 과업을 수행할 수 있기 때문에 직원 간에 호환성이 높다.

17 정답 ②

② 직무확대에 관한 설명이다. 직무확대는 분업이나 전문화로 인해 발생될 수 있는 문제점을 개선하기 위해 고안된 직무설계 방법으로 직무가 다양하고 흥미로울 수 있도록 수행하는 과업의 수를 증가시키는 것을 말한다.

18 정답 ④

④ Y이론의 관점에 해당하는 내용이고 ①~③은 X이론의 관점에 해당하는 내용이다. X이론에서는 사람을 근본적으로 수동적인 존재로 보고, 통제로 다스려야 한다는 관점인 반면, Y이론에서는 사람을 능동적인 존재로 보며 사람이 조직의 목표에 동의를 하면 스스로가 자기통제 및 자기지시를 발휘한다고 본다.

19 **정답** ②

② 맥클리랜드는 인간의 욕구를 친교욕구, 권력욕구, 성취욕구 세 가지로 분류하고 개인들의 욕구별로 적절히 과업을 담당하게 하는 것이 중요하다고 하였다.

20 **정답** ④

④ 분배적 공정성에 대한 내용이다.

21 **정답** ②

① 아이오와 대학
③ 미시건 대학
④ 블레이크 & 무턴

22 **정답** ①

① 임파워먼트의 4가지 구성요소
 • 의미성
 • 역량감
 • 자기결정력
 • 영향력

23 **정답** ②

① 인기형 : 리더는 인간에 대한 관심은 매우 높으나 생산에 대한 관심은 매우 낮다.
③ 중도형 : 리더는 생산과 인간에 대해 적당히 관심을 갖는다.
④ 과업형 : 리더는 생산에 대한 관심은 매우 높으나 인간에 대한 관심은 매우 낮다.

24 **정답** ①

② 직무기술서 : 직무를 있는 그대로 기술(記述)해 놓은 문서이다.
③ 직무수행평가서 : 직무수행평가는 직원의 특성, 자격, 습관, 태도, 능력, 성취도, 적성 등의 상대적인 가치를 체계적이고 객관적으로 평가하는 것을 의미하는 것으로 직무수행평가서는 이 평가를 담은 문서이다.

④ 일화기록지 : 직무수행평가의 방법 중 하나로 자연스러운 상황에서 행위 또는 태도 등을 관찰하여 백지나 소정양식 위에 사실적, 객관적으로 기록하는 것으로 구조화되지 않은 관찰방법이다.

주관식 해설

01 **정답** ㉠ 성격검사, ㉡ 감성지능

해설 • 성격검사 : 지원자가 맡을 직무와 그의 성격이 일치하는지 파악하기 위한 검사로 활동성(Extroversion), 탐구성(Inquisitiveness), 성실성(Conscientiousness), 친화성(Agreeableness), 정서적 안정감(Emotional Stability) 등 개인의 성격 경향을 측정한다.
 • 감성지능 : 자신의 감정을 미리 인지하고 사용하는 능력, 기분을 관리하고 감정을 조절하는 능력, 낙천적이며 타인에게 호의적으로 협조하는 능력, 타인의 감정을 잘 읽고 비위를 맞추는 능력을 포함한다.

02 **정답** 반생산적 작업행동

해설 • 반생산적 작업행동(Counterproductive Work Be -haviors; CWBs)은 명백하게 조직의 목표와 안녕에 위배되는 방향으로 작동하는 행동으로 조직, 구성원, 이해관계자에게 피해를 입히거나 피해를 입힐 의도가 있는 행동으로 정의된다.
 • 반생산적 작업행동은 작업의 의도적인 회피나 태업, 고의적인 지각이나 결근 등 생산상의 일탈행동뿐만 아니라 회사의 자산이나 설비에 대한 오용과 절도 등 재산상의 일탈행동을 모두 포함하는 조직을 대상으로 한 조직일탈과 동료 사원들에 대해 모욕적인 언사나 힐난을 주는 행동 등을 포함하는 대인관계일탈이 있다.

03 정답 ㉠ 불확실성, ㉡ 체면상실

해설 **조직변화에 대한 저항요인**
- 불확실성 : 변화 후 모습에 대한 예측이 불확실함에 따라 현실에 안주하려는 경향을 보이게 되며 이로 인해 변화에 대한 저항이 발생한다.
- 혼란 : 변화 대상이 변화 자체에 위협감을 느끼게 되어 저항이 발생한다.
- 당혹감 : 변화에 대한 사전준비의 부족으로 당혹감을 느끼게 되어 저항이 발생한다.
- 이질감 : 변화결과 기존의 업무관행이 더 이상 소용이 없어지고 이질적인 새로운 업무나 새로운 행동습관을 습득하여야 하는 부담감에 따른 거부감으로 저항이 발생한다.
- 체면상실 : 변화로 인한 과거 잘못된 관행을 지적 받음에 따라 자존심이 상실될 경우 이에 따른 자기방어에 의해 저항이 발생한다.
- 자신감 결여 : 새로운 변화에 잘 적응할 수 있을지에 대한 두려움을 가진다.
- 개인의 정서 차이 : 새로운 변화가 개인의 정서나 가치관에 부합되지 않을 경우 이에 대한 반발로 저항이 발생한다.
- 업무 과부하 : 새로운 변화와 업무에 대응하는 기술 및 행태 등을 습득해야 하는 부담감으로 인해 변화에 대한 저항이 발생한다.
- 권력게임 : 새로운 변화로 인하여 승자와 패자가 명확해질 경우, 기득권 상실의 우려로 인하여 저항이 발생한다.

04 정답 ㉠ 기대감(Expectancy),
㉡ 수단성(Instrumentality)

해설 **브룸의 기대이론의 주요 변수**
- 기대감(Expectancy)은 성과 기대로 어떤 행동이나 노력의 결과에 의해 나타나는 성과에 대한 신념을 의미한다. 기대는 일정한 노력을 기울이면 특정한 결과를 달성하리라고 믿는 가능성으로 투입된 노력에 의해 어떠한 성과가 나타나리라고 보는 것에 대한 완전한 의심인 '0'에서부터 완전한 믿음을 의미하는 '1' 사이에 존재한다.

- 수단성(Instrumentality)은 보상 기대로 과업수행은 보상을 획득하기 위한 수단이 됨을 전제로 어떠한 일의 결과가 가져올 보상에 대한 확률을 의미한다. 특정 수준의 성과가 바람직한 보상을 가져오리라고 믿는(기대하는) 가능성으로, 높은 성과가 항상 낮은 보상으로 이어질 것이라는 완전한 믿음인 '-1'에서부터 높은 성과가 항상 높은 보상으로 이어질 것이라는 완전한 믿음인 '1' 사이에 존재한다.
- 유의성(Valence)은 보상에 대한 선호의 정도, 매력의 정도로 이는 개인의 욕구에 따라 다르며, 긍정적이거나, 부정적 혹은 가치중립적일 수 있다. 개인이 보상에 대해 아무런 매력을 느끼지 못하는 '-1'에서부터 가치중립인 '0' 그리고 보상을 얻지 않았을 때보다 더 선호를 느끼게 되는 '1' 사이에 존재한다.

난도 전공심화과정인정시험 답안지(객관식)

★ 수험생은 수험번호와 응시과목 코드번호를 표기(마킹)한 후 일치여부를 반드시 확인할 것.

전공분야

성 명

(1) 3

(2) ① ● ③ ④

수 험 번 호

과목코드

응시과목

교시코드
① ② ③ ④

과목코드		응시과목
		1 ① ② ③ ④ 14 ① ② ③ ④
		2 ① ② ③ ④ 15 ① ② ③ ④
		3 ① ② ③ ④ 16 ① ② ③ ④
		4 ① ② ③ ④ 17 ① ② ③ ④
		5 ① ② ③ ④ 18 ① ② ③ ④
		6 ① ② ③ ④ 19 ① ② ③ ④
		7 ① ② ③ ④ 20 ① ② ③ ④
		8 ① ② ③ ④ 21 ① ② ③ ④
		9 ① ② ③ ④ 22 ① ② ③ ④
		10 ① ② ③ ④ 23 ① ② ③ ④
		11 ① ② ③ ④ 24 ① ② ③ ④
		12 ① ② ③ ④
		13 ① ② ③ ④

과목코드		응시과목
		1 ① ② ③ ④ 14 ① ② ③ ④
		2 ① ② ③ ④ 15 ① ② ③ ④
		3 ① ② ③ ④ 16 ① ② ③ ④
		4 ① ② ③ ④ 17 ① ② ③ ④
		5 ① ② ③ ④ 18 ① ② ③ ④
		6 ① ② ③ ④ 19 ① ② ③ ④
		7 ① ② ③ ④ 20 ① ② ③ ④
		8 ① ② ③ ④ 21 ① ② ③ ④
		9 ① ② ③ ④ 22 ① ② ③ ④
		10 ① ② ③ ④ 23 ① ② ③ ④
		11 ① ② ③ ④ 24 ① ② ③ ④
		12 ① ② ③ ④
		13 ① ② ③ ④

답안지 작성시 유의사항

1. 답안지는 반드시 컴퓨터용 사인펜을 사용하여 다음 보기와 같이 표기할 것.
   보기 잘된 표기: ●
   잘못된 표기: ⊗ ⊗ ◐ ◑ ○
2. 수험번호 (1)에는 아라비아 숫자로 쓰고, (2)에는 "●"와 같이 표기할 것.
3. 과목코드는 뒷면 "과목코드번호"를 보고 해당과목의 코드번호를 찾아 표기하고,
   응시과목란에는 응시과목명을 한글로 기재할 것.
4. 교시코드는 문제지 전면의 교시를 해당란에 "●"와 같이 표기할 것.
5. 한번 표기한 답은 긁거나 수정액 및 스티커 등 어떠한 방법으로도 고쳐서는
   아니되고, 고친 문항은 "0"점 처리함.

[이 답안지는 마킹연습용 모의답안지입니다.]

※ 감독관 확인란

(인)

관 리 번 호 (응시자수)	
(연번)	

년도 전공심화과정
인정시험 답안지(주관식)

전공분야

성명

★ 수험생은 수험번호와 응시과목 코드번호를 표기(마킹)한 후 일치여부를 반드시 확인할 것.

과목코드

교시코드 ① ② ③ ④

수험번호

(1) 3 □ - □□□□ - □

(2) ① ② ● ④

번호	※1차점수	※1차채점	※1차확인	응시과목	※2차확인	※2차채점	※2차점수
1							
2							
3							
4							
5							

답안지 작성시 유의사항

1. ※란은 표기하지 말 것.
2. 수험번호 (2)란, 과목코드, 교시코드는 반드시 컴퓨터용 싸인펜으로 표기할 것
3. 교시코드는 문제지 전면 의 교시를 해당란에 컴퓨터용 싸인펜으로 표기할 것.
4. 답안은 반드시 흑·청색 볼펜 또는 만년필을 사용할 것. (연필 또는 적색 필기구 사용불가)
5. 답안을 수정할 때에는 두줄(=)을 긋고 수정할 것.
6. 답란이 부족하면 해당답란에 "뒷면기재"라고 쓰고 뒷면 ·추가답란에 문제번호를 기재한 후 답안을 작성할 것.
7. 기타 유의사항은 객관식 답안지의 유의사항과 동일함.

※ 감독관 확인란

(인)

절취선

년도 전공심화과정
인정시험 답안지(주관식)

전공분야

성명

★ 수험생은 수험번호와 응시과목 코드번호를 표기(마킹)한 후 일치여부를 반드시 확인할 것.

과목코드

① ② ③ ④ ⑤ ⑥ ⑦ ⑧ ⑨ ⓪	
① ② ③ ④ ⑤ ⑥ ⑦ ⑧ ⑨ ⓪	
① ② ③ ④ ⑤ ⑥ ⑦ ⑧ ⑨ ⓪	
① ② ③ ④ ⑤ ⑥ ⑦ ⑧ ⑨ ⓪	

교시코드

① ② ③ ④

수험번호

(1) 3 | — | ① ② ③ ④

(2) ① ② ③ ④ ⑤ ⑥ ⑦ ⑧ ⑨ ⓪

답안지 작성시 유의사항

1. ※란은 표기하지 말 것.
2. 수험번호 (2)란, 과목코드, 교시코드 표기는 반드시 컴퓨터용 싸인펜으로 표기할 것
3. 교시코드는 문제지 전면 의 교시를 해당란에 컴퓨터용 싸인펜으로 표기할 것.
4. 답란은 반드시 흑·청색 볼펜 또는 만년필을 사용할 것. (연필 또는 적색 필기구 사용불가)
5. 답안을 수정할 때에는 두줄(=)을 긋고 수정할 것.
6. 답란이 부족하면 해당답란에 "뒷면기재"라고 쓰고 뒷면 '추가답란'에 문제번호를 기재한 후 답안을 작성할 것.
7. 기타 유의사항은 객관식 답안지의 유의사항과 동일함.

※ 감독관 확인란
(인)

응시과목 코드번호를 코드번호를 표기(마킹)한 후 일치여부를 반드시 확인할 것.

번호	※ 1차 점수	※ 1차 채점	응 시 과 목	※1차확인	※ 2차확인	※ 2차 채점	※ 2차 점수
1	⓪ ① ② ③ ④ ⑤ ⑥ ⑦ ⑧ ⑨ ⑩						⓪ ① ② ③ ④ ⑤ ⑥ ⑦ ⑧ ⑨ ⑩
2	⓪ ① ② ③ ④ ⑤ ⑥ ⑦ ⑧ ⑨ ⑩						⓪ ① ② ③ ④ ⑤ ⑥ ⑦ ⑧ ⑨ ⑩
3	⓪ ① ② ③ ④ ⑤ ⑥ ⑦ ⑧ ⑨ ⑩						⓪ ① ② ③ ④ ⑤ ⑥ ⑦ ⑧ ⑨ ⑩
4	⓪ ① ② ③ ④ ⑤ ⑥ ⑦ ⑧ ⑨ ⑩						⓪ ① ② ③ ④ ⑤ ⑥ ⑦ ⑧ ⑨ ⑩
5	⓪ ① ② ③ ④ ⑤ ⑥ ⑦ ⑧ ⑨ ⑩						⓪ ① ② ③ ④ ⑤ ⑥ ⑦ ⑧ ⑨ ⑩

절취선

별도 전공시화과정인정시험 답안지(객관식)

★ 수험생은 수험번호의 응시과목 코드번호를 표기(마킹)한 후 일치여부를 반드시 확인할 것.

전공분야

성명

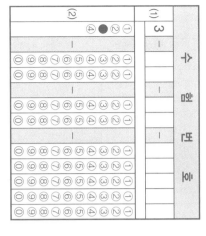

수 험 번 호

(1)

(2) ① ● ② ④

3

과목코드				응시과목
				1 ① ② ③ ④
				2 ① ② ③ ④
				3 ① ② ③ ④
				4 ① ② ③ ④
				5 ① ② ③ ④
교시코드				6 ① ② ③ ④
①				7 ① ② ③ ④
②				8 ① ② ③ ④
③				9 ① ② ③ ④
④				10 ① ② ③ ④
				11 ① ② ③ ④
				12 ① ② ③ ④
				13 ① ② ③ ④
14 ① ② ③ ④	15 ① ② ③ ④	16 ① ② ③ ④	17 ① ② ③ ④	18 ① ② ③ ④
19 ① ② ③ ④	20 ① ② ③ ④	21 ① ② ③ ④	22 ① ② ③ ④	23 ① ② ③ ④
24 ① ② ③ ④				

※ 감독관 확인란

(인)

관리번호 (연번)

(응시자수)

답안지 작성시 유의사항

1. 답안지는 반드시 컴퓨터용 사인펜을 사용하여 다음 <보기>와 같이 표기할 것.
   <보기> 잘된표기: ● 잘못된 표기: ⊘ ⊗ ◐ ◑ ◯ ○
2. 수험번호 (1)에는 아라비아 숫자로 쓰고, (2)에는 "●"와 같이 표기할 것.
3. 과목코드는 뒷면 "과목코드번호"를 보고 해당과목의 코드번호를 찾아 표기하고,
4. 응시과목란에는 응시과목명을 한글로 기재할 것.
5. 교시코드는 문제지 전면의 교시를 해당란에 "●"와 같이 표기할 것.
6. 한번 표기한 답은 긁거나 수정액 및 스티커 등 어떠한 방법으로도 고쳐서는
   아니되고, 고친 문항은 "0"점 처리함.

과목코드				응시과목
				1 ① ② ③ ④
				2 ① ② ③ ④
				3 ① ② ③ ④
				4 ① ② ③ ④
				5 ① ② ③ ④
				6 ① ② ③ ④
				7 ① ② ③ ④
				8 ① ② ③ ④
				9 ① ② ③ ④
				10 ① ② ③ ④
				11 ① ② ③ ④
				12 ① ② ③ ④
				13 ① ② ③ ④
14 ① ② ③ ④	15 ① ② ③ ④	16 ① ② ③ ④	17 ① ② ③ ④	18 ① ② ③ ④
19 ① ② ③ ④	20 ① ② ③ ④	21 ① ② ③ ④	22 ① ② ③ ④	23 ① ② ③ ④
24 ① ② ③ ④				

[이 답안지는 마킹연습용 모의답안지입니다.]

년도 전공심화과정
인정시험 답안지(주관식)

★ 수험생은 수험번호와 응시과목 코드번호를 표기(마킹)한 후 일치여부를 반드시 확인할 것.

전공분야

성명

과목코드

교시코드 ① ② ③ ④

수험번호

수	험	번	호
3	-		-	

| ※ 1차 점수 | ※ 1차 채점 | ※ 1차확인 | 응 시 과 목 | ※ 2차확인 | ※ 2차 채점 | ※ 2차 점수 |

번호							
1							
2							
3							
4							
5							

답안지 작성시 유의사항

1. ※란은 표기하지 말 것.
2. 수험번호 (2)란, 과목코드, 교시코드 표기는 반드시 컴퓨터용 싸인펜으로 표기할 것.
3. 교시코드는 문제지 전면 의 교시를 해당란에 컴퓨터용 싸인펜으로 표기할 것.
4. 답안은 반드시 흑·청색 볼펜 또는 만년필을 사용할 것.
   (연필 또는 적색 필기구 사용불가)
5. 답안을 수정할 때에는 두줄(=)을 긋고 수정할 것.
6. 답란이 부족하면 해당답란에 "뒷면기재"라고 쓰고
   뒷면 '추가답란'에 문제번호를 기재한 후 답안을 작성할 것.
7. 기타 유의사항은 객관식 답안지의 유의사항과 동일함.

※ 감독관 확인란

인

[이 답안지는 마킹연습용 모의답안지입니다.]

년도 전공실화과정인정시험 답안지(객관식)

★ 수험생은 수험번호와 응시과목 코드번호를 표기(마킹)한 후 일치여부를 반드시 확인할 것.

전공분야

성명

수험번호

과목코드

응시과목

교시코드
① ② ③ ④

답안지 작성시 유의사항

1. 답안지는 반드시 컴퓨터용 사인펜을 사용하여 다음 보기와 같이 표기할 것.
   보기 잘된표기: ● 잘못된표기: ⊘ ⊗ ● ◯ ◑ ◐ ◖
2. 수험번호 (1)에는 아라비아 숫자로 쓰고, (2)에는 "●"와 같이 표기할 것.
3. 과목코드는 뒷면 "과목코드번호"를 보고 해당과목의 코드번호를 찾아 표기하고,
   응시과목란에는 응시과목명을 한글로 기재할 것.
4. 교시코드는 문제지 전면 의 교시를 해당란에 "●"와 같이 표기할 것.
5. 한번 표기한 답은 긁거나 수정액 및 스티커 등 어떠한 방법으로도 고쳐서는
   아니되고, 고친 문항은 "0"점 처리함.

※ 감독관 확인란

(인)

관 리 번 호

(연번)

넌도 전공심화과정
인정시험 답안지(주관식)

★ 수험생은 수험번호와 응시과목 코드번호를 표기(마킹)한 후 일치여부를 반드시 확인할 것.

전공분야

성명

과목코드

교시코드

수험번호

답안지 작성시 유의사항

1. ※란은 표기하지 말 것.
2. 수험번호 (2)란, 과목코드, 교시코드는 반드시 컴퓨터용 싸인펜으로 표기할 것
3. 교시코드는 문제지 전면의 교시를 해당란에 컴퓨터용 싸인펜으로 표기할 것.
4. 답안은 반드시 흑·청색 볼펜 또는 만년필을 사용할 것. (연필 또는 적색 필기구 사용불가)
5. 답안을 수정할 때에는 두줄(=)을 긋고 수정할 것.
6. 답안이 부족하면 해당답안란에 "뒷면기재"라고 쓰고 뒷면 '추가답란'에 문제번호를 기재한 후 답안을 작성할 것.
7. 기타 유의사항은 객관식 답안지의 유의사항과 동일함.

※ 감독관 확인란

(인)

절취선

참고문헌

1. 김선희 외, 「기업교육 프로그램 개발의 실체」, 서울 : 서한사, 2006.

2. 김아영 외 3인 역, 「교육심리학」, 박학사, 2003.

3. 김중규, 「7급 행정학」, 서울 : 에드민, 2009.

4. 김충기, 「교육심리학」, 동문사, 2002.

5. 박연호, 「현대인간관계론」, 박영사, 2007.

6. 박아청, 「교육심리학, 교육과학사」, 1999.

7. 박경규, 「신인사관리」, 홍문사, 2006.

8. 백기복, 「조직행동연구」, 창민사, 2009.

9. 백삼균·김식현, 「인사관리」, 한국방송대학교, 2007.

10. 이홍민·김종인, 「핵심역량 핵심인재」, 리드출판사, 2003.

11. 임창희, 「조직행동」, 학현사, 2006.

12. 염영희 외, 「간호관리학(수문사적색)」, 수문사, 2005.

13. 여광응 외, 「학교학습 극대화를 위한 교육심리학」, 양서원, 2004.

14. 양혁승·이혁종, 「전략적 인적자원관리」, 박영사, 2012.

15. 최종태, 「현대 인사관리론」, 박영사, 2005.

16. 한태영, 「인사평가와 성과관리」, 시그마프레스, 2015.

17. 황호영·강정대, 「현대인적자원관리」, 박영사, 1998.

18. Paul M. Muchinsky, Satoris S. Culbertson(유태용 역), 「산업 및 조직심리학」, 시그마프레스, 2012.

19. Stephen P. Robbins. (김광점 역) 「조직행동론」, 시그마프레스, 2006.

좋은 책을 만드는 길 독자님과 함께하겠습니다.

도서나 동영상에 궁금한 점, 아쉬운 점, 만족스러운 점이
있으시다면 어떤 의견이라도 말씀해 주세요.
시대고시기획은 독자님의 의견을 모아 더 좋은 책으로 보답하겠습니다.

www.sidaegosi.com

시대에듀 독학사 심리학과 3단계 산업 및 조직심리학

개정5판1쇄 발행	2022년 03월 30일 (인쇄 2022년 01월 20일)
초 판 발 행	2017년 02월 10일 (인쇄 2016년 12월 22일)
발 행 인	박영일
책 임 편 집	이해욱
편 저	독학학위연구소
편 집 진 행	송영진
표 지 디 자 인	박종우
편 집 디 자 인	김경원·박서희
발 행 처	(주)시대고시기획
출 판 등 록	제10-1521호
주 소	서울시 마포구 큰우물로 75 [도화동 538 성지 B/D] 9F
전 화	1600-3600
팩 스	02-701-8823
홈 페 이 지	www.sidaegosi.com
I S B N	979-11-383-1605-7 (13180)
정 가	27,000원

1년 만에 4년제 대학 졸업
시대에듀가
All care 해 드립니다!

학사학위 취득하기로 결정하셨다면!
지금 바로 시대에듀 독학사와 함께 시작하세요!

시대에듀 교수진과 함께라면
독학사 학위취득은 반드시 이루어집니다

수강생을 위한 프리미엄 학습 지원 혜택

| 저자직강
명품강의 제공 | × | 기간 내
무제한 수강 | × | 모바일
강의 제공 | × | 1:1 맞춤
학습 서비스 |

시대에듀 독학사
심리학과

왜? 독학사 심리학과인가? why

4년제 심리학 학위를 최소 시간과 비용으로 단 1년 만에 초고속 합격 가능!

독학사 11개 학과 중 2014년에 가장 최근에 신설된 학과

학위취득 후 청소년 상담사나 임상 심리사 등 심리학 관련 자격증 응시자격 가능

심리치료사, 심리학 관련 언론사, 연구소, 공공기관 등의 취업 진출

심리학과 과정별 시험과목(2~4과정)

1~2과정 교양 및 전공기초 과정은 객관식 40문제 구성
3~4과정 전공심화 및 학위취득 과정은 객관식 24문제 + 주관식 4문제 구성

2과정(전공기초)
동기와 정서
성격심리학
발달심리학
사회심리학
이상심리학
감각 및 지각심리학(근간)

3과정(전공심화)
학습심리학
심리검사
학교심리학
산업 및 조직심리학
상담심리학
인지심리학(근간)

4과정(학위취득)
인지신경과학
임상심리학
소비자 및 광고심리학
심리학연구방법론(근간)

시대에듀 심리학과 학습 커리큘럼

기본이론부터 실전 문제풀이 훈련까지!
시대에듀가 제시하는 각 과정별 최적화된 커리큘럼 따라 학습해보세요.

기본이론 — 핵심 이론 분석으로 확실한 개념 이해 — Step 01

문제풀이 — 출제 예상문제를 통해 실전 문제에 적용 — Step 02

핵심요약 — 이론 핵심내용 중요 포인트 체크 — Step 03

모의고사 — 기출 동형 문제를 통한 최종 마무리 — Step 04

※ 전공별·과정별 커리큘럼은 변경될 수 있습니다.

독학사 2~4과정 심리학과 교재

독학학위제 출제영역을 100% 반영한 내용과 문제로 구성된 완벽한 최신 기본서 라인업!

2과정
- 전공 기본서 [전 6종]
  − 동기와 정서 / 성격심리학 /
  발달심리학 / 사회심리학 /
  이상심리학 / 감각 및 지각심리학(근간)

3과정
- 전공 기본서 [전 6종]
  − 학습심리학 / 심리검사 /
  학교심리학 / 산업 및 조직심리학 /
  상담심리학 / 인지심리학(근간)

4과정
- 전공 기본서 [전 4종]
  − 인지신경과학 / 임상심리학 /
  소비자 및 광고심리학 /
  심리학연구방법론(근간)

독학사 심리학과 최고의 교수진

독학사 수험생 여러분의 합격을 책임질 최고의 독학사 심리학과 전문 교수진과 함께!

김윤수 교수	류소형 교수	장경은 교수	천은영 교수	정경아 교수
이상심리학	학교심리학 발달심리학 동기와 정서 사회심리학	산업 및 조직심리학 상담심리학 소비자 및 광고심리학 인지신경과학	성격심리학	심리검사

➕ 심리학과 동영상 패키지 강의 수강생을 위한 특별 혜택

청소년상담사
임상심리사

> **자격증 과정 강의 무료제공!**
수강기간 내 학사학위 취득 시
청소년상담사 or 임상심리사 자격과정 무료제공